Diagnostik sonderpädagogischen Förderbedarfs

Jahrbuch der pädagogisch-psychologischen Diagnostik

Tests und Trends

Neue Folge Band 5

Diagnostik sonderpädagogischen Förderbedarfs

hrsg. von Prof. Dr. Ulrike Petermann und Prof. Dr. Franz Petermann

---

Diagnostik sonderpädagogischen Förderbedarfs

herausgegeben von

Ulrike Petermann
und Franz Petermann

HOGREFE

GÖTTINGEN · BERN · WIEN
TORONTO · SEATTLE · OXFORD · PRAG

Prof. Dr. phil. Franz Petermann, geb. 1953. 1972-1975 Studium der Mathematik und Psychologie in Heidelberg. Wissenschaftlicher Assistent an den Universitäten Heidelberg und Bonn. 1977 Promotion. 1980 Habilitation. 1983-1991 Leitung des Psychosozialen Dienstes der Universitäts-Kinderklinik Bonn, gleichzeitig Professor am Psychologischen Institut. Seit 1991 Lehrstuhl für Klinische Psychologie an der Universität Bremen und seit 1996 Direktor des Zentrums für Klinische Psychologie und Rehabilitation. Arbeitsschwerpunkte: Psychologie in der Kinderheilkunde, Behandlung von Entwicklungs- und Verhaltensstörungen im Kindes- und Jugendalter.

Prof. Dr. phil. Ulrike Petermann, geb. 1954. 1974 -1980 Studium der Psychologie und Pädagogik in Mannheim und Bonn. 1982 Promotion. 1986 Habilitation. Von 1987-1991 Professorin für Psychologie in München, von 1991-1994 in Bremen. Seit 1995 Inhaberin des Lehrstuhls für Rehabilitation und Pädagogik bei psychischen und Verhaltensstörungen an der Universität Dortmund. Arbeitsschwerpunkte: Klinische Kinderpsychologie, Kinderverhaltenstherapie, Differenzielle Lernforschung.

Bibliografische Information Der Deutschen Bibliothek
Die Deutsche Bibliothek verzeichnet diese Publikation in der Deutschen Nationalbibliografie; detaillierte bibliografische Daten sind im Internet über http://dnb.ddb.de abrufbar.

Göttingen · Bern · Wien · Toronto · Seattle · Oxford · Prag
Rohnsweg 25, 37085 Göttingen

http://www.hogrefe.de
Aktuelle Informationen · Weitere Titel zum Thema · Ergänzende Materialien

---

Satz: Grafik-Design Fischer, Weimar
Druck: Druckerei Hubert & Co, Göttingen
Printed in Germany
Auf säurefreiem Papier gedruckt

ISBN-10: 3-8017-1943-X
ISBN-13: 978-3-8017-1943-2

Inhaltsverzeichnis

Vorwort der Reihenherausgeber

Zu den Zielen der neuen Folge der Reihe „Tests und Trends. Jahrbuch der pädagogisch-psychologischen Diagnostik“ gehört es, Brücken zwischen der diagnostischen Grundlagenforschung und der Praxis im Bereich von Lernen und Lernschwierigkeiten zu schlagen. Dabei sind vor allem solche Praxisbereiche von Interesse, bei denen diagnostische Probleme im Vordergrund stehen. Die „Feststellung des sonderpädagogischen Förderbedarfes“ ist geradezu ein Muster-Praxisbereich für diese Zielsetzung unserer Reihe. Erste Vorsondierungen der Reihenherausgeber führten erstaunlicherweise zu dem Zwischenergebnis, dass die Brücke zwischen pädagogisch-psychologischer Grundlagenforschung und der Praxis sonderpädagogischer Förderdiagnostik in jüngerer Zeit vergleichsweise selten betreten wurde. Aus Sicht der Grundlagenforschung ist dies in Anbetracht der theoretischen Fortschritte in den letzten Jahren geradezu unverständlich und aus der Perspektive der Praxis besonders bedauerlich.

Der hier vorgelegte Band stellt einen Schritt zur Überwindung dieses unbefriedigenden Zustandes dar. Die 11 Beiträge des Bandes informieren einerseits über Zielsetzung und Bedeutung der sonderpädagogischen Förderdiagnostik und über ihre – z. T. länderspezifisch unterschiedlichen – Rahmenbedingungen. Andererseits wird in vielen Kapiteln dieses Bandes gezeigt, welche Möglichkeiten der Diagnostik für verschiedene sonderpädagogische Förderbedarfe gegenwärtig verfügbar sind und inwiefern neuere Testentwicklungen – bis hin in die neuropsychologische Testdiagnostik – geeignet sind, die Praxis der Feststellung des sonderpädagogischen Förderbedarfes qualitativ hochwertig zu unterstützen.

Vom vorliegenden Band versprechen wir uns einen fruchtbaren Einstieg in eine neuerliche fachliche Diskussion zwischen Grundlagenforschung und Praxis, die uns notwendig erscheint, um die beschriebene Brücke stabil und attraktiv werden zu lassen. Es bleibt zu wünschen, dass die interessierte Leserin und der interessierte Leser durch die Lektüre dazu angeregt werden, die vorhandenen oder sich daraus ergebenden diagnostischen Ansätze und Fragen für die theoretische Konzeption und die praktische Umsetzung der Feststellung des sonderpädagogischen Förderbedarfs zu nutzen.

Göttingen, im April 2006

Marcus Hasselhorn, Wolfgang Schneider, Harald Marx

Vorwort

Der sonderpädagogischen Förderdiagnostik kommt eine wichtige Rolle im Rahmen der Auswahl angemessener Fördermöglichkeiten zu. In der Bundesrepublik Deutschland erhalten ungefähr 5 % aller Schüler (rund 500.000) eine sonderpädagogische Fördermaßnahme; die Maßnahmen unterscheiden sich in ihrem Umfang, ihrer Dauer und dem gewählten Förderort.

Der vorliegende Band beschränkt sich auf drei Förderschwerpunkte:
- die Förderung von verhaltensgestörten,
- lernbehinderten und
- sprachbehinderten Schülern.

Zu diesen Problemstellungen liegt eine Vielzahl von psychodiagnostischen Verfahren vor, die in der Lage sind, einen notwendigen Förderbedarf abzuschätzen. Leider nutzt die sonderpädagogische Praxis nicht umfassend die Möglichkeiten solcher Verfahren. Die Gründe hierfür sind vielfältiger Art und können auch nur am Rande Thema dieses Buches sein.

Zur Einschätzung der länderspezifisch geregelten Förderdiagnostik und Fördermöglichkeiten werden prototypisch für die Bundesländer Bayern und Schleswig-Holstein und dem Stadtstaat Hamburg die Rahmenbedingungen des sonderpädagogischen Förderbedarfs berichtet. In verschiedenen Kapiteln werden spezifische Beeinträchtigungen von Schülern beschrieben sowie die Ziele, Inhalte und Vorgehensweisen der Förderdiagnostik illustriert. Die einzelnen Kapitel sind dabei ähnlich aufgebaut; jeweils einleitend wird die spezifische Schülerproblematik kurz an einem Fall illustriert und im Detail testdiagnostische Strategien und Verfahren beschrieben und bewertet.

Unter dem Blickwinkel möglicher Trends wird auf die neuropsychologisch fundierte Diagnostik eingegangen. In diesem Bereich kommt einer sonderpädagogischen Frühdiagnostik, also einer Diagnostik von Vorläuferstörungen, eine besondere Bedeutung zu. Abschließend wird in diesem Buch auf die Möglichkeiten der neuropsychologischen Diagnostik im Kontext sonderpädagogischer Problemstellungen Bezug genommen. Dieser Beitrag geht vor allem auf die Bedeutung der neuropsychologischen Basis- und Stützfunktionen „Aufmerksamkeit“ und „Gedächtnis“ ein.

Das Vorgehen in der sonderpädagogischen Diagnostik weist eine große Vielfalt auf, die in manchen Fällen an die Krisendebatte in der psychologischen Diagnostik der 70er und 80er Jahre erinnert. Immer noch herrscht in der Sonderpädagogik eine stark testkritische Haltung vor, die leider die Fortschritte der psychologischen Diagnostik ignoriert. Eine moderne, auf neuesten Befunden beruhende, standardisierte Diagnostik optimiert die Informationssammlung und sichert sonderpädagogische Entscheidungen ab. Diese Fortschritte nicht zur Kenntnis zu nehmen, gleicht einem Kunstfehler in der Betreuung und Förderung von beeinträchtigten Schülern, die unsere besondere Aufmerksamkeit und Unterstützung benötigen. Die Praxisnähe und die Fortschritte der klinisch-kinderpsychologischen Diagnostik sowie der Entwicklungs- und Leistungsdiagnostik in den letzten Jahren ermöglichen einen produktiven Dialog, der zu neuen Diagnose- und damit auch Förderstrategien in der Sonderpädagogik beitragen kann. – Wir hoffen, dass die Auswahl unserer Beiträge zu einer solchen Entwicklung führt.

Bei diesem Band wurde abweichend von der Reihenkonzeption auf eine Testübersicht (im Anhang zu diesem Buch) verzichtet. Dies liegt einerseits an der Vielzahl der Testverfahren, die prinzipiell anwendbar wären und andererseits an den großen Unterschieden, die sich aus den Lern- und Testvoraussetzungen ergeben, die verhaltensgestörte sowie lern- und sprachbehinderte Schüler in die Testsituation einbringen. Die Hinweise zu den Anwendungsbedingungen, zu den Hilfestellungen bei der Testdurchführung und zur Spezifikation bei der Interpretation der erzielten Ergebnisse erfordern immer eine äußerst differenzierte Sicht des Einzelfalls, die sich tabellarisch verfassten Empfehlungen in der Regel entzieht. Zu spezifischen förderdiagnostischen Fragestellungen, wie beispielsweise zur Konzentration und Aufmerksamkeit, zu Mathematikleistungen oder zu Lese-Rechtschreibschwierigkeiten, können jedoch die in der Buchreihe Tests und Trends herausgegebenen Werke eine sehr gute Hilfestellung leisten.

Dortmund und Bremen, im Januar 2006

Ulrike Petermann, Franz Petermann

Kapitel 1

Zum Stellenwert sonderpädagogischer Förderdiagnostik

Ulrike Petermann und Franz Petermann

Zusammenfassung

Seit gut 30 Jahren hegt die Sonderpädagogik gegenüber der psychologischen Diagnostik große Vorbehalte, die man angesichts neuerer Entwicklungen und der Berücksichtigung der zentralen Ziele der sonderpädagogischen Diagnostik zur Feststellung von Förderbedarf, Förderschwerpunkt und Förderort entkräften kann. Die psychologische Diagnostik und ihre aktuellen Entwicklungstrends bieten für die sonderpädagogische Diagnostik große Chancen, um den Anspruch einer individualisierten und fairen Förderung von beeinträchtigten Kindern praxisnah einzulösen: Denn mit Hilfe der psychologischen Diagnostik lassen sich Entwicklungsstände und -verläufe, Defizite und Kompetenzen, Risiko- und Schutzfaktoren, kind- und umgebungsbezogene Entwicklungsbedingungen und Ressourcen objektiv, zuverlässig und angemessen erfassen. In zunehmendem Maße ermöglichen differenzierte diagnostische Befunde auch das direkte Ableiten geeigneter Fördermaßnahmen für die betroffenen Kinder.

1 Einleitung

Die Anforderungen an die Feststellung und Fortschreibung des Förderbedarfs eines Schülers wird in der Bundesrepublik Deutschland länderspezifisch geregelt (vgl. dazu die Beiträge von Bundschuh sowie von Schuck et al., in diesem Band). Hierbei sind die Vorgaben unterschiedlich präzise ausformuliert; diese Vorgaben werden regelmäßig aktualisiert (Bundschuh, 2005). Um sonderpädagogische Fördermaßnahmen begründen und konkret planen zu können, sind vielfältige Informationen notwendig. Bei dieser Informationssammlung kann die psychologische Diagnostik wertvolle Hilfe leisten, indem sie beispielsweise den Zugang zu dieser Information kanalisiert, standardisiert und Normaussagen zum Förderbedarf wie zum -erfolg liefert. In diesem Sinne lässt sich die allgemeine Definition von Schuck (2004, S. 354) verstehen, der davon ausgeht, dass Diagnostik im Kern den Versuch darstellt,

- „die Komplexität menschlicher Handlungen in der diagnostischen Situation zu reduzieren,
- im Teil das Ganze zu sehen und
- über die Reduktion komplexer Wirklichkeit

- zu Erklärungen, zu Prognosen und zu handlungsrelevanten Entscheidungen zu kommen."

In Übereinstimmung mit der psychologischen Diagnostik lässt sich die sonderpädagogische Diagnostik als ein Problemlöse- und Entscheidungsprozess auffassen, der der Abklärung eines Status quo, aber auch der Verlaufskontrolle dient. Das erzielte Ergebnis ist nicht als statisch und als endgültig zu betrachten. Eine Besonderheit der sonderpädagogischen Förderdiagnostik stellt die in der Regel wiederholte Informationssammlung dar. Dabei steht ein multimodales und multimethodales Vorgehen mit unterschiedlichen Erfassungsmethoden im Vordergrund (Döpfner et al., 2002; s. Kasten 1).

Kasten 1:
Multimodale und multimethodale sonderpädagogische Diagnostik

Multimodale Mehrebenen-Diagnostik

- *Kognitive Ebene:* Entwicklungs-, Intelligenz- und Leistungstests
- *Emotionale Ebene:* Befragung und psychometrische Tests
- *Handlungsebene:* Verhaltensbeobachtung und Verhaltensanalyse

Multimethodale Erfassung

- *Expertenurteil:* Checklisten und Interviewleitfäden
- *Elternurteil:* systematische Exploration und Checklisten
- *Verhaltensbeobachtung:* systematisches und standardisiertes Beobachtungssystem
- *Psychometrische Tests*

Je nach Problem und Störungsbereich sowie je nach Komplexität und Komorbidität im Einzelfall ist eine individuelle Kombination von verschiedenen Diagnoseebenen und diagnostischen Methoden notwendig. Soll beispielsweise der sonderpädagogische Förderbedarf eines Kindes mit externalisierenden Verhaltensstörungen und gleichzeitig auftretenden Lern-/Leistungsschwierigkeiten abgeklärt werden, so ist auf der kognitiven Ebene eine differenzierte Intelligenzdiagnostik und auf der Handlungsebene eine systematische Verhaltensbeobachtung mit Verhaltensanalyse durchzuführen; psychometrische Tests und Checklisten tragen zur Verhaltensdiagnostik bei. Es gilt dabei, die Primär- und Sekundärproblematik abzuklären; sind also die Lern- und Leistungsschwierigkeiten Folge der Verhaltensstörung oder ist umgekehrt die Verhaltensstörung Folge einer Teilleistungsstörung beziehungsweise Lernbehinderung? Weiter muss im Rahmen einer multimodalen und multimethodalen sonderpädagogischen Förderdiagnostik abgeklärt werden, ob verschiedene Verhaltensstörungen assoziiert vorliegen und sich diversifiziert haben; liegt beispielsweise zusätzlich zu hyperkinetischem und aggressivem Verhalten auch eine depressive Störung vor? Der Schweregrad der Störungen sowie deren Komplexität und Generalisierungsgrad hinsichtlich verschiedener Lebensbereiche spielt bei der Festlegung des Förderortes eine Rolle. Das heißt: Ist beispielsweise eine Schule für Erziehungshilfe der angemessene Förderort? Oder: Ist eine Förderung im „Gemeinsamen Unterricht“ einer allgemeinen Schule die angemessenere Indikation? Oder: Ist eine Förderung im Unterricht von „Integrativen Lerngruppen“ möglich? Schließlich trägt die systematische Elternexploration entscheidend dazu bei, kind- und familienspezifische Ressourcen festzustellen und unter diesem Gesichtspunkt die bestmögliche Förderung zu bestimmen.

Kasten 2:
Merkmale sonderpädagogischer Förderdiagnostik

- Die Förderdiagnostik setzt nicht nur multimethodal, sondern auch multimodal an.
- Sie will nicht nur psychische Störungen oder psychodiagnostisch relevantes Verhalten erfassen, sondern auch subklinische Phänomene und Probleme.
- Sie beschränkt sich nicht allein auf psychische Störungen, sondern schließt kognitive Störungen (z. B. Lernbehinderung), verschiedene umschriebene Entwicklungsstörungen (z. B. frühkindlicher Autismus, Asperger-Syndrom) ein.
- Sie will Risiko- und Schutzfaktoren auf Seiten eines Kindes, seiner Familie und seines Lebensumfeldes bestimmen, um den Rahmen der verfügbaren Ressourcen abzustecken.
- Sie zielt darauf ab, den sonderpädagogischen Förderbedarf im Hinblick auf Unterricht und Erziehung sowie Therapie und spezifisches Training mit dem optimalen Förderort festzustellen.

Wie bereits erwähnt sind die Anforderungen an die Feststellung und Fortschreibung des sonderpädagogischen Förderbedarfs eines Schülers in der Bundesrepublik Deutschland länderspezifisch geregelt (vgl. dazu die Beiträge von Bundschuh sowie von Schuck et al., in diesem Band). Hierbei sind die Vorgaben unterschiedlich präzise ausformuliert und versäumen es, einheitliche Vorgaben für die Strategien und Diagnoseverfahren zu explizieren. Dies in Zukunft nachzuholen, dürfte durchaus möglich sein, da diese Vorgaben regelmäßig aktualisiert werden (Bundschuh, 2005). Zur Verdeutlichung der Anforderungen und Vorgaben wird in diesem Kapitel von der Ausbildungsordnung von Nordrhein-Westfalen gemäß § 52 Schulgesetz exemplarisch ausgegangen, da diese zurzeit die aktuellste in der Bundesrepublik Deutschland darstellt. Diese **A**usbildungs**o**rdnung regelt die **s**onderpädagogische **F**örderung (AO-SF); sie gilt seit dem Schuljahr 2005/2006. Ein sonderpädagogischer Förderbedarf kann nach dieser Ausbildungsordnung für verschiedene Behinderungen gegeben sein.

Die Schwerpunkte der sonderpädagogischen Förderung beziehen sich (s. Kasten 3) auf Lernen, Sprache, emotionale und soziale Entwicklung, Hören und Kommunikation, Sehen, geistige, körperliche und motorische Entwicklung.

Kasten 3:
Wann besteht sonderpädagogischer Förderbedarf?

Sonderpädagogischer Förderbedarf besteht bei:
- Lern- und Entwicklungsstörungen (Lernbehinderung, Sprachbehinderung, Erziehungsschwierigkeit),
- geistiger Behinderung,
- Körperbehinderung,
- Hörschädigungen (Gehörlosigkeit, Schwerhörigkeit),
- Sehschädigungen (Blindheit, Sehbehinderung) und
- Autismus.

Ihre Umsetzung erfolgt an bestimmten, in der Ausbildungsordnung in Nordrhein-Westfalen ausgewiesenen Orten. Im Einzelnen handelt es sich dabei um:
- Allgemeine Schulen (= Gemeinsamer Unterricht, Integrative Lerngruppen),
- Förderschulen,
- sonderpädagogische Förderklassen an allgemeinen Berufskollegs und
- Schulen für Kranke.

Eine dominierende Rolle in der Diagnostik sonderpädagogischen Förderbedarfs spielen die Förderschwerpunkte Lernen, Sprache, emotionale und soziale Entwicklung. Im § 5 Lern- und Entwicklungsstörungen der Nordrhein-Westfälischen AO-SF wird beschrieben, bei welchen Symptomen entsprechender Förderbedarf besteht.

Kasten 4:
Lern- und Entwicklungsstörungen

- *Lernbehinderung* liegt vor, wenn die Lern- und Leistungsausfälle schwerwiegender, umfänglicher und lang andauernder Art sind und durch Rückstand der kognitiven Funktionen oder der sprachlichen Entwicklung oder des Sozialverhaltens verstärkt werden.
- *Sprachbehinderung* liegt vor, wenn der Gebrauch der Sprache nachhaltig gestört und mit erheblichem subjektiven Störungsbewusstsein sowie Beeinträchtigungen in der Kommunikation verbunden ist, sodass sie durch schulbegleitende oder zeitlich begrenzte stationäre Maßnahmen nicht behebbar ist.
- Erziehungsschwierigkeit liegt vor, wenn sich ein Schüler der Erziehung nachhaltig verschließt oder widersetzt, so dass er im Unterricht nicht oder nicht hinreichend gefördert werden kann und die eigene Entwicklung oder die der Mitschüler erheblich gestört oder gefährdet ist.

Erste Hinweise auf das mögliche Vorliegen eines sonderpädagogischen Förderbedarfs ergeben sich aus Mängeln in der Schulleistung und Problemen in der Sprachentwicklung sowie im Sozial- und Arbeitsverhalten. In der Regel treten mehrere Hinweise gleichzeitig auf. Lauth und Schlottke (2005) weisen außerdem darauf hin, dass bei Förderschülern ein besonders großer Ausländeranteil

vorliegt. Im Regelfall muss man von kumulierten Entwicklungs- und Lerndefiziten ausgehen, die in
- ungünstigen Lernvoraussetzungen,
- einem problematischen Lernverhalten und
- einem ungünstigen sozialen Hintergrund (Familie, Lernumfeld) bestehen.

So kommen z. B. bis zu 90 % der Schüler mit der sonderpädagogischen Diagnose „Lernbehinderung" aus einer ungünstigen sozialen Schicht (Wocken, 2000).

Kasten 5:
Hinweise auf einen besonderen sonderpädagogischen Förderbedarf

(1) Schulleistungen
- Deutliche Mängel in der Schulleistung (im Feld der unteren 10 %)
- Leistungsmängel in mehreren wichtigen Schulfächern

(2) Sprachentwicklung
- Deutliche Rückstände in der rezeptiven Sprache
- Deutliche Rückstände in der expressiven Sprache

(3) Sozial- und Arbeitsverhalten
- Massive Verhaltensstörungen (internalisierende Störungen, z. B. soziale Ängste, externalisierende Störungen, z. B. aggressives Verhalten)
- Geringe Motivation am und geringes Interesse im Unterricht
- Probleme bei der Organisation von Lern- und Arbeitsprozessen

(4) Ressourcenmangel
- Unterdurchschnittliche kognitive Fähigkeiten
- Körperliche Beeinträchtigungen (dadurch massiv belastetes schulisches Lernen)
- Massive Einschränkungen der emotionalen und sozialen Kompetenzen

(5) Risiken im sozialen Umfeld
- Keine oder unzureichende Unterstützung durch die Familie (z. B. Krankheit der Eltern, Ablehnung durch das Umfeld)
- Massive Mängel in der Qualität, der Passform oder Koordination der bestehenden Förderangebote

2 Der förderdiagnostische Prozess

Der förderdiagnostische Prozess umfasst verschiedene Schritte. Sie reichen von der Erstellung der Eingangsdiagnose und reichen bis hin zur Fortschreibungsdiagnose. Eine erhebliche Bedeutung kommt hier der Prozessdiagnose zu, die nicht nur der Feststellung des aktuellen Förderbedarfs dient, sondern auch die Grundlage für die Anpassung der Fördermaßnahme an den Entwicklungsstand und die Lernvoraussetzungen des Schülers darstellt (vgl. Arnold, 2000). Bei der

Fortschreibung der Diagnose kommt der Überprüfung, ob eine Rückführung des Schülers in die allgemeine Schule möglich ist, eine besondere Bedeutung zu. Insofern sind allgemeine Psychodiagostik und Förderdiagnostik vor allem dadurch abzugrenzen, als dass durch Förderdiagnostik der Grad einer Zielerreichung erfasst wird und Abweichungen eher kriteriumsorientiert anstatt normorientiert bewertet werden sollen. Förderdiagnostik hat damit weniger die Beschreibung und Differenzierung von Personen zum Ziel, sondern dient der fortwährenden Entscheidungsunterstützung, von der Indikation einer Fördermaßnahme bis zur katamnestischen Ergebnisbewertung; sie ist demnach *prozessgestaltend* und *problemlöseorientiert.*

In Anlehnung an Arnold und Kretschmann (2002) lassen sich zumindest vier zentrale Fragestellungen der sonderpädagogischen Förderdiagnostik unterscheiden.

Kasten 6:
Grundlegende Fragestellungen der sonderpädagogischen Förderdiagnostik nach Arnold und Kretschmann (2002)

- Liegt sonderpädagogischer Förderbedarf vor, und wenn ja, in welchem Umfang und an welchem Förderort (= *Eingangsdiagnose*)?
- Welche Förderziele in welchen Förderbereichen sollen mit welchen Fördermethoden in welcher Reihenfolge bzw. zeitgleich realisiert werden (= *Förderdiagnose im engeren Sinne*)?
- Welche spezifischen Lernfortschritte und Lernschwierigkeiten treten im Prozess der Förderung auf (= *Prozessdiagnose*)?
- Wie ist die geplante Förderung verlaufen und welche Spezifizierungen bzw. Änderungen des Förderplans müssen vorgenommen werden (= *Fortschreibungsdiagnose*)?

Die Diagnosestellung und Diagnosefortschreibung erfolgt idealer Weise unter Beteiligung verschiedener Fachdienste (u. a. schulärztlicher Dienst, schulpsychologischer Dienst, Kinder- und Jugendpsychiatrie, Klinische Kinderpsychologie). So wird im § 12 Ermittlung des sonderpädagogischen Förderbedarfs der AO – SF von Nordrhein-Westfalen im vierten Abschnitt explizit darauf hingewiesen, dass Gutachten weiterer Fachkräfte oder Fachdienste eingeholt werden können, und zwar zur Unterstützung der Entscheidungsfindung über den Förderbedarf in einem Förderschwerpunkt. Gerade wenn es beispielsweise um differenzialdiagnostische Abgrenzungen geht, sind diagnostische Spezialkenntnisse gefragt. So ist im Bereich Lernen eine generelle Lernbehinderung von Lernstörungen (DSM-IV, 1996) beziehungsweise von umschriebenen Entwicklungsstörungen (ICD-10, 1993) abzugrenzen. Diese eingegrenzten Störungen, manchmal auch Teilleistungsstörungen genannt, umfassen die Lese- und Rechtschreibstörung, isolierte Rechtschreibstörung, Rechenstörung oder Kombinationen derselben. Besonders das kombinierte Auftreten erschwert die differenzialdiagnostische Abgrenzung.

Die weiteren Schritte des diagnostischen Prozesses im Anschluss an die Eingangsdiagnose dienen der Konkretisierung der pädagogischen (ggf. auch der therapeutischen) Maßnahmen. Wesentlich sind hierbei:
- die Maßnahmen und Maßnahmenabfolge auf der Ebene von überprüfbaren Feinzielen zu formulieren,
- den Lernverlauf und die Lernfortschritte unter Beachtung der Kontextbedingungen lernprozessbegleitend zu dokumentieren und fair zu bewerten und
- dem Schüler bei „Lernspurts" beziehungsweise „Lernrückschlägen" eine modifizierte, der Lern- und Lebenssituation angemessene Fördermaßnahme anzubieten (= Fortschreibung des Förderbedarfs).

Von der Eingangsdiagnose ausgehend umfasst der förderdiagnostische Prozess minimal vier Schritte, die – stark vereinfacht – in Abbildung 1 dargestellt sind. Das Ziel besteht darin, die Arbeitsschritte zur Gewinnung, Erstellung und Umsetzung eines diagnostischen Urteils zu konkretisieren und zu operationalisieren. Selbstverständlich müssen die Fördermaßnahmen und der aktuelle Lern- und Entwicklungsstand des Schülers detailliert und zeitnah aufeinander abgestimmt werden. Die begründete Fortschreibung des Förderbedarfs und die Modifikation des individuellen Förderkontraktes bilden eine Etappe in der Realisierung der

Erstellen einer Eingangsdiagnose
- Feststellung des sonderpädagogischen Förderbedarfs
- Feststellung des sonderpädagogischen Förderschwerpunktes und Förderortes

↓

Erstellung einer Förderdiagnose im engeren Sinne
- Erstellung eines differenzierten Entwicklungs- und Förderprofils
- Ableitung von Feinzielen der Förderung
- Festlegung eines detaillierten Förderplanes inklusive Vorgehen und Methoden
- Schließen eines Förderkontraktes

↓

Prozessbegleitende Diagnostik
- Feststellung des Lern- und Entwicklungsverlaufs sowie der Lernfortschritte
- Bewertung der Fortschritte unter Beachtung der Kontextbedingungen

↓

Fortschreibung des Förderbedarfs
- Evaluation des Förderbedarfs
- gegebenenfalls Aktualisierung des Förderplans
- Modifikation des Förderkontraktes

Abbildung 1:
Sonderpädagogische Förderdiagnostik: Schritte des diagnostischen Prozesses

gesamten Förderung (vgl. Abb. 1). Die Fortschreibung des Förderbedarfs wird solange weitergeführt, bis das Förderziel erreicht ist. Wird das angestrebte Förderziel wiederholt verfehlt, sind die Rahmenbedingungen der Förderung und die Förderziele zu überprüfen und gegebenenfalls zu verändern.

3 Entwicklungspsychopathologische Konzepte zur Begründung von Förderdiagnosen

Die psychologische Diagnostik bietet für alle Bereiche eines sonderpädagogischen Förderbedarfs Verfahren und Methoden zur Informationsgewinnung an, mit denen eine sonderpädagogische Beurteilung des Lern- und Entwicklungsstandes, der Lernpotenziale sowie der Ressourcen eines Schülers und seines sozialen Umfeldes möglich ist (vgl. Naglieri & LeBuffe, 2005). Psychologische Diagnostik lässt sich nicht in einengender Weise auf Leistungsdiagnostik, vornehmlich Intelligenz- und Schulleistungsdiagnostik, reduzieren (vgl. Mand, 1998; Rózsa & Langfeldt, 1998), sondern jede Theoriebildung in der Psychologie hat Implikationen für die Diagnostik. Insbesondere bieten Konzepte und Ergebnisse der Entwicklungspsychopathologie (vgl. Fuhrer, 2005; Göppel, 1997; Maston, 2003; Niebank & Petermann, 2002) geeignete Grundlagen zur Beschreibung des sonderpädagogischen Förderbedarfs an. Die Befunde neuerer entwicklungspsychopathologisch orientierter Längsschnittstudien belegen die Brauchbarkeit von Modellen abweichender Entwicklung und erlauben, das vom kindlichen Lebensalter abhängige Ausmaß des Einflusses von Risiko- und Schutzfaktoren zu spezifizieren, die auf ein Kind und seine Umgebung einwirken. Damit verbessert sich nachhaltig die Möglichkeit, rechtzeitig anhand von Vorläuferauffälligkeiten (vgl. Daseking, Lemcke & Petermann in diesem Band) Maßnahmen der Frühförderung zu initiieren.

Entwicklungspsychopathologische Konzepte setzen an biopsychosozialen Erklärungsmodellen der Entstehung von Störungen an, so dass je nach Störung erkennbar wird, welche Fördermethoden besonders vielversprechend sind und in welcher Weise die Bezugspersonen eines Kindes einbezogen werden müssen. Sie geben Hinweise auf die Stabilität und den Generalisierungsgrad einer Störung und verweisen auf die Bedingungen eines ungünstigen Entwicklungsverlaufs, auf eine mögliche positive Prognose sowie auf den Förderaufwand und -umfang (Niebank & Petermann, 2002). Die Kenntnisse solcher entwicklungspsychopathologischen Zusammenhänge geben Hinweise darauf, welche multimodalen und multimethodalen Diagnosestrategien bei einem Problem anzuwenden sind (siehe Abschnitte 1 und 4 in diesem Kapitel).

Exemplarisch sei im Folgenden auf ausgewählte Modelle der Entwicklungspsychopathologie hingewiesen, die für die Feststellung sonderpädagogischen Förderbedarfs genutzt werden könnten:

- Entwicklungsmodelle aggressiv-dissozialen Verhaltens (vgl. Dodge & Pettit, 2003; Smith & Farrington, 2004) enthalten beispielsweise die wichtige Unterscheidung eines frühen und späten Entwicklungsbeginns aggressiven Verhaltens und ermöglichen damit angemessenere Einschätzungen der Stabilität dieses Problemverhaltens;
- entwicklungsneuropsychologische Konzepte erklären Teilleistungsstörungen mit Hilfe von Funktionsdefiziten (vgl. Beaton, 2004; Hasselhorn et al., 2003; Jacobs & Petermann, 2005), die die gezielte Entwicklung computergestützter Testverfahren nahelegen;
- das Resilience-Konzept verbessert die gezielte Planung von Fördermethoden für ein Kind und seine Eltern sowie die Wahl des passenden Förderorts (vgl. Holtmann & Schmidt, 2004; Lösel & Bender, 2003; Sesma, Mannes & Scales, 2005; Werner, 2005).

Die entwicklungspsychopathologischen Ergebnisse sollten in sonderpädagogisch orientierte Strategien der Frühdiagnostik einfließen. Neben der Entwicklungsdimension muss im Bereich der sonderpädagogischen Diagnostik aber auch der Kulturspezifität von Testaussagen Rechnung getragen werden. Nach einer aktuellen Übersicht von Lauth und Schlottke (2005) sind Kinder mit ausländischer Herkunft in der Sonderschule stark überrepräsentiert; ihr Anteil beträgt ungefähr 20 %. Auf diesem Hintergrund müssen Studien zur Kulturabhängigkeit einzelner Testverfahren verstärkt in Angriff genommen werden (vgl. erste Arbeiten von Brachet, 2003; Brachet, Holub & Schimmig, 2004).

In der Sonderpädagogik, besonders bei der Förderung sehr junger Kinder, sind die Grenzen zwischen präventiven und rehabilitativen Konzepten schwer voneinander abgrenzbar. Vielfach wird man große Kindergruppen durch Screenings im Hinblick auf mögliche Entwicklungsrisiken untersuchen müssen. Solche Screenings liegen mittlerweile für nahezu alle Verhaltens- und Entwicklungsbereiche des Kindesalters vor (vgl. Borchert, Knopf-Jerchow & Dahbashi, 1991; Brähler, Holling, Leutner & Petermann, 2002). Auch wenn sich solche Screenings vielfach an den Störungskonzepten der Kinder- und Jugendpsychiatrie oder Klinischen Kinderpsychologie orientieren, besitzen sie in der Regel auch für die Sonderpädagogik Aussagekraft (vgl. Arnold & Hoffmann, 1999). In manchen Fällen muss man diese Screenings jedoch durch situtations- und schulspezifische Aspekte ergänzen (vgl. Fingerle & Mutzek, 1996; Petermann, Menzel & Eckert, 2003; Petermann & Petermann, 2006b).

4 ICF als sonderpädagogische Klassifikationshilfe

Wesentliche Kritikpunkte an der psychologischen Diagnostik resultieren aus der Diskussion über die Krise der psychologischen Diagnostik aus den 70er Jahren des letzten Jahrhunderts (vgl. die retrospektive Bewertung von Westmeyer, 2004). Insbesondere wurde die Übertragung des medizinischen Modells auf die Psychologie und die Orientierung am Defizitmodell kritisiert. Diese Medizinorientierung setzte sich in den folgenden Jahrzehnten fort, was sich am deutlichsten in der Übernahme der psychiatrischen Klassifikationssysteme (ICD, DSM) im Bereich der Klinischen Psychologie äußerte. Die generelle Aussagekraft solcher Diagnoseklassen und vor allem ihre prognostische Validität wurden seitens der Sonderpädagogik wiederholt in Frage gestellt (vgl. u. a. Eggert, 1998; Knauer, 1998; Neukäter, David & Voigt, 1995; Schuck, 2000). Eine Neuorientierung und damit eine Lösung der mit dieser Diskussion verbundenen Dilemmata bietet möglicherweise die ICF (International Classification of Functioning, Disability and Health, dt. 2004), die die Nachfolge der internationalen Klassifikation der Schädigungen, Fähigkeitsstörungen und Beeinträchtigungen (ICIDH) aus dem Jahre 1980 antritt. Dabei geht es nicht darum, die psychiatrischen Klassifikationssysteme gegen die ICF auszutauschen; vielmehr ergänzen sie sich sinnvoll. Eine operationale, kriteriengeleitete Feststellung einer Störung mit Hilfe der ICD-10 (1993) oder des DSM-IV (1996) wird erweitert um Aspekte der Funktionsfähigkeit und ihrer Beeinträchtigung, die die Aktivitäts- und Partizipationsmöglichkeiten festlegen; darüber hinaus richtet die ICF den Blick auf Kontextfaktoren wie beispielsweise Umwelteinflüsse, die besonders für Kinder eine große Bedeutung haben (vgl. Biermann & Goetze, 2005; Lindmeier, 2002).

Die ICF wurde 2001 von der WHO verabschiedet und in den letzten Jahren schrittweise auch für die Klassifikation der Funktionsfähigkeit, Behinderung und Gesundheit von Kindern und Jugendlichen angewandt, obwohl zurzeit (Stand: Dezember 2005) noch keine offizielle deutschsprachige Version für Kinder und Jugendliche vorliegt (vgl. die deutschsprachige Fassung der Erwachsenenversion ICF, 2004; Schuntermann, 2005). Die ICF basiert auf einem erweiterten biopsychosozialen Krankheitsmodell, bei dem die Kontextfaktoren (bei Kindern vor allem der familiäre und schulische Hintergrund) berücksichtigt werden. Die ICF bietet eine Mehrebenen-Klassifikation an, die sicherstellen soll, dass auch die Lebenssituation des Betroffenen umfassend berücksichtigt wird. Darüber hinaus liefert sie eine Disziplinen übergreifende gemeinsame Sprachform bezüglich Funktionsfähigkeit, Behinderung und Gesundheit, um eine optimale Durchführung von Fördermaßnahmen zu gewährleisten. Die ICF erfasst neben den Defiziten einer Person auch ihre psychosozialen Ressourcen und bezieht die Dimensionen Körperstruktur und Körperfunktion anstelle von Schädigung (Impairment), Aktivitäten und Partizipation anstelle von Fähigkeitsstörungen (Disability) und Beeinträchtigung (Handicap) ein und fügt die oben erwähnten Kontextfaktoren hinzu. Die Kontextfaktoren beziehen sich neben der kindlichen Umwelt auch auf krankheitsfördernde und -hemmende Einflüsse.

5 Zum Alltag des sonderpädagogischen Diagnostizierens

Hofmann veröffentlichte im Jahre 2002 eine Studie zur Praxis der sonderpädagogischen Diagnostik in Hessen. Insgesamt wurden 159 Sonderpädagogen befragt; davon gaben 5,2 % an, nur informell zu testen, 38,5 % nur standardisiert und der Großteil (56,3 %) setzte zur Urteilsfindung informelle und standardisierte Verfahren ein. Unabhängig davon verwenden bis zu 90 % der Befragten Intelligenz- und Schulleistungstests. In dieser Studie, die sich mit der diagnostischen Kompetenz von Hessischen Beratungs- und Förderzentren befasste, wurde auch danach gefragt, unter welcher theoretischen Sichtweise die Bearbeitung der diagnostischen Fragestellungen erfolgte. Die Ergebnisse sind in Tabelle 1 dargestellt.

Tabelle 1:
Befragungsergebnis von Sonderpädagogen im Bundesland Hessen (n = 159); Mehrfachnennungen waren möglich (vgl. Hofmann, 2002)

Bevorzugte theoretische Sichtweise	Prozent
– Entwicklungsorientierung	87 %
– Lerntheorie	54 %
– Systemische Sichtweise	32 %
– Interaktionstheorie	29 %
– Medizinische Sichtweise	25 %
– Tiefenpsychologie	13 %
– Sonstiges	8 %

Die Ergebnisse verdeutlichen, dass die sonderpädagogische Praxis eher pragmatisch orientiert ist und die testkritische Haltung der akademischen Sonderpädagogik kaum teilt. Die beiden bevorzugten theoretischen Sichtweisen unterstreichen diese Aussage. Der Großteil der Praktiker stützt sich auf eine entwicklungsorientierte und/oder lerntheoretische Sichtweise im Rahmen des förderdiagnostischen Handelns. Die Verwendung der Bezeichnung „entwicklungsorientiert“ drückt dabei das Interesse an der ganzheitlichen Betrachtung der Entwicklung eines Kindes aus.

6 Schlussfolgerungen und Perspektiven

Diagnostisches Handeln besteht immer aus Klassifizieren, Bewerten und Entscheiden. Hier bildet die Förderdiagnostik in ihren Handlungsbezügen keine Ausnahme: Gerade Indikationsstellungen müssen auf Basis einer wissenschaftlich abgesicherten und in der Praxis aussagefähigen Diagnostik erfolgen.

Von dem seit einigen Jahren einsetzenden Boom in der psychologischen Diagnostik kann die sonderpädagogische Förderdiagnostik in vielfältiger Weise profitieren. In diesem Zusammenhang sollte man in regelmäßigen Abständen überprüfen, ob und in welcher Form solche Fortschritte in der Praxis umsetzbar sind und wie sie bei der Erstellung von sonderpädagogischen Gutachten berücksichtigt werden können (vgl. Klicpera & Gasteiger-Klicpera, 2004; Nußbeck, 2001).

Im Bereich der Betreuung lernbehinderter Schüler (vgl. Kretschmann in diesem Band) sind die Fortschritte der Intelligenzdiagnostik (vgl. Holling, Preckel & Vock, 2004; Petermann & Petermann, 2006a) offensichtlich geeignet, die frühere sonderpädagogische Kritik an der Intelligenzdiagnostik (vgl. Brachet, 2003; Kretschmann, 1985) auszuräumen. Für die Förderung verhaltensgestörter Kinder liegen zahlreiche Erhebungsverfahren vor, die die kombinierten Beeinträchtigungen solcher Schüler nicht nur objektiv, zuverlässig und gültig, sondern auch fair erfassen (vgl. Lauth & Mackowiak sowie Seitz, Koglin & Petermann in diesem Band). Die umfassendsten Fortschritte der letzten Jahre liegen im Sektor der umschriebenen Entwicklungsstörungen vor (inkl. der damit verbundenen Vorläuferauffälligkeiten). Hiermit beschäftigen sich vier Beiträge dieses Bandes, nämlich Schwenk und Schneider (Lesen und Schreiben), von Suchodoletz (Artikulationsstörungen), Amorosa (Sprachstörungen) sowie Daseking, Lemcke und Petermann (Vorläuferstörungen schulischer Fertigkeiten).

Aktuelle kinderneuropsychologische Ansätze führen zu neuen Diagnosestrategien. Mit ihrer Hilfe können auch komplexe Systeme basaler Fertigkeiten differenziert untersucht werden, wie beispielsweise Wahrnehmungs-, Aufmerksamkeits-, Impulssteuerungs- oder Gedächtnisfunktionen (vgl. Heubrock & Petermann, in diesem Band). Der Diagnose von Stärken und Schwächen in solchen basalen Fertigkeiten können präzise Hinweise für die Förderung von Kindern entnommen werden. Die Nutzung solcher diagnostischen Angebote in der Sonderpädagogik wäre vor allem für die Förderung mehrfachbehinderter Kinder und Jugendlichen besonders vorteilhaft (vgl. Schmidt-Ohlemann, 2005).

Bei aller Hoffnung, die sich aus den in den Beiträgen dieses Bandes skizzierten Befunden, Theorien und Methoden für die sonderpädagogische Diagnostik ergeben, ist jedoch auch Skepsis angebracht, was die zügige Umsetzung und Nutzung der wissenschaftlichen Fortschritte für die sonderpädagogische Praxis der Förderdiagnostik in Deutschland anbelangt. Hier können wir uns nur dem Votum von Karl Josef Klauer (2003), einem besonders prominenten Verfechter der empirisch-orientierten Sonderpädagogik, anschließen, der sich vehement dafür einsetzt, ein nationales Forschungsinstitut zu gründen, das sich behinderten Kindern widmet und das für diese Kinder geeignete diagnostische Verfahren und wirksame Förderinstrumente entwickelt und erprobt.

Literatur

Arnold, K.-H. (2000). Sonderpädagogische Begutachtung und Förderplanerstellung: ein Strukturschema. In W. Mutzek (Hrsg.), *Förderplanung. Grundlagen, Methoden, Alternativen* (S. 33–44). Weinheim: Deutscher Studienverlag.

Arnold, K.-H. & Hoffmann, G. (1999). Diagnose von Verhaltensauffälligkeiten bei Schülern: Anwendungsmöglichkeiten des Lehrerfragebogens TRF in der sonderpädagogischen Förderung. *Kindheit und Entwicklung, 8,* 100–110.

Arnold, K.-H. & Kretschmann, R. (2002). Von der Eingangsdiagnose zu Förderungs- und Fortschreibungsdiagnosen. *Zeitschrift für Heilpädagogik, 53,* 266–271.

Beaton, A. A. (2004). *Dyslexia, reading and the brain.* Hove: Psychology Press.

Biermann, A. & Goetze, H. (2005). *Sonderpädagogik. Eine Einführung.* Stuttgart: Kohlhammer.

Borchert, J., Knopf-Jerchow, H. & Dahbashi, A. (1991). *Testdiagnostische Verfahren in Vor-, Sonder- und Regelschulen.* Heidelberg: Asanger.

Brachet, I. (2003). „Ist kulturunabhängiges Testen der Intelligenz möglich?" Eine Frage insbesondere auch für die sonderpädagogische Diagnostik. *Sonderpädagogik, 33,* 150–161.

Brachet, I., Holub, I. & Schimmig, B. (2004). Einsatzmöglichkeiten der „Hamburger Schreibprobe 1+ und 2" zur Überprüfung der Kenntnisse der Rechtschreibstrategien von Kindern türkischer Abstammung. *Zeitschrift für Heilpädagogik, 55,* 190–201.

Brähler, E., Holling, H., Leutner, D. & Petermann, F. (Hrsg.). (2002). *Brickenkamp Handbuch psychologischer und pädagogischer Tests. 2 Bände* (3., vollst. überarb. Aufl.). Göttingen: Hogrefe.

Bundschuh, K. (2005). *Einführung in die sonderpädagogische Diagnostik* (6. Aufl.). München: Reinhardt.

Dodge, K. A. & Pettit, G. S. (2003). A biopsychosocial model of the development of chronic conduct problems in adolescence. *Developmental Psychology, 39,* 349–371.

Döpfner, M., Lehmkuhl, G., Petermann, F. & Scheithauer, H. (2002). Diagnostik psychischer Störungen. In F. Petermann (Hrsg.), *Lehrbuch der Klinischen Kinderpsychologie und -psychotherapie* (5. korr. Aufl.; S. 95–130). Göttingen: Hogrefe.

DSM-IV (1996). *Diagnostisches und Statistisches Manual Psychischer Störungen.* Göttingen: Hogrefe.

Eggert, D. (1998). *Von den Stärken ausgehen. Individuelle Entwicklungspläne (IEP) in der Lernförderungsdiagnostik* (3. Aufl.). Dortmund: Borgmann.

Fingerle, M. & Mutzek, W. (1996). SVS – Die Entwicklung eines Screening-Instrumentes für Verhaltensauffälligkeiten im Schulbereich. Erste Ergebnisse zur Konstruktvalidität und zur Reliabilität. *Sonderpädagogik, 26,* 180–193.

Fuhrer, U. (2005). *Lehrbuch Erziehungspsychologie.* Bern: Huber.

Göppel, R. (1997). *Ursprünge der seelischen Gesundheit. Risiko- und Schutzfaktoren der kindlichen Entwicklung.* Würzburg: edition bentheim.

Hasselhorn, M., Grube, D., Mähler, C., Zoelch, C., Gaupp, N. & Schumann-Hengsteler, R. (2003). Differentialdiagnostik basaler Funktionen des Arbeitsgedächtnisses. In G. Ricken, A. Fritz & C. Hofmann (Hrsg.), *Diagnose: Sonderpädagogischer Förderbedarf* (S. 277–291). Lengerich: Pabst.

Hofmann, C. (2002). *Diagnostische Kompetenz an Hessischen Sonderschulen.* Wiesbaden: Hessisches Kultusministerium.

Holling, H., Preckel, F. & Vock, M. (2004). *Intelligenzdiagnostik.* Göttingen: Hogrefe.

Holtmann, M. & Schmidt, M. H. (2004). Resilienz im Kindes- und Jugendalter. *Kindheit und Entwicklung, 13,* 195–200.

ICD-10 (1993). *Internationale Klassifikation psychischer Störungen: ICD-10, Kapitel V (F). Klinisch-diagnostische Leitlinien.* Bern: Huber.

ICF (2004). *Internationale Klassifikation der Funktionsfähigkeit, Behinderung und Gesundheit.* Genf: WHO.

Jacobs, C. & Petermann, F. (2005). *Diagnostik von Rechenstörungen*. Göttingen: Hogrefe.

Klauer, K. J. (2003). Über internationale Entwicklungstendenzen sonderpädagogischer Diagnostik unter förderdiagnostischem Aspekt. In G. Ricken, A. Fritz & C. Hofmann (Hrsg.), *Diagnose: Sonderpädagogischer Förderbedarf* (S. 127–142). Lengerich: Pabst.

Klicpera, C. & Gasteiger-Klicpera, B. (2004). Erstellung von Gutachten über den sonderpädagogischen Förderbedarf: Ergebnisse einer Befragung der Bezirksschulräte und der Leiter der sonderpädagogischen Zentren in drei österreichischen Bundesländern. *Heilpädagogik, 36,* 901–904.

Knauer, S. (1998). Zum Problem des Diagnostikbegriffs im Zusammenhang pädagogischer Handlungsfelder. In H. Eberwein & S. Knauer (Hrsg.), *Handbuch Lernprozesse verstehen. Wege einer neuen (sonder-) pädagogischen Diagnostik* (S. 54–65). Weinheim: Beltz.

Kretschmann, R. (1985). Taugen Intelligenztests für förderdiagnostische Entscheidungen? *Zeitschrift für Heilpädagogik, 36,* 901–904.

Lauth, G. W. & Schlottke, P. F. (2005). Lernbehinderte Kinder. In P. F. Schlottke, S. Schneider, R. K. Silbereisen & G. W. Lauth (Hrsg.), *Störungen im Kindes- und Jugendalter – Verhaltensauffälligkeiten* (S. 327–348). Göttingen: Hogrefe.

Lindmeier, C. (2002). Rehabilitation und Bildung – Möglichkeiten und Grenzen der neuen WHO-Klassifikation der Funktionalität, Behinderung und Gesundheit (ICF). *Die neue Sonderschule, 47,* 413–425.

Lösel, F. & Bender, D. (2003). Protective factors and resilience. In D. P. Farrington & J. W. Coid (Eds.), *Early prevention of adult antisocial behavior* (pp. 130–204). Cambridge: Cambridge University Press.

Mand, J. (1998). Förderdiagnostik als Lernprozessdiagnostik. Begründung, Methodenprobleme und diagnostischer Alltag. In H. Eberwein & S. Knauer (Hrsg.), *Handbuch Lernprozesse verstehen. Wege einer neuen (sonder-) pädagogischen Diagnostik* (S. 39–53). Weinheim: Beltz.

Maston, A. S. (2003). Developmental psychopathology as an unifying context for mental health and educational models, research and practice in school. *School Psychology Review, 32,* 169–173.

Naglieri, J. A. & LeBuffe, P. A. (2005). Measuring resilience in children. From theory to practice. In S. Goldstein & R. B. Brooks (Eds.), *Handbook of resilience in children* (pp. 107–121). New York: Kluwer Academic/Plenum.

Neukäter, H., David, D. & Voigt, U. (1995). Was leisten psychologische Tests zur Bestimmung von Verhaltensstörungen? *Sonderpädagogik, 25,* 184–191.

Niebank, K. & Petermann, F. (2002). Grundlagen und Ergebnisse der Entwicklungspsychopathologie. In F. Petermann (Hrsg.), *Lehrbuch der Klinischen Kinderpsychologie und -psychotherapie* (5. korr. Aufl.; S. 57–94). Göttingen: Hogrefe.

Nußbeck, S. (2001). Zum sogenannten Paradigmenwechsel in der sonderpädagogischen Diagnostik. *Sonderpädagogik, 31,* 46–52.

Petermann, F. & Petermann, U. (2000). *Aggressionsdiagnostik*. Göttingen: Hogrefe.

Petermann, F. & Petermann, U. (Hrsg.). (2006a). *Hamburg-Wechsler-Intelligenztest für Kinder (HAWIK-IV)*. Bern: Huber.

Petermann, U., Menzel, S. & Eckert, F. (2003). Verhaltensbeurteilungsbogen (VBS-L). *Zeitschrift für Heilpädagogik, 54,* 99–104.

Petermann, U. & Petermann, F. (2006b). *Sozial- und Lernverhalten. Einschätzliste Lehrerversion (SL-L)*. Göttingen: Hogrefe.

Rózsa, J. & Langfeldt, H.-P. (1998). Welche Fördermaßnahmen empfehlen Sonderschullehrerinnen und Lehrer in ihren Gutachten. *Sonderpädagogik, 28,* 194–205.

Schmidt-Ohlemann, M. (2005). Mehrfachbehinderungen bei Kindern und Jugendlichen. In Bundesarbeitsgemeinschaft für Rehabilitation (Hrsg.), *Rehabilitation und Teilhabe* (3., völlig veränd. Aufl.; S. 594–599). Köln: Deutscher Ärzte-Verlag.

Schuck, K. D. (2000). Diagnostik. In J. Borchert (Hrsg.), *Handbuch der Sonderpädagogischen Psychologie* (S. 233–249). Göttingen: Hogrefe.

Schuck, K. D. (2004). Zur Bedeutung der Diagnostik bei der Begleitung von Lern- und Entwicklungsprozessen. *Zeitschrift für Heilpädagogik, 55,* 350–360.

Schuntermann, M. F. (2005). *Einführung in die ICF.* Landsberg: ecomed.

Sesma, A., Mannes, M. & Scales, P. C. (2005). Positive adaption, resilience, and the developmental asset framework. In S. Goldstein & R. B. Brooks (Eds.), *Handbook of resilience in children* (pp. 281–296). New York: Kluwer Academic/Plenum.

Smith, C. A. & Farrington, D. P. (2004). Continuities in antisocial behaviour and parenting across three generations. *Journal of Child Psychology and Psychiatry, 45,* 230–247.

Werner, E. E. (2005). What can we learn about resilience from large-scale longitudinal studies? In S. Goldstein & R. B. Brooks (Eds.), *Handbook of resilience in children* (pp. 91–105). New York: Kluwer Academic/Plenum.

Westmeyer, H. (2004). Die sogenannte Krise der psychologischen Diagnostik. Erinnerungen an die 70er Jahre des 20. Jahrhunderts. *Diagnostica, 50,* 10–16.

Wocken, H. (2000). Leistung, Intelligenz und Soziallage von Schülern mit Lernbehinderungen. *Zeitschrift für Heilpädagogik, 51,* 492–503.

Kapitel 2

Rahmenbedingungen und diagnostische Umsetzung zur Feststellung sonderpädagogischen Förderbedarfs in Bayern

Konrad Bundschuh

Zusammenfassung

Bezug nehmend auf zentrale Gesetzestexte und Verordnungen stellt der Beitrag relevante Aspekte zur Feststellung des sonderpädagogischen Förderbedarfs in Bayern dar. Hierbei werden nicht nur Hinweise zu den verschiedenen Gutachtenformen im Kontext sonderpädagogischer Förderung gegeben, sondern auch in akzentuierter Weise Möglichkeiten einer testdiagnostischen Umsetzung in einer kompetenzorientierten Perspektive kritisch diskutiert. Orientiert am individuellen Förderbedarf in den Bereichen Lernen, geistige, soziale und emotionale Entwicklung, Bewegung, Sprache, Hören und Sehen bewegt sich Diagnostik in diesem Arbeitsfeld zunehmend von der Makro- hin zur Mikrodiagnostik.

1 Einleitung

Die gegenwärtigen Leitlinien zur Feststellung des sonderpädagogischen Förderbedarfs in Bayern sind vor dem Hintergrund einer Novellierung des Bayerischen Erziehungs- und Unterrichtsgesetzes (BayEUG) zu sehen, welches zum 1. August 2003 in Kraft trat. Die Novellierung stellt das Ergebnis einer einjährigen Diskussion dar und bezieht sich unter anderem auf

- eine „Unzufriedenheit" mit dem Behinderungsbegriff im BayEUG von 1994,
- die Frage schulischer Förderung im Kontext gegenwärtiger Integrationsdiskussion,
- die Einfügung des Benachteiligungsverbotes für Menschen mit Behinderungen im Grundgesetz (Art. 3 Abs. 3) und der Bayerischen Verfassung (Art. 118a) sowie
- eine zunehmende Differenzierung des institutionellen sonderpädagogischen Angebotes (vgl. Karl & Graf, 2003a, S. 148).

Vor dem Hintergrund dieser Entwicklungslinien und der seitens des Bayerischen Staatsministeriums für Unterricht und Kultus vertretenen Auffassung, nicht nur die Förderschule als eigenständige Schulart insbesondere für Schüler mit hohem sonderpädagogischem Förderbedarf zu erhalten, sondern zugleich auch integrative und kooperative Ansätze zu verstärken, ergaben sich für das neue

BayEUG auch wichtige sonderpädagogisch relevante Bestimmungen, die sich auf die Frage der Diagnostik des sonderpädagogischen Förderbedarfs auswirken. In den folgenden Ausführungen werden daher zentrale, für die sonderpädagogische Förderdiagnostik relevante Neuerungen des BayEUG dargelegt und Implikationen für die diagnostische Umsetzung zur Feststellung des sonderpädagogischen Förderbedarfs abgeleitet. Darüber hinaus werden zukünftige Perspektiven und wünschenswerte Veränderungen für Forschung und Praxis aufgezeigt.

2 Rahmenbedingungen des BayEUG im Kontext sonderpädagogischer Förderung

Das neue BayEUG weist auf eine vielfältige sonderpädagogische Förderung hin. Mit der Formulierung, „die sonderpädagogische Förderung ist im Rahmen ihrer Möglichkeiten Aufgabe aller Schularten" (BayEUG, Art. 2 Abs. 1), trägt es dem Anliegen Rechnung, zunächst den individuellen Förderbedarf eines Schülers zu eruieren und anschließend den entsprechenden Förderort zu finden. Dieser muss nicht zwangsläufig die Förderschule sein, auch die allgemeine Schule, insbesondere die Grund- bzw. Hauptschule kann dem sonderpädagogischen Förderbedarf entsprechen, wenn sie sich dem Anspruch individueller, bedürfnisorientierter Förderung in besonderer Weise annimmt und – im Bedarfsfall – der Mobile Sonderpädagogische Dienst (MSD) in die sonderpädagogische Förderung eingebunden wird. Kritisch ist allerdings anzumerken, dass mit der Formulierung „ ... im Rahmen ihrer Möglichkeiten ..." eine Verpflichtung der allgemeinen Schule zur integrativen Beschulung nur dann realisiert werden kann, wenn die allgemeinen Schulen „dies mit ihren personellen, sächlichen, organisatorischen und didaktisch-methodischen Möglichkeiten leisten können" (Karl & Graf, 2003a, S. 149). Um die Lehrkräfte der allgemeinen Schule für diese Thematik zu sensibilisieren, sind daher im Rahmen des Lehramtsstudiums sonder- und sozialpädagogische Studieninhalte im Bereich der Allgemeinen Pädagogik, der Schulpädagogik sowie der Psychologie vorgesehen (vgl. LPO I, § 36 Abs. 3). Darüber hinaus wurde ein Erweiterungsstudium im Hinblick auf „Förderung von Schülern mit besonderem Förderbedarf" implementiert (vgl. LPO I, § 110d).

2.1 Zur Gliederung des Förderschulwesens

Für jede bayerische Förderschule wird analog der von der Kultusministerkonferenz (KMK) empfohlenen Begrifflichkeit der jeweilige Förderschwerpunkt angegeben. Da die Schulen für Kranke eine Schulart „sui generis" darstellen, die nicht der sonderpädagogischen Förderung dienen (die Schüler dieser Schulart verbleiben in ihrer Stammschule), sind diese nachfolgend nicht aufgeführt:

- Förderschwerpunkt Sehen,
- Förderschwerpunkt Hören,
- Förderschwerpunkt körperliche und motorische Entwicklung,
- Förderschwerpunkt geistige Entwicklung,
- Förderschwerpunkt Sprache,
- Förderschwerpunkt Lernen und
- Förderschwerpunkt emotionale und soziale Entwicklung.

Die „Volksschulen zur sonderpädagogischen Förderung" sind im Allgemeinen als ein Förderzentrum für einen Förderschwerpunkt oder als Sonderpädagogisches Förderzentrum (SFZ) organisiert, wobei Schulen zur Sprachförderung, zur Lernförderung oder zur Erziehungshilfe als solche bestehen bleiben.

Alle Volksschulen zur sonderpädagogischen Förderung gliedern sich in eine Grundschul- und eine Hauptschulstufe, wobei im Rahmen des *Förderschwerpunktes geistige Entwicklung* eine Werkstufe hinzukommt. Die Klassenstufen sieben bis neun der Hauptschulstufe können als „sonderpädagogische Diagnose- und Werkstattklassen" geführt werden.

An den „Volksschulen zur sonderpädagogischen Förderung" mit den Förderschwerpunkten Sehen, Hören und motorische Entwicklung können zudem Berufsvorbereitungsjahre der Formen B und C angegliedert werden, um den dort beschulten Schülern eine Berufswahlentscheidung noch an ihrer Schule zu ermöglichen.

2.2 *Zur Frage des geeigneten Förderortes*

Nach dem BayEUG kann ein Schüler mit sonderpädagogischem Förderbedarf die allgemeine Schule besuchen, wenn er dort „aktiv" am Unterricht teilnehmen und der sonderpädagogische Förderbedarf an dieser Schule mit Unterstützung durch Mobile Sonderpädagogische Dienste erfüllt werden kann. Eine *aktive Teilnahme* am gemeinsamen Unterricht ist dann gegeben, wenn ein Schüler dort „überwiegend in der Klassengemeinschaft unterrichtet werden, den verschiedenen Unterrichtsformen der allgemeinen Schule folgen und dabei schulische Fortschritte erzielen kann sowie gemeinschaftsfähig ist" (BayEUG Art. 41 Abs. 1, Satz 2). Dieser Passus bedeutet in der Praxis, dass der Schüler mit sonderpädagogischem Förderbedarf über die Hälfte des Unterrichts auch in den Kernfächern in der Gesamtklasse unterrichtet werden kann und nicht weitgehender „Binnenseparierung" in Form von Einzel- oder Kleinstgruppenunterricht bedarf. Darüber hinaus muss er nicht nur mit den methodischen Formen des Unterrichts an der allgemeinen Schule zurechtkommen und erkennbare, das heißt auch messbare Lernfortschritte erzielen, die „im Gesamtspektrum der Bandbreite der Volksschule liegen" (Karl & Graf, 2003b, S. 191), sondern zudem in den in der allgemeinen Schule üblichen Sozialformen lernen, mit den dortigen Klassenstärken zurecht kommen und die Mitschüler nicht nachhaltig stören oder behindern. Es ist in diesem Zusammenhang kritisch anzumerken, dass das Integrationsverständnis des BayEUG als relativ anzusehen ist, da zwar Schüler mit einem sonderpädagogischen Förderbedarf in den Förderschwerpunkten Lernen und Sprache von diesen Regelungen wohl profitieren können, hingegen für Schüler mit einem Förderbedarf in den Förderschwerpunkten geistige Entwicklung oder emotional-soziale Entwicklung ein Besuch der allgemeinen Schule (insbesondere der Grund- bzw. Hauptschule) – unter pädagogischem und didaktischem Aspekt betrachtet – kaum möglich sein wird.

Betrachtet man die Verfahrensvorschriften zur Feststellung des sonderpädagogischen Förderbedarfs, lassen sich folgende Grundsätze erkennen (s. Abb. 1):

Die Schuleinschreibung eines Kindes erfolgt nach Art. 41 Abs. 3 BayEUG in der Regel in der Grundschule, wobei eine Anmeldung an der Förderschule dann möglich ist, wenn ausschließlich die Förderschule dem – beispielsweise im Rahmen der vorschulischen Förderung durch die mobile sonderpädagogische Hilfe (msH), der Frühförderung oder durch Screenings – festgestellten sonderpädagogischen Förderbedarf gerecht wird und die Eltern mit dem schulischen Förderort Förderschule einverstanden sind.

Damit ein Kind in eine Förderschule aufgenommen werden kann, ist stets ein sonderpädagogisches Gutachten zu erstellen, welches den Förderbedarf beschreibt und eine Empfehlung zum geeigneten Förderort ausspricht. Hierbei dürfen allerdings keine Bedingungen formuliert werden, unter denen eine Förderung in der Grundschule möglich wäre, die aber die Grundschule auf Grund ihrer personellen, sächlichen, organisatorischen und didaktisch-methodischen Möglichkeiten nicht zu leisten vermag: „Es wäre unzulässig, eine Aufnahme an die Volksschule davon abhängig zu machen, dass dort eine geringe Klassenstärke eingerichtet wird, dass ein hohes Maß an Stunden durch die Mobilen Sonderpädagogischen Dienste [mehr als 2 Std. pro Schüler und Woche] zur Verfügung steht oder dass ein Integrationshelfer gewährt wird“ (ebd., S. 192).

Während des Verfahrens zur Feststellung des sonderpädagogischen Förderbedarfs erweist es sich als bedeutsam, die Erziehungsberechtigten in jeder Phase zu beteiligen. Kann zwischen den Erziehungsberechtigten und der Schule kein Einvernehmen über den Förderort erzielt werden, trifft das zuständige Schulamt – gegebenenfalls unter Einbezug eines Schulpsychologen, einer erfahrenen Grundschullehrkraft und einer Fachkommission (Sonderschullehrer, evtl. ein staatlicher Schulberater oder Vertreter des Gesundheitsamtes) – hierüber eine Entscheidung (s. Abb. 2). Die Fachkommission selbst besitzt allerdings keine Entscheidungskompetenz, sondern gibt unter Berücksichtigung vorliegender Feststellungen und Ergebnisse ausschließlich eine Empfehlung an das Schulamt ab. Es ist in diesem Zusammenhang zu betonen, dass getroffene Schullaufbahn-

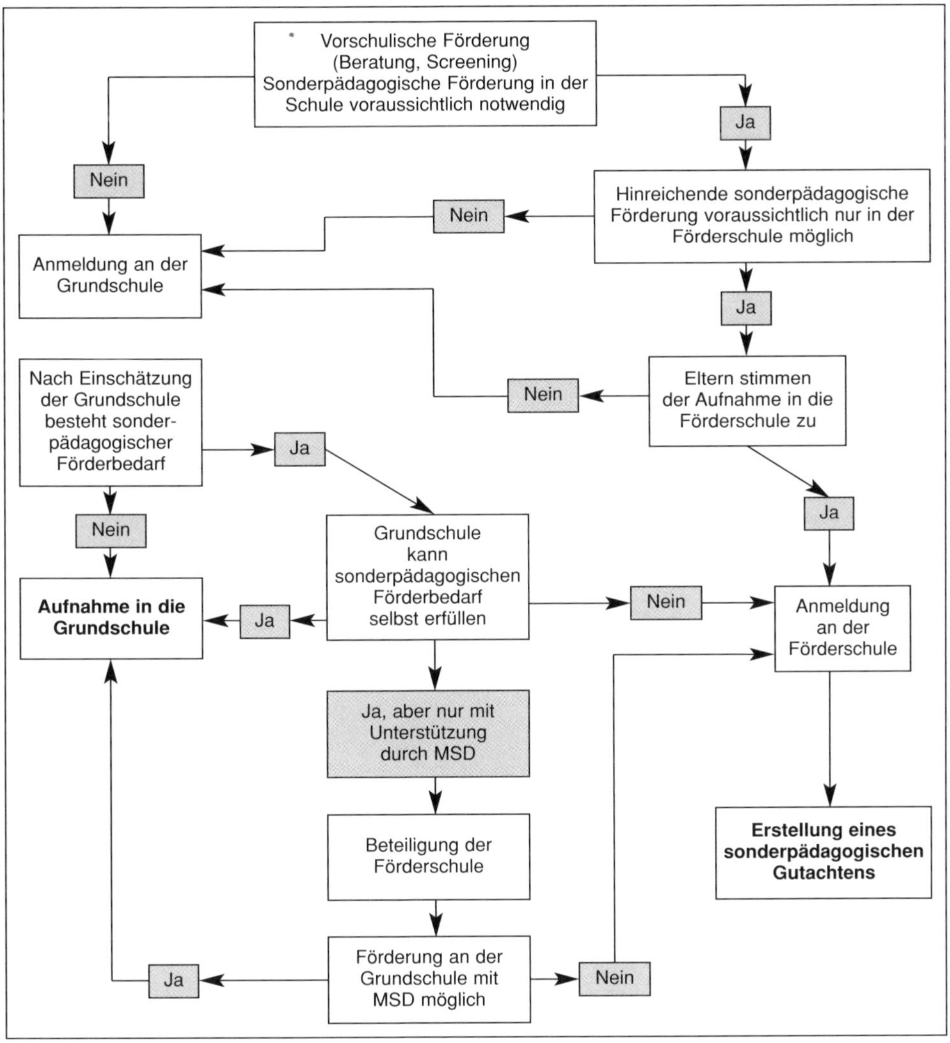

Abbildung 1:
Verfahrensschritte zur Feststellung des geeigneten Förderortes I
(Karl & Graf, 2003b, S. 192)

entscheidungen revidierbar sind. Erweist sich während der Schulzeit ein anderer Förderort als geeigneter, kann ein Wechsel vorgenommen werden. Hierbei gilt, dass Schüler, die die Voraussetzung der aktiven Teilnahme erfüllen, aber die Lernziele der Grund- bzw. Hauptschule nicht erreichen, den Förderort wählen können. Hingegen müssen Schüler, von denen ein erfolgreicher Besuch des Unterrichts der „Volksschule“ bzw. der Berufsschule angenommen wird, an die allgemeine Schule übertreten (ebd., S. 193).

2.3 Der Mobile Sonderpädagogische Dienst (MSD)

Schüler mit einem sonderpädagogischen Förderbedarf können – unter Berücksichtigung des Prinzips der „aktiven Teilnahme“ sowie unter der Voraussetzung, dass durch den MSD der sonderpädagogische Förderbedarf hinreichend erfüllt werden kann – an allgemein bildenden Schulen in Zusammenarbeit mit den

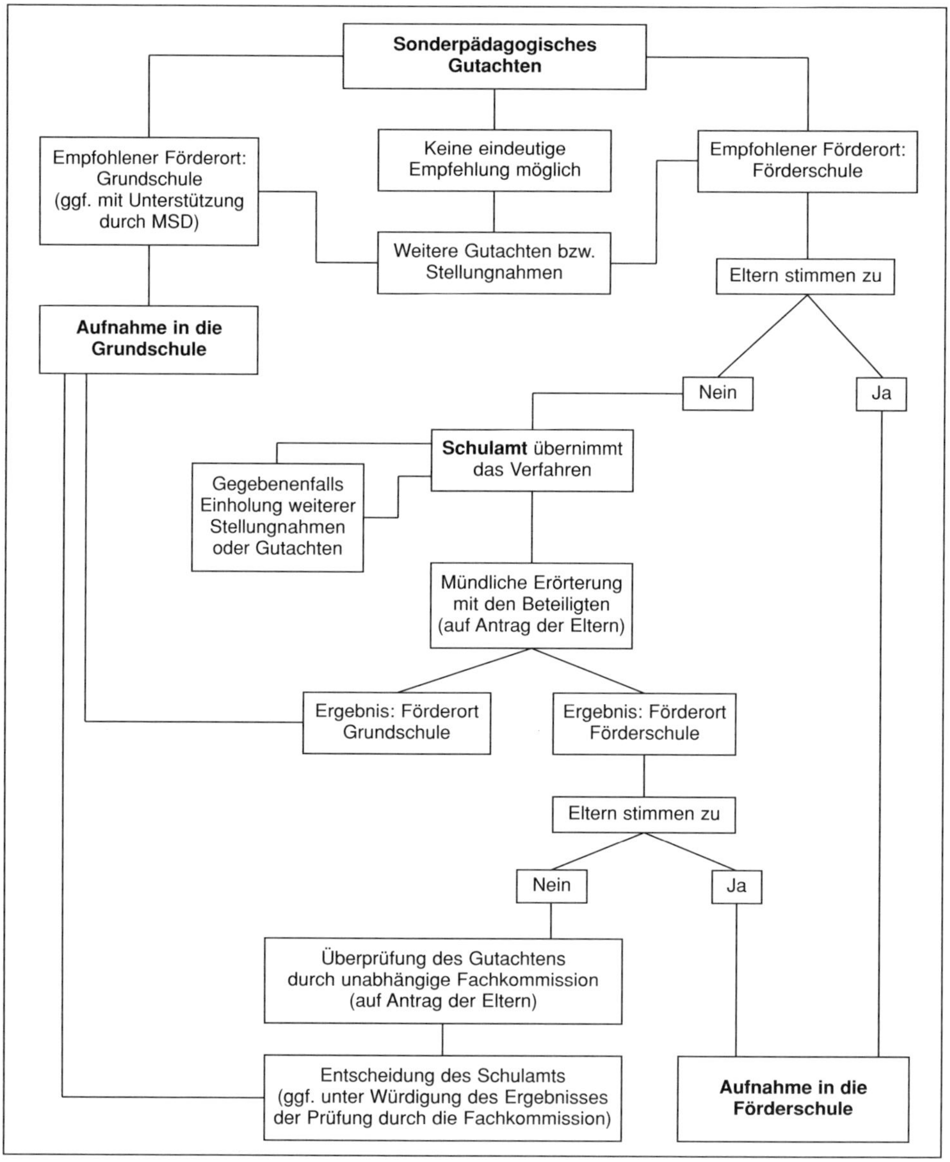

Abbildung 2:
Verfahrensschritte zur Feststellung des geeigneten Förderortes II (Karl & Graf, 2003b, S. 193)

Mobilen Sonderpädagogischen Diensten (MSD) unterrichtet werden. Die Förderung findet dabei an den jeweiligen Grund- und Hauptschulen der förderungsbedürftigen Schülerinnen und Schüler durch entsprechend qualifizierte Sonderschullehrkräfte statt. Die Schwerpunkte der Förderung liegen hierbei auf den Bereichen Sehen, Hören, körperliche und motorische Entwicklung, Sprache, emotionale und soziale Entwicklung sowie Lernen, wobei die Dauer der Förderung durch den MSD nur so lange aufrechterhalten wird, bis die allgemeine Schule ihre Unterrichts- und Erziehungsaufgaben (wieder) selbst durch eigene Kraft erfüllen kann. Damit versteht sich die Mobile Sonderpädagogische Förderung als eine Ergänzung der Förderung in der Klasse der allgemeinen Schule, um dort sonderpädagogischem Förderbedarf zu entsprechen, Probleme zu bewältigen und Lernen zu fördern. Mobile Sonderpädagogische Dienste werden von den nächst gelegenen Förderschulen mit entsprechendem Förderschwerpunkt geleistet. Die hierzu eingesetzten Lehrkräfte arbeiten eng mit (sozial-)pädagogischen, psychologischen, und medizinischen Fachkräften zusammen. Die Mobilen Sonderpädagogische Dienste haben hierbei ein sehr breites Aufgabenspektrum wahrzunehmen:

- Schüler diagnostizieren und fördern,
- Lehrkräfte, Erziehungsberechtigte und Schüler beraten,
- sonderpädagogische Förderung koordinieren sowie
- Fortbildungen für Lehrkräfte durchführen (vgl. BayEUG Art. 21 Abs. 1, Satz 2).

Mobile Sonderpädagogische Dienste sind aber nicht nur für die allgemeine Schule vorgesehen, sondern können „auch an einer anderen Förderschule eingesetzt werden, wenn ein Schüler in mehreren Förderschwerpunkten sonderpädagogischen Förderbedarf hat und er vom Lehrpersonal der besuchten Förderschule nicht in allen (Förder-) Schwerpunkten gefördert werden kann“ (BayEUG Art. 21 Abs. 1, Satz 1).

2.4 Die Schulvorbereitende Einrichtung (SVE)

Die Schulvorbereitenden Einrichtungen sind für Kinder im Kindergartenalter vorgesehen, die einen sonderpädagogischen Förderbedarf aufweisen, dem in anderen außerschulischen Einrichtungen (z. B. Kindergarten) nicht entsprochen werden kann. Diese Einrichtungen gibt es für Kinder mit

- Sprachbeeinträchtigungen sowie Sprach- und Entwicklungsverzögerungen (Förderschwerpunkte Sprache; Lernen; soziale und emotionale Entwicklung),
- geistigen Behinderungen (Förderschwerpunkt geistige Entwicklung),
- Körperbehinderungen (Förderschwerpunkt körperliche und motorische Entwicklung),
- Sehschädigungen (Förderschwerpunkt Sehen) und
- Hörschädigungen (Förderschwerpunkt Hören)

und sie eröffnen dem betroffenen Kind gute Entwicklungsmöglichkeiten. Die Schulvorbereitenden Einrichtungen fördern die Entwicklung der Bereiche Wahrnehmung, Motorik, Denken, Sprache, Emotionalität, Motivation und Sozialverhalten und verbessern damit die Schulfähigkeit und die Schulbereitschaft von Kindern mit sonderpädagogischem Förderbedarf. Organisatorisch sind Schulvorbereitende Einrichtungen Bestandteile von „Volksschulen zur sonderpädagogischen Förderung"; der Schulleiter leitet auch die Schulvorbereitende Einrichtung, wobei die Schulvorbereitende Einrichtung keine anderen Förderschwerpunkte hat, als die Förderschule, der sie angehört.

3 Förderdiagnostische Umsetzung zur Feststellung des sonderpädagogischen Förderbedarfs

Die Erwartungen an die Diagnostik und Beratung im sonder- und heilpädagogischen Arbeitsfeld (SVE, Mobile Dienste, Diagnose- und Förderklassen und übrige Jahrgangsklassen) erweisen sich in allen sonderpädagogischen Fachrichtungen als sehr hoch. Man muss sich jedoch eingestehen, dass Erwartungen an die pädagogische Diagnostik im Sinne des Auffindens optimaler Förderungswege in Richtung Therapie und „Heilung" nicht immer erfüllbar sind. Dennoch kann eine kinderorientierte, das heißt für die wirklichen Probleme eines Kindes offene Diagnostik gute Dienste im Rahmen des Entwicklungs- und Erziehungsgeschehens leisten, vor allem durch die Möglichkeit der Beschreibung des Entwicklungsstandes, der Lernausgangslage und der Diagnose behindernder Bedingungen im sozialen Umfeld sowie Ansätze zu deren Beseitigung.

3.1 Gutachtenerstellung im Wandel: Sonderpädagogisches Gutachten, sonderpädagogische Stellungnahme und Beratung

Wie die bisherigen Ausführungen zum BayEUG verdeutlicht haben, wird – auch unter dem Aspekt des Paradigmenwechsels in der Sonderpädagogik – vom individuellen Förderbedarf, von der Dynamik, von der Entwicklungs- und Veränderungsmöglichkeit von Kindern und Jugendlichen, von der lebenslangen Entwicklung des Individuums in seiner spezifischen, aber auch in Veränderung begriffenen Umwelt, von der Autonomie, vom Involviertsein in Systeme und ökosystemischen Bedingungen ausgegangen. Es geht also um das Erkennen und Auffinden des individuellen Förderbedarfs – und dies ist der bereits Mitte der 90er Jahre neu eingebrachte und viel diskutierte Aspekt – um den für das Kind angemessenen Förderort. Die Frage nach dem Förderort beschränkt sich aber nicht auf eine spezifische Förderschulform, sondern betont gerade integrative Hilfen an der Regelschule durch die Mobilen Sonderpädagogischen Dienste. Somit ist die Frage nach dem Förderort keine Platzierungsdiagnostik im traditionellen Sinne, sondern das Bestreben, möglichst integrativ den Förderbedürfnissen von Kindern mit einer Behinderung oder Störung zu entsprechen.

Damit hat sich der Blick geweitet: von der doch traditionell überwiegend statischen Sichtweise der Person, des Vergleichs, der Klassifikation, der Beurteilung und interindividuellen (Norm-)Orientierung der 70er und 80er Jahre hin zur individuellen, intraindividuellen subjektorientierten Betrachtung, schlichtweg zu einer neuen Einstellung gegenüber Kindern und Jugendlichen mit Auffälligkeiten und Schwierigkeiten, unter besonderer Berücksichtigung der individuellen Bedürfnisse sowie der Kind-Umfeld-Situation. Die Zielrichtung lautet: von der Selektion und Separierung hin zur Integration. Dies erfordert – in viel stärkerem Maße als bisher – eine differenziertere Gutachtenerstellung und umfassendere beraterische Tätigkeit im sonder- oder heilpädagogischen Arbeitsfeld.

Begutachtung. Je nach Tätigkeitsgebiet des einzelnen Sonderpädagogen lassen sich verschiedene Gutachtenarten unterscheiden: Beratungs-, Förderungs- und Entscheidungsgutachten (vgl. Bundschuh, 2005, S. 355 ff.).

Beim *Beratungsgutachten* geht es vor dem Hintergrund der Beratung von Bezugspersonen bzw. Lehrern um die Erfassung der Problemstellung und um die Erhebung des individuellen, (sonder-)pädagogischen Förderbedarfs.

Schwerpunkte der Diagnose bilden die Analyse der bisherigen und zukünftigen Entwicklungsumstände, -bedingungen und Lernmöglichkeiten, Beschreibung der Lebensumstände und Familiensituation, der Beziehungen zwischen Familie und Schule, Analyse der bisherigen und aktuellen schulischen Bedingungen, Beschreibung des individuellen Förderbedarfs unter Einbezug und Analyse der in der näheren Umgebung gegebenen Fördermöglichkeiten (Schulen, Ambulanzen …).

Das Beratungsgutachten beinhaltet eine (hypothesengeleitete) Beschreibung der bisherigen und zukünftigen Lern- und Sozialentwicklung des Kindes unter Berücksichtigung seines familiären, schulischen und außerschulischen Umfeldes. Bisherige und zukünftige Dimensionen der kognitiven, sozialen, emotionalen und motorischen Entwicklung werden einbezogen.

Das *Förderungsgutachten* ist mehr als ein Gutachten zur Lernförderung, es geht um die ganze Person des Kindes, das heißt auch soziale, emotionale, motorische Bereiche und Prozesse sind zu berücksichtigen unter Einbezug des sozialen Umfeldes und damit möglicherweise verbundenen behindernden Bedingungen. Nicht Klassifikation oder Zuordnung zu bestimmten Bezugsgruppen spielen hier eine Rolle, sondern die optimale individuelle Förderung eines Kindes in einer Problemsituation. Diagnose und Förderung bilden hier einen einheitlichen Prozess.

Das *Entscheidungsgutachten* hingegen ist mit der Fragestellung verbunden, ob sonderpädagogischer Förderbedarf vorliegt und an welchem Förderort der Förderbedarf einzubringen wäre. Folgende Fragen und Aspekte stehen im Vordergrund: welcher Art dieser Förderbedarf sein soll, in welchen Bereichen (sonderpädagogische) Förderung geleistet werden muss, wie diese Förderung durchgeführt werden soll, welcher Lernort bzw. welche Förderorte für den weiteren Schulbesuch der Schülerin oder des Schülers empfohlen werden (vgl. hierzu auch Eggert, 2000).

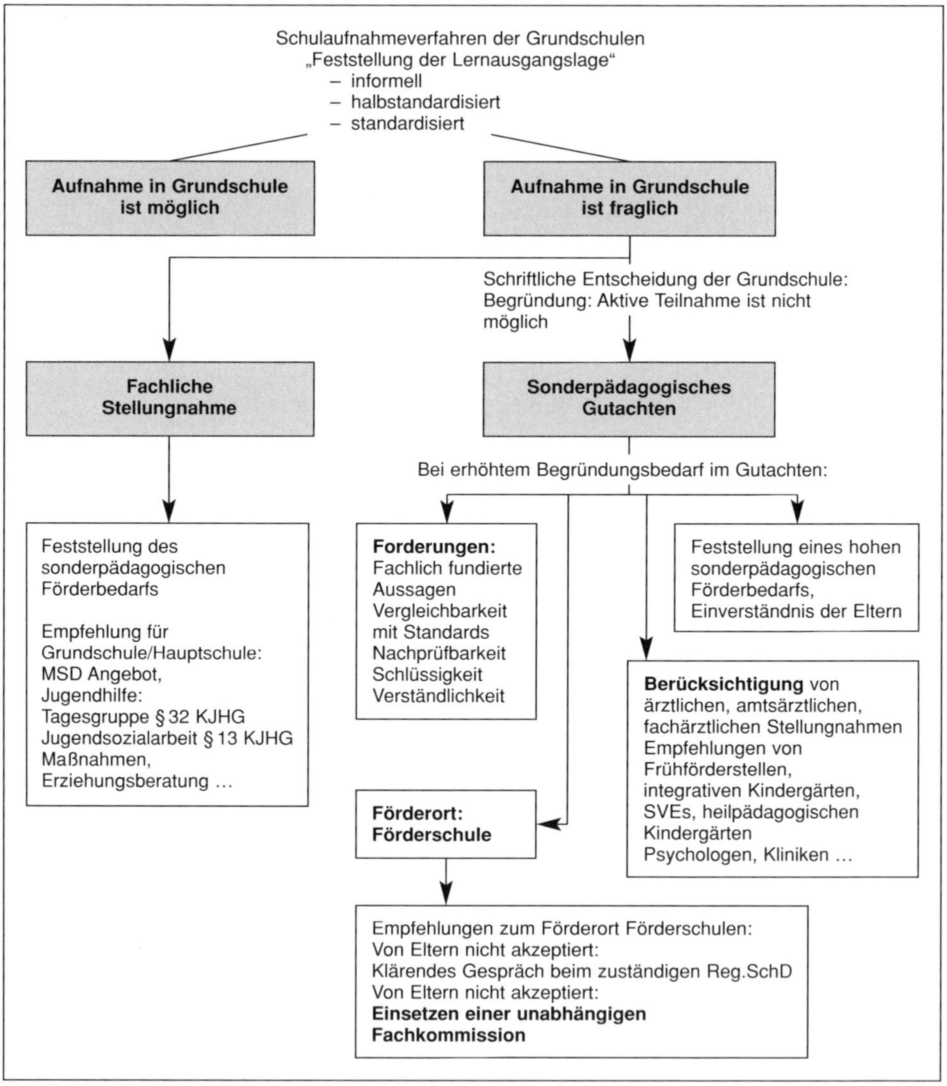

Abbildung 3:
Schulaufnahmeverfahren der Grundschulen (nach von Jena & Müller, o. J., S. 2)

Diese eben angeführten Gutachtenformen im Kontext Feststellung des sonderpädagogischen Förderbedarfs finden in administrativer Hinsicht entweder in einem „Sonderpädagogischen Gutachten" oder in einer „Sonderpädagogischen Stellungnahme" ihre Anwendung. Nach Art. 41 Abs. 3 BayEUG werden sonderpädagogische Gutachten nur bei einer Anmeldung an der Förderschule erstellt. Ist beispielsweise die Grundschule mit der Einschulung eines Kindes mit sonderpädagogischem Förderbedarf an ihrer Schule einverstanden, bedarf es keiner sonderpädagogischen Begutachtung. Unabhängig davon kann sich die Grundschule bei der Frage, ob das Kind noch die Voraussetzungen für eine Unterrichtung an der Grundschule nach Art. 41 Abs. 1 BayEUG erfüllt, bei Bedarf und in Absprache mit den Eltern fachlichen Rat bei einer Förderschule (insbesondere beim MSD) einholen. Gleiches gilt für Fragen im Vorfeld der Einschulung bezüglich der Art oder des Umfangs der Maßnahmen, die von der Grundschule bei einer Unterrichtung des Kindes an der Grundschule im Hinblick auf dessen sonderpädagogischen Förderbedarf ergriffen werden sollten. Diese fachlichen Stellungnahmen sind jedoch keine sonderpädagogischen Gutachten im Sinne Art. 41 Abs. 3 BayEUG, sondern fachliche oder gutachterliche Stellungnahmen, die regelmäßig eine Beschulung an der allgemeinen Schule unterstützen sollen (vgl. Schulberatung München, 2005, S. 1).

Die Vorgehensweise bei der Gutachtenerstellung hinsichtlich der Überprüfung der Sonderschulbedürftigkeit ist in der Sondervolksschulordnung (SVSO) beschrieben. Die SVSO, die derzeit überarbeitet, dem neuen BayEUG angepasst und voraussichtlich als „SVSO – F" neu veröffentlicht wird, führt hierzu in § 14 Abs. 1 bis 3 aus, dass „die voraussichtlich zuständige Sondervolksschule oder an ihrer Stelle die örtlich zuständige sonderpädagogische Beratungsstelle auf Anforderung des Schulleiters der Volksschule ein sonderpädagogisch-psychologisches Gutachten [mit der Frage erstellt], ob der Besuch einer Schule für Behinderte (Sondervolksschule) erforderlich ist. Sie kann bei der Überprüfung standardisierte Test- und Diagnoseverfahren verwenden und hat das Gutachten zur künftigen Schullaufbahn mit den Erziehungsberechtigten und, soweit es Alter und Entwicklungsstand des Schülers zulassen, auch mit diesem zu besprechen. Sie übermittelt das Gutachten der Volksschule und berichtet dabei schriftlich über das Ergebnis der Besprechung oder teilt mit, dass die Erziehungsberechtigten von der angebotenen Besprechungsmöglichkeit keinen Gebrauch gemacht haben."

Beratung. Die Notwendigkeit für Beratung resultiert zum einen aus dem erhöhten Förderbedarf, zum anderen aus den vielfältigen Möglichkeiten der Förderung und Unterstützung zwischen Regelschule, Mobilen Sonderpädagogischen Diensten, Diagnose- und Förderklassen, Förderzentren und sonstigen Förderschulen.

Bei allen angesprochenen Gutachtenformen ergibt sich für den Diagnostiker in viel größerem Umfang als bisher ein für die sonder- und heilpädagogische Arbeit bedeutsames Aufgabenfeld, nämlich das der Beratung, um sowohl den

Erziehungsberechtigten als auch allen anderen im pädagogischen Feld tätigen Personen Hilfestellungen und Unterstützung zu bieten (Mutzeck, 2000, S. 189 f.). Als Orientierung für die Beratung dienen nicht in erster Linie von außen kommende Normen (altersangemessene Leistungen, Erwartungen der Schule), vielmehr die Gesamtsituation des Kindes unter Einbezug der sozioökonomischen Bedingungen, des individuellen Entwicklungsstandes und Möglichkeiten der Weiterentwicklung. Eine Beratungssituation ist vor allem gekennzeichnet durch die vorliegende Problemstellung meist komplexer Art und die damit verbundene Krisensituation, mit denen sich Eltern und ihr Kind konfrontiert sehen.

Aus der Beratung können dann Empfehlungen für individuelle Förderung, gegebenenfalls auch für therapeutische Maßnahmen hervorgehen. Die besondere Schwierigkeit hierbei stellt der Einbezug von Entwicklungsmöglichkeiten und -chancen des jeweiligen Kindes in den beratenden Teil des Gutachtens dar. Es handelt sich um einen Unsicherheitsfaktor, denn man kann nicht in verallgemeinernder, wohl eher in hypothetischer Form prognostizieren, wie sich Umfeldverhältnisse in der Zukunft gestalten und wie sich das Kind bei entsprechender Unterstützung und Förderung unter Berücksichtigung seiner Autonomie und seiner Selbstentfaltungskräfte weiter entwickelt. Nur unter der Prämisse dieser Möglichkeiten und Grenzen lassen sich Hypothesen im Hinblick auf die zukünftige Entwicklung des Kindes formulieren. „Die Zielsetzung von Beratung und förderdiagnostischen Maßnahmen steht in engstem Zusammenhang mit der Gütekontrolle, das heißt, es müssen Gewinn und Nutzen für das Kind deutlich werden, die die diagnostischen Informationen und die daraus abgeleiteten Fördermaßnahmen mit sich bringen. Dies gilt sowohl für pädagogisches Handeln als auch für die Beurteilung der Wirksamkeit eingesetzter Fördermaßnahmen" (Bundschuh, 2005, S. 357).

3.2 Sonderpädagogischer Förderbedarf und testdiagnostische Umsetzung

In der SVSO finden sich keine Aussagen darüber, wie ein sonderpädagogisches Gutachten formal und inhaltlich gestaltet sein muss. „Dies hängt ausschließlich vom Einzelfall ab. Jedenfalls hat sich das Gutachten zusammenfassend dahin zu äußern, ob der Schüler in seiner Entwicklung oder in seinem Lernen mindestens zeitweilig so beeinträchtigt ist, dass er in den anderen Schularten nicht oder nicht ausreichend gefördert werden kann [...]. Dies schließt die Feststellung eines besonderen sonderpädagogischen Förderbedarfes ein, der im Gutachten detailliert zu belegen ist und damit den Ansatz zu einer sonderpädagogisch begründeten Förderdiagnostik bildet" (vgl. Dirnaicher & Karl, 2004). Vor diesem Hintergrund ist es nachvollziehbar, dass keine ministeriell geregelten Verfahrensvorschriften für eine testdiagnostische Umsetzung existieren. Aus diesem Grunde sollen nachfolgend in akzentuierter Form ausgewählte Aspekte der förderdiagnostischen Praxis referiert werden, die handlungsleitende Funktion für die testdiagnostische Gutachtenerstellung im Kontext der Erhebung eines sonderpädagogischen Förderbedarfs haben können (vgl. Bundschuh 2005, S. 363–371).

Bedeutsame Methoden zur Erhebung des sonderpädagogischen Förderbedarfs stellen die Anamnese, verschiedene Möglichkeiten der Verhaltensbeobachtung unter Einbezug von Screeningverfahren, Entwicklungsskalen, Exploration sowie psychologische Tests dar.

Die *Anamnese* dient der möglichst objektiven Erhellung der biografischen Daten und Informationen über die vorgeburtliche Phase, den Geburtsverlauf, Krankheiten, vorschulische und schulische Gegebenheiten unter Einbezug der Kind-Umfeld-Situation und bei Erwachsenen auch des beruflichen Werdeganges. Als solche stellt sie eine wichtige Informationsquelle über Ursachen/Ätiologie bzw. Bedingungshintergründe einer Problematik bzw. Notsituation eines Menschen im Kontext „Mensch-Umfeld" und damit eine Ausgangsbasis für einzuleitende Förder- und Therapieprozesse dar. Unterschieden werden Eigenanamnese (Mitteilungen der betroffenen Person selbst) und Fremdanamnese (Informationen/Gespräche mittels Bezugspersonen wie Eltern, Pflegeeltern, Heimleiter usw.). Die Anamnese dient vor allem auch dem besseren Verstehen der betroffenen Person sowie der vorliegenden Gesamtproblematik (vgl. Bundschuh, 2002, S. 70 ff., S. 235 ff.; 2005, S. 288–294, S. 326 ff.). Es geht um eine verstehende Problemanalyse, um eine Verstehensdiagnose mit Fragen nach kritischen Lebensereignissen, individuellen Bewältigungsformen (Coping-Fähigkeiten), individuellen Bedürfnissen, sozialen Beziehungen, aktuellen Handlungskompetenzen und auch um das Verstehen von Verhaltenssignalen.

Verhaltensbeobachtung ist die bewusste Wahrnehmung einer oder mehrerer Person/en. Sie spielt eine Rolle im Bereich Kindergarten, Vorschule, Schule, Familie, Heim-, Arbeits- und Spielgruppe. Sie stellt eine direkte, unmittelbare Verbindung zwischen aktuellem Verhalten im Kontext Entwicklungsstand, Fähigkeiten, Kompetenzen, Bedürfnisse und daraus abzuleitenden Hilfen, Unterstützungs- und Förderungsmaßnahmen bzw. Förderprozessen dar. Verhaltensbeobachtungen lassen sich hinsichtlich des Anlasses (Gelegenheitsbeobachtungen versus standardisierte Beobachtungen), der Ausrichtung (Selbst- versus Fremdbeobachtung), der Offenheit (offene vs. verdeckte Beobachtung) und der Strukturiertheit (strukturiert vs. unstrukturiert bzw. gebunden versus frei) sowie hinsichtlich der Distanz zum Beobachtungsgegenstand (teilnehmend vs. nicht teilnehmend) und systematisch versus nicht-systematisch unterscheiden. Während die Gelegenheitsbeobachtung und die unstrukturierte Verhaltensbeobachtung zunächst der Entwicklung heuristischer (nach wissenschaftlicher Erkenntnis suchender) Fragestellungen sowie der Hypothesengewinnung dienen, sind die Formen systematischer und strukturierter Verhaltensbeobachtung als Informationssammlung zur Diagnose, zur Unterstützung der Förderung und gegebenenfalls zur Entscheidungsfindung über Fördermaßnahmen bedeutsam.

Die Anwendung spezieller *diagnostischer Messverfahren* impliziert immer auch die Gefahr, dass die Anwender von Tests das Verhalten von Menschen mit Behinderung lediglich auf Teil- bzw. Funktionsbereiche reduzieren, Defizite und Normabweichungen fokussieren und damit zur Vorurteilsbildung und Stigmatisierung beitragen. Auch wenn *psychometrische Tests* an sich nicht diagnostizieren, wodurch eine Person behindert wurde, was sie bisher gelernt hat, wo sie, wie sie und warum sie handelt und wie Ängste sowie psychische Probleme entstanden sind, sprechen verschiedene Aspekte für den Einsatz psychologischer Tests im sonderpädagogischen Bereich: Sie stellen nämlich eine Form der Informationsgewinnung dar und ermöglichen die Beobachtung und Erkennung spezieller Fähigkeiten und Kompetenzen vor allem auch durch Variation der Testbedingungen im Sinne einer qualitativen Diagnostik (Bundschuh, 2005, S. 323 f.).

Förderdiagnostisches Vorgehen orientiert sich in diesem Sinne unmittelbar an den Bedürfnissen eines Menschen als Person in seiner Gesamtsituation. Damit ist ausgesagt, dass nicht in erster Linie von außen her bestimmt, nicht „behandelt", nicht „verwaltet" werden sollte, vielmehr stehen die Möglichkeiten und Kompetenzen im Kontext einer Entfaltung der Persönlichkeit im Vordergrund. „Personen werden nicht auf einen Objektstatus reduziert, sondern als Subjekte interpelliert: sowohl während der Situationsanalyse, wie auch während des Meinungsbildungsprozesses bzgl. des Interventionskonzepts" (Kobi, 1977, S. 119).

3.3 Individuelle Norm und Kompetenzorientierung

Förderdiagnostik trägt entscheidend dazu bei, den Menschen mit einer Behinderung ernst zu nehmen, seine Probleme zu erkennen und vorliegende behindernde Bedingungen sowie mögliche Auswirkungen zu analysieren. Als Basis dafür gilt im Rahmen von Förderdiagnostik die individuelle bzw. intraindividuelle „Norm", das heißt, der einzelne Mensch (die jeweilige Person) wird Träger des „Maßstabes", der eigentliche Ausgangs-, Bezugs- und Wertungspunkt schlechthin. Damit wird Diagnostik bei Menschen mit speziellen Entwicklungs- und Erziehungsbedürfnissen nicht mehr Defizitdiagnostik sein, sondern vielmehr eine Diagnostik ihrer Möglichkeiten und Kompetenzen (vgl. Bundschuh, 2002, S. 231 ff.).

Förderdiagnostik orientiert sich am Subjekt beziehungsweise am Menschen und führt zu Informationen über Entwicklung, Lernverhalten, Wahrnehmung, soziale Bezüge, Emotionalität, Motorik, allgemein über seinen Entwicklungsstand, Lernausgangslage, Fähigkeiten, Kompetenzen und Bedürfnisse mit der Zielrichtung der Einleitung von Förderungsprozessen (s. Abb. 4).

Im Hinblick auf Förderung erweist sich die offene prozessorientierte Vorgehensweise in enger Verbindung mit einer praxisbegleitenden Diagnose des

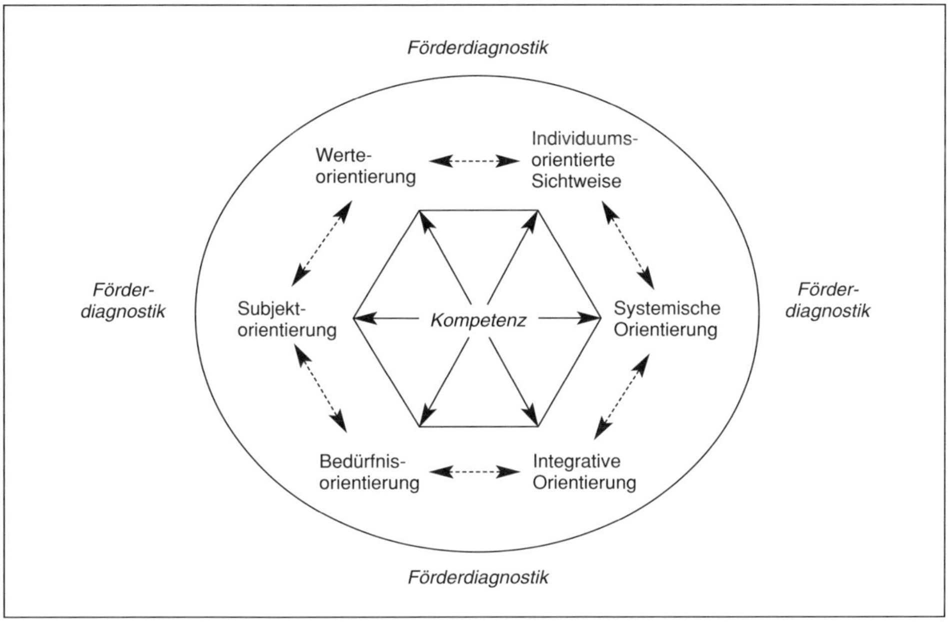

Abbildung 4:
Querverbindungen kompetenzorientierter Diagnostik (Bundschuh, 2003a, S. 160)

Lern-, Leistungs-, Emotional- und Sozialverhaltens in Schule und Alltagswirklichkeit als wichtig.

Unter Prozessdiagnostik versteht man die flexible, variable, individuum- und damit bedürfnisorientierte Anwendung diagnostischer Verfahren oder Methoden über einen längeren Zeitraum mit dem Ziel der Analyse und Beseitigung von Bedingungen, die sich negativ und zugleich behindernd auf die kognitive, emotionale und soziale Entwicklung der Persönlichkeit eines Menschen auswirken (Bundschuh, 2002, S. 225 f.). Frühdiagnose und damit Früherkennung behindernder Bedingungen mit der Zielrichtung Prävention und/oder Integration spielen für die weitere positive Entwicklung der Persönlichkeit eine wichtige Rolle.

Als förderdiagnostisch relevant erweisen sich die Beobachtung und Beschreibung des Entwicklungsstandes, der Lernausgangslage, die systematische Suche nach Anknüpfungsmöglichkeiten, die Entdeckung neuer Lernwege sowie die Prüfung der Effizienz initiierter Fördermaßnahmen. Neben der anthropologischen und pädagogischen Dimension der Förderdiagnostik und dem daraus hervorgehenden Menschenbild ist zusammenfassend auf soziale, didaktische und therapeutische Dimensionen hinzuweisen (Bundschuh, 2002, S. 217–222).

Eine kindorientierte, individuelle Beschreibung der Lernausgangslage mit dem Ziel der Entfaltung von Möglichkeiten kann primär mit den Methoden der teilnehmenden Beobachtung in verschiedenen Alltagssituationen (Familie, Heim, Unterricht, Spiel- und Freizeitbereich), der Analyse der Biografie unter Einbezug der sozialen Prozesse sowie der Analyse der aktuellen sozialen Situation geschehen. Aber auch standardisierte Formen der Entwicklungsdiagnostik können insbesondere dann bedeutsam werden, wenn es zum Beispiel bei jungen Kindern um die Frage geht, welche festgestellten Abweichungen von der statistischen Norm besonderer therapeutischer Hilfen bedürfen und welche Fördermaßnahmen einzuleiten sind. Eine wichtige wissenschaftliche Basis hierfür stellt die Entwicklungspsychologie in ihrer Verbindung zur Lernpsychologie dar, denn nur aus der Kenntnis verschiedenartiger, aufeinander aufbauender Entwicklungs- und Lernprozesse, wie sie in der Phasenlehre zum Beispiel von Piaget (1974) und in Fortführung dann auch von Leontjew (1982), Galperin (1980) und Bruner (1980) erforscht und aufgezeigt wurden, lassen sich auf der Basis eines lern- und prozessorientierten Ansatzes neue Lernschritte ableiten und finden, allgemein gesehen also „Zonen der nächsten Entwicklung" (Wygotski, 1987).

Die lernorientierten, didaktischen Ansätze hinterfragen vor allem den Lerngegenstand im Zusammenhang mit den Möglichkeiten des Kindes bezogen auf diesen Lerngegenstand. Lerngegenstand und mögliche Lernprozesse gilt es zu erkennen, zu analysieren und didaktisch differenziert hinsichtlich Schüler, Sachstruktur und Vermittlung im Kontext Emotionalität und Motivation aufzubereiten.

Schüler mit individuellem Förderbedarf, zum Beispiel mit Wahrnehmungs- und Integrationsstörungen, aus ungünstiger Lernumwelt sind in besonderem Maße darauf angewiesen, dass ihnen jemand das Lernmaterial so analysiert, in kleinste Einheiten zerlegt und didaktisch aufbereitet, dass sie selbst leichter lernen können, unabhängiger werden und sich selbstständiger weiter entwickeln, die eigene Welt und neue Welten erschließen können. Hieraus ergibt sich, dass Diagnostik im heilpädagogischen Arbeitsfeld zunächst am einzelnen Kind orientiert ansetzt, denn vor allem aus der Kenntnis der Lernbiografie und der Kind-Umfeld-Situation lassen sich die weiteren Unterstützungs- und Therapiemaßnahmen ableiten.

Im Bereich Heilpädagogik werden „Fehler" nicht als Defizit, sondern bereits als implizites Moment eines Lösungsprozesses gesehen, das heißt Lernprozesse und Lernschwierigkeiten (ggf. auch unzweckmäßige Teilhandlungen) sind zu identifizieren. Es geht auch darum, den individuellen kognitiven Stil, den persönlichen Handlungs- und Lernstil und vor allem die emotionalen Begleitprozesse im Hinblick auf Handlungs- und Lernangebote zu erkennen (vgl. Bundschuh, 2003b, S. 111–122, S. 159 ff.). Nicht die Bewertung einer Leistung steht im Vordergrund, vielmehr die verstehende Analyse des Lernprozesses nach folgenden Fragen: Welche Lernwege wählt ein Kind, welche Angebote (Reize, Informationen) werden aufgenommen, welche Sinnes- und Informationskanäle bevorzugt und zu welchem Ergebnis gelangt es? Dabei geht es um eine dem

Bedürfnis- und Entwicklungsstand sowie dem individuellen Lerntempo entsprechende Gestaltung des Förderungsangebotes.

Konsens besteht im Rahmen der neueren diagnostischen Ansätze mit didaktischer und therapiewirksamer Zielrichtung, dass jedes pädagogische Handeln den Fortschritt und die Weiterentwicklung, das heißt die „positive Entwicklung“ der Persönlichkeit intendieren muss. Wenn diagnostisches Handeln im (heil-)pädagogischen Arbeitsfeld dieser Weiterentwicklung dient, verdient es auch bei kritischer Betrachtung Akzeptanz.

Zusammenfassend lassen sich unter anderem folgende wichtige Kompetenzen des förderdiagnostisch tätigen Sonderpädagogen aufzeigen:
- Kenntnis über anamnestische Datenerhebungen, Verhaltensbeobachtungen, Testverfahren und Fehleranalysen in Schularbeiten sowie deren quantitative und qualitative Auswertung bzw. Interpretation und
- Fertigkeiten bei der Erstellung individueller Förderpläne auf der Grundlage erhobener Daten und Umsetzung in einen konkreten Förderprozess.

4 Zukünftige Perspektiven

Sicherlich ergeben sich Probleme, wenn theoretische Ansprüche einer sonderpädagogischen Diagnostik auf den Praxisbereich übertragen werden sollen. Die bisherigen Ausführungen haben gezeigt, dass sich Diagnostik im sonderpädagogischen Aufgabenfeld als komplex und multidimensional erweist und damit vor vielfältigen Herausforderungen theoretisch-wissenschaftlicher und praxisrelevanter Art steht. Auch wenn versucht wurde, einen Rahmen für die Bewältigung diagnostischer Probleme vor allem im pädagogischen Bereich zu finden, muss hervorgehoben werden, dass keinesfalls alle Schwierigkeiten überwunden sind. Immer noch bleiben Fragen der Umsetzung und Anwendung von Förderdiagnostik angesichts vorliegender Komplexität und Multidimensionalität des sonder- und heilpädagogischen Arbeitsfeldes bestehen, aber auch Fragen der Vermittlung zum Beispiel von Wissen und Handeln im Hinblick auf Praxis. Dies liegt in der Natur der Vielfalt der Erscheinungsbilder von Entwicklungsverzögerungen, Lern- und Verhaltensstörungen sowie Behinderungen verschiedener Art begründet. Förderdiagnostik hat an sich – bezieht man die Entwicklungs-, Lern-, Sozial- und Klinische Psychologie sowie die Medizin ein – eine solide Basis, ist aber auf Grund der Vielfalt möglicher Störungen und Behinderungen nicht programmierbar. Die vorliegenden Ausführungen konkretisieren sich erst im Zusammenhang mit dem jeweiligen Kind und herausfordernden speziellen Erziehungs- und Lernbedürfnissen.

Wichtig ist ein Nachdenken über anthropologische, ethische, pädagogische, soziale, didaktische und therapeutische Prinzipien und Dimensionen der Förderdiagnostik (Bundschuh, 2002, S. 218 ff.) mit dem Ziel weiterer Fundierung, Vernetzung und Anwendung, wobei auch der Aspekt der Institutionen nicht ausgeklammert werden darf. Weil man nicht von isolierten „Funktionen" des Menschen sprechen kann, müssen sich Forschung, Reflexion und Diskussion über förderdiagnostische Prinzipien in Zukunft stärker vernetzen und ergänzen.

Literatur

Barkey, P. (1976). Modelle in der pädagogischen Diagnostik. In P. Barkey, H. P. Langfeldt & G. Neumann (Hrsg.), *Pädagogisch-psychologische Diagnostik am Beispiel von Lernschwierigkeiten* (S. 22–58). Bern: Huber.

BayEUG (2000). *Bayerisches Gesetz über das Erziehungs- und Unterrichtswesen* (BayEUG) in der Fassung der Bekanntmachung vom 31. Mai 2000, zuletzt geändert am 8. 3. 2005. Zugriff unter: http://www.servicestelle.bayern.de/bayern_recht/recht_db.html?http://by.juris.de/by/EUG_BY_2000_Art2.htm (19. 07. 2005).

Bruner, J. S. (1980). *Der Prozess der Erziehung* (5. Aufl.). Berlin: Cornelsen.

Bundschuh, K. (1997). Das Diagnose-Förder-Modell als Element einer Heilpädagogik der neunziger Jahre. *Die neue Sonderschule, 42,* 179–192.

Bundschuh, K. (2000). Differenzierte Begutachtung und Kompetenzorientierung. *Zeitschrift für Heilpädagogik, 51,* 321–326.

Bundschuh, K. (2002). *Heilpädagogische Psychologie* (3. Aufl.). München: Reinhardt.

Bundschuh, K. (2003a). Psychologische Grundlagen und Herausforderungen. In E. Fischer (Hrsg.), *Pädagogik für Menschen mit geistiger Behinderung. Sichtweisen, Theorien, aktuelle Herausforderungen* (S. 143–166). Oberhausen: Athena.

Bundschuh, K. (2003b). *Emotionalität, Lernen und Verhalten. Ein heilpädagogisches Lehrbuch.* Bad Heilbrunn: Klinkhardt.

Bundschuh, K. (2005). *Einführung in die sonderpädagogische Diagnostik* (6. Aufl.). München: Reinhardt.

Dirnaicher, U. & Karl, E. (2004). *Förderschulen in Bayern – Sonderpädagogische Förderung. Kommentar der Schulordnungen und Sammlung schulischer Vorschriften mit Erläuterungen.* Kronach: Carl-Link Verlag.

Eggert, D. (2000). *Von den Stärken ausgehen ... Individuelle Entwicklungspläne in der Lernförderungsdiagnostik* (3. Aufl.). Dortmund: Borgmann.

Galperin, P. J. (1980). *Zu Grundfragen der Psychologie.* Köln: Pahl-Rugenstein.

Karl, E. & Graf, S. (2003a). Das neue BayEUG und seine Aussagen zur sonderpädagogischen Förderung – Teil 1. *SchulVerwaltung BY, 4,* 148–152.

Karl, E. & Graf, S. (2003b). Das neue BayEUG und seine Aussagen zur sonderpädagogischen Förderung – Teil 2. *SchulVerwaltung BY, 5,* 190–194.

Kobi, E. E. (1977). Einweisungsdiagnostik – Förderdiagnostik: eine schematische Gegenüberstellung. *Vierteljahresschrift für Heilpädagogik und ihre Nachbargebiete, 46,* 115–123.

Kultusministerkonferenz (KMK) (1994). *Empfehlungen zur sonderpädagogischen Förderung in den Schulen der Bundesrepublik Deutschland.* Bonn: Bundesdruckerei.

Leontjew, A. N. (1982). *Tätigkeit, Bewußtsein, Persönlichkeit.* Berlin: Pahl-Rugenstein.

LPO I (2002). *Ordnung der Ersten Staatsprüfung für ein Lehramt an öffentlichen Schulen* (Lehramtsprüfungsordnung I – LPO I) in der Fassung der Bekanntmachung vom 7. November 2002. Verfügbar unter: http://www.servicestelle.bayern.de/bayern_recht/recht_db.html?http://by.juris.de/by/gesamt/LehrPrO_BY_2002.htm#LehrPrO_BY_2002_rahmen (19. 07. 2005)

Mutzeck, W. (2000). *Verhaltensgestörtenpädagogik und Erziehungshilfe.* Bad Heilbrunn: Klinkhardt.

Piaget, J. (1974). *Psychologie der Intelligenz* (6. Aufl.). Olten: Walter (10. Aufl. 2000, Stuttgart: Klett).

Schulberatung München (2005). *Hinweise für die Beratung im Zusammenhang mit dem sonderpädagogischen Förderbedarf.* Verfügbar unter: http://www.schulberatung-muenchen.de/data/articles/fortbildung0405/beratung_sonderpaedfoerderbedarf.pdf (19. 07. 2005).

SVSO (1983). *Schulordnung für die Schulen für Behinderte in Bayern* (Sondervolksschulordnung – SVSO) – vom 14. Juli 1983. Zugriff unter: http://www.servicestelle.bayern.de/bayern_recht/recht_db.html?http://by.juris.de/by/SoVoSchulO_BY_rahmen.htm (19. 05. 2005).

von Jena, S. & Müller, R. (o. J.). *Sonderpädagogische Gutachten nach dem neuen BayEUG.* Zugriff unter: http://www.schulberatung.bayern.de/sonpdGA.pdf (19. 07. 2005).

Wygotski, L. (1987). *Ausgewählte Schriften. Arbeiten zur psychischen Entwicklung der Persönlichkeit. Band 2.* Berlin: Volk und Wissen.

Kapitel 3

Rahmenbedingungen und diagnostische Umsetzung zur Feststellung sonderpädagogischen Förderbedarfs in Hamburg und Schleswig-Holstein

Karl Dieter Schuck, Ulrich von Knebel, Wolfgang Lemke, Joachim Schwohl und Tanja Sturm

Zusammenfassung

Der Beitrag erörtert die geltenden gesetzlichen Grundlagen, die organisatorischen Rahmenbedingungen und die diagnostische Umsetzung der Feststellung sonderpädagogischen Förderbedarfs für die Bundesländer Hamburg und Schleswig-Holstein. Es wird darauf eingegangen, inwieweit in diesen beiden Bundesländern eine lernprozessbegleitende, evaluative Diagnostik auf dem Hintergrund aktueller Bildungsbegriffe und Entwicklungsvorstellungen möglich ist, realisiert wird und hinsichtlich ihrer Güte sichergestellt ist.

1 Standards der sonderpädagogischen Diagnostik

Die Feststellung sonderpädagogischen Förderbedarfs ist eine systematische Erkenntnistätigkeit im pädagogischen und sonderpädagogischen Feld nach den Maßgaben schulrechtlicher und verwaltungstechnischer Vorgaben. Sie wird von speziell ausgebildeten Lehrkräften ausgeübt, die in ihrer diagnostischen Tätigkeit die Bedingungen des Systems Schule und den erziehungswissenschaftlichen und behindertenpsychologischen Fachdiskurs der vergangenen Jahrzehnte zu koordinieren haben. Die dazu vorliegende Literatur ist inzwischen unübersehbar und erlaubt zur Beurteilung der länderspezifischen Gegebenheiten nur aspekthafte Verweise auf entwickelte Standards.

Mit den programmatischen Vorgaben der Kultusministerkonferenz (KMK) von 1994 in Form der „Empfehlungen zur sonderpädagogischen Förderung in den Schulen in der Bundesrepublik Deutschland" (Sekretariat der Ständigen Konferenz der Kultusminister der Länder in der Bundesrepublik Deutschland [KMK], 1994) sind Standards sonderpädagogischer Diagnostik und Förderung formuliert, die die fachwissenschaftlichen Auseinandersetzung der 70er und 80er Jahre mit der „Empfehlung zur Ordnung des Sonderschulwesens" (Ständige Konferenz der Kultusminister der Länder in der Bundesrepublik Deutschland [KMK], 1972) widerspiegeln. Damit befindet sich die sonderpädagogische Diagnostik in einem Spannungsfeld zweier gegensätzlicher und parallel wirksamer Paradigmen über Schule, Lernen und Entwicklung, Erziehung und Bildung. Unter den Vorgaben der KMK-Empfehlung von 1972 war es gerechtfertigt und notwendig, mit einer Psychodiagnostik auf dem Hintergrund von Persönlichkeitsmodellen inter- und intraindividuelle Unterschiede zu beschreiben und dieses Wissen für Entwicklungsprognosen und Schullaufbahnentscheidungen in einem nach kognitiven Anforderungsniveaus und nach einem schädigungsorientierten Behinderungsbegriff gegliederten Schulsystem zu nutzen. Die Psychologie wurde mit ihren Persönlichkeitsmodellen und ihrer hoch entwickelten Messtechnik psychischer Merkmale zur zentralen Bezugswissenschaft.

Der mit den KMK-Empfehlungen von 1994 verbundene tiefgreifende Paradigmenwechsel (Pluhar, 2003, S. 70) wird angedeutet im Wandel des zentralen Leitbegriffs: Bei der Erfüllung des diagnostischen Auftrags ist nicht mehr (wie nach der Empfehlung von 1972) nach der Sonderschulbedüftigkeit nicht normgerecht lernender und entwickelter Kinder zu fragen, sondern unter dem Vorrang der integrativen Beschulung aller Kinder nach dem sonderpädagogischen Förderbedarf und seiner Sicherstellung in der allgemeinen Schule. Fundament von Unterricht und Erziehung soll eine den Lernprozess begleitende Diagnostik (KMK, 1994, S. 9) sein. In diesem Kontext bedarf es einer Diagnostik, mit deren Hilfe die institutionellen und außerinstitutionellen Prozesse der Erziehung und Bildung von Kindern, Jugendlichen und Erwachsenen, gegebenenfalls unter erschwerten Bedingungen, gestaltet und begleitet werden können. Nicht mehr der punktuell erhobene, aktuelle Status und die daraus abgeleitete, in der realen Schulwirklichkeit regelhaft nicht revidierbare Zuordnung zu einem schulischen „treatment" ist gewünscht, sondern die optimale Gestaltung und Evaluation von Lernprozessen. Die bisher übliche prospektive Diagnostik hat sich dementsprechend zu einer evaluativen Diagnostik zu entwickeln, die sich der Formierung und Begleitung der bestmöglichen Förderung verschreibt (Schuck, 2000). Die noch immer gebräuchlichen diagnostischen Zuordnungs- bzw. Selektionsstrategien sind in Modifikationsstrategien (Schwarzer, 1982) zu überführen. Dabei ist der diagnostische Prozess in Anlehnung an Kaminski (1970) als ein mehrphasiges zyklisches Verfahren der Informationssammlung zur Gestaltung und Begleitung des nachfolgenden pädagogischen Prozess zu konzipieren (vgl. u. a. Schuck 2003).

Mit dieser neuen Auftragslage hat sich der Stellenwert diagnostischer Methoden verschoben. Vermehrt werden nicht mehr nur empirische Normen als Bezugssysteme für die Beurteilung individueller Ergebnisse verwendet, sondern Lernziele oder die Entwicklungslogik verschiedener Persönlichkeits- und Leistungsbereiche. Fragen der Güte diagnostischer Methoden und des diagnostischen Prozesse stellen sich neu. Diagnostik kann keine lineare und eindimensionale Form der Erkenntnisgewinnung mehr sein, sondern nur ein zyklisches

Verfahren der Informationssammlung über individuelle Parameter, Interaktionsvariablen und Umfeldbedingungen, der daraus zu entwickelnden Handlungsorientierungen und der diskursiven Beurteilung der pädagogischen Umsetzungen dieser Orientierungen. Wahrheit entsteht nicht allein durch die Berücksichtigung der Gütekriterien der klassischen Testtheorie bei der Informationserhebung und -interpretation, sondern durch die kooperative und diskursive Bewertung gesammelter Informationen und ihrer Bewährung in einer nachfolgenden Handlungsphase (Schuck, 1990, S. 119 f.).

Für die Güte einer so gefassten Lernprozessdiagnostik ist die kommunikative Validierung eine zwar notwendige, aber keine hinreichende Bedingung. Entscheidend sind didaktisch verwertbare Lern- und Entwicklungstheorien und die ihnen zu Grunde liegenden Menschenbilder in zweierlei Hinsicht: Grundlegend ist der Bezug auf wissenschaftliche Kriterien wie logische Konsistenz und Widerspruchsfreiheit in Bezug auf die zur Gestaltung einer pädagogischen Förderung in Anspruch genommenen Theoriekonzepte (Lemke & Schuck, 2002, S. 95 ff.). Des Weiteren lässt sich aus den Ergebnissen empirischer Evaluationsforschung (vgl. Breitenbach, 1997a, b; Runow & Borchert, 2003; Walter, 2002, 2003) die gegebene oder auch nicht gegebene Effektivität von im sonderpädagogischen Praxisfeld zur Anwendung kommenden Konzepten abschätzen. Dabei ist eine Überprüfung der zu konzipierenden didaktischen Maßnahmen auf Zweckmäßigkeit und Wirksamkeit überhaupt nur realisierbar, wenn die Diagnostik den pädagogischen bzw. didaktischen Handlungsvorstellungen logisch und zeitlich *nachgeordnet* wird (Schlee, 1998, S. 79).

Wenn im erziehungswissenschaftlichen Kontext Bildung begriffen wird als Prozesse der Vervollkommnung, die dem Menschen zunehmende Freiheit und Selbstbestimmung ermöglichen, und wenn Erziehung all das ist, was Heranwachsende in ihrer Bildung und somit auf ihrem Weg der Vervollkommnung unterstützt, und wenn schließlich Schulen theoretisch begründete Kriterien erfüllen müssen, um geeignete Orte pädagogischen Handelns sein zu können, dann hat sich eine pädagogische Diagnostik mit diesen Gegenstandsbereichen zu befassen. Zu fragen ist dann, inwiefern und inwieweit aktuell entwickelte Fähigkeiten eines Kindes seine Möglichkeiten zur Selbstverwirklichung einschränken, welche Anregungen und Freiräume, welche Arten der Beziehungsgestaltung das Spektrum seiner Handlungsmöglichkeiten erweitern könnten und welche gegebenen oder herstellbaren organisatorischen und institutionellen Rahmenbedingungen dafür hilfreich wären (vgl. von Knebel & Schuck, im Druck).

Eine so verstandene pädagogische Diagnostik begnügt sich nicht damit, Diskrepanzen zwischen institutionellen Anforderungen und individuellen Fähigkeiten zu beschreiben oder geeignet erscheinende Lernorte vorzuschlagen, sondern sie unterstützt Bildungsprozesse durch die Gestaltung von Erziehungswegen und institutionellen Rahmenbedingungen. Es zählt nicht nur die unmittelbare Übernahme kultureller Erfahrungen, Normen und Werte und die bloße Aneignung schulischer Lerngegenstände, sondern die Stärkung der Reflexivität des Subjekts, die Unterstützung seiner Autonomie, Selbstbestimmung und gesellschaftlichen Teilhabe und seiner Möglichkeiten, ein aktives geistiges Verhältnis zu seinen gesellschaftlich entstandenen und determinierten Lebensbedingungen aufzunehmen. Ein solches Bildungsverständnis korrespondiert mit entwicklungspsychologischen Auffassungen vom Menschen als autonomen und aktiven Gestalter seiner Entwicklung, der im Handeln sich selbst und seine Umgebung verändert (Schuck, 2001a, S. 64). Das statische Menschenbild des klassischen Sonderschulüberweisungsverfahren, das von der Passivität des Individuums in Entwicklungs- und Lernprozessen geprägt war, ist damit unter der Prämisse einer evaluativen Lernprozessdiagnostik kein legitimer Bezugspunkt mehr für die in einer pädagogischen Diagnostik aufgehobenen sonderpädagogische Diagnostik (vgl. zusammenfassend Schuck, 2000). Deshalb ist die Wahl der erziehungswissenschaftlichen und psychologischen Bezugspunkte zum eigentlichen Prüfstein einer evaluativen, lernprozessbegleitenden Diagnostik avanciert.

2 Die schulgesetzlichen Rahmenvorgaben in Hamburg und Schleswig-Holstein

2.1 Gesetzliche Grundlagen zur Feststellung sonderpädagogischen Förderbedarfs in Hamburg

2.1.1 Die Gesetzes- und Verordnungslage

In Hamburg gelten nebeneinander unterschiedliche Gesetze und Verordnungen, die unterschiedliche Stadien des konzeptionellen Wandels repräsentieren. Es gilt das Hamburgische Schulgesetz vom 16. April 1997, zuletzt geändert am 02.05.2005 (HmbSG, 2005) neben der Ordnung der Aufnahme in Sonderschulen vom 27. Mai 1986 (Senat der Freien und Hansestadt Hamburg, 1986). Die Aufnahme von Kindern in Integrationsklassen an Grundschulen ist Gegenstand der gleichnamigen Verordnung (Integrationsklassen VO) (Senat der Freien und Hansestadt Hamburg, 1998). Außerdem ist die Handreichung zur Feststellung des sonderpädagogischen Förderbedarfs (Freie und Hansestadt Hamburg, Behörde für Bildung und Sport, Amt für Schule, 2002) zu nennen, die Erlasscharakter hat, Qualitätsstandards bei der Feststellung von sonderpädagogischem Förderbedarf setzt und ab Februar 2003 eine verbindliche Gliederung für in Hamburg erstellte sonderpädagogische Gutachten vorgibt (Dreher, 2002).

Das geltende Hamburger Schulgesetz hält an der Gliedrigkeit des Schulsystems fest und kennt nach wie vor die Schulform Sonderschule (vgl. HmbSG, 2005, § 19). Die integrativen Regelklassen als eines der zukunftsträchtigsten Schulmodelle einer inklusiven Schule werden in der Schulgesetzfassung von 1997 noch explizit erwähnt (vgl. HmbSG, 1997, § 12), sind jedoch am 27.6.2003 aus dem Gesetz gestrichen worden. Zur Deckung sonderpädagogischen Förderbedarfs sieht der Hamburger Gesetzestext nunmehr folgende Organisationsformen vor:

- Individuelle Integrationsmaßnahmen,
- Einrichtungen zur Beratung und Unterstützung von Eltern und Lehrkräften sowie zur Unterstützung und ergänzenden Förderung von Schülern mit sonderpädagogischem Förderbedarf,
- Integrationsklassen und Sonderschulen (HmbSG, 2005, § 12 (1) Satz 1).

In Hamburg gilt dennoch das mit den KMK-Empfehlungen von 1994 eingeführte Primat der Integration (vgl. HmbSG, 2005, § 12 (1) u. (2)): Demnach wirken allgemeine Schulen, Einrichtungen und Sonderschulen in enger Zusammenarbeit auf eine Integration von Schülern mit sonderpädagogischem Förderbedarf in den Unterricht der allgemeinen Schule hin. Sonderpädagogische Förderung wird dabei grundsätzlich als individuelle Integrationsmaßnahme in der allgemeinen Schule definiert, die angeordnet werden kann, wenn eine hinreichende Förderung durch den Regelunterricht der Stammschule nicht gewährleistet ist. Die Aufnahme von Kindern und Jugendlichen mit sonderpädagogischem Förderbedarf in Sonderschulen erfolgt erst dann, wenn sich eine integrative Förderung nicht realisieren lässt.

Der Realisierungsvorbehalt integrativer Maßnahmen gilt auch für die Einrichtung von Integrationsklassen, die als Regelangebot in der Primarstufe und in der Sekundarstufe I eingerichtet werden können, wenn dafür örtlich die räumlichen, organisatorischen und personellen Voraussetzungen gegeben sind (HmbSG, 2005, § 12 (5) Satz 1). Als Aufnahmevoraussetzungen für Integrationsklassen auf Seiten der Kinder mit sonderpädagogischem Förderbedarf benennt die Integrationsklassen VO solche Kinder, die andernfalls in Schulen für Geistigbehinderte, für Körperbehinderte, für Blinde und Sehbehinderte, für Gehörlose oder für Schwerhörige aufgenommen werden müssten (Senat der Freien und Hansestadt Hamburg, 1998, § 4 (1) Satz 1).

Die Feststellung von sonderpädagogischem Förderbedarf, die ggf. nötige Anordnung sonderpädagogischer Förderung und ggf. die Entscheidung über eine vorübergehende schulersetzende Betreuung erfolgt auf der Grundlage des Ergebnisses eines sonderpädagogischen Überprüfungsverfahrens unter Beteiligung der Erziehungsberechtigten. Der Besuch einer in der Folge der KMK-Empfehlung von 1994 nach Förderschwerpunkten definierten Sonderschule ist an dieselben Voraussetzungen gebunden (vgl. HmbSG, 2005, § 12 (4) Satz 1, § 19 (1) Satz 1 u. (2) Satz 1).

Die im HmbSG (2005, § 12 (4) Satz 2 und § 19 (2) Satz 2) erwähnte Rechtsverordnung zur näheren Regelung des Feststellungsverfahrens von sonderpädagogischem Förderbedarf ist immer noch die Ordnung der Aufnahme in Sonderschulen vom 27. Mai 1986 (Senat der Freien und Hansestadt Hamburg, 1986). Deren Überarbeitungsbedürftigkeit lässt sich schon am Entstehungsdatum und an der verwendeten Terminologie erkennen, die den Ideen der KMK-Empfehlung von 1972 verpflichtet ist: Sie hebt prinzipiell auf die Sonderschulbedürftigkeit (§ 2) und nach entsprechender Prüfung (§ 12) auf die Zuweisung derjenigen Kinder und Jugendlichen zu den in den §§ 3 bis 10 der VO definierten traditionellen Sonderschulformen ab, die wegen einer Behinderung in der allgemeinen Schule nicht oder nicht hinreichend gefördert werden können (§ 2 (1)). Ausnahmen davon, trotz festgestellter Sonderschulbedürftigkeit die erforderliche sonderpädagogische Förderung mit Zustimmung der Erziehungsberechtigungen auf Anordnung der zuständigen Behörde in einer allgemeinen Schule vorzunehmen sind auch hier schon vorgesehen (§ 2 (2) Satz 1).

In Bezug auf die Förderschule finden sich die klassischen Bestimmungsstücke der Lernbehinderung. Es sind die schwerwiegend, umfänglich und lang andauernd beeinträchtigten Fähigkeiten auf Seiten der Kinder und Jugendlichen, die in den allgemeinen Schulen vermittelten Inhalte zu lernen, mit der Folge stark herabgesetzter Leistungen im Verhältnis zu Gleichaltrigen (§ 7 Satz 1). Dabei setzt die Annahme einer Lernbehinderung in der Regel voraus, dass die stark herabgesetzten Leistungen mit einem deutlichen Intelligenzrückstand verbunden sind (§ 7 Satz 2). Das Überprüfungsverfahren kann grundsätzlich von den Erziehungsberechtigten, der bisher befassten Schule oder anderen Institutionen (z. B. der Frühförderung) veranlasst werden. Die Erstellung des sonderpädagogischen Gutachtens erfolgt durch die zuständige Sonderschule oder seit Bestehen der Integrativen Regelklassen auch durch Sonderpädagogen, die dort tätig sind, unter Einbezug aller verfügbaren Berichte und Gutachten auch anderer Schulen und Einrichtungen. Zusätzliche schulärztliche bzw. fachärztliche Gutachten können veranlasst werden (§§ 13 u. 14). Als unabdingbare diagnostische Informationsquellen dienen Testverfahren zur Feststellung der Leistungsfähigkeit und der Intelligenz. Die Verordnung ermöglicht zudem die probeweise Aufnahme von Schülern in die Sonderschule mit einer maximale Beobachtungszeit von einem halben Jahr und in die Förderschule von höchstens vier Wochen (§ 14 (1) Sätze 7 u. 8).

Über das Vorliegen eines sonderpädagogischen Förderbedarfs entscheidet die zuständige Behörde auf der Grundlage des sonderpädagogischen Gutachtens, der sonstigen Unterlagen sowie unter der Berücksichtigung der Stellungnahme der Erziehungsberechtigten (§ 15 (1) Satz 1). Die Hamburger VO sieht eine jährliche Überprüfung der Sonderschulbedürftigkeit durch die Klassenkonferenz vor. Dabei ist nicht nur zu prüfen, ob die Sonderschulbedürftigkeit fortbesteht, sondern auch, ob andere sonderpädagogische Maßnahmen zur Förderung des Schülers besser geeignet sind und ergriffen werden sollten. Schüler können für eine Zeit von maximal sechs Monaten probeweise in eine allgemeine Schule aufgenommen werden. Am Ende der Probezeit ist im Einvernehmen von allgemeiner Schule und Sonderschule festzustellen, ob eine hinreichende Förderung in der allgemeinen Schule weiterhin möglich erscheint oder wieder der Besuch einer Sonderschule erforderlich ist (§ 16 (1) u. (2)).

Die Kluft zwischen dem HmbSG (2005) und der noch immer geltenden Verordnung von 1986 bezüglich Terminologie und Leitideen ist offensichtlich. Außer der in der Verordnung verbrieften jährlichen Überprüfung einer einstmals festgestellten Sonderschulbedürftigkeit eines Schülers ist die Verordnung weit davon entfernt, eine lernprozessbegleitende, unterrichtsintegrierte und damit evaluative Diagnostik zu konzipieren. Auf Grund des Entstehungsdatums und der damit notwendig verbundenen Abbildung der KMK-Empfehlung von 1972 überrascht dieses Ergebnis nicht. Das HmbSG (2005, § 44) hingegen sieht im Rahmen der Regelungen zur Leistungsbeurteilung neben der traditionellen Bewertung durch Noten auch Lernentwicklungsberichte (Berichtszeugnisse) vor, die den Rahmen für eine lernprozessbegleitende Diagnostik abstecken *könnten*. So sind grundsätzlich Berichtszeugnisse in den Klassen 1 und 2, in den Klassen 3 und 4 Noten mit ergänzenden Berichten und ab Klasse 5 Notenzeugnisse mit Bemerkungen zum Arbeits- und Sozialverhalten vorgesehen. Abweichend davon gilt u. a. für Schüler mit sonderpädagogischem Förderbedarf im Rahmen integrativer Maßnahmen und in Sonderschulen, dass Lernentwicklungsberichte (Berichtszeugnisse) eine Notenbewertung ersetzen oder ergänzen können. Die Lernentwicklungsberichte sind dabei jedoch so gestaltet, dass auf dieser Grundlage eine Versetzungs- oder Umstufungsentscheidung begründbar ist. Ausgeführt wird weiter, dass sich die in pädagogischer Verantwortung zu treffende Leistungsbeurteilung auf regelmäßige Lernbeobachtung und die Feststellung der Entwicklung der schriftlichen, mündlichen, praktischen und sonstigen Leistungen zu stützen hat, wozu auch Schulleistungstests durchgeführt werden können.

2.1.2 Handreichung der Schulbehörde zur Gutachtenerstellung

Die Entwicklung der Handreichung zur Feststellung des sonderpädagogischen Förderbedarfs (Freie und Hansestadt Hamburg, Behörde für Bildung und Sport, Amt für Schule, 2002) war einerseits motiviert durch die notwendige Überwindung der Widersprüche zwischen alter Verordnung und neuem Schulgesetz und andererseits, die entstandene Heterogenität der Diagnostik- und Gutachtenpraxis in Hamburg zum Zwecke der Vergleichbarkeit zu vereinheitlichen. Beauftragt wurde ein Arbeitskreis bestehend aus Vertretern der Schulen, der Schulbehörde, des Instituts für Lehrerbildung und des Instituts für Behindertenpädagogik der Universität Hamburg. Vorgelegt wurde ein Vorschlag zur Gestaltung des Prozesses der sonderpädagogischen Diagnostik, der an zwölf Gütekriterien orientiert, einen kommentierten und mit Beispielen versehenen Gliederungsvorschlag für Gutachten zur Feststellung sonderpädagogischen Förderbedarfs enthält. Dieser Vorschlag wurde vom Amt für Schule ab Februar 2003 der Gutachtenerstellung verbindlich zu Grunde gelegt.

In diese Handreichung sind die oben vorgestellten Standards einer aktuellen Diagnostik und ihrer bildungspolitischen, erziehungswissenschaftlichen und psychologischen Bezüge aufgenommen. Konzipiert ist das Verfahren zur Feststellung sonderpädagogischen Förderbedarfs als zyklischer, hypothesenbildender und -prüfender diagnostischer Prozess, dem die Aufgabe zukommt, begründbare und geprüfte Hypothesen über ein aktuelles Schulproblem und den damit verknüpften individuell entwickelten Möglichkeiten des Kindes sowie den institutionell gegebenen Bedingungen zu entwickeln. Sodann ist unter Berücksichtung der (nicht allein schulisch zu definierenden) Bildungsbedürfnisse des Kindes, ein Förderkonzept zu erstellen, das Ziele, Inhalte und Methoden für die nächsten Schritte der Förderung enthält. Es folgt auf dieser Grundlage die Empfehlung eines Förderortes, an dem notwendige und wünschenswerte Bedingungen für eine Umsetzung des Förderkonzeptes entweder schon bestehen oder am ehesten hergestellt werden können. Und schließlich ist es Aufgabe der in der Handreichung prozessual angelegten Diagnostik, die Förderung am jeweiligen Lernort zu begleiten, zu evaluieren und Modifikationen vorzuschlagen.

In der Handreichung werden Gütekriterien für Gutachten in drei Gruppen vorgeschlagen (von Knebel 2003):

Kasten 1:
Gütekriterien für Gutachten

(1) Gutachten sollen hinsichtlich ihrer *formalen Qualitäten* den rechtlichen Anforderungen genügen, von Sachverständigen rekonstruiert werden können und dabei unter den Bedingungen der Alltagspraxis handhabbar bleiben.

(2) Im Zentrum inhaltlicher Vorgaben steht der Anspruch, dass das Gutachten und der dahinterstehende diagnostische Prozess wünschenswerte *Qualitäten bezogen auf die Förderrelevanz* besitzen soll. Dazu gehören folgende Unterkriterien:
- *Problemangemessenheit*, das heißt, dass die diagnostischen Zielsetzungen, Inhalte und Methoden auf das schulische Ausgangsproblem zugeschnitten sein sollen,
- *Historizität*, das heißt, die aktuellen Problemfelder werden unter dem Gesichtspunkt ihrer Entstehungsgeschichte und Bedingungshintergründe betrachtet,
- *Strukturbezogenheit*, das heißt, einzelne diagnostische Gegenstandsbereiche (z. B. Kognition, Sprache, Lese-Rechtschreibschwierigkeiten) sollen nicht isoliert nebeneinander betrachtet, sondern unter dem Gesichtspunkt ihrer möglichen Wechselbeziehungen und ihrer Verwobenheit analysiert werden,
- *Entwicklungsorientierung*, das heißt, aktuell entwickelte Fähigkeiten eines Kindes sollen nach Möglichkeit entwicklungsbezogen eingeordnet werden, um theoriegeleitet bestimmen zu können, welche nächsten Entwicklungsschritte das Kind vollziehen kann,
- *Zielreflexivität*, das heißt, die gutachtende Fachkraft soll sich der jeweiligen Teilziele ihres diagnostischen Handelns bewusst werden (z. B. altersnorm-

orientierte Beurteilung, richtlinien- oder schulformbezogene Einschätzung, entwicklungspsychologische Einordnung) und demgemäß angemessene diagnostische Methoden wählen,
- *Subjektangemessene Lerngegenstandsbestimmung*, das heißt, es sollen nächste Lernschritte möglichst konkret und diagnostisch verankert dargelegt werden.

(3) Gutachten sollen sich durch die *Qualität ihrer Schlussfolgerungen* ausweisen. Sie zeigt sich in der Plausibilität individueller Fördervorschläge, die sich auf schulische Belange, auf Bildungsbedürfnisse der Kinder und Veränderungsnotwendigkeiten und -möglichkeiten des Umfeldes zu beziehen haben. Die Plausibilität der Lernortbestimmung wird erreicht durch ein begründetes Förderkonzept, das die für seine Umsetzung für notwendig gehaltenen institutionellen Rahmenbedingungen umfasst, die über die Auswahl des Lernortes herzustellen sind.

Die skizzierten Gütekriterien haben in der Handreichung vor allem eine orientierende Funktion; sie sollen die Richtung unmittelbar anzustrebender Veränderungsprozesse der Gutachtenpraxis durch Fortbildungsmaßnahmen vorgeben. Auch der Gliederungsvorschlag für sonderpädagogische Gutachten soll mit seinen weiter untergliederten acht Hauptgliederungspunkten als Orientierungsgrundlage verwendet werden:

Kasten 2:
Hauptgliederungspunkte sonderpädagogischer Gutachten

(1) Anlass des Gutachtens
(2) Genutzte Informationsquellen
(3) Schulische Entwicklung
(4) Lebensweltliche Bedingungen (häusliche und schulische Rahmenbedingungen)
(5) Individuelle Bedingungen (individuelle Handlungsbedingungen und Lernvoraussetzungen; fachlicher Lern- und Leistungsstand)
(6) Zusammenfassung zentraler Ergebnisse
(7) Schlussfolgerungen für die Förderung (Förderziele, -inhalte und -methoden; notwendige schulische Rahmenbedingungen; Abwägung und Lernortempfehlung; gegebenenfalls zusätzliche Empfehlungen auch für außerunterrichtliche Maßnahmen)
(8) Stellungnahme der Erziehungsberechtigten

Dieser Gliederungsvorschlag folgt in den wichtigsten Aspekten veröffentlichten Vorschlägen insbesondere von Schuck (z. B. 2001b) sowie von Probst und Hofmann (1999). Für die gutachtende Fachkraft sollen die Gliederungspunkte anzeigen und in Erinnerung rufen, was diagnostisch unabdingbar bearbeitet werden muss und welche Gegenstandsbereiche je nach individueller Problemlage und Stand der Hypothesenbildung variieren können. Die Untergliederung des siebten Kapitels soll nahe legen, die diagnostischen Befunde im Zusammenhang mit didaktischen und pädagogischen Kriterien für die Entwicklung und

Begründung eines Förderkonzeptes zu nutzen. Daher fordern die untergeordneten Gliederungspunkte ausdrücklich dazu heraus, Förderziele, -inhalte und -methoden zu formulieren, hierfür notwendige schulische Rahmenbedingungen zu benennen und erst auf dieser Grundlage eine Lernortempfehlung abzugeben.

Die Handreichung zur Feststellung des sonderpädagogischen Förderbedarfs füllt nicht nur die lernprozessdiagnostischen Leerstellen der Verordnung aus dem Jahre 1986 aus, sondern geht in ihrer diagnostischen Ausrichtung zumindest *formal* über den rein institutionell und verwaltungstechnisch definierten Leistungsaspekt im HmbSG (2005) hinaus und verfeinert damit den Grundgedanken der Lernentwicklungsberichte aus dem HmbSG (2005), ein Gedanke, der in den KMK-Empfehlungen (1994, S. 8) unter dem Begriff Förderplanung konzipiert ist. Die der Handreichung beigefügten aktuellen Beispiele der Gutachtenpraxis verwirklichen allerdings demgegenüber das vertretene diagnostische Konzept nur in Annäherungen, womit auch die oben skizzierten erziehungswissenschaftlichen und psychologischen Bezugspunkte diagnostischen Handelns konterkariert werden. In dieser Differenz zwischen aktuellen Beispielen und den konzeptionellen Erläuterungen wird deutlich, welche Entwicklungsaufgaben zur Qualitätsverbesserung (z. B. über Fortbildungsmaßnahmen) noch bestehen.

2.2 Gesetzliche Grundlagen zur Feststellung sonderpädagogischen Förderbedarfs in Schleswig-Holstein

Das Schleswig-Holsteinische Schulgesetz (SchulG; zitiert nach der Bekanntmachung der Neufassung des Schleswig-Holsteinischen Schulgesetzes) vom 2. August 1990, zuletzt geändert am 15. 02. 2005, bestimmt im § 25 (2) unter dem im § 5 definierten Vorrang der Integration, dass Sonderschulen als Förderzentren Unterricht und Erziehung von Schülern mit sonderpädagogischem Förderbedarf in anderen Schularten unterstützen, Sonderunterricht für Kinder und Jugendliche geben, die keine Schule besuchen, und Schüler aufnehmen, die in anderen Schularten auch mit besonderen Hilfen dauernd oder vorübergehend nicht ausreichend gefördert werden können. Damit ist – wie in Hamburg und in den KMK-Empfehlungen von 1994 – das Subsidiaritätsprinzip der Sonderschulen gegenüber der gemeinsamen Unterrichtung aller Kinder festgehalten und den Sonderschulen als Förderzentren die fachliche Verantwortung für die Realisierung des sonderpädagogischen Förderbedarfs, an welchem Lernort auch immer, zugewiesen. Anders als Hamburg hat Schleswig-Holstein seinen schulrechtlichen und pädagogisch-konzeptionellen Rahmen für die sonderpädagogische Förderung über das Schulgesetz hinaus mit der Landesverordnung über sonderpädagogische Förderung (SoFVO) (Ministerium für Bildung, Wissenschaft, Forschung und Kultur [MBWFK], 2002a) und dem Lehrplan sonderpädagogische Förderung (LPSoFö) (MBWFK, 2002b) bereits aktualisiert. Außerdem existieren Handreichungen zum sonderpädagogischen Förderplan (MBWFK, 2002a, S. 49 ff.), die die lernprozessbegleitende Diagnostik strukturell mit dem Förderplan als förderdiagnostischen Planungs- und Reflexionsinstrument verknüpfen.

Die Ermittlung des sonderpädagogische Förderbedarfs im Rahmen der Gutachtenerstellung erfolgt dabei „durch eine Diagnostik der wesentlichen lern- und entwicklungsfördernden bzw. – hemmenden Faktoren“ (MBWFK, 2002b, S. 6). Berücksichtigt werden sollen nicht nur die für die Förderung bedeutsamen Bedingungen der inner- und außerschulische Lebenswirklichkeit der Kinder und Jugendlichen mit vermutetem Förderbedarf, sondern immer auch alle Dimensionen der Entwicklung. Dabei wurde das KMK-Konzept (1994, S. 10) der elementaren Bereiche der Lernentwicklung modifiziert: Als Entwicklungsbereiche fungieren hier Wahrnehmung und Bewegung, Sprache und Denken sowie personale und soziale Identität (MBWFK, 2002b, S. 6 u. S. 44 ff.). Schwerpunktmäßig sollen für die Feststellung des sonderpädagogischen Förderbedarfs die längerfristig dokumentierten Beobachtungen der unterrichtenden Lehrkräfte und anderer Personen des pädagogischen oder familiären Umfeldes berücksichtigt werden, da hieraus wichtige Hinweise für diagnostische Fragestellungen und die Auswahl bereichsspezifischer Überprüfungsverfahren zu gewinnen wären. Vertreten wird, dass die diagnostischen Ergebnisse zum aktuellen Entwicklungs- und Leistungsstand der Schüler Hinweise auf die Ziele und Maßnahmen sonderpädagogischer Förderung geben und die individuelle sonderpädagogische Förderplanung begründen (MBWFK, 2002b, S. 6 f.).

Der Förderplan wird vom zuständigen Förderzentrum erstellt und fortgeschrieben. Er dokumentiert die bisherige Entwicklung der Schüler mit sonderpädagogischem Förderbedarf, legt die auf die Schüler abgestimmten Ziele der Förderung im Rahmen der Lehrpläne der allgemeinbildenden Schulen fest, konzipiert die Umsetzung des sonderpädagogischen Förderplans sowie die Art der mindestens einmal jährlich stattfindenden Überprüfung der erreichten Ziele einschließlich der fachlichen Leistungen (MBWFK, 2002b, S. 5 f.). Der Förderplan bildet somit „sowohl eine Grundlage für das unterrichtliche Handeln einschließlich der spezifischen sonderpädagogischen Unterstützung und Förderung als auch für die Bewertung der getroffenen Maßnahmen im Zusammenhang mit den Entwicklungsfortschritten der Schülerinnen und Schüler [sic] und für die Beratung aller am Bildungs- und Erziehungsprozess Beteiligten“ (MBWFK, 2002b, S. 5). Die inhaltliche Ausgestaltung der Förderpläne orientiert sich dabei nicht nur an der individuellen Entwicklung, sondern auch an organisatorischen Bedingungen und realistischen Erfolgserwartungen und variiert in Abhängigkeit vom jeweiligen Förderschwerpunkt (MBWFK, 2002a, S. 51). Diese Form der lernprozessbegleitenden Beschreibung der Lernentwicklung kann in den Förderschwerpunkten Lernen und geistige Entwicklung die Halbjahreszeugnisse ersetzen, sofern Berichtszeugnisse erteilt werden, wie es in § 8 (3) Satz 1 SoFVO vorgesehen ist. An dieser Regelung wird der spezifische Charakter der sonderpädagogischen Förderpläne deutlich: Ziffernzeugnisse lassen sich durch einen sonderpädagogischen Förderplan nicht ersetzen (MBWFK, 2002a, S. 23). An der Förderplanung sollen alle am Erziehungs- und Lernprozess mitwirkenden Personen in unterschiedlicher Form beteiligt werden; soweit möglich, auch der Schüler selbst. Mit diesen Vorgaben ist eine zyklische diagnostische Strategie konzipiert, wobei der Förderplan dem Prinzip des Ist-Soll-Vergleichs folgt. Diskrepanzen zwischen dem Ist-Stand und dem Soll-Stand geben die Ziele der Förderung sowie die zu ergreifenden Maßnahmen ab, wobei generell von den Stärken des Schülers auszugehen ist (MBWFK, 2002a, S. 50 u. 52).

Das Schleswig-Holsteiner Konzept sonderpädagogischer Förderung greift die oben skizzierten erziehungswissenschaftlichen (1) und psychologischen (2) Bezugspunkte umfassend auf:

(1) Die sonderpädagogische Förderung in Schleswig-Holstein (vgl. hier und im Folgenden MBWFK, 2002b, S. 2 u. 9 f.) folgt dem Konzept der Grundbildung, das dem Lehrplan Grundschule und den Lehrplänen der weiterführenden Schulen zu Grunde liegt und sich in Leitthemen und fachlichen Konkretionen entfaltet.

Kasten 3:
Grundbildung

Grundbildung zielt entsprechend der Möglichkeiten der Schüler ab

- auf die differenzierte Wahrnehmung, Empfindung und Beurteilung der natürlichen und gesellschaftlichen Wirklichkeit, in der sie leben;
- darauf, Eigenes zu schätzen und Fremdes anzuerkennen sowie die Verständigung darüber mit anderen;
- auf verantwortbares Handeln in Kooperation mit anderen;
- darauf, der eigenen Erfahrung zu folgen, kritisch zu urteilen, Informationen sinnvoll zu nutzen;
- auf die Entwicklung und gestaltende Umsetzung der eigenen Ausdrucksmöglichkeiten;
- auf die Verantwortungsübernahme für sich selbst und die eigene Persönlichkeitsentwicklung;
- darauf, Lernen als Teil des Lebens zu begreifen.

Sonderpädagogische Förderung schließt ein Verständnis von Grundbildung als vielseitiger Bildung in allen Dimensionen menschlicher Interessen und Möglichkeiten mit ein, die zum Ziel hat, alle Schüler zur Mitwirkung in Schule, Beruf und Gesellschaft zu befähigen und allen zur Entfaltung ihrer geistigen, seelischen und körperlichen Fähigkeiten, ihrer individuellen Begabungen und Neigungen zu verhelfen. Dazu setzt sonderpädagogische Förderung auf die Berücksichtigung der Lebenswelt und die Ermöglichung von erprobendem Handeln und authentischen Erfahrungen innerhalb und außerhalb der Schule. Grundbildung in dieser Fassung kann als handlungsorientiert, lebensweltgebunden und erkenntnisgeleitet gelten. Die didaktische Umsetzung dieses Konzeptes ist über weitere Begrifflichkeiten bestimmt (Auseinandersetzung der Schüler mit definierten Kernproblemen, Erwerb von Schlüsselqualifikationen und Kompetenzen).

Die Erfordernisse an die Unterrichtsgestaltung sind aus dem Konzept der Grundbildung stringent abgeleitet: Schülern soll ermöglicht werden, den Unterricht aktiv und selbstverantwortlich mitzugestalten, eigene Schwerpunkte zu setzen und unterschiedliche Lernwege zu entwickeln sowie partnerschaftlich mit anderen zu lernen und zusammenzuarbeiten (MBWFK, 2002b, S. 12).

(2) Es wird grundsätzlich dem Aktivitätspostulat in einer konstruktivistischen Variante gefolgt: Lernen wird verstanden als die lebenslang notwendige tätige Auseinandersetzung des Menschen mit seiner Umwelt, mit dem Ziel, diese zu verstehen und in ihr zu bestehen. Durch seine Tätigkeiten in seinen Lebenswelten konstruiert der Mensch seine von den jeweiligen Lebens- und Sozialisationsbedingungen bestimmten Vorstellungen von Welt, von denen in einer erfolgreichen sonderpädagogische Förderung auszugehen ist (MBWFK, 2002b, S. 6 u. 64). Dementsprechend sind in einer lernprozessbegleitenden entwicklungsorientierten Diagnostik didaktisch-methodisches und diagnostisches Handeln unmittelbar aufeinander bezogen. Das betrifft das vorhandene Verständnis vom Inhalt und den Strukturen des Lerngegenstandes, das sich in der je individuellen Zugriffsweisen zeigt, im Lern- und Arbeitsverhalten sowie in den nächstmöglichen Entwicklungsschritten. Bezugspunkte einer derart konzipierten Diagnostik sind somit einerseits Entwicklungsabfolgen, wie sie zum Beispiel auf dem Weg zur Schrift und zum Zahlbegriff, bei der Lesetätigkeit und bei der Begriffsbildung durchlaufen werden, andererseits ist aber auch die emotionale und soziale Situation der Schüler zu berücksichtigen sowie die Funktion, die die Schüler dem Erwerb des Unterrichtsgegenstandes beimessen und welche Motive sie bewegen, sich auf eine gegenstandsspezifische Lerntätigkeit einzulassen (MBWFK, 2002b, S. 8 f.).

Das konstruktivistisches Gegenstandsverständnis des LPSoFö wird jedoch durch die widersprüchliche Konzeption des Entwicklungsbereichs „Wahrnehmung" hintergangen, in dem einerseits eine konstruktivistisch begründete Abgrenzung gegenüber traditionellen Abbildtheorien vorgenommen wird, zugleich aber diesen abgelehnten und auch seit Breitenbach (1997a, 1997b) als überholt geltenden Entwicklungsvorstellungen bezüglich der Wahrnehmung doch wieder gefolgt wird (MBWFK, 2002b, S. 45 ff., 117, 120, 125). Der ebenfalls häufige Rekurs auf das *Lernen mit allen Sinnen* (vgl. MBWFK, 2002b, S. 41, 46 ff., 70, 110, 146, 149) ist dann nur die didaktische Seite dieser Medaille (zur näheren Kritik an diesem Prinzip vgl. auch Lemke & Schuck, 2003, S. 553). Die Art und Weise, wie das Konzept der Entwicklungsbereiche insgesamt in das Konzept der Grundbildung eingebunden ist und als Grundlage sonderpädagogischer Diagnostik und Förderung sowie als wesentlicher Bestandteil des individuellen sonderpädagogischen Förderplans gelten soll (MBFWK, 2002b, S. 44), konterkariert das eigens propagierte „Aktivitätspostulat" als grundlegendes Gegenstandsverständnis einer pädagogischen Diagnostik (vgl. Lemke & Schuck, 2002, S. 95).

Hervorzuheben ist, dass im LPSoFö an keiner Stelle explizit auf das Konstrukt Intelligenz bzw. auf die Verwendung von standardisierten *Intelligenztestverfahren* abgehoben wird. Die Palette der angeratenen diagnostischen Methoden/Vorgehensweisen ist hingegen breit angelegt, u. a.: kriteriengeleitete Beobachtungen in schulischen, außerschulischen und konstruierten Situationen und bei der Konfrontation mit unbekannten Aufgabenstellungen, Befragungen/Gespräche, Einschätzskalen, diagnostische Prüfverfahren, informelle Prüfverfahren sowie – im Förderschwerpunkt körperliche und motorische Entwicklung verbunden mit dem Hinweis, dass der Einsatz normorientierter Testverfahren bei dieser Schülergruppe auf Grund der individuellen Voraussetzungen problematisch sei und quantitative Auswertungen (z. B. der Zeitmessung) von vornherein benachteiligend wirkten und zu Ergebnisverzerrungen im interindividuellen Vergleich führten – eine vorrangige Orientierung an struktur- und niveaubezogenen Verfahren (MBWFK, 2002b, S. 7, 112 u. 124 f.).

In diesem Duktus verwundert der Hinweis im Förderschwerpunkt Geistige Entwicklung auf den Einsatz standardisierter Testverfahren (MBWFK, 2002b, S. 112) nicht nur angesichts der Tatsache, dass für diese Schülergruppe keine standardisierten Testverfahren vorliegen, die im unteren Normbereich valide messen und das einzige Testverfahren, welches für diese Population eigens konstruiert wurde – die TBGB (Bondy, Cohen, Eggert & Lüer, 1975) – auf Grund der veralteten Normen einer in der Logik des Instrumentes liegenden *sachgerechten* Verwendung entgegensteht (vgl. zusammenfassend Lemke & Schuck, 2003, S. 564 ff; Schuck & Lemke, 2005, S. 22 ff.).

Insgesamt hat das Bundesland Schleswig-Holstein nicht nur die KMK-Empfehlungen umgesetzt, sondern auch deren pädagogische Programmatik detaillierter als in den Empfehlungen selbst für eine pädagogische, evaluative Lernprozessdiagnostik dienstbar gemacht. Dass dies hinsichtlich der bemühten theoretischen Bezugssysteme nicht bruchlos und widerspruchsfrei geschehen konnte, ist nicht nur der Vorlage der KMK-Empfehlungen geschuldet, sondern spiegelt insgesamt „ein Dilemma des Wissenschaftsbetriebs und der bemühten theoretischen Orientierungen der Alltagspraxis" (Lemke & Schuck, 2002, S. 96). Dass die in der Alltagspraxis von Sonderschul- und auch Grundschullehrern präferierten und angewendeten fachlichen Orientierungen zudem nur gering mit aktuellen Ergebnissen von Evaluationsstudien übereinstimmen, haben Runow und Borchert (2003) als Hauptergebnis ihrer – allerdings nicht repräsentativen – Befragung von Lehrkräften an Förder-, Sprachheilgrund-, Geistigbehinderten- und Grundschulen in Schleswig-Holstein herausgearbeitet.

3 Sonderpädagogische Diagnose und Förderung in Zahlen und im Vergleich

Die gesetzlichen Rahmenbedingungen eines Bundeslandes alleine erlauben noch keine Beurteilung der Praxis der Feststellung des sonderpädagogischen Förderbedarfs. Es werden in diesem Abschnitt zwei weitere Bezugsebenen herangezogen, nämlich die Beschreibung der unterschiedlichen schulstrukturellen Kontexte, in denen in den beiden Bundesländern diagnostische Methoden und Strategien zum Einsatz kommen, und die in der KMK-Statistik (Sekretariat der Ständigen Konferenz der Kultusminister der Länder in der Bundesrepublik Deutschland [KMK], 2003) dokumentierten Zahlen zur sonderpädagogischen Förderung in Sonderschulen und allgemeinen Schulen für das Jahr 2002.

3.1 Schulstrukturelle Kontexte

Hamburg wie Schleswig-Holstein waren in der Vergangenheit prominent beteiligt an einer Vielzahl von Schulversuchen zur Weiterentwicklung integrativer Unterstützungssysteme. In Schleswig-Holstein, einem Flächenstaat, haben sich Sonderschulen als regionale (für die Förderschwerpunkte Lernen, Sprache, emotionale und soziale Entwicklung) oder überregionale Förderzentren (für die übrigen Förderschwerpunkte) etabliert. Sie unterstützen die allgemeine Schulen ihres Zuständigkeitsgebietes in ihrem Integrationsauftrag und haben selbst Schüler (mit Ausnahme des Förderzentrums für Blinde- und Sehbehinderte in Schleswig), für die eine Unterrichtung nach sonderschulspezifischen Lehrplänen in der allgemeinen Schule nicht möglich erscheint. Im Falle nicht erwartungsgemäßer Leistungen und/oder nicht erwartungsgemäßemVerhalten besteht die diagnostische Aufgabe darin, auf dem Hintergrund der gesetzlichen Vorgaben

- einen Förderplan zu erstellen,
- auf dieser Grundlage den Förderort zu bestimmen und
- den weiteren Fortgang der Förderung zu begleiten.

Alleiniges Prüfkriterium für die Lernortentscheidung ist die Realisierbarkeit des Förderplans in einem konkreten schulischen Kontext, wobei die Integration in die allgemeine Schule Vorrang hat (s. o.). Tatsächlich wird in Schleswig-Holstein eine höhere Integrationsrate von 25,9 % gegenüber 16,4 % in Hamburg erreicht (s. u.). – In Hamburg gibt es demgegenüber eine Parallelität und teilweise eine Konkurrenz von Sonderschulen einerseits, von integrativen Einrichtungen in der allgemeinen Schule und von Strukturen zur Unterstützung von Maßnahmen der Einzelintegration andererseits.

3.1.1 Das Feststellungsverfahren Hamburger Sonderschulen

Hamburger Sonderschulen sind für die überwiegende Mehrzahl der Feststellungsverfahren zuständig. Darin geht es vor allem um die Neubestimmung des Lernortes. 7.570 Kinder, das sind 4,9 % aller schulpflichtigen Kinder, sind auf diese Weise laut KMK-Statistik im Jahre 2002 in die Sonderschulen aufgenommen worden. Der Staus Quo zeigt sich als relativ klassisch: Geprüft wird, ob unter den gegebenen Bedingungen eine Aufnahme in eine Sonderschule notwendig erscheint. Wenn ein Kind aufgenommen ist, erfolgt in der Folge eine eher beiläufige als formalisierte Evaluation der weiteren Entwicklung. Die von der Handreichung geforderte Evaluation der Förderung auch bei Nichtaufnahme eines Kindes in die Sonderschule müsste in der dann nach wie vor zuständigen allgemeinen Schule erfolgen. Sie unterbleibt bisher in aller Regel.

Im Jahre 2000 führte der Arbeitskreis zur Entwicklung der Handreichung eine Befragung der Hamburger Sonderschulen zur Praxis des Feststellungsverfahrens durch (vgl. Sturm, 2001), an der sich 36, das heißt 90 % der Schulen beteiligten. Als Organisationsform zur Durchführung der sonderpädagogischen Diagnostik werden nach den Befragungsergebnissen in jeder Schule Einzel- und Gruppenprüfungen sowie der Probeunterricht genutzt. Dabei wird für Sprachheil- und Förderschulen eine verbindliche und als Unterrichtssequenzen organisierte Gruppenprüfung genutzt, um die Leistungen in den einzelnen Unterrichtsfächern festzustellen. Von einem renommierten Schulleiter wurde diese Form der prozessorientierten Feststellung des Schulleistungsniveaus in den späten 70er Jahren eingeführt und bis heute als Organisationsform diagnostischen Handels aufrecht erhalten. Im Rahmen der Gruppenüberprüfungen werden auch Einzelprüfungen (z. B. Intelligenztests) administriert. Nach Auskunft der Schulen kommt eine breite Palette von Intelligenztests zum Einsatz. Dies sind der CFT 1 und 20, AID, HAWIK-R, HAWIVA, TGBG, SON-R $2^1/_2$-7 und $5^1/_2$-17, CPM, SPM, CMM-LB, CMM 1-3, KFT-K und der BT 1-2 und 2-3. Zwei weitere Verfahren – der KTK und die K-ABC – werden von einzelnen Schulen im Rahmen der diagnostischen Prüfung eingesetzt. Der CFT 1 bzw. 20 sowie der HAWIK-R werden in 75 % der Förderschulen verwendet. Alle sechs Sprachheilschulen verwenden den HAWIK-R, der CFT 1 bzw. 20 wird von fünf Schulen im Einzelprüfverfahren angewandt. In den Förder- und Sprachheilschulen stellen der CFT 1 bzw. 20, der HAWIK-R sowie der SON-R $5^1/_2$-17 und der CPM die am häufigsten eingesetzten Tests dar. In den Körperbehindertenschulen werden nur der CPM, der KFT-K und der CFT 1 bzw. 20 eingesetzt, in Geistigbehindertenschulen die TBGB, der CFT 1 bzw. 20 und der HAWIK-R.

Von den in Hamburger Sonderschulen im Rahmen der diagnostischen Überprüfung eingesetzten Tests sind acht (das entspricht 57,14 %) in den 70er Jahren des letzten Jahrhunderts entwickelt bzw. standardisiert worden, so dass ihre Altersnormen nicht mehr gültig sind. Gleiches gilt für, den Großteil der anderen Tests, die zwischen 1981 und 1989 entwickelt und standardisiert wurden. Der von der Schulbehörde vorgegebene CFT 1 ist 1997 neu normiert und aufgelegt, der CFT 20 1998 neu publiziert worden. Inwiefern diese überarbeiteten Tests benutzt wurden oder auf ältere Versionen mit veralteten empirischen Normen zurückgegriffen wurde, geht aus den Angaben der Schulen nicht hervor. Neben den verwendeten Intelligenztests kommen zahlreiche weitere Tests zum Einsatz. Im Fragebogen wird zwischen Allgemeinen Schulleistungstests (AST 2, 3 u. 4; SBL I u. II; SLS), Deutsch (DLF 1-2; HLP; DRT 1, 2, 3, 4 u. 5; WRT 4/5 u. 6+; HSP), Mathematik (TEKO; DBZ 1; MT 2; DRE 3; TOR 5), Wahrnehmung und Motorik (FEW, POD, LOS KF 18; DMB), Konzentration (KT 1; KT 3-4), Sprache (LUT; LBT; PET; BISC) sowie anderen Bereichen unterschieden. Schulleistungstests werden vor allem im Fach Deutsch durchgeführt. Die Hamburger Schreibprobe (HSP) ist über die verschiedenen Klassenstufen hinweg das am häufigsten eingesetzte Verfahren. Der mathematische Bereich wird mittels Schulleistungstests nur von einer Förderschule abgeprüft. Die Schulen setzen neben normierten Tests unterschiedliche Lernziel- und entwicklungsorientierte Verfahren ein: strukturbezogene Aufgaben nach Kutzer und Probst (1985), projektive klinische Verfahren, teilleistungs- bzw. wahrnehmungsorientierte Verfahren und Material zur Psychomotorik.

Elterngespräche werden von allen beteiligten Schulen durchgeführt und können somit als fester Bestandteil des diagnostischen Prozesses betrachtet werden. Sie dienen der Beratung und Information. Die Lehrer der Geistigbehindertenschulen nutzen die Gespräche zu 80 % zur Klärung diagnostischer Fragen, die der Förderschulen zu 68,42 %, die der Sprachheilschulen zu 66,67 % und die der Schulen für Körperbehinderte zu 33,33 %. Lehrergespräche bezüglich des gemeldeten Schülers werden hauptsächlich mit dem bisherigen Klassenlehrer und nur in seltenen Fällen mit den Fachlehrkräften geführt. Betrachtet man alle Hamburger Sonderschulen, so führen 65,71 % immer Gespräche mit der Klassenleitung und 34,29 % tun dies teilweise. Alle Sprachheilschulen führen Gespräche mit den meldenden Klassenlehrern. Hospitationen in den Meldeschulen werden von 61,11 % im Rahmen der Überprüfung durchgeführt. Mit Ausnahme von fünf Förderschulen hospitieren die Sonderschulpädagogen vor der Überprüfung in den meldenden Schulen.

Die befragten Sonderschulen waren gebeten worden, bezogen auf die zur Überprüfung gemeldeten Schüler die Zahl der Aufgenommenen zu benennen. Für alle Schulen zusammen wurde eine Aufnahmequote von 50,1 % ermittelt. Diese Aufnahmequoten unterscheiden sich innerhalb eines Schultyps und zwischen den Schultypen. Die höchste Aufnahmequote einer Einzelschule lag bei 94,44 % (Sprachheilschule) und die niedrigste bei 23,75 % (Geistigbehindertenschule). Die durchschnittliche Aufnahmequote ist mit je über 60 % in den Förder-, Geistigbehinderten- und Sprachheilschulen knapp doppelt so hoch wie an den Schulen für Körperbehinderte (ca. 32 %).

3.1.2 Aufnahme in eine Integrationsklasse

Die Integrationsklassen entstanden in Hamburg ab 1984 durch zahlreiche Elterninitiativen und gestützt auf die Weiterentwicklung des Integrationsgedankens (Wocken, Antor & Hinz, 1988). Mit diesem Modell werden Kinder *zieldifferent* in den Unterricht der allgemeinen Schule im Grundschul- und Sekundarbereich I integriert, die ansonsten in Schulen für Geistigbehinderte, für Körperbehinderte, für Blinde und Sehbehinderte, für Gehörlose oder für Schwerhörige aufgenommen werden müssten (s. o.). Diese Kinder werden in der allgemeinen Schule nach Lehrplänen der für sie eigentlich zuständigen spezifischen Sonderschulen unterrichtet und bewertet. Integrationsklassen werden, sofern die räumlichen, organisatorischen und personellen Voraussetzungen zu schaffen sind, auf Elternwunsch oder auch auf Grund einer Schulinitiative eingerichtet. Verknüpft ist die Einrichtung einer Integrationsklasse mit einer zusätzlichen weiteren Ausstattung mit einer Sonderschullehrer- und Erzieherinnenstelle und einer Absenkung der Orientierungsfrequenz auf in der Regel 17 normal entwickelte und drei behinderte Kinder. Die diagnostische Aufgabe besteht darin, auf dem Boden eines klassischen Behinderungsbegriffs die dominierende Behinderung zu bestimmen und das Kind dem Lehrplan einer spezifischen Sonderschule zuzuordnen. Je nach verfügbaren Plätzen in einer Integrationsklasse wird einem Aufnahmeantrag auf der Grundlage des entsprechenden Gutachtens stattgegeben. Prinzipiell sehen die einschlägigen Verordnungen vor, dass dieser Zuordnungsvorgang von Kind und Lehrplan und die Realisierbarkeit der sonderpädagogischen Förderung in einer allgemeinen Schule wenigstens jährlich zu überprüfen wäre. Tatsächlich unterbleibt in aller Regel aus mancherlei schulorganisatorischen Erwägungen diese Überprüfung, so dass die diagnostische Tätigkeit mit der Erstellung des klassifizierenden Gutachtens abgeschlossen ist.

3.1.3 Diagnostik in Integrative Regelklassen (IR-Klassen)

Integrative Regelklassen wurden in Hamburg ab 1991 in einem breit angelegten Schulversuch erprobt und bis 1996 wissenschaftlich begleitet. Sobald in Grundschulen in sozialen Brennpunkten mit den ersten Klassen beginnend Integrative Regelklassen eingeführt wurden, galten die Grundschulen als Integrative Grundschulen. Zielgruppe waren die Kinder, die üblicherweise im Verlauf der Grundschulzeit als lernbehindert, sprachbehindert oder verhaltensgestört etikettiert und in Sonderschulen überwiesen werden. Es werden konzeptionell alle Kinder eines Wohnbezirks ohne vorangehende Diagnostik in die Integrative Grundschule aufgenommen, sofern sie nicht den Definitionskriterien von Integrationsklassen entsprechen. Jede Klasse einer Integrativen Grundschule erhält als zusätzliche Ressource eine halbe Sonderpädagogenstelle. Es gilt das konzeptionelle Merkmal der zieldifferenten Integration, getragen von der Hoffnung, dass die Kinder durch einen guten Unterricht und gegebenenfalls durch Maßnahmen der additiven Förderung trotz ungünstiger Lernausgangslagen und ungünstiger familiärer Milieus die Ziele der Grundschule erreichen können. Die in der Grundschule erlaubte Zieldifferenz mündet jedoch am Ende der Klasse 4 in den Trichter schulformspezifischer Zielgleichheit und in die Selektionsformen der Sekundarstufe, sofern nunmehr ein ggf. festzustellender sonderpädagogischer Förderbedarf besteht. Auf dem Stand von 36 voll ausgebauten Integrativen Grundschulen (von ca. 240 Grundschulen insgesamt) stagnierte die ursprünglich flächendeckend geplante Implementation des Modells. In der aktuellen schulgesetzlichen Novellierung wurden die Integrativen Regelklassen nicht in den Regelstatus übernommen (s. o.). Ein Auslaufen des Modells ist zu befürchten. Der zusätzliche Ressourceneinsatz einer halben zusätzlichen sonderpädagogischen Stelle in den IR-Klassen ist im Zweilehrersystem unterrichts- bzw. schulintegriert konzipiert. Die bevorzugte Diagnostik ist konzeptionell ebenfalls Teil des Unterrichts und lernprozessbegleitend und dient ausschließlich der Formierung und Evaluation der Förderung.

3.1.4 Diagnostik der Regionalen Beratungs- und Unterstützungsstellen REBUS

In Hamburg sind alle Schulen für verhaltensgestörte Kinder mit der Einrichtung Regionaler Beratungs- und Unterstützungsstellen (REBUS) im Oktober 2000 zu Gunsten einer integrativen Förderung in der allgemeinen Schule aufgelöst worden. Jede REBUS ist für eine bestimmte Anzahl von Schulen zuständig und erhält nach der Anzahl der betreuten Schulen pauschale Ressourcen für die Einzelfallhilfe. Die Feststellung eines sonderpädagogischen Förderbedarfs schlägt sich damit nicht in einem Mehr an Ressourcen nieder, so dass allein die Entwicklung und Evaluation angemessener Unterstützungsformen bei vorhandenen Bedarfen und eine auf die Modifikation von Handlungsbedingungen am gegebenen Lernort gerichtete Diagnostik zählt. Eine klassifikatorische Diagnostik verbunden mit prospektiven Aussagen und einer Neubestimmung des Lernortes ist konzeptionell nicht vorgesehen.

Tätig werden die Unterstützungsstellen dann, wenn Problemlagen mit Schülern oder mit Lerngruppen auftreten, die eine Schule aus eigener Kraft nicht bewältigen kann. Grundlage der Unterstützung ist dabei die Kooperation mit den Beteiligten, mit denen Vereinbarungen „unter der Zielorientierung der Reintegration und einer möglichst begrenzten Hilfe von außen" (Behörde für Schule, Jugend und Berufsbildung, 2001, 17 f.) getroffen werden.

Der Schwerpunkt der diagnostischen Tätigkeit der Unterstützungsstellen liegt auf der Evaluation der konzipierten Unterstützungsmaßnahmen. Unterstützungsangebote werden auf Grund systematisch erhobener Informationen, Beobachtungen, Gespräche mit den Betroffenen und Lernstandsanalysen hypothesengeleitet entwickelt. Die Hypothesenbildung ist dabei abhängig von den gewählten

Bezugspunkten lern- und entwicklungspsychologischer Theorien. Die Wirksamkeit der Maßnahmen wird unter Nutzung diagnostischer Informationen und unter Beteiligung der betroffenen Personen beständig überprüft, und aus den Ergebnissen werden eventuell notwendig erscheinende Modifikationen abgeleitet. Das führt nach allen Erfahrungen zu unmittelbaren und positiven Effekten im pädagogischen Feld und zu einem bewussten und effektiven Ressourceneinsatz.

Die Unterstützungsstellen verfolgen in ihrer Arbeit ein zyklisches, diskursives Modell der Informationssammlung und -bewertung. Die Qualitätssicherung der Diagnostik und Förderung erfolgt über den beständigen Austausch der Betroffenen über die erzielten Ergebnisse, die gegebenenfalls notwendigen neuen Handlungsorientierungen. Zum wesentlichen Qualitätskriterium der Diagnostik wird die Bewährung der daraus abgeleiteten Schlussfolgerungen in der nachfolgenden pädagogischen Behandlung.

3.2 Zahlen zur sonderpädagogischen Diagnostik und Förderung im Vergleich

Die folgenden Aussagen beziehen sich auf die Tabelle 1. Sie wurde aus der KMK-Statistik (2003) für das Jahr 2002 entnommen bzw. abgeleitet. Die Kinder in den Hamburger Integrativen Regelklassen, die konzeptgemäß als solche in den Klassen 1 bis 3 nicht etikettiert werden, und bei denen erst am Ende von Klasse 4 der eventuell vorliegende sonderpädagogische Förderbedarf festzustellen ist, sind in der KMK-Statistik entsprechend der konzeptgemäßen Erwartungen zur Zahl förderbedürftiger Kinder in Integrativen Regelklassen mit zwei Kindern pro IR-Klasse berücksichtigt (vgl. Hinz et al., 1998).

In Tabelle 1 werden für das Bundesgebiet insgesamt und für die Bundesländer Hamburg und Schleswig-Holstein folgende Parameter unterschieden:

- die Sonderschulbesuchsquote ist die Zahl der Sonderschüler und ihr Anteil an der Gesamtschülerzahl;
- die Integrationsquote ist die Zahl der Kinder, die mit sonderpädagogischem Förderbedarf die allgemeine Schulen besuchen und ihr Anteil an der so genannten Förderquote;
- die Förderquote ist die Gesamtzahl der Kinder mit Förderbedarf, addiert aus der Sonderschulbesuchsquote und der Integrationsquote. Der zugeordnete Prozentsatz weist den Anteil der Förderquote an der Gesamtzahl der schulpflichtigen Kinder aus.

In Tabelle 1 werden unterschieden (A) die Ergebnisse zu allen Förderschwerpunkten, (B) die Förderschwerpunkte Lernen, Sprache, emotionale und soziale Entwicklung und (C) die Förderschwerpunkte Hören, Sehen, körperliche und motorische Entwicklung sowie geistige Entwicklung. Diese Unterscheidung

Tabelle 1:
Sonderschulbesuchs-, Integrations- und Förderquote (entwickelt aus: KMK-Statistik, 2003)

Entwickelt aus dem Tabellenmaterial der KMK-Statistik (2003) für das Jahr 2002[1]		Sonderschulbesuchsquote			Integrationsquote			Förderquote		
		BG	HH	SH	BG	HH	SH	BG	HH	SH
(A) Alle Förderschwerpunkte	n	402.149	7.570	12.382	64.208	1.053	4.324	466.357	8.623	16.706
	%	4,5	4,9	3,9	13,8	12,2	25,9	5,2	5,6	5,3
(B) Förderschwerpunkte Lernen, Sprache, emotionale und soziale Entwicklung	n	295.633	5.543	9.014	52.659	525	3.600	348.292	6.068	12.614
	%	3,3	3,6	2,8	15,1	8,7	28,5	3,9	3,9	4,0
(C) Förderschwerpunkte Hören, Sehen, Körperliche u. motorische Entwicklung, geistige Entw.	n	106.516	2.027	3.368	11.549	528	724	118.065	2.555	4.092
	%	1,2	1,3	1,1	9,8	20,7	17,7	1,3	1,7	1,3
Prozentanteil Gruppe B		73,5	73,2	72,8	82,0	49,9	83,3	74,7	70,4	75,5
Prozentanteil Gruppe C		26,5	26,8	27,2	18,0	50,1	16,7	25,3	29,6	24,5

Anmerkungen: [1] Diese Aufstellung enthält nicht „Kranke“ und „Sonstige“;
BG: Bundesgebiet, Gesamtschülerzahl n = 8.941.561; HH: Hamburg; Gesamtschülerzahl n = 154.462; SH: Schleswig-Holstein; Gesamtschülerzahl n = 314.972.
Sonderschulbesuchsquote: Zahl der Sonderschüler und Anteil an der Gesamtschülerzahl;
Integrationsquote: Kinder mit Förderbedarf, die allgemeine Schulen besuchen und ihr Anteil an der Förderquote;
Förderquote: Gesamtzahl der Kinder mit Förderbedarf und Anteil an der der Gesamtschülerzahl

wird aus mehreren Gründen getroffen: Die unter B gruppierten Kinder weisen individuelle Problemlagen auf, die sehr stark von den sozialen Kontexten und den dort vorliegenden Anregungsdefiziten bestimmt sind. Bei diesen Kindern wird zum Beispiel im Konzept der Integrativen Regelklassen vermutet, dass bei einer Optimierung von Schule und Unterricht die Ziele der allgemeinen Schule erreicht werden könnten. Die Kinder der Gruppe C weisen hingegen körperliche oder Sinnesschädigungen auf, entsprechen dem landläufigen Bild von Behinderungen und machen für das Gebiet der Bundesrepublik nur 26,5 % der als förderbedürftig ausgewiesenen Kinder aus.

Alle Kinder der Tabelle 1 haben ein förmliches Diagnoseverfahren durchlaufen, das die schulrechtlichen und schulstrukturellen Vorgaben und die fachlichen Standards zu koordinieren hat. Wenn die Ergebnisse der Diagnostik nur von individuellen Parametern und von ihrer vergleichbaren und qualitätshaltigen Operationalisierung abhingen, müssten die Bundesländer in den einzelnen Parametern trotz ihrer Unterschiede als Flächen- und Stadtstaaten vergleichbar sein. Tatsächlich kommt es zu offenkundigen Unterschieden, die die Bedeutung regionaler, vor allem schulstruktureller Eigenarten für den Ausgang der Diagnostik zeigen.

So werden ausweislich der ermittelten Förderquote in Hamburg über alle Förderschwerpunkte hinweg 5,6 % der schulpflichtigen Kinder als förderbedürftig erkannt. Im Bundesdurchschnitt sind es nur 5,2 % und in Schleswig-Holstein 5,3 %. Diese Unterschiede in der Förderquoten gehen im Wesentlichen auf die Unterschiede in der Gruppe C zurück. Dort erreicht Schleswig-Holstein den Bundesdurchschnitt, während Hamburg diesen um 0,4 %-Punkte übertrifft. Hierin mag sich die bekannte Tatsache zeigen, dass beim Vorhandensein eines differenziert ausgebauten Sonderschulwesens diese Schulen in Hamburg als Stadtstaat auch differenziert solche Kinder aufnehmen können, die in einem Flächenstaat in einer Schule der Förderschwerpunkte der Gruppe B unterrichtet werden müssen. Genauso bekannt ist, dass differenzierte Sonderschulen zu einem Sammelbecken für Kinder werden, deren Eltern gerade nicht die Aufnahme ihrer Kinder in Schulen der Förderschwerpunkte B wünschen. Die Verteilung der förderbedürftigen Kinder in Schleswig-Holstein und Hamburg auf die Kategorien B und C wurde mit dem Chi^2-Test inferenzstatistisch geprüft. Mit einem Chi^2 von 77,5 bei einem Freiheitsgrad erwiesen sich die Unterschiede als signifikant und damit nicht zufallsbedingt. Mit diesem Ergebnis wird unterstrichen, dass bei der Betrachtung der Unterschiede in den Förderquoten zwischen einzelnen Bundesländern mindestens mit drei Varianzquellen zu rechnen ist und zwar mit den Kindern selbst als „Merkmalsträger", mit der unterschiedlichen Bevölkerungsstruktur (Stadtstaat/Flächenstaat) und mit den schulstrukturellen Unterschieden und der sie begründenden konzeptionellen Vorgaben.

Bei den Integrationsquoten sind Unterschiede noch bei Weitem deutlicher. Sie betragen für alle Förderschwerpunkte im Bundesdurchschnitt 13,8 %, für Hamburg 12,2 % und für Schleswig-Holstein 25,9 %. Damit wird gezeigt, dass die Schleswig-Holsteiner Variante der Integration die an der Zahl der integriert beschulten Kinder gemessene effektivere Variante darstellt. Mit einem signifikanten Chi^2 von 528,8 wird die enorme Unterschiedlichkeit der Verteilung der integriert beschulten Kinder auf die Gruppierungen B und C herausgestellt: Aus der Gruppierung B werden in Schleswig-Holstein 28,5 % und in Hamburg nur 8,7 % und damit weniger als im Bundesdurchschnitt integriert. Bei der Gruppe C, den schädigungsbezogenen Förderschwerpunkten, ist Hamburg trotz eines differenzierten Sonderschulwesens, wohl auf Grund der zahlreichen Integrationsklassen mit einer Integrationsquote von 20,7 % führend. Schleswig-Holstein erreicht hier eine etwas niedrigere Integrationsquote von 17,7 %, bei einem Bundesdurchschnitt von nur 9,8 %.

4 Ergebnisse zur Qualität von sonderpädagogischen Gutachten in Hamburg, Bremen, Niedersachsen und Schleswig-Holstein

Degenhardt, von Knebel, Lemke, Schuck und Welling (2004) haben erste Ergebnisse einer Analyse von 720 sonderpädagogischen Gutachten aus den Jahren 2000 bis 2002 der Förderschwerpunkte Lernen, Sprache und Sehen aus den Bundesländern Hamburg, Bremen, Niedersachsen und Schleswig-Holstein auf einem Symposion vorgestellt. Dabei waren die Flächenstaaten durch jeweils zwei verschiedene Regionen repräsentiert. Mit einem aus mehr als 2.000 Kategorien und Unterkategorien bestehenden Raster wurden die Gutachten unter den Hauptkategorien
- Anlass der Untersuchung,
- diagnostischer Gegenstand,
- Fördervorschläge,
- verwendete diagnostische Verfahren

analysiert und klassifiziert.

Mit Hilfe eines Fragebogens wurden mit insgesamt 23 Ratingskalen (inklusive 7 Unterskalen) die Gutachten hinsichtlich ihrer Qualität im Hinblick auf
- die diagnostische Strategie,
- die verwendeten entwicklungstheoretischen Bezüge,
- das Verhältnis von Diagnose und Förderung bei der Ermittlung des individuellen Förderbedarfs,
- die Funktionen von sonderpädagogischen Gutachten in der Schulwirklichkeit,
- die Qualität des Gutachtens als wissenschaftlicher Text

von eigens zu diesem Zwecke geschulten Ratern beurteilt.

Mit einer Faktorenanalyse konnten die Einzelskalen zu den Faktoren „Qualität des diagnostischen Prozesses“, „Orientierung am Förderkonzept“ und „Entwicklung der diagnostischen Fragestellung“ zusammengefasst und die Ergebnisse daraufhin interpretiert werden. Einige wichtige Ergebnisse werden im Weiteren ausgeführt.

4.1 Varianzquellen für die Unterschiedlichkeit der Gutachten

Die entscheidenden Varianzquelle für die Strukturen und Qualitäten der Gutachten sind ihre regionale Herkunft, die Professionsgruppe, die das Gutachten verfasst (Lehrer an Schulen unterschiedlicher Förderschwerpunkte), und das Alter der Kinder, die untersucht wurden.

4.2 Ergebnisse zum Anlass der Untersuchung: Das Gutachten als Verwaltungsakt

Es war erwartet worden, dass sich sonderpädagogische Gutachten dadurch auszeichnen, dass der Anlass der Gutachtenerstellung nach fachlichen Gesichtspunkten sorgfältig dokumentiert und analysiert wird und damit die Hypothesenbildung für das diagnostische Vorgehen vorbereitet wird. Tatsächlich finden sich pro Gutachten nur durchschnittlich (berechnet als Mediane)
- 0,35 Äußerungen zu Schulleistungen,
- 0,03 zu Disziplinproblemen,
- 0,37 zu nachfragenswerten individuellen Voraussetzungen, aber
- 1,30 Äußerungen zu verwaltungstechnischen Vorgaben.

Gerade in den schleswig-holsteinischen Regionen ist der Anteil verwaltungstechnischer Äußerungen mit 2,81 bzw. 2,31 besonders hoch, in Hamburg hingegen mit 0,66 unterdurchschnittlich. Die Ergebnisse wurden als Beleg dafür interpretiert, dass die sonderpädagogischen Gutachten eher als Teil eines Verwaltungsaktes denn als ein Dokument fachlicher Auseinandersetzung aufgefasst werden.

4.3 Diagnostischer Gegenstand: Belege für die Nachwirkungen eines medizinisch orientierten Menschenbildes

Die im Gutachten dokumentierten diagnostischen Zugriffsweisen geben Auskunft über die leitenden Vorstellungen hinsichtlich Lernen und Entwicklung im schulischen Kontext. Mit durchschnittlich 12,55 Äußerungen pro Gutachten zu den mutmaßlichen individuellen Voraussetzungen wie Intelligenz, Motorik, Konzentration und Teilleistungsproblemen stehen solche als grundlegend gedachte

Eigenschaften im Vordergrund. Vergleichsweise selten befassen sich die Gutachten mit den Schulleistungen (5,22 Äußerungen pro Gutachten), mit den Rahmenbedingungen in der Klasse (0,50), Schule (0,71) und Familie (1,61). In diesen Präferenzen zeigt sich die klassische Vorstellung, dass bei der Feststellung des sonderpädagogischen Förderbedarfs die möglichen individuellen Verursachungsmomente im Vordergrund stehen (vgl. Schuck & Eggert, 1982), nicht aber die Schulleistungen und ihre Verbesserungsmöglichkeiten oder die Beteiligung der Umfeldvariablen – so wie in der KMK-Empfehlung von 1994 gefordert. Die Ergebnisse zeugen davon, dass das medizinische Modell keineswegs überwunden ist und eine lernprozessorientierte Diagnostik noch keine Rolle spielt. Das gilt in dieser Tendenz für die Gesamtstichprobe genauso wie für die regionalen Gutachtenstichproben, die sich durchaus noch interpretierbar unterscheiden.

4.4 Fördervorschläge: Lernortentscheidung als Fördervorschlag

Die analysierten Gutachten zeichnen sich nicht aus durch das, was sie nach den programmatischen Vorgaben der KMK 1994 leisten sollen, nämlich: Fördervorschläge zu entwickeln. Die zu fördernden individuellen Voraussetzungen finden mit durchschnittlich 0,59 Äußerungen die höchste Aufmerksamkeit, gefolgt von den Schulleistungen und den schulischen Rahmenbedingungen mit je 0,35 durchschnittlichen Äußerungen. In der Summe nehmen die Äußerungen zur notwendigen Förderung einen bescheidenen Umfang ein. Offensichtlich wird die Lernortbestimmung als der entscheidende und im Gutachten nicht weiter zu spezifizierende Fördervorschlag verstanden.

4.5 Diagnostische Verfahren: Dominanz von Intelligenztests

Bei den verwendeten diagnostischen Verfahren dominieren die Intelligenztests. In der Gesamtstichprobe werden pro Gutachten 0,83 Intelligenztests verwendet. In Hamburg hingegen durchschnittlich 2,11 Intelligenztests und in den beiden Schleswig-Holsteiner Regionen durchschnittlich 0,68 und 0,72 Intelligenztests. Es folgen Schulleistungstests (0,28) und Entwicklungstests (0,25). Auch in der Methodenwahl ist die in der KMK-Empfehlung von 1972 angelegte eigenschaftsorientierte Perspektive keineswegs überwunden. In Hamburg gibt es dezidierte Vorschriften, die die Anwendung von wenigstens zwei Intelligenztests zur Pflicht machen. Die Analyse von Schulleistungen nimmt auch in diesem Auswertungszusammenhang nicht den Stellenwert ein, der ihr konzeptionell zukommen sollte.

4.6 Ratings zur Qualität der Gutachten

In dem Faktor „Qualität des diagnostischen Prozesses“ gingen alle Ratingskalen ein, die sich mit der verwendeten diagnostischen Strategie, mit den erkennbaren entwicklungspsychologischen Grundlagen und mit den wissenschaftlichen Qualitäten wie Nachvollziehbarkeit, Überprüfbarkeit und Dokumentation der Belege beschäftigen. Im Durchschnitt wurde die Qualität des diagnostischen Prozesses auf einer vierstufigen Skala mit 2,17 bewertet. Dieses liegt knapp über dem Skalenwert 2 „stimmt kaum“. Mit andern Worten: Den Gutachten wird im Durchschnitt kaum eine wünschenswerte Qualität zugerechnet. Die Hamburger Gutachten verfehlen mit einem Ergebnis von 2,1 diesen Durchschnitt, die Schleswig-Holsteiner Regionen liegen bei 2,6 bzw. 1,98. In einer Sonderauswertung wurde danach gefragt, ob und in welcher Weise minimale Standards der klassischen Testtheorie (Verwendung von Vertrauensbereichen bei der Interpretation von Einzelergebnissen und die Thematisierung der Gültigkeit der empirischen Altersnormen) eingehalten wurden. Das war leider kaum Fall.

Der Faktor „Orientierung am Förderkonzept“ beinhaltet alle Ratingskalen, die sich auf die Förderrelevanz und den Zusammenhang von Diagnose und Förderung beziehen. Hier bekommen die Gutachten eine besonders schlechte Note von 1,75. Sie liegt zwischen der extremen negativen Position von es „stimmt gar nicht“, dass die Fördervorschläge aus den diagnostischen Daten plausibel abgeleitet sind, und der zweiten Skalenposition „stimmt kaum“. Auch hier gibt es Unterschiede zwischen den Bundesländern und Regionen. Hamburg erreicht dabei den Wert 1,33, die Schleswig-Holsteiner Regionen die etwas besseren Positionen 1,61 und 1,80. Offensichtlich waren die gut trainierten Auswerter und Rater der Gutachten im Ganzen nicht überzeugt davon, dass die analysierten Gutachten im Durchschnitt wenigstens minimalen Standards bezogen auf die Qualität des diagnostischen Prozesses und die Orientierung an der notwendigen Förderung genügen. Es fanden sich neben den relativ niedrigen Durchschnittswerten jedoch durchaus Gutachten, die in der Einschätzung der Rater höchste Qualitätsurteile erzielten.

Der letzte Faktor bezog sich darauf, ob die Fragestellungen für das Gutachten nur übernommen oder systematisch entwickelt wurden. Das Durchschnittsergebnis von 1,28 ist niederschmetternd und wird von der Hamburger Stichprobe (1,15) und den beiden Schleswig-Holsteiner Stichproben (1,04 und 1,19) nicht einmal erreicht.

4.7 Spiegelung der Ergebnisse

Im Rahmen des erwähnten Symposiums (Degenhardt et al., 2004) wurden die Ergebnisse mit den Teilnehmern an der Untersuchung diskutiert und bewertet. Das sich in den Ergebnissen zeigende Dilemma zwischen dem Anspruch einer förderungsorientierten Diagnostik und einer im Kern noch immer selektionsorientierten Schulwirklichkeit ist vielen Akteuren im Geschehen durchaus bewusst. Ebenfalls klar ist, dass verwaltungstechnische Vorgaben und die implizite oder explizite Aufgabe, zu einer Lernortentscheidung kommen zu müssen, ganz wesentlich die Form und fachliche Qualität der Gutachten bestimmen. Konsens bestand darüber, dass die Qualität der Gutachten sofort eine andere sein würde, wenn es ausschließliche Aufgabe wäre, Lernprozesse am gegebenen Lernort zu initiieren und zu begleiten.

Literatur

Bekanntmachung der Neufassung des Schleswig-Holsteinischen Schulgesetzes (Schulgesetz – SchulG) (2005). Vom 2. August 1990. Gl.-Nr.: 223-9. Fundstelle: GVOBl. Schl.-H. 1990 S. 451. Online im Internet. URL: http://193.101.67.34/landesrecht/223–9.htm [Stand: 17. 08. 05].

Bondy, C., Cohen, R., Eggert, D. & Lüer, G. (1975). *Testbatterie für geistig behinderte Kinder (TBGB)* (3., überarb. u. erweit. Aufl.). Weinheim: Beltz.

Breitenbach, E. (1997a). Diagnose- und Förderklassen: Eine pädagogische Idee und die ernüchternden Erfahrungen bei der Umsetzung in die Praxis. *Behindertenpädagogik in Bayern, 40,* 165–181.

Breitenbach, E. (1997b). Vorwort zur 6. Auflage. In I. Brand, E. Breitenbach & V. Maisel, *Integrationsstörungen. Diagnose und Therapie im Erstunterricht* (6. Aufl., S. 13–14). Würzburg: edition bentheim.

Degenhardt, S., von Knebel, U., Lemke, W., Schuck, K. D. & Welling, A. (2004). *Gutachten zur Feststellung Sonderpädagogischen Förderbedarfs heute! Bestandsaufnahme und Perspektiven. Materialien zu einem gleichnamigen Symposion an der Universität Hamburg am 13. 02. 2004*. Hamburg: unveröffentlicht.

Dreher, A. (2002).Vorwort zur „Handreichung Gutachten zur Feststellung des sonderpädagogischen Förderbedarfs". In Freie und Hansestadt Hamburg, Behörde für Bildung und Sport, Amt für Schule, *Handreichung Gutachten zur Feststellung des sonderpädagogischen Förderbedarfs* (o. S.). Hamburg: Selbstverlag.

Freie und Hansestadt Hamburg, Behörde für Bildung und Sport, Amt für Schule (2002). *Handreichung Gutachten zur Feststellung des sonderpädagogischen Förderbedarfs*. Hamburg: Selbstverlag.

Hamburgisches Schulgesetz (HmbSG) (1997). Vom 16. April 1997. *Hamburgisches Gesetz- und Verordnungsblatt, Nr. 16,* 97–124.

Hamburgisches Schulgesetz (HmbSG) (2005). Vom 16. April 1997. Fundstelle: HmbGVBl. 1997, S. 97. Zuletzt geändert durch Gesetz vom 2. 5. 2005, HmbGVBl. 2005, S. 151. Online im Internet. URL: http://hh.juris.de/hh/gesamt/SchulG_HA.htm#SchulG_HA_rahmen [Stand: 11. 08. 2005].

Hinz, A., Katzenbach, D. Rauer, W., Schuck, K. D., Wocken, H. & Wudtke, H. (1998). *Die Integrative Grundschule im sozialen Brennpunkt. Ergebnisse eines Hamburger Schulversuchs. Lebenswelten und Behinderung, Bd. 8.* Hamburg: Hamburger Buchwerkstatt.

Kaminski, G. (1970). *Verhaltenstheorie und Verhaltensmodifikation. Entwurf einer integrativen Theorie psychologischer Praxis am Individuum.* Stuttgart: Klett.

von Knebel, U. (2003). Gutachten zur Feststellung sonderpädagogischen Förderbedarfs im Förderschwerpunkt Sprache: Qualitätsmerkmale in Theorie und Praxis – Grobskizze eines Forschungsprojektes. In K. Hübner & K. Röhner-Münch (Hrsg.), *Einblick in die Sprachheilpädagogik. Wissenschaftliches Symposium anlässlich der Emeritierung von Prof. Dr. O. Braun. Schriften aus dem Institut für Rehabilitationswissenschaften der Humboldt-Universität zu Berlin* (S. 31–52). Aachen: Shaker.

von Knebel, U. & Schuck, K. D. (im Druck). Allgemeine Fragestellungen. In H. Schöler & A. Welling (Hrsg.), *Förderschwerpunkt Sprache. Handbuch der Pädagogik und Psychologie bei Behinderungen, Bd. 3.* Göttingen: Hogrefe.

Kutzer, R. & Probst, H. (1985). *Strukturbezogene Aufgaben zur Prüfung mathematischer Einsichten.* Marburg: Institut für Heil- und Sonderpädagogik (unveröffentlicht).

Lemke, W. & Schuck, K. D. (2002). Bezugspunkte der Sonderpädagogischen Förderung in schuladministrativer Sicht: Die KMK-Empfehlungen von 1994 zwischen Entwicklungs- und Defizitorientierung. *Die neue Sonderschule, 47,* 85–102.

Lemke, W. & Schuck, K. D. (2003). Symptomatik, Ätiologie und Diagnostik bei Beeinträchtigungen der kognitiven Entwicklung. In A. Leonhardt & F. B. Wember (Hrsg.), *Grundfragen der Sonderpädagogik. Bildung – Erziehung – Behinderung. Ein Handbuch* (S. 545–576). Weinheim: Beltz.

Ministerium für Bildung, Wissenschaft, Forschung und Kultur (2002a). *Erläuterungen zur Landesverordnung über sonderpädagogische Förderung (SoFVO). Stand: 29. 07. 2002.* o. O.: Selbstverlag. Online im Internet. URL: http://lehrplan.lernnetz.de/intranet1/links/materials/1107956519.pdf [Stand: 17. 08. 2002].

Ministerium für Bildung, Wissenschaft, Forschung und Kultur (Hrsg.). (2002b). *Lehrplan Sonderpädagogische Förderung. Sonderschulen, Grundschule, weiterführende allgemeinbildende Schulen und berufsbildende Schulen.* Kiel: Selbstverlag. Online im Internet. URL: http://lehrplan.lernnetz.de/intranet1/links/materials/1107956987.pdf [Stand: 17. 08. 2002].

Pluhar, C. (2003). Sonderpädagogischer Förderbedarf aus der Sicht eines Mitglieds der KMK-Arbeitsgruppe. In G. Ricken, A. Fritz & C. Hofmann (Hrsg.), *Diagnose: Sonderpädagogischer Förderbedarf* (S. 67–82). Lengerich: Pabst.

Probst, H. & Hofmann, C. (1999). Vorschlag zur Gutachtenabfassung und Gutachtengliederung in sonderpädagogischen Entscheidungen. *Sonderpädagogik, 29,* 48–55.

Runow, V. & Borchert, J. (2003). Effektive Interventionen im sonderpädagogischen Arbeitsfeld – ein Vergleich zwischen Forschungsbefunden und Lehrereinschätzungen. *Heilpädagogische Forschung, 29,* 189–203.

Schlee, J. (1998). Diagnostik von Lernprozessen durch Rekonstruktion subjektiver Theorien. In H. Eberwein & S. Knauer (Hrsg.), *Handbuch Lernprozesse verstehen. Wege einer neuen (sonder-)pädagogischen Diagnostik* (S. 66–80). Weinheim: Beltz.

Schuck, K. D. (1990). Braucht eine „integrative" Pädagogik eine neue Diagnostik? In K. D. Schuck (Hrsg.), *Beiträge zur integrativen Pädagogik. Weiterentwicklung des Konzepts gemeinsamen Lebens und Lernens Behinderter und Nichtbehinderter* (S. 101–122). Hamburg: Hamburger Buchwerkstatt.

Schuck, K. D. (2000). Diagnostik. In J. Borchert (Hrsg.), *Handbuch der Sonderpädagogischen Psychologie* (S. 233–249). Göttingen: Hogrefe.

Schuck, K. D. (2001a). Fördern, Förderung, Förderbedarf. In G. Antor & U. Bleidick (Hrsg.), *Handlexikon der Behindertenpädagogik. Schlüsselbegriffe aus Theorie und Praxis* (S. 63–67). Stuttgart: Kohlhammer.

Schuck, K. D. (2001b). Psychodiagnostik und Begutachtung. In G. Antor & U. Bleidick (Hrsg.), *Handlexikon der Behindertenpädagogik. Schlüsselbegriffe aus Theorie und Praxis* (S. 260–264). Stuttgart: Kohlhammer.

Schuck, K. D. (2003). Lernprozessdiagnostik und individuelle Förderplanung. *Sonderpädagogische Förderung in NRW, 41* (3), 19–34.

Schuck, K. D. & Eggert, D. (1982). Anspruch, Realität und Alternativen der diagnostischen Tätigkeit der Sonderschullehrer. In K. Ingenkamp, R. Horn & R. S. Jäger (Hrsg.), *Test und Trends 1982. Jahrbuch der Pädagogischen Diagnostik* (S. 71–95). Weinheim: Beltz.

Schuck, K. D. & Lemke, W. (2005). Grundlagen psychologischer Diagnostik. In B. Stahl & D. Irblich (Hrsg.), *Diagnostik bei Menschen mit geistiger Behinderung – Ein interdisziplinäres Handbuch* (S. 4–29). Göttingen: Hogrefe.

Schwarzer, C. (1982). *Einführung in die pädagogische Diagnostik* (2. Aufl.). München: Kösel.

Sekretariat der Ständigen Konferenz der Kultusminister der Länder in der Bundesrepublik Deutschland (1994). *Empfehlungen zur sonderpädagogischen Förderung in den Schulen der Bundesrepublik Deutschland. Beschluß der Kultusministerkonferenz vom 06. 05. 1994.* o. O.: Selbstverlag.

Sekretariat der Ständigen Konferenz der Kultusminister der Länder in der Bundesrepublik Deutschland (Hrsg.). (2003). *Sonderpädagogische Förderung in Schulen 1993 bis 2002. Statistische Veröffentlichungen der Kultusministerkonferenz, Dokumentation Nr. 170.* Bonn: Selbstverlag.

Senat der Freien und Hansestadt Hamburg (1986). *Ordnung der Aufnahme in Sonderschulen. Vom 27. Mai 1986* (Hamburgisches Gesetz- und Verordnungsblatt 1986 S. 107) Online im Internet. URL: http://hh.juris.de/hh/gesamt/SoSchulAufnO_HA.htm [Stand: 11. 08. 2005].

Senat der Freien und Hansestadt Hamburg. (1998a). *Verordnung über Aufnahme von Kindern in Integrationsklassen an Grundschulen (Integrationsklassen VO). Vom 20. Januar 1998.* Fundstelle: HmbGVBl. 1998, Nr. 4 Seite 20. *Mitteilungsblatt der Behörde für Schule, Jugend und Berufsbildung, 43,* 16–18.

Ständige Konferenz der Kultusminister der Länder in der Bundesrepublik Deutschland (1972). *Empfehlung zur Ordnung des Sonderschulwesens beschlossen von der Ständigen Konferenz der Kultusminister der Länder in der Bundesrepublik am 16. März 1972.* o. O.: Selbstverlag.

Sturm, T. (2001). *Perspektiven für die Weiterentwicklung der pädagogisch-psychologischen Diagnostik an den Sonderschulen Hamburgs unter besonderer Berücksichtigung der KMK-Empfehlungen von 1994 und aktueller fachlicher Diskurse.* Hamburg: unveröffentlichte Examensarbeit.

Walter, J. (2002). „Einer flog übers Kuckucksnest“ – Welche Interventionsformen erbringen welche Effekte? *Zeitschrift für Heilpädagogik, 53,* 442–450.

Walter, J. (2003). Anspruch und Wirklichkeit. Replik auf einige Aussagen und Einschätzungen in dem Artikel von Gallinat und Rix „Psychomotorik – freizeitpädagogischer Spaß oder lernzielorientierte Förderung?“ *Zeitschrift für Heilpädagogik, 54,* 451–452.

Wocken, H., Antor, G. & Hinz, A. (Hrsg.). (1988). *Integrationsklassen in Hamburger Grundschulen. Bilanz eines Modellversuchs.* Hamburg: Curio.

Kapitel 4

Diagnostik bei hyperkinetischen und oppositionellen Störungen

Gerhard W. Lauth und Katja Mackowiak

Zusammenfassung

Externalisierende Verhaltensstörungen umfassen sowohl *hyperkinetische* als auch *oppositionelle Verhaltensauffälligkeiten*. Sie zählen zu den häufigsten psychischen Auffälligkeiten im Kindes- und Jugendalter. Nach den Kriterien gängiger Klassifikationssysteme zeichnen sich *hyperkinetische Störungen* durch die Kardinalsymptome beeinträchtigte Aufmerksamkeit, Impulsivität und Überaktivität aus. Mit *oppositionellem Verhalten* sind Auffälligkeiten gemeint, die sich vor allem durch eine generelle Verweigerungshaltung gegenüber Erwachsenen charakterisieren lassen. Kinder mit einer solchen Problematik neigen zu Wutanfällen, sind leicht reizbar, widersetzen sich Regeln und Anforderungen und streiten häufig mit ihren Eltern oder Lehrern. Hyperkinetische und oppositionelle Störungen treten oft in Kombination auf. Das diagnostische Vorgehen orientiert sich an den Leitlinien der Deutschen Gesellschaft für Kinder- und Jugendpsychiatrie und -psychotherapie (2003). Es beinhaltet die Befragung der Eltern, Erzieherinnen und Lehrer hinsichtlich der vorliegenden Probleme; ergänzend können Symptom-Checklisten genutzt werden. Der Einsatz von Beobachtungsverfahren liefert wichtige Informationen über das Arbeits-, Aufmerksamkeits- und Interaktionsverhalten der Kinder in verschiedenen Kontexten (z. B. Schule, Elternhaus). Eine testdiagnostische Überprüfung der intellektuellen und ggf. auch der schulischen Fähigkeiten sowie verschiedener Aufmerksamkeitsleistungen dienen der Identifikation spezifischer Funktionsbeeinträchtigungen. Die Ergebnisse müssen vor dem Hintergrund eines biopsychosozialen Bedingungsmodells interpretiert werden.

1 Fallbeispiel

Daniel (4. Klasse, Grundschule) fällt seit längerer Zeit durch seine Unruhe und seine Ablenkbarkeit auf. Er macht nur selten seine Hausaufgaben, läuft ziellos im Klassenzimmer herum und weiß oft nicht, was gerade durchgenommen wird. In den letzten Monaten fordert er seine MitschülerInnen, aber auch die Klassenlehrerin immer stärker heraus. Er widerspricht, befolgt selten Anweisungen, mault und schimpft und gebraucht unflätige Ausdrücke.

Typisch für sein Verhalten sind folgende *Beobachtungen*, die bei einem Unterrichtsbesuch (erste Stunde) gemacht wurden:

- Die Lehrerin fordert die Schüler auf, sich hinzusetzen. Daniel scheint sie nicht zu hören, setzt seinen Weg durch das Klassenzimmer fort. Die Lehrerin spricht Daniel jetzt gezielt an. Daniel setzt sich, zieht aber seine Mütze über das Gesicht und verkriecht sich in seiner Jacke.
- Die Lehrerin bittet die Schüler, ihre Hausaufgabenhefte auf das Pult zu legen. Alle Schüler kommen der Bitte nach bis auf Daniel. Er rührt sich nicht. Die Lehrerin bittet Daniel erneut. Daniel guckt unter seiner Mütze hervor und behauptet, sein Hausaufgabenheft nicht dabei zu haben. Die Lehrerin glaubt ihm nicht und macht ihn auf die Konsequenzen seiner Verweigerung aufmerksam. Daniel äfft sie nach und leert seinen Rucksack auf dem Tisch aus. Er schaut die Lehrerin an und beginnt mit einer Schere, rhythmisch auf den Tisch zu klopfen. Die Lehrerin ermahnt Daniel und fordert ihn auf, das Hausaufgabenheft zum Pult zu bringen. Daniel nimmt sein Heft und wirft es der Lehrerin entgegen. Die Lehrerin fordert Daniel auf, das Heft aufzuheben und auf das Pult zu legen. Daniel steht auf und legt das Heft auf das Pult.
- Daniel setzt sich auf dem Rückweg nicht wieder auf seinen Platz, sondern bleibt stehen und dreht sich einmal um die eigene Achse. Er wendet sich einem Mitschüler zu und nimmt dessen Arbeitsheft weg. Die Lehrerin fordert Daniel auf, es wieder zurückzugeben. Daniel überhört die Aufforderung. Die Lehrerin ermahnt ihn etwas lauter. Daniel gehorcht wiederstrebend und setzt sich auf seinen Platz.
- Die Lehrerin fordert die Schüler auf, die Mathebücher und Hefte herauszuholen. Daniel bewegt sich nicht. Die Lehrerin schaut Daniel mahnend an. Daniel holt seine Sachen heraus, öffnet sie jedoch nicht, sondern baut aus Geodreieck und Stiften ein Flugzeug. Dann lässt er das Flugzeug laut knatternd durch die Luft fliegen. Die Lehrerin fordert Daniel auf, die Dinge wegzulegen und sein Buch aufzuschlagen. Daniel macht sein Heft auf, lässt es jedoch verkehrt herum vor sich liegen.
- Daniel soll jetzt die Hausaufgaben vorlesen. Er beginnt in seinem Heft zu suchen, findet die Aufgabe nicht, blättert hektisch hin und her. Die Lehrerin geht zu ihm und zeigt ihm die Aufgabe in seinem Heft. Daniel beginnt die Hausaufgabe vorzulesen. Ein anderer Schüler kommt dran. Daniel wendet sich wieder seinem selbst gebauten Flugzeug zu und lässt es erneut durch die Luft fliegen. Er nimmt ein Radiergummi vom Nachbartisch und wirft es durch die Klasse. Die anderen Schüler protestieren. Die Klassenlehrerin tadelt Daniel. Er steht auf und schaut, ob die selbstgepflanzten Blumen noch Wasser benötigen. Die Lehrerin ermahnt Daniel. Er setzt sich.
- Daniel beginnt einen Filzstift zu zerkauen und ihn als Spuckrohr zu benutzen. Er bespuckt seine Mitschüler. Diese fordern ihn auf, damit aufzuhören. Daniel streitet ab, in ihre Richtung gezielt zu haben und bezeichnet sie als „Hurensöhne“. Die Lehrerin versucht, den Streit zu schlichten, und nimmt Daniel das Spuckrohr ab. Die Lehrerin ermahnt Daniel und

weist darauf hin, dass beim nächsten Vergehen eine Konsequenz fällig ist. Daniel reagiert mit den Worten: „Ist mir doch scheißegal."

Nach Auskunft der Lehrerin sind diese Beobachtungen durchaus typisch; im Verlauf eines Unterrichtstages würden sich derartige Vorfälle eher noch steigern.

2 Definition und Symptomatik

Hyperkinetische Störungen und oppositionelles Trotzverhalten sind klinische Syndrome, deren Erscheinungsbilder in Klassifikationssystemen (ICD-10, WHO, 1993; DSM-IV-TR; American Psychiatric Association, APA, 2003) festgelegt sind. Die Störungen werden durch so genannte Zuweisungs- und Ausschlusskriterien verhaltensnah beschrieben. *Hyperkinetische Störungen bzw. Aufmerksamkeitsdefizit-/Hyperaktivitätsstörungen (ADHS)* sind durch eine gestörte Selbststeuerung definiert (Barkley, 1997b). Sie zeichnen sich durch ein ungewöhnliches Ausmaß und durchgängiges Muster an Unaufmerksamkeit, Überaktivität und Impulsivität aus. Die *beeinträchtigte Aufmerksamkeit* zeigt sich beispielsweise darin, dass die Kinder viele Flüchtigkeitsfehler machen oder Details nicht beachten. Sie können sich kaum für längere Zeit auf eine Sache konzentrieren, wenn diese uninteressant und eintönig ist. Sie verlieren Dinge, hören oft nicht richtig zu und vergessen, was ihnen aufgetragen wurde. Die *Überaktivität* ist gekennzeichnet durch eine exzessive motorische Unruhe, besonders in Situationen, die relative Ruhe verlangen. Die Kinder zappeln und rutschen auf ihrem Stuhl hin und her, stehen in der Klasse häufig auf und laufen herum und können sich kaum ruhig beschäftigen. Der Begriff *Impulsivität* meint ein voreiliges, vorschnelles, unerwartetes und teilweise risikoreiches Verhalten. Impulsive Kinder können nicht abwarten und bedenken die Folgen ihres Handelns oft nicht.

Voraussetzung für das Vorliegen einer hyperkinetischen Störung ist, dass die beschriebenen Verhaltensweisen für das Alter, den Entwicklungsstand und die Intelligenz des Kindes deutlich *unangemessen* sind und länger als sechs Monate beobachtet werden. Von einer hyperkinetischen Störung wird außerdem nur dann gesprochen, wenn erste Störungsanzeichen bereits *vor dem siebten Lebensjahr* begonnen haben und die genannten Verhaltensweisen in *mindestens zwei verschiedenen Lebensbereichen* festgestellt werden (etwa zu Hause, in der Schule, im freien Spiel mit Gleichaltrigen, im Verein). Die Verhaltensbeeinträchtigungen müssen als deutliches Leiden oder deutliche *Beeinträchtigung der sozialen, schulischen oder beruflichen Funktionsfähigkeit* zu bewerten sein; und schließlich darf das auffällige Verhalten *nicht durch andere Störungen erklärt* werden können (z. B. tief greifende Entwicklungsstörung, reaktive Störung).

Eine *hyperkinetische Störung* bzw. eine *ADHS* zeigt sich in verschiedenen Varianten: Als Aufmerksamkeitsstörung mit und ohne Hyperaktivität oder als Hyperkinetische Störung des Sozialverhaltens, bei der sowohl die Symptome einer Aufmerksamkeit- und Hyperaktivitätsstörung als auch die Symptome einer Störung des Sozialverhaltens mit aggressiven und/oder oppositionellen Verhaltensweisen erfüllt sind.

Oppositionelles Trotzverhalten äußert sich hauptsächlich darin, dass willentlich und absichtlich gegen die sozialen Regeln und Anweisungen von erwachsenen Bezugspersonen verstoßen wird. Kinder mit dieser Verhaltensauffälligkeit sind leicht reizbar und neigen zu übertriebenen Wutausbrüchen; sie streiten sich oft und geben anderen gern die Schuld für die eigenen Fehler. Die Symptomatik muss auch bei dieser Störung seit *mindestens sechs Monaten* bestehen und als *entwicklungsunangemessen* beurteilt werden. Ferner sind verschiedene *andere psychische Beeinträchtigungen* (z. B. aggressiv-dissoziale Störungen oder emotionale Störungen) *auszuschließen.*

3 Häufigkeit

Hyperkinetische Störungen treten in unausgelesenen Stichproben mit unterschiedlicher Häufigkeit auf. In einer Übersicht von Lauth und Schlottke (2002) wurde in verschiedenen Studien eine Häufigkeit von 3,5 bis 18 %, ermittelt. In einer groß angelegten epidemiologischen Studien mit über 500 Grundschülern konnten Lauth und Mackowiak (2004) laut Lehrerurteil eine Prävalenz von 11,4 % ermitteln. Eine Metaanalyse von Angold, Costello und Erkanli (1999) kommt auf einen Durchschnitt von 3,3 % (Schwankungsbreite 0,4 bis 12,2 %). Erfahrungsgemäß variieren die Angaben mit dem Alter der Kinder und ihrer Zugehörigkeit zu Risikogruppen. Die Auftretenshäufigkeit hängt zudem davon ab, wer die Kinder beurteilt (Lehrer, Erzieher, Eltern) und welche Untersuchungsinstrumente eingesetzt werden (Interview, Fragebogen, mehrere Verfahren). Im Allgemeinen sind Jungen 4- bis 9-mal stärker betroffen als Mädchen (vgl. Lauth & Schlottke, 2002). Von Lehrern wurden besonders hohe Auftretenshäufigkeiten genannt, teilweise bis zu 19,6 % (Hartmann, Mutzeck & Fingerle, 2003), was aber als unrealistisch hoch zu werten ist.

Oppositionelles Trotzverhalten tritt in unausgelesenen Stichproben bei etwa 1,7 bis 5 % der Grundschulkinder auf (Döpfner, Schürmann & Frölich, 2002b; Rowe, Maughan, Pickles, Costello & Angold, 2002). Jungen weisen eine Prävalenz von 2,6 bis 16 % auf, für Mädchen ist von einer Auftretenshäufigkeit von 2 bis 9 % auszugehen. Döpfner (1993) konnte zudem belegen, dass oppositionelles Verhalten im Vorschulalter sehr situationsabhängig ist: in der Familie tritt es wesentlich häufiger auf (5,6 %) als im Kindergarten (0,4 %).

Komorbidität

Da hyperkinetische Kinder auf Grund ihrer (emotionalen) Impulsivität zu einer geringen Frustrationstoleranz neigen, treten Wutausbrüche und andere oppositionelle Verhaltensweisen häufig als Begleitsymptomatik auf. In klinischen Stichproben weisen laut Elternangaben etwa drei Viertel aller hyperkinetischen Kinder auch aggressive Verhaltensweisen auf, 16-mal häufiger als in unausgelesenen Stichproben (vgl. Lehmkuhl & Döpfner, 2000). Umgekehrt zeigen drei von vier Kindern mit aggressiven Verhaltensstörungen zusätzliche Merkmale einer hyperkinetischen Störung (vgl. Stewart, Cummings, Singer & Dedlois, 1981).

4 Förderdiagnostische Gutachtenerstellung

Zur Erstellung eines förderdiagnostischen Gutachtens sollte vorab ein hypothetisches Bedingungsmodell erstellt werden; es liefert Informationen über die Entstehung der Störung sowie über aufrechterhaltende Bedingungen und kann somit zur Förderplanung genutzt werden. Außerdem hilft es dabei, die Befunderhebung systematisch und hypothesengeleitet durchzuführen.

4.1 Ein angemessenes Bedingungsmodell als Ausgangspunkt

Hyperkinetische Störungen und oppositionelle Störungen können nicht durch eine einzige Ursache (monokausal), sondern nur durch das Zusammenwirken mehrerer Faktoren (multifaktoriell) und als zeitliches Geschehen (prozesshaft) erklärt werden. Dabei ist von einem *biopsychosozialen Störungsmodell* auszugehen: In einem solchen Modell werden *biologische* (z. B. genetische Disposition, strukturelle und funktionelle Besonderheiten im Gehirn), *psychologische* (z. B. Verhaltensstile des Kindes, mangelnde Selbststeuerungsfertigkeiten, Gedächtnisdefizite, ungünstige Wahrnehmungs- und Informationsverarbeitungsmuster, unzureichendes Arbeitsverhalten) und *soziale* Faktoren (z. B. wenig einfühlsames Elternverhalten, bestrafendes oder erzwingendes Erziehungsverhalten, mangelnde Verstärkung positiver Verhaltensweisen, Ablehnungserfahrungen) berücksichtigt, um das schwierige Verhalten des Kindes zu erklären. Sie rufen das sozial auffällige Verhalten aber nicht schlagartig beim Kind hervor, sondern setzen einen Prozess in Gang, der die Verhaltensstörung über einen längeren Zeitraum entstehen lässt. Im Folgenden sollen die Bedingungen zur Entstehung und Aufrecherhaltung von hyperkinetischen und oppositionellen Verhaltensauffälligkeiten kurz erläutert werden (vgl. Barkley, 1998; Döpfner et al., 2002b; Lauth & Schlottke, 2002).

Ungünstige Voraussetzungen auf Seiten des Kindes

Temperamentsforscher gehen davon aus, dass grundlegende Verhaltensstile (Temperamentsmerkmale wie die Aktivierungsregulation, die Regelhaftigkeit des Verhaltens, die Tendenz zur Annäherung bzw. zum Rückzug, die Fähigkeit zur Anpassung, die Reaktionsschwelle, die Intensität der Reaktion, die vorherrschende Stimmungsqualität, die Ablenkbarkeit und die Aufmerksamkeitsspanne sowie die Beharrlichkeit des Kindes; vgl. Chess & Thomas, 1999; Paris, 2000) einen bedeutsamen Einfluss auf die kindliche Entwicklung haben (vgl. Plomin, De Fries, McClearn & Rutter, 1997). Folglich können ungünstige Verhaltensstile einen Risikofaktor für die Entwicklung einer psychischen Störung darstellen. Dies gilt beispielsweise für Kinder mit einem schwierigen Temperament, die sich vor allem durch Probleme in der Aktivierungsregulation und Anpassung, durch intensive (und unangenehme) Reaktionen, eine gehäuft negative Stimmung und voreiliges, ungesteuertes Verhalten auszeichnen. Kinder mit einer hyperkinetischen Störung oder mit oppositionellem Trotzverhalten weisen häufig eine Reihe dieser ungünstigen Temperamentsmerkmale auf. So fällt es diesen Kindern beispielsweise schwer, auf implizite oder subtile Hinweise angemessen zu reagieren. Ungenau vermittelte Aufforderungen, implizite soziale Normen und allgemeine elterliche Erwartungen werden von ihnen kaum befolgt, weil sie die darin enthaltenen Regeln nicht erkennen oder deren Komplexität nicht in konkretes Verhalten umsetzen können. Befunde von Barkley (1997a) belegen, dass sie weniger aus dem Vorbild anderer Kinder lernen und ihr Arbeitsgedächtnis weniger gut funktioniert. Auch die Wahrnehmung sozialer Ereignisse kann in vielen Fällen verzerrt sein. Missgeschicke anderer (z. B. ein Anstoß vom Nachbarn) werden beispielsweise als boshafte Absicht („der will mich ärgern") interpretiert und mit aggressivem Verhalten (z. B. heftig zurück schubsen) beantwortet (vgl. zusammenfassend Scheithauer & Petermann, 2002). Ermahnungen oder Regeln von Eltern oder Lehrern werden als ungerecht erlebt und entsprechend missachtet oder boykottiert. Diese Einschränkungen beeinflussen nachhaltig die sozialen Interaktionen.

Ungünstige Reaktionen auf Seiten der Umwelt

Ob sich aus den genannten Verhaltensbesonderheiten wirklich eine Störung entwickelt, hängt maßgeblich vom Verhalten der Bezugspersonen und den Lebensbedingungen der Kinder ab. Wenn Kinder in ihrer Anpassungsfähigkeit eingeschränkt sind und zu einem schwierigen Verhalten neigen, stellt das ganz besondere Anforderungen an deren Bezugspersonen und Betreuer. Je nach Konstellation können die bestehenden Anpassungsprobleme aufgefangen oder vertieft werden:

- *Das Kindverhalten als Stressor:* Verhaltensauffälligkeiten von Kindern rangieren auf der Liste der stresserzeugenden, zermürbenden Alltagsbegebenheiten (vgl. Kanner, Coyne, Schaefer & Lazarus, 1981) ganz oben. Man braucht sich nur die Verhaltensschwierigkeiten von Daniel (s. Fallbeispiel) vor Augen zu führen, um zu verstehen, dass Lehrer und Eltern mehr Stress im Umgang mit hyperkinetischen und/oder sozial auffälligen im Vergleich zu unauffälligen Kindern erleben (Breen & Barkley, 1988; Barkley, 1997b). Die Dauerhaftigkeit der Anforderungen zermürbt selbst den geduldigsten Betreuer. Eltern und Lehrer fühlen sich häufig unter Druck, verarbeiten ihre Erlebnisse eher negativ, machen sich Selbstvorwürfe und verlieren zunehmend ihr Selbstvertrauen in punkto Kindererziehung. Die Verhaltensauffälligkeiten des Kindes und der Stress der Eltern und Lehrer schaukeln sich oft gegenseitig hoch.

- *Erzwingendes (coersives) Verhalten.* Eltern und Lehrer erlangen oft nicht die gewünschte Kontrolle über das Kind und sehen sich nicht in der Lage, es zu einem angemessenen Verhalten zu bringen (z. B. dem Unterricht folgen, eine Anweisung befolgen, ein unangemessenes Verhalten beenden). Um sich „durchzusetzen", greifen sie häufig zu bestrafenden Maßnahmen, mit denen sie ihre Ziele quasi zu erzwingen versuchen. Dieses Verhalten hat Patterson (1982) als coersives Verhalten beschrieben: Die Interaktion zwischen Eltern bzw. Lehrern und Kind ist geprägt durch Bestrafung, Kritik, hartes, wenig einfühlsames Erzieherverhalten, Drohung, Tadel und Abwertung. Das Kind reagiert in der Regel mit weiteren Verhaltensauffälligkeiten – ein Teufelskreis von wechselseitigen und ständig eskalierenden Bestrafungen beginnt.
- *Verstärkerfalle.* Diese ständigen Interaktionsschwierigkeiten haben zur Folge, dass Eltern und Lehrer fast nur noch auf das „störende, fehlerhafte" Verhalten des Kindes achten, angemessene Verhaltensansätze dagegen außer Acht lassen. Lob (Verstärkung) für in Ansätzen gelingendes Verhalten (z. B. zum Lehrer schauen, dem Unterricht zeitweilig folgen, zehn Minuten nicht stören) wird zur Ausnahme. Selbst wenn das Kind eine Aufgabe erledigt hat, eine Anweisung befolgt oder sich auf einen Hinweis des Lehrers an die Arbeit macht, bleibt die Verstärkung nicht nur aus, sondern es wird eher noch „eins drauf gesetzt" (z. B. „Warum nicht gleich so!"). Langfristig werden diese Kinder in einer oft stereotypen Sichtweise als störend, unsympathisch, nervend, hinterhältig etc. gesehen.

Psychische Reaktionen des Kindes

Da Lehrer und Eltern fast ausschließlich auf das Fehlverhalten des Kindes achten und hauptsächlich mit Bestrafungen reagieren, erleben die Kinder die oben beschriebene negative Verstärkerbilanz: Was sie auch tun, sie erfahren weit mehr Kritik und Bestrafung als Belohnung (Patterson, 1986). Unterstützende Anleitung, positive Zuwendung, liebevolle Annahme sind selten. Warum sollte das Kind jetzt noch Erwartungen und Wünschen von Lehrern und Eltern befolgen? Insbesondere dann, wenn andere Dinge (kurzfristig) lohnender sind (z. B. fernsehen, länger draußen spielen als erlaubt, sich von den Hausaufgaben fortstehlen). Barkley

(1997b) konnte zeigen, dass sich in einer solchen negativen Spirale vor allem Jungen zunehmend unabhängig von den Erwartungen und Wünschen der Erwachsenen machen und mehr und mehr nur noch ihre eigenen Ziele verfolgen: Sie ignorieren Anweisungen und setzen sich über die bestehenden sozialen Regeln hinweg. Allmählich entsteht daraus ein trotziges, widerspenstiges Verhalten. Aus der Logik der Kinder erscheint es lohnender, den eigenen Wünschen zu folgen, statt auf das rare Wohlwollen der Umwelt und deren Belohnungen zu hoffen (vgl. auch Petermann & Petermann, 2000).

Im Rahmen des diagnostischen Prozesses, an dessen Ende die Förderplanung steht, ist im Einzelfall zu klären, welche der skizzierten Bedingungen zur Entstehung und Aufrecherhaltung von hyperkinetischen und oppositionellen Verhaltensauffälligkeiten vorliegen.

4.2 Diagnostisches Vorgehen

Für den diagnostischen Ablauf gelten verbindliche Leitlinien und wissenschaftliche Standards (vgl. Deutsche Gesellschaft für Kinder- und Jugendpsychiatrie und -psychotherapie, 2003), die folgende Maßnahmen zur Befunderhebung empfehlen:

- Eine Problemanalyse mit dem Lehrer und die Einholung von Informationen aus der Schule (etwa über belastende Bedingungen);
- eine Problemanalyse mit den Eltern zum Verhalten in der Familie sowie die Erfassung der Störungsgeschichte und eventueller Begleitstörungen;
- die differenzialdiagnostische Einordnung der kindlichen Verhaltensschwierigkeiten anhand eines anerkannten Klassifikationssystems (liegt eine hyperkinetische Störung bzw. eine Störung mit oppositionellen Trotzverhalten vor?);
- die Beobachtung des Interaktionsverhaltens im Unterricht und/oder in anderen kritischen Situationen (z. B. bei den Hausaufgaben);
- eine zumindest orientierende Intelligenzdiagnostik (zur Abklärung evtl. Über- oder Unterforderung);
- die Untersuchung der schulischen Leistungsfähigkeit bei Hinweisen auf Leistungsprobleme (etwa schlechte Noten, Klassenwiederholung);
- eine (neuropsychologische) Diagnostik der Aufmerksamkeitsleistungen.

4.2.1 Problemanalyse mit dem Klassenlehrer und den Eltern

Die momentanen Schwierigkeiten in der Schule bzw. im Unterricht werden in einem ausführlichen Gespräch mit dem Klassenlehrer geklärt. Die Verhaltensanalyse mit den Eltern umfasst die Schwierigkeiten mit dem Kind im häuslichen Umfeld (Familie, Freizeit). Hinzu kommen Fragen zu Beginn und Verlauf der Verhaltensauffälligkeiten sowie zu relevanten Rahmenbedingungen in der Familie (z. B. Erkrankungen oder Belastungen der Eltern, Wohnsituation). Für die Verhaltensanalyse stehen eine Reihe von Interviewleitfäden zur Verfügung (vgl. etwa Döpfner, Lehmkuhl, Petermann & Scheithauer, 2002a; Petermann, Döpfner & Schmidt, 2001; Lauth & Schlottke, 2002; Petermann & Petermann, 2005). Folgende Aspekte sollten dabei angesprochen werden:

Kasten 1:
Leitfaden

Verhaltensanalyse über die Schwierigkeiten in der Schule und zu Hause, Beschreibung des Problemverhaltens

Veranlassen Sie den Lehrer und die Eltern anhand der nachstehenden Fragen zu einer verhaltensnahen Beschreibung des Problemverhaltens und zur Schilderung konkreter *Verhaltensabläufe*!

Können Sie mir sagen, wann ________________ (Name des Kindes) das *letzte Mal* so auffällig war?

- Wie hat er/sie sich da verhalten? Was hat sich da *konkret* abgespielt?
- Worum ging es (z. B. eine Aufgabe erledigen, die Hausaufgaben vorzeigen, eine Anweisung ausführen)?
- Welche Bedingungen lagen in dieser Situation vor (z. B. Personen, Inhaltsbereich, Uhrzeit)?
- Wie äußerte sich das Problemverhalten (z. B. Trotzverhalten, vorschnelle Reaktionen, Meidung der Anforderung, Aufsässigkeit, Aggression)?

Differenzierung des Problemverhaltens

- Äußert sich das Problemverhalten immer in dieser Weise? Wie kann es sonst noch aussehen?
- Tritt das Problemverhalten sofort auf oder erst nach einer gewissen Zeit (z. B. das Kind befolgt die Anweisung am Anfang und hat dann keine Lust mehr)? Entsprechende Abläufe schildern lassen!
- Tritt das Problemverhalten jeweils in ähnlicher *Intensität* auf?
- Wann ist das Problemverhalten *weniger auffallend* oder gar nicht beobachtbar? Welche Bedingungen liegen dann vor?
- Seit wann werden die beschriebenen Probleme beobachtet?
- Lagen damals besondere *Bedingungen* vor (z. B. familiäre Konflikte, Umzug, Schulwechsel, Krankheit)?

Folgen der Verhaltensprobleme

- Wie reagieren Lehrer/Eltern auf das schwierige Verhalten (z. B. schlechte Bewertung, Tadel, Strafe)?
- Wie reagieren die anderen Schüler/Geschwister?
- Welche „natürlichen" Folgen treten ein (z. B. Unterrichtsunterbrechungen, Konflikte mit anderen Kindern)?

Bereiche unproblematischen Verhaltens

- Gibt es Bereiche, in denen es keine Interaktionsprobleme gibt (z. B. wenn das Kind etwas auswählen darf, wenn es allein mit dem Lehrer/einem Elternteil ist)?
- Wie verhält sich das Kind da (z. B. Dinge befolgen, eher zuhören, nicht gleich ausrasten)?
- Was ist in diesen Situationen anders als in Bereichen, in denen das Problemverhalten ansonsten beobachtet wird (z. B. Selbstbestimmung, Anerkennung, Können, Zeit)?
- Wie verhalten sich Eltern/Lehrer in solchen Situationen?
- Gibt es besondere Stärken des Kindes (musisches Können, sportliche Neigungen, Lieblingsfächer)?

Entwicklung des Problemverhaltens; bisherige Maßnahmen

- Wie hat sich das Problemverhalten bisher entwickelt (z. B. verstärkt, vermindert)?
- Wann tauchte das erste Mal der Gedanke auf, dass etwas nicht in Ordnung sein könnte? Welche Beobachtungen lagen dieser Überlegung zu Grunde?
- Was wurde bisher unternommen, um mit dem Problemverhalten umzugehen (z. B. Besprechung des Problems, Medikation)?
- Welche Wirkung hatten diese Maßnahmen?
- Welche Schlussfolgerungen wurden daraus gezogen (z. B. Bild des Kindes bei Lehrern, Eltern, Gleichaltrigen, vermutetes Selbstbild des Kindes)?

Entwicklung des Kindes/Organismusbedingungen

- Gab es während der Schwangerschaft und Geburt besondere körperliche Belastungen für das Kind (z. B. Alkohol, Nikotin, Schwangerschafts- oder Geburtskomplikationen)?
- Hat das Kind Entwicklungsverzögerungen, Krankheiten oder Unfälle gehabt?
- Litt oder leidet das Kind an Stoffwechselstörungen oder neurologischen Beeinträchtigungen (z. B. Infektionen, Gehirntraumen, Allergien)?
- Nimmt das Kind Medikamente, die Auswirkungen auf sein Verhalten haben (z. B. dämpfende Medikamente)?
- Wie ist das Kind aufgewachsen (Erziehung, Kindergartenbesuch, Einschulung, Geschwister)?
- Leiden seine Geschwister unter ähnlichen Schwierigkeiten?

Motivationsstruktur des Kindes

- Welche Interessen, Hobbys, Vorlieben hat das Kind?
- Welche Inhalte werden gemieden?

Normen und Regeln von Eltern/Lehrern

- Wie beeinflussen sich die Familienangehörigen untereinander?
- Welche Belohnungen oder Bestrafungen werden eingesetzt?
- Welche Erziehungsregeln bestehen?
- Welche Erziehungsziele haben die Beteiligten?
- Wie wird versucht, diese Erziehungsziele zu erreichen?
- Wie werden diese Erziehungsmittel begründet?
- Wie hat sich die Familie entwickelt?

Belastungen in der Familie

- Gibt es einzelne Bereiche im Umgang mit dem Kind, die die Eltern besonders belasten (z. B. Hausaufgaben, Zu-Bett-Gehen, gemeinsame Mahlzeiten)? Welche sind es?
- Gibt es aktuelle oder dauernde Belastungen in der Familie (z. B. finanzielle Sorgen, Konflikte mit Nachbarn oder Verwandten, Strafverfahren gegen Familienmitglieder)?
- Wie beurteilen die Eltern Ihre familiäre Situation (z. B. Stimmung in der Familie, Qualität der Paarbeziehung)?
- Gab es in der Vergangenheit besondere Belastungen? Wenn ja, welche?
- Wie ging die Familie mit diesen vergangenen Belastungen um (z. B. Abwarten, sich an Behörden wenden, Kräfte mobilisieren)?

4.2.2 Einordnung der kindlichen Verhaltensschwierigkeiten

Im nächsten Schritt ist die Frage zu klären, ob in der Tat eine hyperkinetische Störung bzw. eine Störung mit oppositionellem Trotzverhalten vorliegt. Dies geschieht anhand der gängigen Diagnosesysteme (ICD-10 bzw. DSM-IV-TR). Dabei wird geprüft, ob die notwendigen Zuweisungskriterien erfüllt und die Ausschlusskriterien nicht erfüllt sind. Dem Lehrer und den Eltern werden entsprechende Checklisten vorgelegt, die das Ausmaß und die Art des auffälligen Verhaltens bei dem Kind erfassen; die Befragten sollen angeben, ob die jeweils symptomatischen Verhaltensweisen für eine der beiden oder beide relevanten Störungen seit mindestens sechs Monaten in einer deutlich entwicklungsunangemessener Weise vorliegen. Dabei sollten beide Elternteile und der Klassenlehrer die Bögen getrennt ausfüllen.

Kasten 2:

Checkliste „Verhaltensmerkmale der hyperkinetischen Störung“
(ICD-10; Forschungskriterien, Lauth & Heubeck, 2006) ©

Name des Kindes: ______________________ Klasse: __________

Schule: ______________________________________

Ausgefüllt von Klassenlehrer bzw. Eltern: ______________________

Datum: ________________

Auf den nächsten Seiten finden Sie einige Aussagen über das *Verhalten von Kindern*. Bitte geben Sie durch *Ankreuzen* an, ob die *jeweilige Beobachtung* für das oben ge-

nannte Kind/den oben genannten Schüler *zutrifft*. Bitte kreuzen Sie eine Aussage aber *nur dann* als zutreffend an, wenn:
- Sie diese Verhaltensweise schon länger als *ein halbes Jahr beständig* beobachten.
- die jeweilige Verhaltensweise in einer Ausprägung auftritt, die (nach Ihrer Erfahrung) nicht dem *Entwicklungsalter* des Kindes entspricht und unangemessen ist.

Der Junge/das Mädchen:	stimmt	stimmt nicht
1. ist häufig unaufmerksam gegenüber Details oder macht Sorgfältigkeitsfehler bei den Schularbeiten und sonstigen Arbeiten und Aktivitäten	☐	☐
2. ist häufig nicht in der Lage, die Aufmerksamkeit bei Aufgaben oder beim Spielen aufrechtzuerhalten	☐	☐
3. hört häufig scheinbar nicht zu, was ihm/ihr gesagt wird	☐	☐
4. kann oft Erklärungen nicht folgen oder die Schularbeiten, Aufgaben oder Pflichten am Arbeitsplatz nicht erfüllen (nicht wegen oppositionellen Verhaltens oder weil die Erklärungen nicht verstanden wurden)	☐	☐
5. ist häufig beeinträchtigt, Aufgaben und Aktivitäten zu organisieren	☐	☐
6. vermeidet ungeliebte Arbeiten, wie Hausaufgaben, die häufig geistiges Durchhaltevermögen erfordern	☐	☐
7. verliert häufig Gegenstände, die für Aufgaben wichtig sind (z. B. für Schularbeiten, Bleistifte, Spielsachen und Bücher)	☐	☐
8. lässt sich häufig durch äußere Reize ablenken	☐	☐
9. ist bei Alltagstätigkeiten oft vergesslich	☐	☐
10. fuchtelt häufig mit Händen und Füßen oder windet sich auf den Sitzen	☐	☐
11. verlässt den Platz im Klassenraum oder in anderen Situationen, in denen Sitzen bleiben erwartet wird	☐	☐
12. läuft häufig umher oder klettert exzessiv in Situationen, in denen dies unpassend ist (bei Jugendlichen oder Erwachsenen entspricht dem nur Unruhegefühl)	☐	☐
13. ist häufig unnötig laut beim Spielen oder hat Schwierigkeiten, bei leisen Freizeitbeschäftigungen, zeigt ein anhaltendes Muster exzessiver motorischer Unruhe, das durch den sozialen Kontext oder Verbote nicht durchgreifend beeinflussbar ist	☐	☐
14. ist häufig „auf Achse“ oder handelt oftmals, als wäre er/sie „getrieben“	☐	☐

Der Junge/das Mädchen:	stimmt	stimmt nicht
15. redet häufig exzessiv, ohne angemessen auf soziale Beschränkungen zu reagieren	☐	☐
16. platzt häufig mit den Antworten heraus, bevor die Frage beendet ist	☐	☐
17. kann häufig nicht in einer Reihe warten oder warten, bis er/sie an die Reihe kommt	☐	☐
18. redet häufig exzessiv, ohne angemessen auf soziale Beschränkungen zu reagieren	☐	☐

Auswertung (vgl. Lauth & Heubeck, 2006): Eine hyperkinetische Störung nach ICD-10 liegt vor, wenn:

- mindestens sechs positive Beantwortungen („stimmt“) bei den Symptomen 1 bis 9 (Unaufmerksamkeit),
- mindestens drei positive Beantwortungen („stimmt“) bei den Aussagen 10 bis 14 (Überaktivität)
- und mindestens eine positive Beantwortung („stimmt“) bei den Aussagen 15 bis 18 (Impulsivität) vorliegen.

Insgesamt müssen also mindestens *zehn Symptome* bestätigt werden. Darüber hinaus müssen die folgenden Merkmale erfüllt sein:

- erste Störungsanzeichen sind bereits vor dem siebten Lebensjahr aufgetreten,
- die Beeinträchtigung tritt in mindestens zwei Lebensbereichen auf (z. B. Schule, Elternhaus, Sportverein),
- die Beeinträchtigung ist als deutliches Leiden oder Beeinträchtigung zu bewerten,
- die Beeinträchtigung ist nicht durch andere Störungen, wie beispielsweise eine Manie oder eine tief greifende Entwicklungsstörung zu erklären.

Kasten 3:

Checkliste „Verhaltensmerkmale einer Störung mit oppositionellem Trotzverhalten“ (ICD-10; Forschungskriterien, WHO, 2000; Lauth & Heubeck, 2006) ©

Name des Kindes: ______________________ Klasse: __________

Schule: ______________________________

Ausgefüllt von Klassenlehrer bzw. Eltern: ______________________

Datum: ____________________

Im Folgenden finden Sie einige Aussagen über *Merkmale des Verhaltens von Kindern bei einer Störung mit oppositionellem Trotzverhalten.*

Bitte geben Sie in der Spalte „trifft zu" durch *Ankreuzen* an, ob die *jeweilige Beobachtung* für das oben genannte Kind/den oben genannten Schüler oder Schülerin *zutrifft.*

Falls Sie diese Verhaltensweise schon länger als *ein halbes Jahr beständig* beobachten, machen Sie bitte auch im Kästchen in der Spalte „bereits über 6 Monate" ein Kreuz.

Der Junge/das Mädchen zeigt:	trifft zu	bereits über 6 Monate
1. für das Entwicklungsalter des Kindes ungewöhnlich häufige und schwere Wutausbrüche	☐	☐
2. häufiges Streiten mit Erwachsenen	☐	☐
3. häufige aktive Verweigerung von Forderungen Erwachsener und Hinwegsetzen über Regeln	☐	☐
4. häufiges, offensichtlich wohl überlegtes Handeln, das andere ärgert	☐	☐
5. häufig verantwortlich machen anderer, für die eigenen Fehler oder für eigenes Fehlverhalten	☐	☐
6. häufige Empfindlichkeit oder Sichbelästigtfühlen durch andere	☐	☐
7. häufiger Ärger oder Groll	☐	☐
8. häufige Gehässigkeit oder Rachsucht	☐	☐

Auswertung (vgl. Lauth & Heubeck, 2006): Eine Störung mit oppositionellem Trotzverhalten liegt vor, wenn mindestens *vier Symptome* bestätigt werden (in der ICD-10 können zwei der vier notwendigen Kriterien auch eine Störung des Sozialverhaltens betreffen). Darüber hinaus müssen die folgenden Merkmale erfüllt sein:

- das Verhaltensmuster besteht bereits seit mindestes sechs Monaten,
- es kann ausgeschlossen werden, dass andere psychische Störungen für das auffällige Verhalten verantwortlich sind, insbesondere eine dissoziale Persönlichkeitsstörung, eine Schizophrenie, eine manische Episode, eine depressive Episode, eine tiefgreifende Entwicklungsstörung (Autismus, Rett-Syndrom, andere desintegrative Störungen, überaktive Störung mit Intelligenzminderung und Bewegungsstereotypien, Asperger-Syndrom) oder eine hyperkinetische Störung.

4.2.3 Beobachtung des Interaktionsverhaltens im Unterricht bzw. in kritischen Situationen

Zusätzlich zu den bisher erhobenen Informationen empfiehlt sich auch eine Verhaltensbeobachtung des Kindes und seiner Bezugspersonen in den vorab erfragten kritischen Situationen (z. B. bei den Hausaufgaben, im Unterricht). Hierbei können wichtige Informationen hinsichtlich der aufrechterhaltenden Bedingungen für das problematische Verhalten gewonnen werden.

Unterrichtsbeobachtung

Um die Schwierigkeiten des Kindes in der Schule zu erfassen, sollte an mindestens einem Vormittag (besser an zwei bis drei Tagen, um einen repräsentativen Eindruck zu erhalten) eine Unterrichtsbeobachtung stattfinden. Sie liefert Hinweise, wie sich die Störung im Unterricht äußert (z. B. Art und Intensität des problematischen Verhaltens; Bereiche unproblematischen Verhaltens) und welche Bedingungen in der Klasse vorliegen (z. B. Geräuschpegel; Sitzordnung; Unterrichtsgestaltung). Eine Möglichkeit, das Unterrichtsverhalten sys-

Kasten 4:
Aufmerksamkeitsinventar (MAI)

1. Off-task-Verhalten

a) aktiv störend, interagierend
(z. B. mit dem Nachbarn schwätzen; durch die Klasse laufen; herumalbern);
b) passiv, nicht störend/interagierend
(z. B. aus dem Fenster schauen; sich mit etwas anderem beschäftigen).

2. On-task-Verhalten

a) anforderungsgemäßes Verhalten
(z. B. lesen, schreiben, rechnen);
b) selbstinitiierte Aktivität
(z. B. sich melden; einen Mitschüler korrigieren);
c) fremdinitiierte Aktivität
(z. B. die Frage des Lehrers beantworten; einer Aufforderung nachkommen).

Zusätzlich werden drei *Situationskontexte* kodiert:
a) fachliche Unterrichtssituationen mit Interaktion
(z. B. Frontalunterricht, Partner- und Gruppenarbeit);
b) fachliche interaktionsfreie Situationen
(z. B. Stillarbeit, Klassenarbeit) und
c) nicht fachliche Kontexte
(z. B. Organisatorisches, Spielen).

tematisch zu erfassen, bietet das Münchener Aufmerksamkeitsinventar (MAI; Helmke, 1988; Helmke & Renkl, 1992). Hierbei wird das Verhalten des betroffenen Kindes während festgelegter Zeitintervalle in den Hauptfächern (Deutsch, Mathematik, Sachunterricht) beobachtet und mit dem Verhalten von unauffälligen Schülern verglichen. Der Beobachter protokolliert während der entsprechenden Intervalle, ob ein Kind eine der folgenden sich gegenseitig ausschließenden Verhaltensweisen zeigt.

Weitere Notizen beziehen sich unter anderem auf den Gesamteindruck der Klasse hinsichtlich Stimmung, Engagement, Unruhe und Unterrichtsgestaltung des Lehrers.

Auswertung: Zunächst wird festgestellt, ob das Kind (im Vergleich zu anderen) die jeweiligen Lernsituationen angemessen nutzt, also bei der Aufgabe bleibt („on task“) oder nicht aufmerksam ist („off task“). Anschließend wird die (Un-) Aufmerksamkeit mittels der o. g. Kategorien bewertet: stört das Kind vor allem, indem es aktiv interagiert, oder träumt es eher, ohne die anderen dabei zu stören? In welchen Situationen arbeitet es mit und in welchen ist es eher abgelenkt?

Zur *Analyse aggressionsbezogener Interaktionen* stellen Petermann und Petermann (2000) eine Reihe von Verfahren vor. So empfehlen sie beispielsweise für den Schulkontext das Beobachtungsverfahren zur Analyse von aggressionsbezogenen Interaktionen im Schulunterricht (BAVIS) von Humpert und Dunn (1988). Das BAVIS kann eingesetzt werden, um folgende aggressive Handlungen zu beobachten:
- Beschädigung von Sachen,
- physische Auseinandersetzungen,
- Besitzergreifen von Sachen,
- Drohen und Erpressen,
- verbale Auseinandersetzungen,
- Ablehnung/Geringschätzung,
- Verweigerung und
- sonstige aggressive Schülerhandlungen.

Wichtig bei der Beobachtung dieser aggressiven Interaktionen sind Hinweise auf die schädigende Absicht des Kindes; dabei ist die genaue Analyse der jeweiligen Situation (vorausgehende und nachfolgende Bedingungen) von entscheidender Bedeutung.

Von Petermann und Petermann (2005) ist darüber hinaus ein relativ unaufwendig einsetzbarer Beobachtungsbogen für aggressives Verhalten (BAV) entwickelt worden. Mit ihm können in größeren Zeitintervallen (z. B. 10 Minuten) zehn aggressive und vier sozial kompetente Verhaltensweisen auf einer fünfstufigen Skala (1: tritt nie auf bis 5: tritt immer auf) eingeschätzt werden. Erfasst werden verbale (z. B. anschreien, beschimpfen) und nonverbale (z. B. boxen, treten, schlagen), offen-gezeigte (z. B. bespucken, beschimpfen) und verdeckt-hinterhältige (z. B. Stuhl wegziehen), selbst- (z. B. Nägelbeißen, Kopfanschlagen) und fremdbezogene (z. B. beißen, kratzen) Aggressionen.

Beobachtung des Hausaufgabenverhaltens

Da die Hausaufgabensituation von einem Großteil der Eltern als belastend und problematisch beschrieben wird, ist auch in diesen Fällen eine Beobachtung angebracht. Dabei empfiehlt sich die Beachtung folgender Merkmale (vgl. Lauth & Schlottke, 2002):

- Strukturierung der Situation durch die Mutter/den Vater (z. B. Zeitvorgaben, Anweisungen);
- Verstärkung des positiven Verhaltens durch die Mutter/den Vater (z. B. kurzes Lob, Nicken, verbale Zustimmung);
- Hilfen und deren Angemessenheit (z. B. kurze, sachliche Hinweise, Rückmeldung);
- emotionale Qualität der Interaktion (z. B. Blickkontakt, Ruhe, angespannte Atmosphäre)
- Reaktionen der Mutter/des Vaters auf Fehler (z. B. Tadel, sachliche Rückmeldung,);
- eskalierende Interaktionsverläufe (gegenseitige Anschuldigungen und Provokationen).

4.2.4 Orientierende Intelligenzdiagnostik

Liegen keine Hinweise auf eine intellektuelle Über- oder Unterforderung im Unterricht vor (z. B. Noten im Durchschnitt), reicht in der Regel eine orientierende Intelligenzdiagnostik. Häufig kommt hier der CFT in seinen altersentsprechenden Varianten zum Einsatz (CFT 1, Cattell, Weiß & Osterland, 1997; CFT 2, Cattell & Weiß, 1977; CFT 20, Weiß, 1998). Er ist schnell (ca. 20 min) sowie als Individual- oder Gruppentest durchführbar; erfasst wird die Fähigkeit, Regeln zu erkennen bzw. relevante Merkmale zu identifizieren und formal-logische Denkprobleme mit unterschiedlichem Komplexitätsgrad zu lösen.

Besteht dagegen ein Verdacht auf eine Über- oder Unterforderung, empfiehlt sich die Durchführung eines mehrdimensionalen Intelligenzprofiltests, zum Beispiel die Kaufman Assessment Battery for Children (K-ABC; dt. Fassung von Melchers & Preuß, 1994), der Hamburg-Wechsler Intelligenztest für Kinder (HAWIK-III; Tewes, Schallberger & Rossmann, 2000) sowie das Adaptive Intelligenz-Diagnostikum (AID 2; Kubinger & Wurst, 2000). Mit ihnen können relative Stärken und Schwächen der Kinder differenziert erfasst und in einem Leistungsprofil dargestellt werden.

4.2.5 Untersuchung der schulischen Leistungsfähigkeit

Liegen Hinweise auf schulische Leistungsbeeinträchtigungen vor, sollten neben der allgemeinen Leistungsfähigkeit auch spezifische Schulleistungstests (z. B. zum Lesen, Schreiben oder Rechnen) durchgeführt werden. Lauth, Grünke und Brunstein (2004) geben einen ausführlichen Überblick über geeignete Schulleistungstests; hier sind Angaben über Altersbereich und Testdauer, über die erfassten Fähigkeiten und Fertigkeiten, die Subtests und Auswertungskategorien sowie über die Durchführungsmodalitäten zu finden (zur Lese- und Rechtschreibdiagnostik vgl. auch Schwenck & Schneider, in diesem Band).

4.2.6 Überprüfung der Konzentration und Aufmerksamkeit

Bei Verdacht auf eine hyperkinetische bzw. Aufmerksamkeitsstörung sind außerdem die Aufmerksamkeit und Konzentrationsfähigkeit zu überprüfen. Hierzu stehen eine Reihe von psychometrischen Verfahren zur Verfügung, die unterschiedliche Formen der Aufmerksamkeit erfassen. Die meisten Aufmerksamkeitstests sind Papier- und Bleistift-Tests, bei denen die Kinder monotone Aufgaben erfüllen müssen; sie messen in der Regel die *Daueraufmerksamkeit bzw. Vigilanz* (Aufrechterhaltung eines ausreichenden Aktivierungsgrades) und/oder die *selektive bzw. fokussierte Aufmerksamkeit* (rasche und zuverlässige Reaktion auf relevante Reize; vgl. Heubrock & Petermann, 2001; Sturm, 2005).

Daneben gibt es computergestützte Testverfahren, die neben den genannten Aufmerksamkeitsfunktionen auch komplexere Funktionen erheben. Der *Continuous Performance Test* (CPT; Knye, Roth, Westhus & Heine, 2002) beispielsweise erfasst selektive Aufmerksamkeit und Daueraufmerksamkeit und liegt in mehreren Testformen vor, die sich im Aufbau und in den Items leicht unterscheiden. Eine Version besteht aus zwei Teilen, die insgesamt ca. 15 Minuten dauern. Dem Kind werden auf einem Bildschirm fünf Buchstaben (H, O, T, X, Z) dargeboten, die auf Grund ihrer Merkmale leicht zu unterscheiden sind. Jeder Buchstabe erscheint für 200 ms; nach einer Pause von 2 sec folgt der nächste. Das Kind hat die Aufgabe, nur dann mit einem Tastendruck (Computertastatur) zu reagieren, wenn auf ein „O" ein „X" folgt. Ausgewertet wird die mittlere Reaktionszeit in Millisekunden, wobei die Reaktionen im ersten und zweiten Teil getrennt ermittelt und dann miteinander verglichen werden. Zusätzlich werden zwei Fehlerarten differenziert: Die Kinder unterlassen entweder die geforderte Reaktion bei der Abfolge O-X (Auslassungs- bzw. Omissionfehler) oder sie reagieren bei irrelevanten Kombinationen (z. B. O-T oder T-X; Ergänzungs- bzw. Commissionfehler).

Der *Dortmunder Aufmerksamkeitstest* (DAT; Lauth, 2002) ist ebenfalls als PC-Version verfügbar und gehört zu den Zuordnungstests („matching familiar figures tests"). Er ist für Kinder im Alter von sieben bis elf Jahren konzipiert und liegt in zwei Parallelversionen mit jeweils zwölf Items vor. In jeder Aufgabe werden ein Standardreiz und sechs Vergleichsreize präsentiert, von denen sich fünf in Details unterscheiden und nur einer mit dem Standardreiz identisch ist (vgl. Abb. 1).

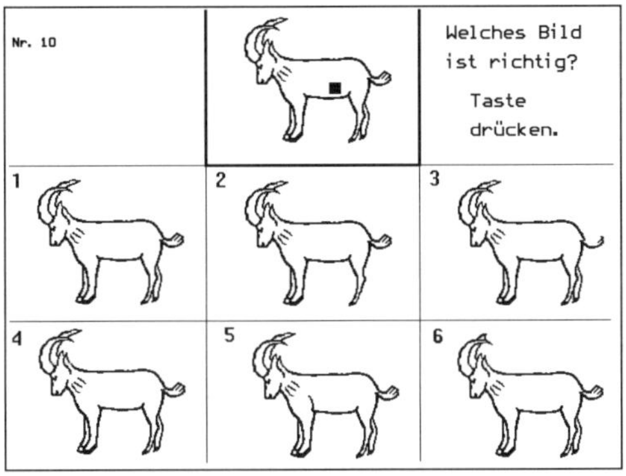

Abbildung 1:
Beispielaufgabe aus dem Dortmunder Aufmerksamkeitstest (Lauth, 2002)

Der Test erfasst komplexe Aufmerksamkeitsleistungen, die beim Herausfinden von geringfügigen Unterschieden zwischen relativ komplexen Reizen erforderlich sind. Ermittelt werden die Antwortlatenz (Zeitspanne zwischen der Vorlage der Aufgabe und der Bekanntgabe der Lösung) und die Gesamtzahl der richtigen Lösungen. Beide Maße bringen die Lösungsgüte zum Ausdruck. Darüber hinaus werden einige Zusatzmaße registriert, die Auskunft über das Lösungsverhalten geben. Hierzu gehören die Lösungsvariabilität (Anzahl der berücksichtigten sechs Antwortpositionen, von links oben bis rechts unten), die Anzahl der Korrekturen und die Wahl gleicher Lösungspositionen bei aufeinander folgenden Items.

Zur Überprüfung der wesentlichen Aufmerksamkeitsfunktionen entwickelten Zimmermann und Fimm (1993) eine Testbatterie zur Aufmerksamkeitsprüfung (TAP). Sie wurde zunächst für Erwachsene konzipiert und besteht aus insgesamt zwölf Untertests, welche die Ablenkbarkeit, Alertness, Daueraufmerksamkeit, Flexibilität, geteilte Aufmerksamkeit, Go/No go, Scanning und Vigilanz erfassen. Eine Version für Kinder im Alter von sechs bis zehn Jahren (KiTAP) ist inzwischen ebenfalls verfügbar (Zimmermann, Gondan & Fimm, 2005).

4.3 *Zusammenfassung der diagnostischen Ergebnisse und Förderplanung*

Die Ergebnisse der Diagnostik müssen abschließend zusammengetragen und zu einem Bedingungsmodell zusammengestellt werden; dieses dient als Grundlage für die Förderplanung. Bei *Daniel* (s. Fallbeispiel) konnten laut Angaben der Eltern und der Lehrerin die Kriterien für eine hyperkinetische Störung sowie für eine Störung mit oppositionellem Trotzverhalten bestätigt werden. Die Ergebnisse der Problemanalyse und der Verhaltensbeobachtung im Unterricht und bei den Hausaufgaben lieferten zudem Hinweise, dass Daniels Vorgehen bei der Bearbeitung von Aufgaben impulsiv, wenig ausdauernd und nur unzureichend organisiert und strukturiert ist. Die Ergebnisse der Intelligenzdiagnostik erbrachten durchschnittliche Leistungen. In sozialen Situationen neigt Daniel dazu, das Verhalten anderer als gegen sich gerichtet zu interpretieren und aggressiv zu reagieren.

Auf Seiten der *Bezugspersonen* wird deutlich, dass Eltern und Lehrerin Daniels positive Verhaltensansätze wenig beachten und angedrohte Konsequenzen oft nicht realisieren. Vor allem die Eltern zeigen entweder ein sehr strenges Erziehungsverhalten oder sie geben nach und verstärken damit das oppositionelle Verhalten. Bei den Hausaufgaben fehlen eine klare Anleitung und Unterstützung sowie eine Rückmeldung zu den erbrachten Leistungen. Die Atmosphäre wirkt zudem angespannt und droht häufig zu eskalieren.

Bei Kindern mit hyperkinetischen und oppositionellen Störungen (wie im Fallbeispiel Daniel) stehen folgende Förderschwerpunkte im Vordergrund:
- Förderung des Aufmerksamkeits- und Arbeitsverhaltens (Verbesserung der Selbststeuerungsfähigkeit des Kindes);
- Förderung der sozialen Wahrnehmung, der Ärger- und Impulskontrolle und der sozialen Kompetenzen des Kindes. Döpfner et al. (2002b) argumentieren jedoch, dass sich die sozialen Verhaltensprobleme vielfach verringern, wenn sich die hyperkinetische Symptomatik verbessert. Daher sollten diese Interventionen erst im Anschluss durchgeführt werden.
- Bei stark ausgeprägter, situationsübergreifender hyperkinetischer Symptomatik, die zu eskalierenden Problemen in Schule und Elternhaus führt, ist zudem medizinisch abzuklären, ob eine Pharmakotherapie (in der Regel mit Stimulanzien) indiziert ist.

Wie bereits dargestellt, haben die Bezugspersonen einen wesentlichen Anteil daran, wie sich die Probleme der Kinder entwickeln. Daher ist ihre Einbeziehung in den Förderplan (z. B. im Rahmen von Elterntrainings, vgl. Lauth & Heubeck, 2006) eine wesentliche Voraussetzung für einen langfristigen Erfolg.

Literatur

American Psychiatric Association (2003). *Diagnostisches und Statistisches Manual psychischer Störungen – Textrevision (DSM-IV-TR)*. Göttingen: Hogrefe.

Angold, A., Costello, E. J. & Erkanli, A. (1999). Comorbidity. *Journal of Child Psychology and Psychiatry, 40,* 57–87.

Barkley, R. A. (1997a). Behavioral inhibition, sustained attention, and executive functioning: Constructing a unifying theory of ADHD. *Psychological Bulletin, 121,* 65–94.

Barkley, R. A. (1997b). *ADHD and the nature of self-control.* New York: Guilford.

Barkley, R. A. (1998). *Attention deficit hyperactivity disorder – a handbook for diagnosis and treatment.* New York: Guilford.

Breen, M. J. & Barkley, R. A. (1988). Child psychopathology and parenting stress in girls and boys having attention deficit disorder with hyperactivity. *Journal of Pediatric Psychology, 13,* 265–280.

Cattell, R. B. & Weiß, R. H. (1977). *Grundintelligenztest Skala 2 (CFT 2).* Göttingen: Hogrefe.

Cattell, R. B., Weiß, R. H. & Osterland, J. (1997). *Grundintelligenztest Skala 1 (CFT 1).* Göttingen: Hogrefe.

Chess, T. & Thomas, A. (1999). *Goodness of fit. Clinical applications from infancy through adult life.* Philadelphia: Brunner & Mazel.

Deutsche Gesellschaft für Kinder und Jugendpsychiatrie und -psychotherapie (Hrsg.). (2003). *Leitlinien zu Diagnostik und Therapie von psychischen Störungen im Säuglings-, Kindes- und Jugendalter* (2. erweit. Aufl.). Köln: Deutscher Ärzte Verlag.

Döpfner, M. (1993). Verhaltensstörungen im Vorschulalter. In F. Petermann & U. Petermann (Hrsg.), *Angst und Aggression bei Kindern und Jugendlichen* (S. 55–75.): München: Quintessenz.

Döpfner, M., Lehmkuhl, G., Petermann, F. & Scheithauer, H. (2002a). Diagnostik psychischer Störungen. In F. Petermann (Hrsg.), *Lehrbuch der Klinischen Kinderpsychologie und -psychotherapie* (5. korr. Aufl.; S. 95–130). Göttingen: Hogrefe.

Döpfner, M., Schürmann, S. & Frölich, J. (2002b). *Therapieprogramm für Kinder mit hyperkinetischem und oppositionellem Problemverhalten* (3. erweit. Aufl.). Weinheim: Beltz.

Hartmann, B., Mutzeck, W. & Fingerle, M. (2003). Die Prävalenz von Verhaltensauffälligkeiten. Ergebnisse einer Studie an Grundschulen. *Sonderpädagogik, 33,* 117–136.

Helmke, A. (1988). *Das Münchner Aufmerksamkeitsinventar (MAI). Manual für die Beobachtung des Aufmerksamkeitsverhaltens von Grundschülern während des Unterrichtes.* München: Max-Planck-Institut für psychologische Forschung.

Helmke, A. & Renkl, A. (1992). Das Münchener Aufmerksamkeitsinventar (MAI): Ein Instrument zur systematischen Verhaltensbeobachtung der Schüleraufmerksamkeit im Unterricht. *Diagnostica, 38,* 130–141.

Heubrock, D. & Petermann, F. (2001). *Aufmerksamkeitsdiagnostik.* Göttingen: Hogrefe.

Humpert, W. & Dunn, H.-D. (1988). *Das Beobachtungssystem BAVIS: Ein Beobachtungsverfahren zur Analyse von aggressionsbezogenen Interaktionen im Schulunterricht.* Göttingen: Hogrefe.

Kanner, A. D., Coyne, J. C., Schaefer, C. & Lazarus, R. S. (1981). Comparison of two modes of stress measurement: Daily hassels and uplifts versus major life events. *Journal of Behavioral Medicine, 4,* 1–39.

Knye, M., Roth, N., Westhus, W. & Heine, A. (2002). Continuous Performance Test (CPT). In G. W. Lauth & K. D. Hänsgen (Hrsg.), *Hogrefe Testsystem. Computerunterstütze Diagnostik für die Praxis.* Göttingen: Hogrefe.

Kubinger, K. D. & Wurst, E. (2000). *Adaptives Intelligenz Diagnostikum 2 (AID 2).* Göttingen: Beltz Test.

Lauth, G. W. (2002). Dortmunder Aufmerksamkeitstest (DAT). In G. W. Lauth & K. D. Hänsgen (Hrsg.), *Hogrefe Testsystem. Computerunterstütze Diagnostik für die Praxis.* Göttingen: Hogrefe.

Lauth, G. W., Grünke, M. & Brunstein, J. (Hrsg.). (2004). *Interventionen bei Lernstörungen.* Göttingen: Hogrefe.

Lauth, G. W. & Heubeck, B. (2006). *Kompetenztraining für Eltern sozial auffälliger Kinder (KES).* Göttingen: Hogrefe.

Lauth, G. W. & Mackowiak, K. (2004). Unterrichtsverhalten von Kindern mit Aufmerksamkeitsdefizit-/Hyperaktivitätsstörungen. *Kindheit und Entwicklung, 13,* 158–166.

Lauth, G. W. & Schlottke, P. F. (2002). *Training mit aufmerksamkeitsgestörten Kindern* (5. erweit. Aufl.). Weinheim: Beltz.

Lehmkuhl, G. & Döpfner, M. (2000). Hyperkinetische und aggressive Symptome bei Kindern mit hyperkinetischen Störungen im Urteil von Eltern, Lehrern und klinischen Untersuchern – zur Bedeutung eines Diagnostik-Systems. In F. Poustka (Hrsg.), *Aktuelle Forschung in der Kinder- und Jugendpsychiatrie. Festschrift für M.H. Schmidt* (S. 44–68). Lengerich: Pabst.

Melchers, P. & Preuß, U. (1994). *Kaufman Assessment Battery for Children (K-ABC; deutschsprachige Fassung).* Amsterdam: Swets & Zeitlinger.

Paris, J. (2000). *Myths of childhood.* Philadelphia: Brunner & Mazel.

Patterson, G. R. (1982). *A social learning approach to family intervention. Vol. 3: Coercive family process.* Oregon: Castalia.

Patterson, G. R. (1986). Maternal rejection: determinant or product for deviant child behavior? In W. W. Hartup & Z. Rubin (Eds.), *Relationships and development* (pp. 73–94). Hillsdale, NJ: Erlbaum.

Petermann, F., Döpfner, M. & Schmidt, M. H. (2001). *Aggressiv-dissoziale Störungen.* Göttingen: Hogrefe.

Petermann, F. & Petermann, U. (2000). *Aggressionsdiagnostik.* Göttingen: Hogrefe.

Petermann, F. & Petermann, U. (2005). *Training mit aggressiven Kindern* (11. völlig veränd. Aufl.). Weinheim: Beltz.

Plomin, R., De Fries, J. C., McClearn, G. E. & Rutter, M. (1997). *Behavioral Genetics* (3rd ed.). New York: Freeman.

Rowe, R. R., Maughan, B., Pickles, A., Costello, E. J. & Angold, A. (2002). The relationship between DSM-IV oppositional defiant disorder and conduct disorder: findings from the Great Smoky Mountains Study. *Journal of Child Psychology and Psychiatry, 43,* 365–373.

Scheithauer, H. & Petermann, F. (2002). Aggression. In F. Petermann (Hrsg.), *Lehrbuch der Klinischen Kinderpsychologie und -psychotherapie* (5. korr. Aufl., S. 187–226). Göttingen: Hogrefe.

Stewart, M. A., Cummings, C., Singer, S. & Dedlois, C. S. (1981). The overlap between hyperactive and insocialized aggressive children. *Journal of Child Psychology and Psychiatry, 22,* 35–45.

Sturm, W. (2005). *Aufmerksamkeitsstörungen.* Göttingen: Hogrefe.

Tewes, U., Schallberger, U. & Rossmann, K. (Hrsg.). (2000). *Hamburg-Wechsler-Intelligenztest für Kinder III (HAWIK-III).* Bern: Huber.

Weiß, R. H. (1998). *Grundintelligenztest Skala 2 (CFT 20) mit Wortschatztest (WS) und Zahlenfolgentest (ZF).* Göttingen: Hogrefe.

Weltgesundheitsorganisation (1993). *Internationale Klassifikation psychischer Störungen. ICD-10, Kapitel V (F). Diagnostische Kriterien für Forschung und Praxis.* Bern: Huber.

Weltgesundheitsorganisation (2000). *Internationale Klassifikation psychischer Störungen.* ICD-10 Kapitel V(F), Forschungskriterien (2. Aufl.). Bern: Huber.

Zimmermann, P. & Fimm, B. (1993). *Testbatterie zur Aufmerksamkeitsprüfung (TAP).* Würselen: Psytest.

Zimmermann, P., Gondan, M. & Fimm, B. (2005). *Testbatterie zur Aufmerksamkeitsprüfung für Kinder (KiTAP).* Würselen: Psytest.

Kapitel 5

Diagnostik bei aggressiv-dissozialen Störungen

Willi Seitz, Ute Koglin und Franz Petermann

Zusammenfassung

Es werden folgende vier Bereiche aggressiv-dissozialer Verhaltensstörungen unterschieden: (1) Aggressives Verhalten im Sinne der Verletzung oder Schädigung von Personen, Tieren oder Sachen, (2) Wegnahme/Aneignung von fremden Besitz oder Verschaffen von eigenem Vorteil zu ungunsten Anderer, (3) Nicht-Einhalten sozialer Regeln, ohne dass damit Anderen direkt Schaden zugefügt wird, (4) Opposition gegen Autoritäten und Regeln (teils mit, teils ohne Schädigung von Personen und Sachen). Man kann dabei zwischen gerichtetem und ungerichtetem aggressiv-dissozialen Verhalten unterscheiden.

Im Rahmen der Förderdiagnostik werden Schüler einer vorgegebenen sonderpädagogischen Maßnahme zugeordnet (wie etwa zur Sonderschule für Verhaltensgestörte) und ein auf den einzelnen Schüler gezielt abgestimmtes Förderprogramm abgeleitet. Dazu ist immer eine multimethodale und multimodale Diagnostik aggressiv-dissozialer Störungen nötig. An einem Fallbeispiel eines aggressiv-dissozialen 14-jährigen Jungen wird das praktische Vorgehen erläutert.

Fallbeispiel

Der 14 Jahre alte Mark besucht (im zweiten Schulhalbjahr) die achte Klasse einer Hauptschule. Bisher hat Mark keine Klasse wiederholt. Beim aktuellen Notenstand ist eine Versetzung in die neunte Klasse ausgeschlossen. Mark lebte bis zur zweiten Hälfte der siebten Klassenstufe zuhause, zusammen mit beiden Eltern und zwei älteren Brüdern. Dann wurde in einer durch die Hauptschule veranlassten sonderpädagogischen Begutachtung eine Förderung in der Sonderschule für verhaltensgestörte empfohlen und Mark stationär in ein Heim mit einer solchen Schule aufgenommen. Zum Ende der siebten Klasse wurde der Heimaufenthalt durch den Vater abgebrochen. Mark lebt darum wieder zuhause und besucht die achte Klassenstufe der Hauptschule. In der zweiten Hälfte der achten Klassenstufe bewirkt die Mutter beim Jugendamt die stationäre Aufnahme von Mark in ein Heim. Ein sonderpädagogisches Gutachten soll klären, ob für die weitere Entwicklung von Mark die erneute Aufnahme in eine Schule für verhaltensgestörte Kinder angezeigt ist. Der bei dieser Begutachtung mittels des CFT 2 festgestellte Intelligenzquotient liegt bei 110. Die familiäre Situation von Mark ist dadurch bestimmt, dass die Eltern eine Gaststätte betreiben und ihnen daher wenig Zeit für die Erziehung bleibt. Es bestehen Beziehungsprobleme zwischen den Eltern, wobei die Mutter schon eine eheliche Trennung erwogen hat und manchmal Zuflucht in Alkohol sucht. Die Eltern erklären im Gespräch, dass sie in der Erziehung von Mark „nicht immer einig" seien.

Bereits seit dem Grundschulalter tritt bei Mark folgendes Verhalten zuhause und in der Schule auf. Mark benimmt sich Erwachsenen (Eltern und Lehrern) gegenüber sehr frech und distanzlos. Er hält sich nicht an Regeln, sondern tut das, wonach ihm gerade der Sinn steht (z. B. auch Rauchen auf dem Schulhof, Verlassen des Schulgeländes). In der Schule stört er den Unterricht und provoziert Konflikte; dazu gehört auch, dass er – hinter dem Rücken des Lehrers – die Mitschüler provoziert und zu aggressivem Verhalten ihm (Mark) gegenüber herausfordert. Mark stand bei seinem ersten stationären Aufenthalt in ständigem Kontakt mit seinen Eltern und klagt bei der jetzigen erneuten Heimaufnahme über starkes Heimweh.

1 Einleitung

Als aggressiv-dissoziales Verhalten kann jedes Verhalten verstanden werden, das das Zusammenleben in Gemeinschaft und der Gesellschaft oder die Interaktion mit anderen Personen schädigt. Dies kann dadurch der Fall sein, dass Rechte und Belange einzelner Personen oder von Personengruppen (z. B. von Geschwistern, einer Spielgruppe, der Klassengemeinschaft) beeinträchtigt werden und dadurch, dass Regeln verletzt werden, die für die Mitglieder einer Gemeinschaft oder Gesellschaft eine normative Verbindlichkeit besitzen.

2 Definition, Einteilung und Funktion aggressiven und dissozialen Verhaltens

Sofern die Rechte und Belange von Personen oder sozialen Spielregeln explizit im Strafgesetz erfasst sind, wird das aggressiv-dissoziale Verhalten – insbesondere im deutschsprachigen Raum – als delinquentes Verhalten bezeichnet. Im angelsächsischen Bereich geht die Bedeutung von „delinquency" über die Verletzung von Strafrechtsnormen hinaus und umfasst auch alle anderen Arten negativ bewerteten abweichenden Sozialverhaltens, wie zum Beispiel Lügen, Schuleschwänzen, Alkohol- und Drogenkonsum. Strafrechtlich relevante Delikte kommen auch bereits bei Kindern unter 14 Jahren vor, welche juristisch noch nicht strafmündig sind. Beispiele für im Kindes- und Jugendalter häufig auftretende strafrechtlich relevante Delikte gibt die folgende Übersicht.

Kasten 1:
Strafrechtliche relevante Delikte von Kindern und Jugendlichen

Diebstahl ohne erschwerende Umstände

- Fahrräder (von Straßen oder Plätzen) stehlen
- Freunde, Eltern, fremde (häufig ältere) Leute beklauen

Diebstahl unter erschwerenden Umständen

- In einen Kiosk, eine Lagehalle, in fremde Wohnungen einbrechen
- Autoscheiben einschlagen und Dinge aus Autos stehlen

Sachbeschädigung

- Reifen aufschlitzen, Fenster einwerfen, U-Bahn-Sitze aufstechen
- Telefonzellen demolieren, Knaller in Briefkästen werfen

Körperverletzung

- Mit Steinen werfen
- Einen Anderen schlagen oder treten bis er verletzt ist

Betrug

- Spenden sammeln unter falschem Vorwand
- Fahren mit dem Bus oder der Bahn ohne gültigen Fahrschein

Straßenverkehrsdelikte

- Frisieren von Mofas
- Fahren ohne Führerschein

Widerstand gegen die Staatsgewalt

- Gewalt und Drohungen gegen Polizisten, Richter und andere Amtsträger

Straftaten gegen die öffentliche Ordnung

- Hausfriedensbruch (z. B. Hausbesetzungen, Eindringen in öffentliche Einrichtungen)
- Spontane Zusammenrottung und Bewaffnung

Brandstiftung

- Ein Gartenhaus mit Benzin übergießen und anzünden
- Brandsätze in ein Asylantenwohnheim werfen

Nach dem Klassifikationssystem DSM (Diagnostisches und Statistisches Manual Psychischer Störungen) lassen sich zwei Klassen unterscheiden: die Störung des Sozialverhaltens und die Störung mit oppositionellem Trotzverhalten. Dabei wird die *Störung des Sozialverhaltens* als ein wiederkehrendes und anhaltendes (nicht als Reaktion auf das aktuelle unmittelbare Umfeld auftretendes) Verhaltensmuster definiert, durch das grundlegende Rechte Anderer und wichtige altersrelevante Normen oder Regeln verletzt werden. Dabei werden vier Bereiche mit folgenden Symptomen unterschieden.

Kasten 2:
Kriterien der Störung des Sozialverhaltens (nach dem DSM-IV)

(1) Aggressives Verhalten gegenüber Menschen und Tieren

- bedroht oder schüchtert andere häufig ein,
- beginnt häufig Schlägereien,
- hat schon Waffen benutzt, die anderen schweren körperlichen Schaden zufügen können (z. B. Schlagstöcke, Ziegelsteine, zerbrochene Flaschen, Messer, Gewehre),
- war körperlich grausam zu Menschen,
- quälte Tiere,
- hat in Konfrontation mit dem Opfer gestohlen (z. B. Überfall, Taschendiebstahl, Erpressung, bewaffneter Raubüberfall),
- zwang andere zu sexuellen Handlungen.

(2) Zerstörung von Eigentum

- beging vorsätzliche Brandstiftung mit der Absicht, schweren Schaden zu verursachen,
- zerstörte vorsätzlich fremdes Eigentum (jedoch nicht nur Brandstiftung).

(3) Betrug oder Diebstahl

- brach in fremde Wohnungen, Gebäude oder Autos ein,
- lügt häufig, um sich Güter oder Vorteile zu verschaffen oder um Verpflichtungen zu entgehen (d. h. „legt andere herein"),
- stahl Gegenstände von erheblichem Wert ohne Konfrontation mit dem Opfer (z. B. Ladendiebstahl, jedoch ohne Einbruch, sowie Fälschungen).

(4) Schwere Regelverstöße

- bleibt schon vor dem 13. Lebensjahr trotz elterlicher Verbote häufig über Nacht weg,
- lief mindestens zweimal über Nacht von zu Hause weg, während er noch bei den Eltern oder bei einer anderen Bezugsperson wohnte (oder nur einmal mit Rückkehr erst nach längerer Zeit),
- schwänzt schon vor dem 13. Lebensjahr häufig die Schule.

Bei der *Störung mit oppositionellem Trotzverhalten* kommen – im Unterschied zur Störung des Sozialverhaltens – körperlich-aggressive Handlungen gegenüber Menschen oder Tieren, Zerstörung von fremdem Eigentum und delinquente Verhaltensweisen wie Diebstahl oder Betrug nicht vor. Die Störung mit oppositionellem Trotzverhalten ist durch wiederkehrende trotzige, ungehorsame, feindselige Verhaltensweisen gegenüber Autoritätspersonen (z. B. Mutter oder Vater) bestimmt, wozu folgende Symptome gehören:

- wird schnell ärgerlich,
- streitet sich häufig mit Erwachsenen,
- widersetzt sich häufig aktiv den Anweisungen oder Regeln von Erwachsenen oder weigert sich, diese zu befolgen,
- verärgert andere häufig absichtlich,
- schiebt häufig die Schuld für eigene Fehler oder eigenes Fehlverhalten auf andere,
- ist häufig empfindlich oder lässt sich von anderen leicht verärgern,
- ist häufig wütend und beleidigt,
- ist häufig boshaft und nachtragend.

Scheithauer und Petermann (2002) fassen die Störung des Sozialverhaltens und die Störung mit oppositionellem Trotzverhalten unter der Bezeichnung *aggressiv-dissoziale Betragensstörungen* zusammen; für diese Störungen lassen sich dann folgende vier Bereiche unterscheiden:

- Aggressives Verhalten im Sinne der Verletzung oder Schädigung von Personen, Tieren oder Sachen,
- Wegnahme/Aneignung von fremdem Besitz oder Verschaffen von eigenem Vorteil zu ungunsten Anderer,
- Nicht-Einhalten sozialer Regeln, ohne dass damit Anderen direkt Schaden zugefügt wird sowie
- Opposition gegen Autoritäten und Regeln (teils mit, teils ohne Schädigung von Personen und Sachen).

Das oppositionelle Verhalten wird in diesem Band separat und in Abgrenzung zu hyperkinetischen Störungen behandelt, aber auch im Folgenden in die Systematik des aggressiv-dissozialen Verhaltens mit einbezogen.

Die Vielfalt der einzelnen Symptome und Erscheinungsweisen des Verhaltens innerhalb der vier Bereiche des aggressiv-dissozialen Betragens lässt sich noch weiter differenzieren.

Bei den Formen aggressiven Verhaltens kann man zwischen *verbaler Aggression* (z. B. abfällige Bemerkungen und Kritiken, Beschimpfungen und Beleidigungen, Nötigungen und Erpressungen, Anschuldigungen), *körperlicher Aggression* (direkter, indirekter und symbolischer Art, z. B. Drohen mit der Faust) und Aggression in der *Phantasie unterscheiden* (z. B. Todeswünsche); zudem kann man zwischen Aggressionen, die *von einem Einzelnen oder von einer*

Gruppe begangen werden differenzieren. Vitiello und Stoff (1997) unterscheiden Aggressionsformen nach folgenden dichotomen Gesichtspunkten:
- *feindselige* (mit dem Ziel, einer Person Schaden zuzufügen) versus *instrumentelle* (mit dem Ziel, etwas bestimmtes Anderes als Schadenszufügung zu erreichen),
- *offene* (feindselig und offen trotzig, eher impulsiv und unkontrolliert, wie zum Beispiel Kämpfen oder verbale Streitereien) versus *verdeckte* (verstohlen und versteckt, eher instrumentell und kontrolliert, wie zum Beispiel Feuerlegen oder Stehlen),
- *reaktive* (Reaktion auf eine wahrgenommene Bedrohung oder Provokation) versus *proaktive* (zielgerichtet ausgeführt, um etwas Bestimmtes zu erreichen),
- *affektive* (unkontrolliert, ungeplant und impulsiv) versus *„räuberische"* (kontrolliert, zielorientiert, geplant und versteckt).

In dieser Gegenüberstellung ist die Unterscheidung gerichteter und ungerichteter und die zwischen Aggressions-Absicht und Aggressions-Effekt (= Verletzung) enthalten. Liegt einem Verhalten mit Aggressions-Effekt auch eine Aggressions-Absicht zu Grunde, kommen dafür zwei Arten von Absichten infrage: „intrinsische", und „extrinsische". Im Falle einer intrinsischen Absicht führt dies zu einem Lustgewinn, der durch die Schädigung oder Verletzung einer Person oder Sache resultiert. In diesem Falle wird auch von „primärer Aggression" gesprochen. Im Falle der „extrinsischen" Absicht liegt das Ziel (der Lustgewinn) des schädigenden Verhaltens nicht in der Schädigung oder Verletzung einer Person oder Sache, sondern in einem bestimmten anderen Ziel (z. B. Aufmerksamkeit zu erwirken). In diesem Falle wird dann von „instrumenteller Aggression" gesprochen.

Es ist zu beachten, dass allein auf Grund des Erscheinungsbildes eines aggressiv-dissozialen Verhaltens noch nicht auf dessen Funktion geschlossen werden kann. Das gleiche Verhalten kann von Fall zu Fall einer anderen Funktion dienen. So kann etwa das Verhalten „einen Anderen schlagen bis er verletzt ist"
- der lustvollen Aggression (dem Spaß an der Schädigung des Anderen) dienen,
- in einem anderen Fall der instrumentellen Funktion (z. B. der Hilfe für einen angegriffenen körperlich schwachen Freund),
- in einem dritten Fall der kathartischen Funktion (z. B. Abfuhr hoher innerer Erregung).

Das Verhalten „einen Automaten knacken" kann lustvoll erlebt werden (dem Spaß an dem gewonnenen Geldbesitz), aber auch der instrumentellen Funktion (z. B. Anerkennung in einer jugendlichen Bande, finanzielle Hilfe für einen Freund in Zahlungsnot) oder der kathartischen Funktion (Abfuhr von innerer Erregung) dienen.

Für die diagnostische Ableitung des individuellen Förderbedarfs genügt es nicht, das jeweilige aggressiv-dissoziale Verhalten einer Kategorie zuzuordnen, sondern es gilt auch, die Funktion des aggressiv-dissozialen Verhaltens zu bestimmen. Dazu sind die für das jeweilige Verhalten im Einzelfall verantwortlichen Entwicklungsbedingungen und die dadurch in Gang gebrachten Prozesse der psychischen Entwicklung zu beachten, wie sie im Folgenden noch angesprochen werden.

3 Förderdiagnostik

3.1 Ziele der Förderdiagnostik

Bei der Diagnostik des sonderpädagogischen Förderbedarfs lassen sich zwei grundsätzliche Ziele unterscheiden: zum einen die Zuordnung eines Schülers zu vorgegebenen sonderpädagogischen Maßnahmen (z. B. Förderung in einer Sonderschule mit einem besonderen, auf eine bestimmte Schülergruppe abgestimmten Unterrichts- bzw. Förderkonzept) und zum anderen die Empfehlung für eine auf den individuellen Schüler abgestimmte sonderpädagogische Maßnahme (vgl. dazu Seitz, 2003; 2006). Diese beiden Ziele sind nicht als alternativ oder sich gegenseitig ausschließend, sondern als sich gegenseitig ergänzend zu verstehen. So kann die diagnostisch begründete Zuordnung eines Schülers zu einer Sonderschule ergänzt werden durch eine Empfehlung für eine individualisierte sonderpädagogische Förderung. Ausdrücklich sei dabei aber auch betont, dass bereits die Zuordnung eines Schülers zu einer für ihn passenden Schulart eine Aussage über den bestehenden Förderbedarf trifft und somit im Interesse der Förderung des Schülers liegt.

Als Grundlage für Zuordnungsurteile benötigt der Diagnostiker Erkenntnisse über die Zuordnung zwischen bestimmten diagnostischen Prädiktoren und bestimmten Fördermaßnahmen. Dazu bedarf es zunächst grundlegender pädagogischer (erzieherischer und didaktischer) Erkenntnisse über die Passung zwischen bestimmten Schülermerkmalen und bestimmten Unterrichtskonzeptionen oder Unterrichtswirklichkeiten. Es existieren hierzu – etwa in Richtlinien der Schulverwaltung – bisher eher allgemeine Aussagen ohne konkrete Verbindlichkeit. Damit fehlen auch Vorgaben, an denen sich das diagnostische Handeln orientieren kann. Dies führt dazu, dass die zu dieser Frage abgegebenen Empfehlungen von verschiedenen Diagnostikern sehr uneinheitlich ausfallen. Von Fall zu Fall werden andere Gesichtspunkte in den Mittelpunkt der Begründung der Empfehlung gestellt. In einem Falle orientiert sich der Diagnostiker eher daran, dass ein Schüler (etwa dann, wenn er Mitschüler bestiehlt, erpresst, Andere mit dem Messer bedroht, gegen den Lehrer opponiert) in der Regelschule nicht mehr tragbar ist. Im anderen Falle steht eher die Überlegung im Vordergrund, dass ein Schüler mit aggressiv-dissozialem Verhalten in einer Sonderschule oder durch eine besondere schulische Maßnahme didaktisch und erzieherisch eher seinem besonderen Förderbedarf gemäß gefördert werden kann.

Über die in der Praxis von Lehrern herangezogenen Prädiktoren, die als Grundlage für sonderpädagogische Zuweisungsentscheidungen dienen, liegen bisher nur vereinzelte empirische Studien (z. B. Langfeldt, 1998) vor.

Bislang fehlen jedoch detaillierte Erkenntnisse darüber, bei welchen Informationen über die Erscheinungsweise und die Ursachen aggressiv-dissozialen Verhaltens eine Empfehlung für eine Sonderschule für Erziehungshilfe abzugeben ist oder der Verbleib in der Regelschule für einen Schüler die passendere Maßnahme darstellt.

Die Voraussetzungen für die *Begründung* von diagnostischen Zuordnungsentscheidungen liegen in gültigen und konkretisierbaren Erkenntnissen über die Zuordnung zwischen Unterrichtskonzepten oder sonderpädagogischen Fördermaßnahmen und Prädiktoren (z. B. Schülermerkmalen bezüglich aggressiv-dissozialen Verhaltens). Die Voraussetzungen für die *Bewährung* von diagnostischen Zuordnungsentscheidungen liegen in der tatsächlichen Realisierung der betreffenden Unterrichtskonzepte oder Fördermaßnahmen auf der Grundlage entsprechender sachlicher und personeller Ressourcen.

3.2 Inhalte der Förderdiagnostik

Zur deskriptiven Diagnostik gehört zunächst die differenzierte Beschreibung des – in Feld 1 der Abbildung 1 angezeigten aggressiv-dissozialen Verhaltens. Dazu liegen in der Regel auch bereits vor der diagnostischen Untersuchung Informationen vor (wie z. B. Aggression gegen Personen oder Sachen, Diebstahl, Verstöße gegen soziale Regeln, oppositionelles Verhalten). Aber auch dann, wenn bereits Vorinformationen vorhanden sind, ist eine weitere deskriptive Diagnostik erforderlich. Sie dient der Überprüfung, Relativierung, Differenzierung, Ergänzung der Vorinformationen, insbesondere auch durch Einsatz bisher noch nicht herangezogener Untersuchungsverfahren und Informationsquellen. Dabei hat die deskriptive Diagnostik vor allem folgende Gesichtspunkte gezielt zu beachten: die Intensität, den Generalisierungsgrad und die zeitliche Stabilität des aggressiv-dissozialen Verhaltens.

Hinweise auf die *Intensität* liegen in der Häufigkeit vor, mit der das aggressive Erleben oder Verhalten auftritt, in der Dauer der jeweiligen aktuellen Erlebnis- oder Verhaltenseinheit und in physikalischen Hinweisen auf die Stärke des Verhaltens (z. B. eingesetzte Körperkraft, Geschwindigkeit des Verhaltens) oder auf das Ausmaß des inneren Erlebens.

Der *Generalisierungsgrad* des aggressiv-dissozialen Verhaltens betrifft die Vielzahl von Anlässen und Situationen, in denen das jeweilige Erleben oder Verhalten auftritt. Die Generalisierung kann sich sowohl auf die Vielfalt der Si-

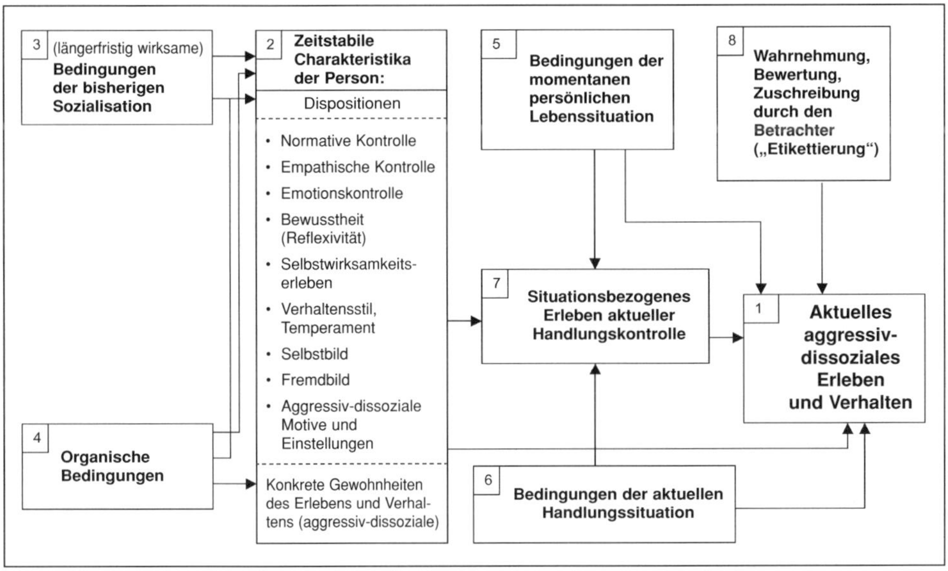

Abbildung 1:
Strukturmodell für die diagnostische Analyse aggressiv-dissozialen Verhaltens

tuationen beziehen, in der aggressives Verhalten auftritt als auch auf die Vielfalt der Symptome (z. B. nicht nur Schlagen von Mitschülern oder anderen Kindern, sondern sie auch beleidigen und beschimpfen).

Die *zeitliche Stabilität* des aggressiv-dissozialen Verhaltens betrifft das Auftreten einer bestimmten Verhaltensausprägung über einen längeren Zeitraum hinweg. Eine auf Ergebnisse insbesondere anglo-amerikanischer Untersuchungen Bezug nehmende ausführliche Erörterung der Stabilität von Entwicklungsverläufen aggressiv-dissozialen Verhaltens, speziell auch unterschiedlicher Entwicklungspfade von der Kindheit bis ins Erwachsenenalter, findet sich bei Scheithauer und Petermann (2002). Besondere Bedeutung kommt dabei der Unterscheidung zwischen früh auftretendem versus spät auftretendem aggressiv-dissozialem Verhalten (Moffitt, 1993) zu. Besonders das früh auftretende aggressiv-dissoziale Verhalten ist mit einer ungünstigen Entwicklungsprognose verknüpft, aber auch mit einer Reihe von Defiziten und Beeinträchtigungen, die einer besonderen Berücksichtigung im diagnostischen Prozess und der Therapie bedürfen (vgl. McMahon & Frick, 2005).

Über die Zeit hinweg stabile Tendenzen des aggressiv-dissozialen Erlebens und Verhaltens lassen sich als Gewohnheiten bezeichnen. Sie sind in der Abbildung im unteren Bereich des Feldes 2 angezeigt.

Kasten 3:
Aggressiv-dissoziales Verhalten mit frühem versus mit spätem Beginn

Eine Unterscheidung dieser Typen aggressiv-dissozialen Verhaltens konnte in einer Reihe von empirischen Arbeiten bestätigt werden (zur Übersicht Frick & Loney, 1999; Moffitt, 2003). Es lassen sich folgende Merkmale der Subtypen identifizieren:

- Aggressiv-dissoziales Verhalten *mit frühem Beginn*, das heißt vor dem zehnten Lebensjahr auftretend, wird durch einen wechselseitigen Prozess biologischer und sozialer Faktoren (wie neuropsychologische Defizite, schwieriges Temperament, negatives Erziehungsverhalten) erklärt. Es liegen in der Regel viele Risikofaktoren für Fehlentwicklungen vor, die zur Entstehung, Aufrechterhaltung und Stabilisierung des Problemverhaltens beitragen. Die Prognose des oft vielfältigen und schwerwiegenden aggressiv-dissozialen Verhaltens ist ungünstiger und mit antisozialem und kriminellem Verhalten bis in das Erwaschenenalter verknüpft.
- Aggressiv-dissoziales Verhalten *mit spätem Beginn*, das heißt einem Auftreten nach dem zehnten Lebensjahr, wird in der Regel von weniger widrigen Lebensumständen und personenbezogenen Risikofaktoren begleitet. Am ehesten tritt der Anschluss an eine deviante Gleichaltrigengruppe auf und das aggressiv-dissoziale Verhalten geht mit Rebellion und Autoritätskonflikten einher.

Die deskriptive Diagnostik richtet ihr Augenmerk aber nicht nur auf die – im Feld 1 und im unteren Bereich von Feld 2 angezeigten – in bestimmten Situationen auftretenden Phänomene des Verhaltens und Inhalte des inneren Erlebens. Zur deskriptiven Diagnostik gehören auch Feststellungen über latente Dispositionen, die im oberen Bereich des Feldes 2 der Abbildung 1 angezeigt sind. Es handelt sich dabei um Dispositionen der Verhaltens- und Selbstkontrolle, der emotionalen Reaktionstendenzen, der Motive, des Selbstbildes und des Bildes von der Um- und Mitwelt (Fremdbild). Solche inneren Dispositionen sind nicht direkt erfassbar, sondern werden als Konstrukte aus den realen Erlebnis und Verhaltensweisen bzw. aus Antworten und Reaktionen in psychodiagnostischen Untersuchungsverfahren erschlossen.

Die diagnostischen Feststellungen über Art und Ausprägung latenter Dispositionen gehören der Art und Funktion nach zur deskriptiven Diagnostik, der Funktion nach aber auch zur erklärenden Diagnostik. So werden die latenten Dispositionen zur Erklärung des aggressiv-dissozialen Erlebens und Verhaltens herangezogen.

Bei den zeitstabilen Dispositionen der Person ist zwischen dem gerichteten und dem ungerichteten Verhalten zu unterscheiden. Das *ungerichtete* aggressiv-dissoziale Verhalten (wie etwa im Falle des Übertretens sozialer Regeln, der Anfälligkeit für situative Aufforderungen zu aggressiv-dissozialen Verhalten oder der Abfuhr innerer Spannung) wird nach Ergebnissen der empirischen persönlichkeitspsychologischen Delinquenzforschung (vgl. dazu Lösel, 1975; Seitz, 1998; Seitz & Götz, 1979; Seitz & Pater, 1983) vor allem durch eine geringe Ausprägung von Persönlichkeitsmerkmalen aus dem Bereich der Selbst- und Willenskontrolle begünstigt. Dazu gehören mangelnde Willenskontrolle (normative Kontrolle), mangelnde empathische Kontrolle (Empathie und Orientierung des Verhaltens an sozialer Verantwortung und Anteilnahme), mangelnde Bewusstheit oder hohe kognitive Impulsivität, geringes Erleben von Selbstwirksamkeit und geringe emotionale Kontrolle.

Eine weitere Disposition für ungerichtetes aggressiv-dissoziales Verhalten ergibt sich, insbesondere nach Reckless und Mitarbeitern (z. B. Reckless et al., 1956; vgl. dazu auch Seitz & Götz, 1979), durch ein negatives Selbstkonzept. Es steigert die Anfälligkeit für Frustrations- und Versuchungssituationen und die Wahrscheinlichkeit, sich mit Jugendbanden zu identifizieren.

Ein anderes Persönlichkeitskorrelat ungerichteten aggressiv-dissozialen Verhaltens liegt in einer hohen Ausprägung des extravertiert-aktiven Verhaltensstils oder Temperaments (vgl. dazu Eysenck, 1980; Seitz & Pater, 1983). Dieses wird beispielsweise besonders bei hyperaktiven Kindern durch die Häufigkeit ungerichteten aggressiven Verhaltens deutlich. Dabei kann der extravertiert aktive Verhaltensstil durch Lernprozesse (Bekräftigungslernen, Nachahmungslernen) verursacht sein, aber auch durch ein genetisch bedingtes Temperament (vgl. Seitz & Strunz, 1967). Ein spezielles Erklärungskonzept geht davon aus, dass ein geringes physiologisches Aktivitätsniveau zu hyperaktivem Verhalten führt (Eysenck, 1980; Raine, 1997). In diesem Kontext sind zwei Annahmen wichtig:

- Zum einen wird angenommen, dass bei einem geringen physiologischen Aktivitätsniveau eine geringere Intensität von Umweltreizen erlebt wird und daraus ein Reizhunger, eine Suche nach Stimulation, Abwechslung und Abenteuer resultiert.
- Die andere Annahme geht davon aus, dass bei einem geringen physiologischen Aktivitätsniveau eine geringe Konditionierbarkeit besteht, daher das Gewissen im Sinne konditionierter Furchtreaktionen sich weniger nachhaltig entwickelt und dann enthemmtes, externalisierendes Verhalten auftritt.

Bei der Erklärung aggressiv-dissozialen Verhaltens durch – in Feld 2 angezeigte – zeitstabile Dispositionen oder Gewohnheiten der Person handelt es sich bei genauer Betrachtung nur um eine Erklärung auf den ersten Blick. Die erklärende Diagnostik muss darüber hinaus auch ihre Aufmerksamkeit auf die für die Entwicklung der Dispositionen und Gewohnheiten verantwortlichen Ursachen richten. Dazu gehören – im Feld 3 (Abb. 1) angezeigte – längerfristig wirksame Bedingungen der bisherigen Sozialisation (in der Familie und in außerfamiliären Bereichen), die sich sowohl auf das Verhalten der Eltern oder anderer Bezugspersonen als auch auf finanzielle Schwierigkeiten beziehen können. Eine auf empirische Ergebnisse gestützte und durch theoretische Erklärungen ergänzte Übersicht über Bedingungen und Prozesse der Entwicklung aggressiv-dissozialen Verhaltens findet sich bei Seitz und Götz (1979). Die dabei angesprochenen qualitativen funktionalen Feststellungen über Beziehungen zwischen bestimmten Qualitäten von Sozialisationsbedingungen und bestimmten Aspekten der Impulskontrolle und der gerichteten motivationalen Dynamik lassen sich aber auch auf andere Bereiche (wie etwa die Schule und das dort wirksame Lehrerverhalten) übertragen. Eine komprimierte aktuelle Darstellung von Merkmalen der Eltern-Kind-Interaktion und von familiären Faktoren, die zur Entwicklung aggressiv-dissozialen Verhaltens bzw. dafür relevanter Person-Dispositionen beitragen, findet sich auch bei Scheithauer und Petermann (2002).

Bei der Betrachtung der Wirkung von Sozialisationsbedingungen muss die erklärende Diagnostik auch darauf achten, ob die jeweiligen Bedingungen direkt („distal") oder indirekt („antezedent") wirksam werden. Direkt wirksam wird etwa das Erziehungs- oder das Interaktionsverhalten von Bezugspersonen (wie Eltern, Lehrern, Geschwistern, Freunden, Nachbarn). Davon sind solche Bedingungen zu unterscheiden (wie etwa materielle Situation der Familie, Familienatmosphäre), die nicht direkt auf die Entwicklung des Kindes wirken, sondern zunächst nur als Determinante für die direkt wirksamen Bedingungen. Dabei steht die Analyse der Wirkung von *Entwicklungsbedingungen* im Zusammenhang mit der Betrachtung der durch die Bedingungen ausgelösten *Entwicklungsprozesse*. Diese werden im Folgenden noch angesprochen.

Weiterhin sind noch die neben den Sozialisationsbedingungen zur Entwicklung zeitstabiler Dispositionen und Gewohnheiten beitragenden – in Feld 4 (Abb. 1) angezeigten – organischen Bedingungen zu beachten. Solche werden als Ursache für Motive und Gewohnheiten des gerichteten Wegnahme-Verhaltens (z. B. gerichteten Stehlens) nicht relevant bzw. dafür nicht in Erwägung gezogen. Dagegen werden für die Entwicklung von Dispositionen und Gewohnheiten, die zur ungerichteten Verletzung von sozialen Regeln (auf Grund mangelnder Selbst- und Willenskontrolle, mangelnder Bewusstheit) und zu gerichtetem aggressivem Verhalten führen, auch organische Bedingungen relevant. Dazu zählen etwa Verletzungen im Bereich des Vorderhirns, das für die Impulskontrolle verantwortlich ist, hormonale Bedingungen als Ursache für Aggression, wie etwa ein hoher Testosteron-Spiegel bei Jungen in der Pubertät (Tremblay et al., 1998). Zu erwähnen ist hier auch das Auftreten spontaner Aggression bei Reizung bestimmter kleiner Hirnareale (etwa auf Grund von Druck durch Hirntumore). Eine weitergehende Erörterung verschiedener prä-, peri- und postnataler biologischer, auch genetischer, Bedingungen für ungerichtetes aggressiv-dissoziales Verhalten durch mangelnde Impulskontrolle und für gerichtetes aggressives Verhalten findet sich bei Scheithauer und Petermann (2002) und eine Betrachtung einzelner spezifischer Aspekte schon bei Kornadt (1982).

Für eine aufschlussreiche erklärende Diagnostik ist ausdrücklich noch einmal auf die Unterscheidung zwischen *Entwicklungsbedingungen* und *Entwicklungsprozessen* aufmerksam zu machen. Zu den Bedingungen zählen soziale oder körperliche Gegebenheiten und Zustände (wie materiell-finanzielle Situation der Familie, ein bestimmtes elterliches Erziehungsverhalten, ein bestimmter Hormonspiegel). Solche Bedingungen lassen sich mittels geeigneter diagnostischer Erhebungsverfahren beschreibend feststellen. Zur Abklärung der körperlichen Faktoren ist eine medizinische Diagnostik erforderlich.

Zur Diagnose der körperlichen Prozesse stehen dem Sonderpädagogen keine Mittel zur Verfügung. Aber auch für die Diagnose der psychischen Prozesse bestehen nur begrenzt Möglichkeiten zur Verfügung. Beispielsweise kann in einem psychodiagnostischen Gespräch geklärt werden, welche Bedeutung das Bekräftigungslernen oder das Nachahmungslernen hatte. Auf unbewusste Prozesse können projektive Verfahren Hinweise geben.

3.3 Erklärungsansätze aggressiv-dissozialen Verhaltens

Mit der Erklärung des aggressiv-dissozialen Verhaltens durch stabile Merkmale der Person oder die dafür verantwortlichen sozialen und organischen Bedingungen ist erst eine Erklärungsperspektive berücksichtigt. Sie lässt sich auch als *personorientierte* Erklärung bezeichnen. Die erklärende Diagnostik muss aber auch die weiteren grundsätzlichen Perspektiven für die Erklärung aggressiv-dissozialen Verhaltens beachten, nämlich die situationistische und interaktionistische Erklärung und sie muss die Überlegungen des „Etikettierungs-Ansatzes" in Erwägung ziehen. Dieser beschreibt die Möglichkeit, dass ein bestimmtes Verhalten erst auf Grund der Wahrnehmung und Zuschreibung (z. B. durch Eltern, Lehrer) als aggressiv-dissoziales Verhalten hervorgehoben wird.

Das *situationistische Erklärungsmodell* geht von einer (alleinigen) Wirkung krankmachender aktueller Situationen aus. Danach verursachen bestimmte Bedingungen der aktuellen Situation bestimmte (auffällige) Reaktionen. Dabei gehören zu den aktuellen Situationsbedingungen – in Feld 5 (Abb. 1) angezeigte – Bedingungen der aktuellen Lebenssituation der Person (z. B. kritische Lebensereignisse wie etwa Verlust eines Elternteils, Nicht-Versetztwerden in die nächste schulische Klassenstufe), die sich von den (chronischen) Bedingungen ihrer bisherigen Lebenssituation unterscheiden. Zum anderen gehören dazu – in Feld 6 (Abb. 1) angezeigte – aktuelle Bedingungen der äußeren Situation, unter der das gestörte (aggressiv-dissozialen) Verhalten auftritt oder die dieses Verhalten hervorrufen (z. B. eine besonders verlockende Warenauslage im Kaufhaus, ein besonders provozierendes Verhalten eines Mitschülers).

Zu den Aufgaben einer differenzierten Diagnostik gehört es, die Bedeutung von situationsbezogenen Auslösern herauszufinden. Im Einzelfall kann dazu eine Verhaltensbeobachtung oder ein psychodiagnostisches Gespräch genutzt werden.

Als wichtige Qualitäten kritischer, stressender aktueller Situationen, die eine hohe Betroffenheit auslösen und bei denen vorhandene Bewältigungstechniken nicht wirksam werden, lassen sich vor allem folgende nennen:
- Komplexität und Mehrdeutigkeit, Indifferenz und Unstrukturiertheit,
- hoher Grad der Neuigkeit, der Abweichung von bestehenden Erwartungen,
- hoher Grad der Vereitelung (Frustration) von Bedürfnissen oder konkreter Zielvorhaben oder der Beeinträchtigung des Selbstwertes,
- Überforderung durch zu hohe oder unangemessene Anforderungen an die zur Verfügung stehenden Problemlöse- und Situationsbewältigungstechniken.

Durch einige dieser stressenden Situationen wird zunächst nur eine hohe innere Unruhe der Person ausgelöst. Dies gilt beispielsweise für komplexe, neuartige und überfordernde Situationen. Auf welche Weise die dadurch ausgelöste innere Unruhe sich dann äußert, richtet sich nach weiteren Bedingungen der aktuellen situativen Bedingungen, aber auch nach überdauernden Merkmalen der Person. So reagiert eine Person eher ängstlich-zurückhaltend eine andere Person eher impulsiv-forsch auf komplexe, neuartige und überfordernde Situationen. Impulsives ungerichtet-aggressives Verhalten ist eine häufige Reaktionsart. Andere Merkmale der Situationen bestimmen auch die Qualität der Reaktion und damit auch aggressiv-dissoziale Reaktionen. Etwa kann eine Schlägerei eine Aufforderung darstellen, sich daran zu beteiligen. Eine verlockende Warenauslage kann eine Aufforderung zum Diebstahl darstellen. Frustrierende Situationen, das heißt solche, bei denen Bedürfnisse nicht befriedigt, Ziele nicht erreicht oder der Selbstwert beeinträchtigt werden, rufen vor allem (gerichtetes) aggressives Verhalten hervor.

Das *interaktionistische Erklärungsmodell* geht davon aus, dass eine aktuelle Anfälligkeit aus einer Wechselwirkung zwischen bestimmten Merkmalen der Person und bestimmten Merkmalen der aktuellen Situation resultiert. Hier wird von Bedeutung, wie die Person auf dem Hintergrund ihrer überdauernden Merkmale die aktuelle Situation wahrnimmt und bewertet. Dabei spielen auch Erwartungen der Person eine Rolle, beispielsweise Erwartungen über die Wahrscheinlichkeit und den subjektiven Wert von Folgen, die sich aus der Situation und aus dem Handeln in dieser Situation ergeben können (vgl. dazu Krampen, 1987).

Bei dem Verständnis des Verhaltens als zielgerichtetes Handeln wird die interaktionistische Erklärung für gerichtetes aggressiv-dissoziales Verhalten relevant. In seiner kognitiven Motivationstheorie der Aggression skizziert Kornadt (1982) den Aufbau und Ablauf einer aggressiven Handlung. Eine anschauliche

Verdeutlichung der Entstehung aggressiv-dissozialen Verhaltens als Folge der sozial-kognitiven Informationsverarbeitung in verschiedenen Phasen des Handlungsablaufs (nämlich Kodierung von Schlüsselreizen, Reizinterpretation, Zielklärung, Antwortsuche, Antwortentscheidung) findet sich auch bei Petermann und Petermann (2000a). Das Zusammenwirken zwischen aktueller Handlungskontrolle und überdauernden Merkmalen aus dem Bereich der Selbstkontrolle, mit verschiedenen daraus resultierenden Varianten der Handlungsstruktur von aggressivem und von Wegnahme-Verhalten, wird bei Seitz (1998) dargelegt.

Die am interaktionistischen Erklärungsmodell orientierte diagnostische Vorgehensweise legt ihr Augenmerk vor allem auf die aktuellen situationsbezogenen Erlebnisse der Person (wie Wahrnehmungen, Bewertungen, Interpretationen, Erwartungen). Ergänzend dazu muss diese Vorgehensweise aber auch die überdauernden Charakteristika der Person, die dafür verantwortlichen überdauernden körperlichen und sozialen Bedingungen und die Bedingungen der aktuellen Situation in die Betrachtung mit einbeziehen.

Das *Erklärungsmodell der Etikettierungstheorie* geht davon aus, dass ein bestimmtes Verhalten an sich noch nicht als auffällig oder gestört existiert. Dazu wird es erst, wenn Beobachter (z. B. Eltern, Lehrer oder auch die Person selbst) das Erleben und Verhalten nach bestimmten normativen Kriterien als auffällig oder gestört bewerten. Dabei kann das gleiche Verhalten eines Schülers von verschiedenen Lehrern unterschiedlich beurteilt (mit unterschiedlichen Etiketten versehen) werden, etwa als couragiert, selbstbewusst, kritisch oder als vorlaut, ungezogen aggressiv.

Für die diagnostische Praxis leitet sich aus der Etikettierungstheorie die Forderung ab, das Augenmerk auch auf diejenige Person zu richten, welche das auffällige Erleben und Verhalten des Probanden wahrnimmt, darüber berichtet und gegebenenfalls die diagnostische Untersuchung veranlasst. Es gilt etwa, zu erkennen, welche Verhaltensqualitäten Eltern am Verhalten ihrer Kinder ablehnen oder besonders schätzen oder die Bewertungsmaßstäbe und Absichten des Lehrers zu erkennen, der einen Schüler als auffällig wahrnimmt und für eine sonderpädagogische Betreuung bzw. die vorausgehende diagnostische Untersuchung anmeldet.

4 Diagnostischer Prozess und Untersuchungsverfahren

Der diagnostische Prozess lässt sich in verschiedene Phasen einteilen, dazu gehören:

- Klärung der Fragestellung, Hypothesenbildung und Auswahl der Untersuchungsverfahren,

- Durchführung, Auswertung und Interpretation der Untersuchungsverfahren und
- Hypothesenprüfung und prognostische Urteilsbildung zur Beantwortung der Fragestellung.

Dabei erfolgt eine Aufeinanderfolge oder ein Ineinandergreifen von diagnostischer Datensammlung und diagnostischer Urteilsbildung. Die diagnostische Datensammlung besteht in der Erhebung und in der Auswertung und Interpretation der dabei gewonnenen Informationen. Zur diagnostischen Urteilsbildung gehören Reflexion über den jeweiligen diagnostischen Auftrag, die Auswahl der Erhebungsverfahren unter Berücksichtigung von Grenzen und Möglichkeiten verschiedener Verfahren und die Nutzung der diagnostischen Informationen zur Beantwortung der Fragestellung. Die diagnostische Urteilsbildung kommt damit vor, während und nach der diagnostischen Datensammlung zum Tragen.

Zur diagnostischen Urteilsbildung und der Ableitung des diagnostisch begründeten Interventionsbedarfs gehören nach Petermann und Petermann (2000a) folgende Schritte:
- Betrachtung der Entwicklung des aggressiven Verhalten aus der Sicht des Kindes, der Eltern, der Schule, des weiteren sozialen Umfeldes (z. B. Freunde),
- Abklärung von komorbiden Auffälligkeiten,
- Identifikation von Risikofaktoren auf der Kind- und auf der Elternebene,
- Identifikation von Ressourcen auf der Kind- und auf der Elternebene,
- Erstellung der Diagnose und
- Feststellungen zur Umsetzung der Diagnose (z. B. Interventionsbedarf, Interventionsziele, Abfolge von Interventionszielen, konkrete Therapieschritte und Methoden, Interventionsrisiken).

Der diagnostische Prozess beginnt in der Regel mit einem diagnostischen Gespräch (Exploration) mit dem Kind, seiner Familie und weiteren Bezugspersonen, wie etwa Lehrern. Dabei bezieht sich die am Anfang des diagnostischen Prozesses stehende Exploration auf folgende Themen (Petermann & Petermann, 2000a):
- Vorstellungsanlass und aktuelle psychische Auffälligkeit,
- Praktische und formale Aspekte,
- Lebensgeschichtliche Entwicklung des Patienten und der Familie und
- familiärer und sozialer Hintergrund.

Im Laufe des diagnostischen Prozesses kommen dann noch weitere Erhebungsverfahren zum Einsatz. In einer multimethodalen und multimodalen Diagnostik werden durch verschiedene Erhebungsmethoden verschiedene Ebenen des aggressiv-dissozialen Verhaltens des Schülers und dafür bedeutsame Kontextfaktoren berücksichtigt (Petermann & Petermann, 2000a). Dazu gehören auch die

Abklärung körperlicher Ursachen des aggressiv-dissozialen Verhaltens und Intelligenz- und Leistungsdiagnostik zur Abklärung von häufig begleitenden Lern- und Leistungsbeeinträchtigungen. Vor allem aber kommen für die deskriptive und erklärende Diagnostik aggressiv-dissozialer Störungen und dafür bedeutsamer Kontextfaktoren folgende – bei Seitz (2003) hinsichtlich ihrer Grenzen und Möglichkeiten betrachtete – methodische Vorgehensweisen infrage: psychodiagnostisches Gespräch, Verhaltensbeobachtung, Fragebogen und sogenannte projektive Verfahren.

Diese Vorgehensweisen sollen hier nur knapp kommentiert werden und anschließend jeweils ausgewählte Beispiele für die praktische Umsetzung genannt werden. Dabei werden zum Einen solche Erhebungsmethoden genannt, die inhaltlich nicht gezielt nur auf die Beschreibung und Erklärung aggressiv-dissozialen Verhaltens ausgerichtet sind, jedoch dafür bedeutsame Faktoren (wie etwa überdauernde Merkmale der Person, Bedingungen und Prozesse der Sozialisation, Bedingungen der aktuellen Situation) erfassen; zum Anderen werden Beispiele von Erhebungsmethoden genannt, die gezielt für die Diagnostik (gerichteten) aggressiv-dissozialen Verhaltens entwickelt wurden. Hierbei handelt es sich um Verfahren zur Beschreibung und Erklärung aggressiven Verhaltens und Erlebens (vgl. Petermann & Petermann, 2005). Spezielle Verfahren für die Diagnostik des Wegnahme-Verhaltens oder des Aneignungs-Vorteilsnahmebeschaffungs-Verhaltens liegen nicht vor.

4.1 Das psychodiagnostische Gespräch

Das psychodiagnostische Gespräch bietet in einem Maße wie keine andere Methode die Möglichkeit, der Einzigartigkeit der Person gerecht zu werden. Methodische Grenzen ergeben sich aus subjektiven Einflüssen der Person (etwa aus Einschränkungen der Selbstwahrnehmung und der Erinnerung, aus Simulations- und Dissimulationstendenzen) und des Diagnostikers (etwa durch Betonung bestimmter Gesprächsinhalte, Beeinflussung der Gesprächsergebnisse durch die Art der Interaktion).

Das diagnostische Gespräch richtet sich im Einzelfall sowohl an das Kind als auch an Bezugspersonen (z. B. Eltern, Lehrer). Möglichkeiten und Grenzen der Elternexploration werden bei Petermann und Petermann (2005) skizziert. Eine besondere – bei keiner anderen methodischen Vorgehensweise bestehende – Möglichkeit des psychodiagnostischen Gesprächs liegt in der Erfassung des – in Feld 7 (Abb. 1) angezeigten – situationsbezogenen Erlebens. Eine differenzierte Analyse der sozial-kognitiven Informationsverarbeitung ist nur mittels des psychodiagnostischen Gesprächs mit der betroffenen Person selbst möglich.

Als Anleitungen zum diagnostischen Gespräch können genannt werden:

- das Buch von Deegener (1984) unter dem Titel: „Anamnese und Biografie im Kindes- und Jugendalter“, darin speziell das Kapitel „Schulenausgerichtete Anamneseerhebung“ (S. 94 ff.), in welchem Inhalte einer theoriegeleiteten Gesprächsführung gemäß verschiedener Ansätze aufgezeigt werden,
- der Elternexplorationsbogen nach Petermann und Petermann (2005). Dieser aus dem „Training mit aggressiven Kindern“ stammende Leitfaden dient der systematischen Erfassung von:
  - Daten zur Person des Kindes und zur Familie,
  - den sozialen Beziehungen und Aktivitäten,
  - einer Verhaltensanalyse mit Hilfe der strukturierten Erfassung des Tagesablaufes und
  - interventionsbezogenen Daten (z. B. über die Kooperationsbereitschaft des Kindes oder die erhaltenden Informationen über das Training).

4.2 Verhaltensbeobachtung zur Diagnostik aggressiv-dissozialen Verhaltens

Die Verhaltensbeobachtung bietet die Möglichkeit, das konkrete Verhalten von Personen, besonders den Bezug des Verhaltens zu bestimmten situativen Bedingungen, zu erfassen. Die methodischen Grenzen der Verhaltensbeobachtung ergeben sich aus der Mitwirkung des Diagnostikers, der in seiner Subjektivität bestimmten selektiven Tendenzen und Beurteilungsfehlern unterworfen ist, die sich auf die von ihm zu erbringenden Beobachtungen, Beschreibungen und Beurteilungen auswirken können. Beispiele für Verhaltensbeobachtungssysteme sind in Kasten 4 aufgeführt.

Kasten 4:
Ausgewählte Verfahren zur Verhaltensbeobachtung

- Die „Beurteilungshilfen für Lehrer“ (BFL) nach Janowski et al. (1981), ein Kategoriensystem zur Anwendung bei Schülern des dritten bis elften Schuljahrs mittels dessen auf der Basis konkreter Schüler-Verhaltensweisen 16 Verhaltenskategorien der Schüler beurteilt werden, u. a. auch „aggressives Verhalten“, „soziales Selbstbehauptungsverhalten“, „sozial verantwortungsvolles und hilfsbereites Verhalten“).
- Der „Verhaltensbeobachtungsbogen Schule – Version für Lehrer“ nach Gießler-Fichtner et al. (2000) mittels dessen sich folgende Bereiche des Sozialverhaltens beurteilen lassen: Kooperationsfähigkeit, Selbstkontrollfähigkeit, Einfühlungsfähigkeit und Hilfsbereitschaft, angemessene Selbstbehauptung, Kontaktfähigkeit und Umgang mit Regeln.

Verschiedene Anleitungen zur spezifischen Erfassung aggressiven Verhaltens von Kindern und Jugendlichen werden bei Petermann und Petermann (2000a) und bei Petermann und Petermann (2005) mitgeteilt. Dazu gehört beispielsweise der Beobachtungsbogen für aggressives Verhalten (BAV) nach Petermann und Petermann, mittels dessen zum einen Dimensionen des aggressiv-dissozialen Verhaltens selbst beurteilt werden und zum Anderen Person-Charakteristika, die als Grundlage für ungerichtetes aggressiv-dissoziales Verhalten oder Determinante gerichteten aggressiv-dissozialen Verhaltens bedeutsam sind (wie Selbstkontrolle, Empathie, Kooperation und Hilfsbereitschaft). Dabei werden im BAV folgende Dimensionen anhand von zehn Kategorien erfasst:

- Verbale versus Nonverbale Aggression,
- direkt versus indirekte/hinterhältige Aggression,
- Aggression gegen die eigene Person versus andere Personen oder gegen Gegenstände und
- passiv Aggression erfahrend versus aktiv Aggression ausübend.

Zur Verhaltensbeobachtung wird das Kind in einem bestimmten Zeitintervall (z.B. 10 Minuten) auf einer Fünferskala hinsichtlich des Auftretens und der Ausprägung dieses Problemverhaltens beurteilt.

Kasten 5:

Beispielkategorien aus dem BAV von Petermann und Petermann (2005)

- Kind wird beschimpft oder angeschrieen,
- schadenfreudiges Lachen, zynische Bemerkungen gegenüber Erwachsenen und Kindern, Spotten über andere,
- hinterhältiges Beinstellen, Stuhl wegziehen, scheinbar zufälliges Stoßen, schadenfreudiges Hilfe verweigern, heimlich etwas wegnehmen oder zerstören,
- boxen, treten, schlagen, stoßen, beißen, kratzen, spucken, Haare ziehen, beschmutzen von Personen,
- beschimpfen oder verfluchen von Gegenständen.

Ein weiteres Verfahren zur Beurteilung von Schülern in der Klasse stellt das Beobachtungsverfahren zur Analyse von aggressionsbezogenen Interaktionen im Schulunterricht (BAVIS) nach Humpert und Dann (1988) dar. Dabei wird das Schülerverhalten nach folgenden Kategorien des aggressiven Verhaltens betrachtet: Beschädigung von Sachen, physische Auseinandersetzungen, Besitzergreifen von Sachen, Drohen und Erpressen, verbale Auseinandersetzungen, Ablehnung, Geringschätzung, Verweigerung und sonstige aggressive Schülerhandlungen.

4.3 Fragebögen zur Diagnostik aggressiv-dissozialen Verhalten für die Bezugspersonen

Dimensionale Fragebögen, bei denen einzelne Fragen einer Merkmalsdimension zugeordnet sind, bieten die Möglichkeit, bestimmte bei sich selbst wahrgenommene Grundmerkmale der Persönlichkeit der untersuchten Person sowie ihres Bildes von der Umwelt quantitativ zu erfassen. Den methodischen Vorteilen der Ökonomie und der Objektivität der Auswertung steht als methodische Grenze die Anfälligkeit für Beurteilungsfehler durch die befragte Person (wie etwa Missverständnis der Fragen, bewusste und unbewusste Urteilstäuschungen und Abwehrhaltungen) gegenüber.

Ein Fragebogen, der zur Verhaltensbeurteilung durch die Bezugspersonen des Kindes herangezogen werden kann, ist der Fragebogen zu Stärken und Schwächen (Strengths and Difficulties Questionnaire, SDQ) nach Goodman (1997), der für Kinder und Jugendliche zwischen vier und 16 Jahren in einer Version für Eltern und Lehrern vorliegt. Dabei werden anhand von 25 Einzelsymptomen des manifesten Verhaltens folgende Bereiche erfasst: prosoziales Verhalten, emotionale Probleme, externalisierende Verhaltensauffälligkeiten, Hyperaktivität und Unaufmerksamkeit und Probleme im Umgang mit Gleichaltrigen. Eine deutschsprachige Adaptation des Fragebogens zu Stärken und Schwächen (SDQ) wurde von Klasen, Woerner, Rothenberger und Goodman (2003) vorgelegt.

Besonders ein Breitbandverfahren, wie der SDQ nach Goodman (1997), ist dazu geeignet einen Einblick auf andere Erlebens- und Verhaltensbereiche neben dem aggressiv-dissozialen Verhalten zu geben. In der Regel liegen für diese Verfahren auch differenzierte Normierungsdaten vor (McMahon & Frick, 2005).

Fragebögen zur Erfassung des elterlichen Erziehungsverhaltens kommt in der Diagnostik aggressiv-dissozialen Verhaltens ebenfalls eine besondere Bedeutung zu, da dieses erheblich zur Entstehung und Aufrechterhaltung des Problemverhaltens beiträgt (Chamberlain, Reid, Ray, Capaldi & Fisher, 1997). Als Beispiel kann das Erziehungsstil-Inventar (ESI) nach Krohne und Pulsack (1995) genannt werden, mittels dessen Kinder zwischen acht und 16 Jahren das Erziehungsverhalten der Eltern, getrennt in einer Version für Mütter und einer Version für Väter, nach folgenden Erziehungsstildimensionen beurteilen: Unterstützung, Einschränkung, Lob, Tadel, Strafintensität, Inkonsistenz.

Ein weiteres geeignetes Verfahren ist der Alabama Parenting Questionnaire (APQ, Shelton, Frick & Wotton, 1996), der sich spezifischer auf konkrete Erziehungspraktiken bezieht. Der Fragebogen liegt nunmehr durch die Erlanger Arbeitsgruppe (Lösel, Beelmann, Jaursch, Scherer, Stemmler & Wallner, 2003) so-

wie durch Reichle (2004) in einer deutschen Fassung vor. Der Originalfragebogen besteht aus 42 Items, die sich den folgenden Dimensionen zuordnen lassen:
- Involvement,
- positives Elternverhalten,
- geringes Monitoring/Supervision,
- inkonsistente Disziplin,
- körperliche Bestrafung und
- andere Disziplinierungspraktiken (z. B. „Ich schicke mein Kind zur Strafe auf sein Zimmer“ oder „Ich schreie mein Kind an“).

4.4 Erhebungsverfahren für Kinder

Es liegen folgende, nicht auf die Diagnostik aggressiv-dissozialer Störungen beschränkte Fragebögen zur Selbstbeurteilung durch Kinder und Jugendliche vor:
- Der Persönlichkeitsfragebogen für Kinder zwischen neun und 14 Jahren (PFK 9–14) nach Seitz und Rausche (2004) zur Erfassung von 15 – nach den Bereichen Verhaltensstile (VS), Motive (MO) und Selbstbild-Aspekte (SB) geordneten – Primärdimensionen der Persönlichkeit (wie etwa VS1 = „Emotionale Erregbarkeit“, VS4 = „Zurückhaltung und Scheu im Sozialkontakt“ MO1 = „Bedürfnis nach Ichdurchsetzung, Aggression und Opposition“, MO2 = „Bedürfnis nach Alleinsein“, SB1 = „Selbsterleben von allgemeiner existenzieller Angst“, SB2 = „Selbstüberzeugung von eigenen Meinungen, Entscheidungen und Planungen“, SB4 = „Egozentrische Selbstgefälligkeit“) und zur Erfassung von vier übergeordneten Persönlichkeitsfaktoren II. Ordnung, nämlich
  - Derb-draufgängerische Ich-Durchsetzung versus sensible Selbstbeherrschung,
  - Emotionalität (Angst) versus emotionale Ausgeglichenheit,
  - aktives Engagement versus passiver Rückzug und
  - selbstgenügsame Isolierung versus gesellige Zuwendung zur Mitwelt.
- Das Inventar zur Erfassung von Impulsivität, Risikoverhalten und Empathie (IVE) bei neun bis 14-jährigen Kindern nach Stadler, Janke und Schmeck (2004). Dieser Selbstbeurteilungsbogen ist eine adaptierte Version des Impulsivitätsfragebogen I6 von Eysenck und Eysenck (1980). Die Impulsivitätsskala bezieht sich auf die Beschreibung von Handlungen, die durchgeführt werden, ohne die Konsequenzen zu beachten (wie „Ich kaufe Dinge oft aus einer Laune heraus.“). Das Risikoverhalten der Kinder wird durch die Vorgabe von riskanten oder sensationssuchenden Verhaltensweisen beschrieben (z. B. „Es macht mir ziemlich viel Spaß, etwas Gefährliches zu machen.“). Die Skala Empathie ist geeignet, problematische Emotionen oder eine mangelndes Schuldempfinden zu erfassen (z. B. „Wenn ein Freund anfängt über seine Probleme zu reden, dann würde ich lieber über etwas anderes reden.“).

– State-Trait-Ärgerausdrucks-Inventar nach Schwenkmezger et al. (1992) zum Einsatz bei Jugendlichen ab dem 14. Lebensjahr und Erwachsenen zur Erfassung der Intensität von situationsbedingtem Ärger (Zustandsärger) und von Aspekten des dispositionellen Ärgers, wie etwa nach innen gerichteter Ärger, nach außen gerichteter Ärger, Ärgerkontrolle.

Der Erfassungsbogen für aggressives Verhalten in konkreten Situationen (EAS) nach Petermann und Petermann (2000b) kann bei Kindern zwischen neun und knapp 13 Jahren eingesetzt werden. Es liegt eine geschlechtsspezifische Version für Jungen und Mädchen vor, in denen den Kindern 22 konkrete Alltagssituationen schriftlich und bildlich beschrieben werden. Das Kind kann sich dadurch leichter in die Situation eindenken und den Handlungsablauf besser verstehen, wodurch ein Transfer zur Erfahrungswelt des Kindes erleichtert wird. Um möglichst realitätsgerechte Situationen anzubieten, variieren die dargestellten Situationen zum Beispiel nach dem Ort (zu Hause, in der Schule oder in der Freizeit), dem Handlungsablauf (z. B. Art der Beziehung zu den Interaktionspartnern wie bekanntes oder neues Gruppenmitglied sein) sowie nach den Handlungsdimensionen (beobachtet die Identifikationsfigur aggressives Verhalten oder übt sie aktiv aus).

Den Kindern werden zudem drei Antwortmöglichkeiten, das heißt situationsorientierte Reaktionen vorgegeben, die sich in die folgenden Kategorien unterteilen lassen (Petermann & Petermann 2000b):

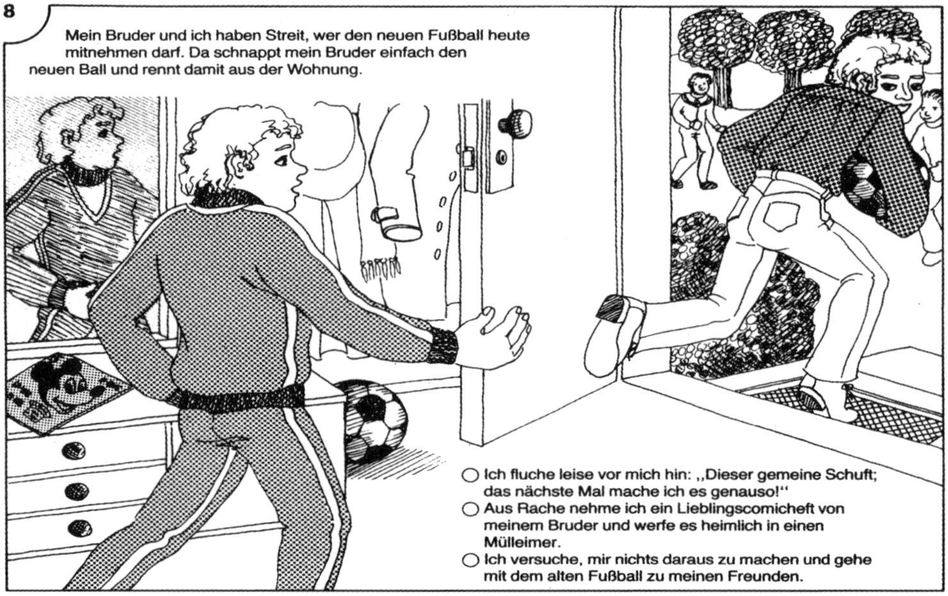

Abbildung 2:
Beispielitem aus dem EAS-J (Item 8 der Version für Jungen)

- sozial erwünscht,
- aggressiv, jedoch liegt eine niedrige Aggressionsstufe vor, das heißt nur in Extremsituationen erfolgt eine aggressive Handlung,
- sehr aggressiv, eine Intervention wird benötigt, da eine starke Tendenz besteht, aggressiv zu reagieren.

Neben der Einteilung nach sozialer Erwünschtheit bzw. aggressivem Verhalten werden beim EAS die Reaktionen des Kindes weiter danach unterschieden, ob sie sich auf eine fremde Person richten, auf die eigene Person oder gegen Gegenstände. Auch die Reaktionsform des Kindes wird dabei beachtet (verbal, nonverbal, hinterhältig, direkt).

4.5 Projektive Verfahren zur Diagnostik aggressiv-dissozialen Verhaltens

Die unter der Bezeichnung projektive Verfahren zusammengefassten Reaktionsproben (wie etwa verbale Ergänzungsverfahren, Bilder-Erzähl-Techniken, Formdeuteverfahren, spielerische Gestaltungen, zeichnerische Gestaltungen) fordern die betreffende Person auf, Eigenarten ihres Verhaltens und Erlebens und Inhalte ihres bewussten und unbewussten Erlebens auf das Untersuchungsmaterial zu projizieren.

Die besondere Chance solcher Verfahren liegt darin, dass damit auch unbewusste Anteile des Erlebens aufgedeckt werden können. Die methodischen Einschränkungen dieser Verfahren ergeben sich aus der Mehrdeutigkeit der Interpretation der Reaktionen des Kindes. Diese Mehrdeutigkeit ist ein Grund für Vorbehalte gegenüber dem Einsatz dieser Verfahren in der Praxis. In keinem Fall dürfen damit gewonnene Informationen die wesentliche Grundlage für diagnostische Entscheidungen abgeben. Ein hoher Nutzen dieser Verfahren ist jedoch darin zu sehen, dass sie zu Annahmen führen, die mittels anderer diagnostischer Verfahren überprüft werden können.

Von den verschiedenen Reaktionsproben der projektiven Verfahren sind für die deskriptive und erklärende Diagnostik aggressiv-dissozialen Verhaltens bei Kindern und Jugendlichen vor allem die Bilder-Erzähl-Techniken relevant.

Die verschiedenen Informationsquellen besitzen jeweils eine unterschiedliche Aussagekraft und können alle auch bestimmten Verzerrungen unterliegen. Typische Verzerrungen, die bei der Diagnostik aggressiv-dissozialer Störungen häufig auftreten und strategische Empfehlungen zur Abklärung solcher Verzerrungen werden bei Petermann und Petermann (2000a) ausgeführt.

Kasten 6:
Beispiele für Verfahren der Bilder-Erzähl-Technik

- *Picture Frustration Test (PF-Test)* nach Rosenzweig (1957, vgl. Brickenkamp, 1997). Ein Verfahren für Kinder zwischen 7 und 14 Jahren, mit dem Reaktionen auf frustrierende Situationen dadurch erfasst werden, dass in 24 skizzenartig gezeichneten Situationen eine Person frustrierende Äußerungen an eine andere richtet. Die Antworten darauf werden vom Kind schriftlich eintragen und werden nach folgenden Gesichtspunkten kategorisiert: Richtung der Aggression (nach außen, nach innen auf sich selbst, ohne Aggression) und Reaktionstyp der Frustrationsbewältigung (Betonung der Frustration, Ich-Verteidigung, Bemühen um eine Lösung).
- *Thematischer Gestaltungstest (TGT)* nach Revers und Allesch (1985). Das Verfahren basiert auf 33 Bildtafeln von jeweils besonderer thematischer Valenz (z. B. fordernde Situationen, deprimierende Situationen, Vater-/Mutter-, Sohn-/Tochter-Beziehungen u. a.) und ist ab dem siebten Lebensjahr einsetzbar (vgl. Eberwein, 1993).
- *Aggressions-TAT* nach Kornadt (1982). Es handelt sich um ein Verfahren mit bildlichen Szenen, durch die das Aggressionsmotiv aktiviert wird und wobei die Geschichten der Untersuchungsperson auch quantitativ nach Kategorien der erlebnismäßigen Repräsentanz des Aggressionsmotivs und der Aggressionshemmung (wie etwa Bedürfnis nach Verletzung, Bedürfnis nach Aggressionsvermeidung; instrumentelle Tätigkeit zur Aggression oder Aggressionshemmung, Erfolgserwartung, Zielerreichung) ausgewertet werden können.
- *Aggressions-Motiv-Gitter (AMG)* nach Burkhardt, Zumkley und Kornadt (1987). Dieses Verfahren unterscheidet sich von dem zuvor genannten Aggressions-TAT nach Kornadt durch seine halbstandardisierte Vorgehensweise. Dabei werden zu jedem Bild auch Feststellungen vorgegeben, die das Kind mit „Nein“ oder „Ja“ beantworten kann, wie etwa „Er denkt: Gleich setzt’s was!“, „Er ist böse auf ihn!“, „Er hat Angst davor, sich mit ihm anzulegen!“ (vgl. dazu Petermann & Petermann, 2000a).

5 Zusammenfassung der Ergebnisse und Diagnosestellung zum Fallbeispiel

Das eingangs skizzierte Fallbeispiel soll nun nach den dargelegten Definitionen, Einteilungen und Funktionen aggressiv-dissozialen Verhalten, den Zielen und Inhalten der Förderdiagnostik, den Schritten des diagnostischen Prozesses und den dabei eingesetzten Untersuchungsverfahren betrachtet werden.

Die bei Mark auftretenden Symptome lassen sich vor allem zwei der vier genannten Bereiche von aggressiv-dissozialen Betragensstörungen zuordnen, nämlich dem Bereich „Nicht-Einhalten sozialer Regeln ohne das damit Anderen Schaden zugefügt wird“ und dem Bereich „(Reaktive) Opposition gegen Autoritäten und Regeln (oppositionelles Trotzverhalten)“. Die

Funktion des aggressiv-dissozialen Verhalten von Mark ist nicht eine feindselige (mit dem Ziel einer anderen Person Schaden zuzufügen), sondern eine instrumentelle (mit einem anderen Ziel als der Schadenszufügung). Dabei erfolgt das instrumentelle aggressiv-dissoziale Verhalten von Mark durchaus proaktiv und gerichtet, um damit Aufmerksamkeit zu erreichen. Es ist jedoch stärker von einer affektiv-impulsiven Dynamik getragen als zielorientiert geplant und willentlich kontrolliert.

Bei Mark finden sich auch Anteile eines ungerichteten aggressiv-dissozialen Verhaltens; dazu gehört impulsives Verhalten als Folge mangelnder Selbstkontrolle.

Bei Mark kommt vor allem die personorientierte Erklärung des aggressiv-dissozialen Verhaltens zum Tragen. So ergeben sich beim durchgeführten Persönlichkeitsfragebogen (PFK 9-14) hohe Werte für mangelnde Selbstkontrolle (nämlich hohe emotionale Erregbarkeit und fehlende Willenskontrolle) und eine geringe Zustimmung zu Erwachsenen. Hinweise auf die instrumentelle Funktion des Erreichens von Aufmerksamkeit ergeben sich aus den Geschichten zum Thematischen Gestaltungstest (TGT), in denen vor allen das Bedürfnis nach Kontakt mit den Eltern zur Sprache kommt.

Als Ursache für die hohe emotionale Erregbarkeit erweist sich nach dem diagnostischen Gespräch mit Mark und mit den Eltern ein inkonsistentes Erziehungsverhalten und mangelndes Verständnis der Eltern für die Erlebnissituation von Mark. Als Ursache für die mangelnde normative Kontrolle und für die Opposition gegen die Eltern erweisen sich Erziehungsprobleme der Eltern und eine wenig intensive emotionale Beziehung zwischen Eltern und Kind. Speziell die Mutter verhält sich gegenüber Mark ambivalent. Im diagnostischen Gespräch stellt sich heraus, dass Mark aggressiv-dissoziales Verhalten von seinem Bruder nachahmt. Dies zeigt sich dann auch durch eine hohe Ausprägung der mit dem PFK 9-14 erfassten Dimension „Maskulinität der Einstellung", das heißt einer eher derb-robusten als sensibel-feinfühligen Einstellung.

Bei den normalen bis leicht überdurchschnittlichen Intelligenzleistungen werden die deutlichen Leistungsbeeinträchtigungen in der Hauptschule durch mangelnde Selbstkontrolle (mangelnde emotionale Kontrolle, mangelnde normative Kontrolle) und durch emotional-motivationale Konflikte von Mark erklärbar; eine Förderung in einer Schule für verhaltensauffällige Kinder und der Verbleib in der stationären Jugendhilfeeinrichtung werden empfohlen. Durch klar strukturierten, konsistenten erzieherischen Umgang und durch Akzeptanz und Zuwendung von Seiten der Erzieher gilt es, die Selbstkontrolle von Mark zu fördern und ihm das Erleben von Aufmerksamkeit und von Beachtetwerden zu vermitteln. Gleichzeitig gilt es das inkonsistente Erziehungsverhalten der Eltern abzubauen.

Literatur

Brickenkamp, R. (Hsrg.). (1997). *Handbuch psychologischer und pädagogischer Tests* (2., erweit. Aufl.). Göttingen: Hogrefe.

Burckhardt, K., Zumkley, H. & Kornadt, H.-J. (1987). Das Aggressions-Motiv-Gitter. Konstruktion und erste Ergebnisse. *Diagnostica, 33,* 339–353.

Deegener, G. (1984). *Anamnese und Biographie im Kindes- und Jugendalter.* Weinheim: Beltz.

Dodge, K. A. & Schwartz, D. (1997). Social information processing mechanism in aggressive behavior. In D. M. Stoff, J. Breilung & J. D. Maser (Eds.), *Handbook of antisocial behavior* (pp. 171–180). New York: Wiley.

Dodge, K. A. (1993). Social cognitive mechanisms in the development of conduct disorders and depression. *Annual Review of Psychology, 44,* 559–584.

Eberwein, M. (Hrsg.). (1993). *Projektive Verfahren: Eine Spezialbibliographie deutschsprachiger psychologischer Testverfahren.* Trier: Zentralstelle für Psychologische Information und Dokumentation an der Universität Trier.

Eysenck, H. J. (1980). Psychopathie. In U. Baumann, H. Berbalk & G. Seidenstücker (Hrsg.), *Klinische Psychologie – Trends in Forschung und Praxis, Bd. 3.* (S. 323–360). Bern: Huber.

Eysenck, S. B. G. & Eysenck, H. J. (1980). Impulsiveness and venturesomeness in children. *Personality and Individual Differences, 1,* 73–78.

Frick, P. J. & Loney, B. R. (1999). Outcomes of children and adolescents with conduct disorder and oppositional defiant disorder. In H. C. Quay & A. Hogan (Eds.), *Handbook of disruptive behavior disorders (pp. 507–524).* New York: Plenum.

Gießler-Fichtner, O. A., Freimann, M., Frey, F., Menzel, S. & Petermann, U. (2000). Verhaltensbeurteilungsbogen Schule (VBS-L*). Psychologie in Erziehung und Unterricht, 47,* 307–317.

Goodman, R. (1997). Strengths and Difficulties Questionnaire: A research note. *Journal of Child Psychology and Psychiatry, 38,* 581–586.

Humpert, W. & Dann, H. D. (1988*). Das Beobachtungsverfahren BAVIS: Ein Beobachtungsverfahren zur Analyse von aggressionsbezogenen Interaktionen im Schulunterricht.* Göttingen: Hogrefe.

Janowski, A., Fittkau, B. & Rauer, W. (1981). *Beurteilungshilfen für Lehrer (BFL).* Göttingen: Hogrefe.

Klasen, H., Woerner, W., Rothenberger, A. & Goodman, R. (2003). Die deutsche Fassung des Strengths and Difficulties Questionnaire (SDQ-Deu) – Übersicht und Bewertung erster Validierungs- und Normierungsbefunde. *Praxis der Kinderpsychologie und Kinderpsychiatrie, 52,* 491–502.

Kornadt, H. J. (1982). *Aggressionsmotiv und Aggressionshemmung. Bd. 1.* Bern: Huber.

Krampen, G. (1987). *Handlungstheoretische Persönlichkeitspsychologie.* Göttingen: Hogrefe.

Krohne, H. W. & Pulsack, A. (1995), *Erziehungsstil-Inventar (ESI).* Göttingen: Hogrefe.

Langfeldt, H. P. (1998). *Behinderte im Urteil ihrer Lehrkräfte. Eine Analyse der Begutachtungspraxis im Sonderschul-Aufnahme-Verfahren.* Heidelberg: Universitäts-Verlag Winter/Edition Schindele.

Lauth, G. (1983). *Verhaltensstörungen im Kindesalter.* Stuttgart: Kohlhammer.

Lösel, F. (1975). *Handlungskontrolle und Jugenddelinquenz.* Stuttgart: Enke.

Lösel, F., Beelmann, A., Jaursch, S., Scherer, S., Stemmler, M. & Wallner, S. (2003). *Skalen zur Messung elterlichen Erziehungsverhaltens bei Vorschul- und Grundschulkindern: Die Deutsche Version des Alabama Parenting Questionnaire (APQ).* Universität Erlangen-Nürnberg: Institut für Psychologie.

McMahon, R. J. & Frick, P. J. (2005). Evidence-based assessment of conduct problems in children and adolescents. *Journal of Clinical Child and Adolescent Psychology, 34,* 477–505.

Moffitt, T. E. (1993). The neuropsychology of conduct disorder. *Development and Psychopathology, 5,* 135–151.

Moffitt, T. E. (2003). Life-course persistent and adolescence-limited antisocial behavior: A 10-year research review and research agenda. In B. B. Lahey, T. E. Moffitt & A. Caspi (Eds.), *Causes of conduct disorder and juvenile delinquency* (pp. 49–75). New York: Guilford.

Petermann, F. & Petermann, U. (2000a). *Aggressionsdiagnostik.* Göttingen: Hogrefe.

Petermann, F. & Petermann, U. (2000b). *Erfassungsbogen für aggressives Verhalten in konkreten Situationen (EAS)* (4. neunormierte Aufl.). Göttingen: Hogrefe.

Petermann, F. & Petermann, U. (2005). *Training mit aggressiven Kindern* (11., völlig veränd. Aufl.). Weinheim: Beltz.

Raine, A. (1997). Antisocial behavior and psychophysiology: A biosocial perspective and a prefrontal dysfunction hypothesis. In D. M. Stoff, J. Breiling & J. D. Maser (Eds.), *Handbook of antisocial behavior* (pp. 289–304). New York: Wiley.

Reckless, W. C., Dinitz, S. & Murray, E. (1956). Self-concept as an insulator against delinquency. *American Sociological Review, 21,* 744–746.

Reichle, B. (2004). *Erweiterter Erziehungsstilfragebogen für Eltern (EAPQ-EL).* Ludwigsburg: Pädagogische Hochschule.

Revers, W. J. & Allesch, C. G. (1985). *Thematischer Gestaltungstest (TGT).* Weinheim: Beltz.

Saß, H., Wittchen, H. U. & Zaudig, M. (Hrsg.). (1996). *Diagnostisches und Statistisches Manual Psychischer Störungen.* Göttingen: Hogrefe.

Scheithauer, H. & Petermann, F. (2002). Aggression. In F. Petermann (Hrsg.), *Lehrbuch der Klinischen Kinderpsychologie und -psychotherapie* (5. korr. Aufl.; S. 187–226). Göttingen: Hogrefe.

Schwenkmezger, P., Hodapp, V. & Spielberger, C. D. (1992). *State-Trait-Ärgerausdrucks-Inventar.* Göttingen: Hogrefe.

Seitz, W. (1998). Delinquenz von Kindern und Jugendlichen als Folge mangelnder Selbst- und Handlungskontrolle. In E. Knab & M. Macsenaere (Hrsg.), *Heimerziehung als Lebenshilfe* (S. 121–150). Mainz: Institut für Kinder- und Jugendhilfe.

Seitz, W. (2003). Diagnostik bei Störungen des Erlebens und Verhaltens. In A. Leonhardt & F. B. Wember (Hrsg.), *Grundfragen der Sonderpädagogik* (S. 218–243). Weinheim: Beltz.

Seitz, W. (2006). Diagnostik. In G. Hansen & R. Stein (Hrsg.), *Kompendium Sonderpädagogik* (S. 152–167). Bad Heilbrunn: Klinkhardt.

Seitz, W. & Götz, W. (1979). *Familiäre Erziehung und jugendliche Delinquenz.* Stuttgart: Enke.

Seitz, W. & Pater, A. (1983). Beziehungen von Persönlichkeitsmerkmalen zu offiziell registrierter und selbstberichteter Delinquenz bei männlichen Jugendlichen. In H. J. Kerner, H. Kurry & K. Sessar (Hrsg.), *Deutsche Forschungen zur Kriminalitätsentstehung und Kriminalitätskontrolle, Bd. 1* (S. 532–565). Köln: Heymanns.

Seitz, W. & Rausche, A. (2004). *Persönlichkeitsfragebogen für Kinder zwischen 9 und 14 Jahren (PFK 9-14)* (4. Aufl.). Göttingen: Hogrefe.

Seitz, W. & Strunz, K. (1967). Empirische Untersuchungen über das Erbe-Umwelt-Problem, im besonderen in USA und England – Pädagogische Folgerungen. In K. Strunz (Hrsg.), *Pädagogische Psychologie für höhere Schulen* (S. 423–443). München: Reinhardt.

Shelton, K. K., Frick, P. J. & Wootton, J. (1996). Assessment of parenting practices in families of elementary school-age children. *Journal of Clinical Child Psychology, 25,* 317–329.

Stadler, C., Janke, W. & Schmeck, K. (2004). *Inventar zur Erfassung von Impulsivität, Risikoverhalten und Empathie bei 9–14-jährigen Kindern (IVE).* Göttingen: Hogrefe.

Tremblay, R. E., Schaal, B., Boulerice, B., Arseneault, L., Soussignan, R. G., Paquette; D. & Laurent, D. (1998). Testosterone, physical aggression, dominance, and physical development in early adolescence. *International Journal of Behavioral Development, 22,* 753–777.

Vitiello, B. & Stoff, D. M. (1997). Subtypes of aggression and their relevance to child psychiatry. *Journal of the American Academy of Child and Adolescent Psychiatry, 36,* 307–315.

Kapitel 6

Diagnostik bei Teilleistungsstörungen des Lesens und Schreibens

Christina Schwenck und Wolfgang Schneider

Zusammenfassung

Aufbauend auf einem fiktiven Fallbeispiel werden Probleme von schulischen Lese-Rechtschreibstörungen skizziert und Wege der Förderdiagnostik vorgestellt. Die Darstellung basiert auf üblichen Klassifikationskriterien der Lese-Rechtschreibstörung und beschreibt detailliert wichtige Ziele und Inhalte einer spezifischen Förderdiagnostik in diesem Bereich. Verfügbare Diagnoseverfahren für die Bereiche Rechtschreiben und Lesen werden kurz beschrieben und im Hinblick auf ihre Eignung für die vorgeschlagene Förderdiagnostik bewertet. Abschließend wird die Sequenz möglicher Schritte bei der Diagnose von Lese-Rechtschreibstörungen schematisch dargestellt und inhaltlich genauer beschrieben.

Fallbeispiel

Der neun Jahre alte Jakob besucht das zweite Halbjahr der dritten Grundschulklasse. Er hat erhebliche Schwierigkeiten im Lesen und Schreiben. Die Schwierigkeiten bestanden seit Schulbeginn an, haben sich jedoch im letzten Jahr deutlich akzentuiert. In den anderen Fächern ist Jakob erheblich besser, allerdings hat er seit einiger Zeit auch Schwierigkeiten im Fach Mathematik, wo ihm das Lösen von Textaufgaben besonders schwer fällt.

Jakob war ein ruhiges und ausgeglichenes Kind, das allerdings spät mit dem Sprechen angefangen hat und für mehrere Monate in logopädischer Behandlung war. Seiner Mutter ist das Erlernen des Lesens und Schreibens ebenfalls schwergefallen, und bei einer Cousine wurde eine Lese-Rechtschreibstörung diagnostiziert. Inzwischen geht Jakob nicht mehr so gern zur Schule, häufig klagt er am Morgen über Bauch- oder Kopfschmerzen. Die Lehrerin bemängelt Jakobs mangelnde Konzentrationsfähigkeit im Unterricht seit Beginn des dritten Schuljahres.

Beim Schreiben macht Jakob häufig Fehler in den Bereichen der Dehnung oder Dopplung, und er verwechselt bisweilen lautähnliche Buchstaben. Selten vergisst er dagegen Ober- oder Satzzeichen, und das Abschreiben gelingt ihm deutlich besser als das freie Schreiben. Geübte Diktate konnte er mit mittelmäßigen Leistungen bewältigen, seitdem er jedoch ungeübte Diktate schreiben muss, erzielt er fast nur noch mangelhafte und ungenügende Leistungen. Jakobs Leseleistung ist noch sehr stockend und langsam, und oftmals rät Jakob die Worte, was dann immer wieder zu Fehlern führt. Die Sinnentnahme des Gelesenen gelingt ihm nicht immer. Die Eltern haben den Eindruck, dass das Üben mit Jakob völlig sinnlos ist, da er das an einem Tag Gelernte am folgenden Tag häufig schon wieder vergessen hat. Die Lernsituation ist sehr angespannt für alle Beteiligten.

1 Einführung

Wie das Fallbeispiel zeigt, stellt der Erwerb des Lesens und Rechtschreibens eine Reihe von Kindern vor erhebliche Schwierigkeiten. Obwohl das Problem der Lese-Rechtschreibstörung (LRS) wissenschaftlich schon seit mehr als 100 Jahren untersucht wird, ist bislang noch kein Patentrezept gegen die Störung entwickelt worden. Neuere Studien zur Prävention der LRS lassen vermuten, dass frühzeitige Fördermaßnahmen noch im Kindergarten einer Reihe von so genannten Risikokindern helfen können, spätere Probleme zu vermeiden (vgl. etwa Schneider, 2004). Dennoch finden sich nach wie vor viele lese-rechtschreibschwache Grundschüler, für die spezifische Fördermaßnahmen bereitzustellen sind, wenn ein Schulversagen vermieden werden soll. Ein grundlegender Fortschritt der letzten Jahrzehnte ist wohl darin zu sehen, dass Prozesse des Lesens und Rechtschreibens inzwischen gründlich untersucht worden sind, so dass auch Defizite in relevanten Informationsverarbeitungsprozessen (etwa der phonologischen Informationsverarbeitung und des sprachgebundenen Arbeitsgedächtnisses) leichter erkennbar werden. Weiterhin sind diagnostische Verfahren entwickelt worden, über die Schwerpunkte der jeweiligen Schwierigkeiten genauer identifizierbar sind.

Im Folgenden werden zunächst wichtige Aspekte der Förderdiagnostik bei LRS erörtert, dann relevante Diagnoseverfahren beschrieben und schließlich der Untersuchungsvorgang zusammenfassend dargestellt.

2 Förderdiagnostik der Lese- und Rechtschreibstörung

Die Schilderung der Schwierigkeiten des Kindes aus unserem Fallbeispiel (s. o.) legt die Vermutung nahe, dass Jakob eine Lese- und Rechtschreibstörung hat. Im deutschen Sprachraum sind etwa 4 bis 8 % aller Schüler von einer solchen Störung betroffen (Lovett, 1992; Remschmidt, 2000; Petermann, 2003). Dabei weisen Jungen häufiger eine Lese-Rechtschreibstörung als Mädchen auf (Rutter et al., 2004). Das Geschlechterverhältnis wird mit 3–4 : 1 (Warnke, Hemminger & Plume, 2004) bis hin zu 2 : 1 (Bjorklund, 1995) angegeben, wobei die Unterschiede zwischen den Geschlechtern in den letzten Jahrzehnten abgenommen haben. Nach den internationalen Diagnose-Manualen der Weltgesundheitsorganisation (ICD-10, Dilling, Mombour & Schmidt, 2004) und der American Psychiatric Association (DSM-IV, Saß, Wittchen & Zaudig, 2003) ist eine Lese-Rechtschreib-Störung durch die im folgenden Kasten zusammenfassend aufgeführten Merkmale gekennzeichnet:

Kasten 1:
Merkmale der Lese- und Rechtschreibstörung

Grundsätzliche Merkmale Lese-Rechtschreibstörung

- Diskrepanz der Teilleistung zur Altersnorm (interindividueller Vergleich)
- Diskrepanz der Teilleistung zum eigenen Begabungsniveau (intraindividueller Vergleich)
- Defizite erklären sich nicht aus sensorischen oder neurologischen Defiziten oder einer unangemessenen Beschulung
- Beeinträchtigung oder Leiden auf Grund der Defizite

Merkmale Lesestörung

- Die Lesegeschwindigkeit ist reduziert.
- Die Lesegenauigkeit ist vermindert. Zum Beispiel werden Worte oder Wortteile weg gelassen, hinzugefügt, vertauscht oder ersetzt.
- Das Leseverständnis ist eingeschränkt.

Merkmale Rechtschreibstörung

- Übermäßig viele Fehler, z. B. in den Bereichen Dopplung, Dehnung, Groß-/Kleinschreibung, Vertauschen/Verdrehen/Weglassen/Hinzufügen von Buchstaben, Wortbildzerfall
- Fehler in der phonetischen Genauigkeit
- Das freie Schreiben ist schlechter als das Abschreiben.
- Häufige primär assoziierte Begleitmerkmale

Entwicklungsstörungen des Sprechens und der Sprache

- Familiäre Häufung der Lese-Rechtschreibschwierigkeiten
- Schwierigkeiten in der akustischen Informationsverarbeitung, z. B. akustisches Kurzzeitgedächtnis

Um eine Lese-Rechtschreibstörung feststellen zu können, muss nach diesen Vorgaben ein *doppeltes Diskrepanzkriterium* erfüllt sein: Die Kinder sollen einerseits im Verhältnis zu einer Vergleichsstichprobe in der umschriebenen Teilleistung bedeutsam schlechter sein und andererseits sollte diese Teilleistung im Verhältnis zur allgemeinen Begabung der Kinder unterdurchschnittlich sein. Ein Mangel an Lerngelegenheit, wie dies zum Beispiel auf Grund fehlender sprachlicher Kenntnisse, massierter Fehlzeiten in der Schule oder einer mangelnden Unterrichtung der Fall sein kann, darf die Teilleistungsprobleme genauso wenig erklären wie neurologische oder sensorische Beeinträchtigungen. In ersterem Fall würde man von Analphabetismus sprechen, der durch eine gezielte Übungsbehandlung zu beheben wäre, so dass sich die Leistungen des Kindes an die einer Vergleichsgruppe angleichen können, was bei einer Lese-Rechtschreibstörung in der Regel nicht der Fall ist. Die konkreten Defizite können von Kind zu Kind stark variieren, es ist nicht von einem „typischen Legasthenie-Fehlerprofil“ auszugehen, auch wenn diese Vermutung noch weit verbreitet ist. Im Bereich des Lesens werden die Dimensionen der Lesegeschwindigkeit, -genauigkeit und des Leseverständnisses zur Beurteilung der Fertigkeiten herangezogen, bei der Rechtschreibung ist die Fehleranzahl unabhängig von der Fehlerart für die Diagnosestellung bedeutsam. Die oftmals anzutreffende primäre Begleitsymptomatik, also Merkmale, die überzufällig häufig mit der Lese-Rechtschreibstörung einhergehen und nicht, wie die sekundäre Begleitsymptomatik, durch diese bedingt sind, soll im Rahmen der Besprechung komorbider Auffälligkeiten näher erläutert werden.

Die Weltgesundheitsorganisation (Dilling et al., 2004) differenziert neben der Legasthenie die isolierte Rechtschreibstörung, bei der sich die Lesefertigkeit nicht von derjenigen der Vergleichsgruppe bzw. dem allgemeinen Begabungsniveau des Kindes unterscheidet. Das DSM-IV (Saß et al., 2003) unterscheidet diese Störung nicht gesondert von der Lese-Rechtschreibstörung. Eine isolierte Lesestörung ist dagegen in keinem der beiden Manuale definiert. Neben der umschriebenen Störung der Rechtschreib- und/oder Leseleistung nennt das ICD-10 noch die Kategorie der kombinierten Störung schulischer Fertigkeiten. Dieser Kategorie werden Kinder zugeordnet, die sowohl im schriftsprachlichen als auch im mathematischen Bereich in Diskrepanz zu ihrer allgemeinen Begabung Defizite aufweisen, und der ein nicht unerheblicher Anteil lernschwacher Kinder angehört (Schwenck & Schneider, 2003).

Aus verschiedenen Gründen, die in den nächsten Abschnitten näher erläutert werden sollen, ist es sinnvoll, den ersten Eindruck, den unser Fallbeispiel vermittelt, durch eine ausführliche Diagnostik der Lese- und Rechtschreibfertigkeiten zu ergänzen.

2.1 Ziele der Förderdiagnostik

Eine differenzierte Diagnostik der Lese- und Rechtschreibleistungen kann mit unterschiedlichen Zielen verbunden sein. Zum einen stellt sich in der kinder- und jugendpsychologischen sowie der schulischen Praxis oftmals die Frage nach einer schlichten Diagnosestellung im Sinne einer dichotomen Kategorisierung *(Jakob hat eine Lese- und Rechtschreibstörung vs. er hat keine solche Störung)*. Hier interessiert primär der quantitative Aspekt der Diagnostik, also ob sich die Leistungen eines Kindes oder Jugendlichen in einem statistisch unwahrscheinlichen Bereich der Merkmalsverteilung der Vergleichsgruppe befinden oder nicht. Dieser Aspekt der Diagnostik kann beispielsweise dann von Relevanz sein, wenn es um die Entscheidung über den Einsatz oder die Kostenübernahme bestimmter Fördermaßnahmen oder einen schulischen Nachteilsausgleich, in dessen geschützten Rahmen die weitere Entwicklung der Teilleistung stattfinden und gefördert werden kann, geht. Selbstverständlich ist eine solche Dichotomisierung mit diversen Nachteilen verbunden wie beispielsweise einer Stigmatisierung, die noch immer viele Eltern von einer notwendigen Diagnostik abschreckt, oder der Festlegung bestimmter Cut-off-Werte. Es ist davon auszugehen, dass sich die Lese- und Rechtschreibleistungen im Sinne eines Kontinuums verteilen, wobei eine bestimmte Prozentzahl der schlechtesten Leser und Rechtschreiber als „auffällig" im Sinne einer Schwäche bezeichnet wird. Die Festlegung dieser Prozentzahl ist dabei relativ willkürlich und kann beispielsweise an einem distinkten Prozentrang festgemacht oder in Standardabweichungen ausgedrückt werden.

Ein anderes Ziel der Diagnostik im Hinblick auf die Lese- und Rechtschreibleistung kann die genaue Analyse des Fehlerprofils zur Ableitung geeigneter individualisierter Fördermaßnahmen sein. Hier ist der qualitative Aspekt der Diagnostik von Relevanz, es geht nicht primär um das Ausmaß der Fehler, sondern vielmehr um die Art *(Jakob hat bei der Rechtschreibung vor allem Schwierigkeiten mit der Groß- und Kleinschreibung sowie mit der Doppelung von Konsonanten)*. In der Regel geht der qualitativen die quantitative Diagnostik voraus oder beide miteinander einher, d. h., in der Praxis wird zunächst ein Förderbedarf festgestellt, der dann genauer im Hinblick auf eine konkrete Fördermaßnahme mittels einer Itemanalyse oder zusätzlicher beschreibender Verfahren spezifiziert wird. Die konkreten Inhalte einer solchen Förderdiagnostik sollen im nächsten Kapitel ausführlicher beschrieben werden. Wichtig ist dabei der Tatbestand, dass sich lese-rechtschreibschwache Kinder in diesen Teilleistungen in Bezug auf ihr eigenes Niveau durch gezielte Fördermaßnahmen durchaus bedeutsam verbessern, selbst wenn sie das Niveau der Vergleichsgruppe nicht erreichen (Haffner et al., 1998; Weber, Marx & Schneider, 2002). Häufig ist zu beobachten, dass sich die Leseleistung deutlicher verbessert und ggf. sogar derjenigen der Gruppe gleichaltriger Leser angleicht, während die Rechtschreibleistung vermindert bleibt.

Nur eine umfassende Diagnostik, wie sie im folgenden Kapitel detaillierter dargestellt wird, ermöglicht eine sichere Diagnose mit einer entsprechenden Ableitung des individualisierten Förderbedarfs.

2.2 Inhalte der Förderdiagnostik

Dass bei der Diagnostik einer Lese-Rechtschreibstörung die spezifischen Teilleistungen des Lesens und Rechtschreibens testpsychologisch mit normierten und standardisierten Verfahren überprüft werden müssen, um das interindividuelle Diskrepanzkriterium zu überprüfen, ist selbstverständlich unabdingbar, auch wenn die Berichte der Eltern und die mitgebrachten Schriftproben und Diktate noch so aufschlussreich erscheinen. Dieser subjektive Eindruck ist diagnostisch sehr wertvoll, muss aber mittels entsprechender Verfahren validiert und ergänzt werden, um sowohl das Ausmaß als auch die konkreten Bereiche der Schwierigkeiten erfassen und benennen zu können.

Weiterhin sollte zur Bestätigung des intraindividuellen Diskrepanzkriteriums die allgemeine Begabung des Kindes getestet werden. Hierzu eignen sich in erster Linie ausführliche Intelligenztestverfahren, mit denen nicht nur der IQ-Wert bestimmt und die Diskrepanz zur Teilleistung überprüft, sondern auch das Arbeitsverhalten im Hinblick auf andere relevante Variablen wie Motivation, Konzentration und Stimmung beobachtet werden und den klinischen Eindruck ergänzen können. Weiterhin ist es mit einem solchen Verfahren möglich, die unterschiedlichen Leistungsbereiche des Kurzzeitgedächtnisses (akustisch, visuell) zu überprüfen, die im Zusammenhang mit der Lese-Rechtschreibstörung bzw. der Ableitung geeigneter Fördermaßnahmen eine wichtige Rolle spielen können. Das Konzept des intraindividuellen Diskrepanzkriteriums wurde vielfach diskutiert und kritisiert, da nur von einem mittelhohen Zusammenhang zwischen allgemeiner Begabung und der Teilleistung im schriftsprachlichen Bereich gesprochen werden kann, und somit nicht von einer unbedingten Erwartungswidrigkeit auszugehen ist (Scheerer-Neumann, 2001). Auch wenn diese Kritik sicher nicht grundlegender Logik entbehrt, wird in der derzeitigen durch die internationalen Diagnosemanuale bestimmten praktischen und rechtlichen Vorgehensweisen dieses Kriterium in der Regel umgesetzt, so dass der Notwendigkeit, geeignete Testverfahren auch für die Begabung auszuwählen, im Weiteren Genüge getan werden soll.

Eine testpsychologische Überprüfung der Fertigkeiten des Schriftsprachbereiches und der Begabung reicht aber zur Diagnosestellung bei Weitem nicht aus. Vielmehr sollte auf eine umfassende und auf unterschiedlichen methodischen Ansätzen beruhende Diagnostik Wert gelegt werden: Neben der testpsychologischen Überprüfung des Lesens, Schreibens und der Begabung geben Gespräche und Fragebogenverfahren mit dem Kind, den Eltern sowie der Lehrkraft Aufschluss über die Entwicklung von Vorläuferfertigkeiten, der Lese- und Rechtschreibleistungen selbst sowie anderer bedeutsamer Funktionsbereiche wie etwa der Konzentration. Eine familiäre Häufung der Teilleistungsschwäche kann dabei ebenso erfragt werden wie die Sprachentwicklung des Kindes. Der Lernaufwand, die Hausaufgabensituation und die bislang eingesetzten Lernstrategien sind von Relevanz für die Ableitung weiterer Fördermaßnahmen (Vellutino,

Fletcher, Snowling & Scanlon, 2004). Die Schulzeugnisse und ein Gespräch mit der Lehrkraft geben Aufschluss darüber, seit wann und in welchem Umfang die Problematik besteht, und eine Einschätzung der spezifischen Belastung, die sie mit sich bringt, kann sowohl von den Kindern und Jugendlichen selbst als auch von den Eltern und Lehrern gegeben werden.

Schließlich müssen sowohl verschiedene Differenzialdiagnosen als auch komorbide Störungen der Lese- und Rechtschreibstörung überprüft werden. Eine körperlich-neurologische Untersuchung bietet Aufschluss über Sinnesfunktionen und den neurologischen Status des Kindes – ausgeschlossen werden zum Beispiel eine verminderte Hör- oder Sehfähigkeit sowie eine Epilepsie, die für die Problematik verantwortlich sein könnten. Weiterhin sollte eine primäre Aufmerksamkeits- und Aktivitätsstörung ausgeschlossen werden, durch deren Defizite die Teilleistungsproblematik sekundär bedingt sein kann. Dabei ist zu bedenken, dass natürlich auch beide Störungen parallel vorliegen können und durch ähnliche kognitive Defizite wie etwa eine erhöhte Impulsivität gekennzeichnet sind (Donfrancesco, Mugnaini & Dell'Uomo, 2005). Im Falle einer entsprechenden Doppelproblematik sind Informationen zum genauen zeitlichen Ablauf der Störungsentwicklung, der über ein Gespräch sowie die Sichtung der Schulzeugnisse exploriert werden kann, von Relevanz. Neben der spezifischen Förderung der Teilleistungsfertigkeiten kann in diesem Fall die Behandlung der Aufmerksamkeits- und Aktivitätsstörung unabdingbar sein. Ebenfalls denkbar ist eine Verminderung der Konzentrationsleistung auf Grund der Schwierigkeiten im Bereich des Lesens und der Rechtschreibung, bedingt durch einen damit einhergehenden Motivationsverlust. Häufig sind in diesem Fall die Aufmerksamkeitsdefizite nicht auf alle schulischen Bereiche bezogen und bestanden nicht von Schulbeginn an. Ferner ist an andere psychische Erkrankungen des Kindes- und Jugendalters zu denken, die eine Teilleistungsproblematik mit bedingen bzw. im selben Verhältnis wie die Aufmerksamkeitsstörung parallel oder als Folge der Lese-Rechtschreibstörung bestehen können. Hier spielen vor allem die Prüfungsangst sowie eine depressive Symptomatik eine bedeutsame Rolle, wobei wiederum der zeitliche Ablauf des Auftretens der Störungen eruiert werden muss.

Die Lese- und Rechtschreibstörung tritt gehäuft mit anderen Entwicklungsschwierigkeiten und psychischen Erkrankungen auf, wobei zwischen primärer und sekundärer Komorbidität unterschieden wird. Dabei sind primär komorbide Merkmale als Vorläufer- oder Begleiterscheinungen zur Lese-Rechtschreibstörung zu sehen, sekundäre dagegen durch die Störung und die mit ihr einhergehende Belastung bedingt. Primär komorbide Probleme sind vor allem im Bereich der Sprachentwicklung, und insbesondere der phonologischen Bewusstheit zu suchen, die inzwischen als eine entscheidende Vorläuferfertigkeit des Lese-Rechtschreiberwerbs angesehen wird (Schneider & Näslund, 1999; Warnke, 2003). Daneben tragen visuelle Prozessmerkmale sowie Gedächtnisleistungen bedeutsam zur Aufklärung an Varianz der Lese- und Rechtschreibleistungen bei (Bell, McCallum & Cox, 2003; Willcut, Pennington, Boada, Ogline, Tunick, Chhabil-

Tabelle 1:
Diagnostische Bausteine der Lese- und Rechtschreibstörung

Diagnostischer Baustein	Untersuchungsmethode
Teilleistungen Lesen und Schreiben	Testpsychologische Untersuchung mit standardisierten Verfahren – Interindividuelles Diskrepanzkriterium Exploratives Gespräch mit Kind, Eltern und Lehrer über – Früher Beginn der Schwierigkeiten – Familiäre Häufung – Belastung auf Grund der Störung – Hausaufgaben- und Lernsituation – Lernumfang und -strategien Sichtung der Zeugnisse – Früher Beginn der Schwierigkeiten – Diskrepanz der Teilleistung zu anderen Leistungsbereichen
Begabungsdiagnostik	Ausführliches Intelligenztestverfahren – Intraindividuelles Diskrepanzkriterium – Verhaltensbeobachtung zum Ausschluss differenzialdiagnostischer Auffälligkeiten
Ausschluss differenzialdiagnostischer Störungen	Neurologisch-internistische Untersuchung – Ausschluss von Defiziten im Hören und Sehen – Ausschluss von neurologischen Auffälligkeiten (z. B. Epilepsie, Hirnverletzung) Exploratives Gespräch – Erfassung der Lerngelegenheit und Sprachkenntnisse Kinder- und Jugendpsychologische Untersuchung – Ausschluss anderer Krankheiten, die die Teilleistungsschwäche bedingen – z. B. Prüfungsangst, Depression, ADHS – Mittels explorativem Gespräch, standardisierten Fragebogen und ggf. testpsychologischer Untersuchungen
Komorbide Störungen	Primäre Komorbidität – Sprachentwicklungsstörung/-verzögerung – ADHS Sekundäre Komorbidität – Schul-/Prüfungsangst – Depression, vermindertes Selbstvertrauen – Aggression, Verhaltensauffälligkeiten – Auf die Teilleistung bezogene Konzentrationsschwierigkeiten

das & Olson, 2001). Auch eine Aufmerksamkeits- und Aktivitätsstörung kann Schwierigkeiten in der umschriebenen Teilleistung zu Grunde liegen. Sekundär sind durch die Lese-Rechtschreibstörung sowohl eine Reihe von externalisierenden als auch internalisierenden Störungen bedingt – neben der oben genannten Aufmerksamkeitsstörung, die in diesem Fall jedoch in der Regel auf die Teilleistung beschränkt ist und zeitlich nach den Schwierigkeiten im Bereich des Lesens und Schreibens einsetzt, können aggressive und dissoziale Verhaltensweisen genauso auftreten wie ein sozialer Rückzug und eine verstärkte Ängstlichkeit sowohl im schulischen Kontext als auch auf andere Bereiche generalisiert. Nach neueren epidemiologischen Untersuchungen können bei der Lese-Rechtschreibstörung vermehrt internalisierende Störungen komorbide diagnostiziert werden; am häufigsten sind Anpassungs-, Aufmerksamkeits- und Aktivitäts- und Angststörungen anzutreffen (Bäcker & Neuhäuser, 2003; Carroll, Maughan, Goodman & Meltzer, 2005). Differenzialdiagnostisch und komorbide relevante Störungen müssen zunächst durch das explorative Gespräch sowie die Verhaltensbeobachtung und bei entsprechenden Hinweisen über spezifische Test- und Fragebogenverfahren überprüft werden.

Die beschriebenen diagnostischen Bausteine sind in Tabelle 1 zusammengefasst und charakterisieren einen umfassenden Untersuchungsvorgang, der allerdings idealtypische Merkmale aufweist und in der Praxis wohl so nicht in allen Einzelheiten vollzogen wird.

Tabelle 1 zeigt, dass die Diagnose einer Lese- und Rechtschreibstörung neben der Erfassung der Kernmerkmale weiterhin eine umfassende Diagnostik damit gegebenenfalls in Verbindung stehender Symptomgruppen involviert. Die Diagnostik erfolgt nicht nur durch die Exploration und testpsychologische Untersuchung des Kindes selbst, sondern umfasst Kontakte mit den Eltern, der Lehrkraft, eine Verhaltensbeobachtung sowie die Sichtung von Dokumenten wie etwa Zeugnissen. Die Diagnostik gestaltet sich also komplex im Hinblick auf die zu erfassenden Merkmale, die Beurteiler und die eingesetzten diagnostischen Verfahren.

Im folgenden Abschnitt sollen konkrete Verfahren und Vorgehensweisen, die bei der Diagnose einer Lese-Rechtschreibstörung im deutschen Sprachraum zur Anwendung kommen vorgestellt und diskutiert werden.

2.3 Diagnoseverfahren für die Lese-Rechtschreibstörung

Für die Lese- und Rechtschreibleistung wie auch die anderen zu überprüfenden Funktionsbereiche wie die Intelligenz ist im deutschen Sprachraum aus einer Vielzahl von Verfahren auszuwählen, was den Anwender vor die Frage nach Vor- und Nachteilen einzelner Testverfahren stellt.

Grundsätzlich sind bei der Auswahl verschiedene Aspekte zu berücksichtigen: Für die Testverfahren zur Lese- und Rechtschreibleistung spielt der Zeitraum der Normierung der Verfahren eine bedeutsame Rolle. In der Regel sind die Verfahren danach zu unterteilen, ob sie zu Beginn, in der Mitte oder gegen Ende eines Schuljahres normiert wurden. Es ist wichtig, in Abhängigkeit vom Testzeitpunkt ein geeignetes Verfahren auszuwählen, um die Lese- und Rechtschreibleistung des zu untersuchenden Kindes weder zu über- noch zu unterschätzen. Für die zur Verfügung stehenden ausführlichen Intelligenztestverfahren ergibt sich diese Problematik nicht, da diese Tests in Altersabschnitten von in der Regel drei Monaten normiert sind.

Die Lese- und Rechtschreibtests sind nach Klassen-, nicht wie etwa die Intelligenztests nach Altersstufen normiert. Bei Kindern, die eine Klasse beispielsweise wiederholen oder aus anderen Gründen älter als ihre Klassenkameraden sind, sollten sie trotzdem gemäß der Jahrgangsstufe, in der sie aktuell beschult werden, überprüft werden. Diese Vorgehensweise wird dem interindividuellen Diskrepanzkriterium am ehesten gerecht – im Hinblick auf ihre schulische Anpassung werden die Kinder mit anderen Kindern der gleichen Klassen-, nicht der gleichen Altersstufe beurteilt. In vielen Verfahren sind neben den Normen für die Gesamtstichprobe auch solche für einzelne Schulformen aufgeführt. Für die Entscheidung über das Vorliegen einer Lese-Rechtschreibstörung sollte auf die Gesamtnormen zurückgegriffen werden.

Ein weiteres wichtiges Kriterium für die Auswahl geeigneter Verfahren zur Überprüfung der Lese-, Rechtschreib- und Begabungsleistung ist die Aktualität der einzelnen Verfahren. Während für die Lese- und Rechtschreibleistung ein Kohorteneffekt insofern beobachtet werden kann, als die Leistungen in Abhängigkeit von der Alterskohorte in neuerer Zeit abnehmen (heute schreiben etwa 9-jährige Kinder schlechter als dies 9-jährige Kinder vor 50 Jahren taten), ist für die Intelligenzleistung ein gegenläufiger Trend zu beobachten (Flynn, 1987; Strehlow & Haffner, 2002). Beachtet man das doppelte Diskrepanzkriterium, kann aus dieser Befundlage geschlussfolgert werden, dass sich mit Verfahren, die vor längerer Zeit normiert wurden und nicht mehr als aktuell gelten können, Lese-Rechtschreibstörungen künstlich „produzieren“ lassen, da die Lese-Rechtschreibleistungen unter- und die Intelligenzleistung überschätzt werden. Um einen validen klinischen Befund zu erlangen, ist es also von großer Bedeutung, auf möglichst aktuelle Verfahren sowohl im Hinblick auf die Intelligenzleistung als auch die Lese- und Rechtschreibfertigkeit zurückzugreifen (nach Möglichkeit sollte die *Normierung* – die oft nicht dem Publikationsdatum des Tests entspricht – nicht mehr als zehn Jahre zurückliegen; vgl. Deimel, 2002). Ein weiteres Problem im Zusammenhang mit alten Testverfahren besteht darin, dass einzelne Items dieser Tests selbst „veraltet“ sind und nicht mehr den aktuellen Sprachgebrauch und Wortschatz repräsentieren.

Bei der Interpretation der Ergebnisse der einzelnen Testverfahren ist zu bedenken, dass standardisierte Lese- und Rechtschreibtests in der Regel so konstruiert sind, dass sie im unteren Leistungsspektrum relativ gut, im mittleren und oberen dafür weniger genau differenzieren. Bei den gängigen Intelligenztestverfahren verhält es sich dagegen so, dass diese im mittleren Bereich gut differenzieren, während die Extrembereiche in beide Richtungen (Hoch- und Minderbegabung) weniger genau abgebildet werden.

Wenn auch eine inflationäre Diagnose der Lese-Rechtschreibstörung den betroffenen Kindern sicher nicht dienlich ist, sollte im Hinblick auf die oben angesprochenen Schwierigkeiten im Zusammenhang mit der Beliebigkeit bei der Festlegung von Zuweisungskriterien bei der dichotomen Einteilung der eigentlich kontinuierlich verteilten Leistungsmerkmale mit grenzwertigen Befunden nicht zu bürokratisch, sondern mit Blick auf das Kindeswohl verantwortungsbewusst und sorgfältig umgegangen werden. Dazu gehört auch, dass die Diagnosestellung Fachkräften überlassen bleiben sollte, wobei nur ein interdisziplinäres Vorgehen bei der Untersuchung zufriedenstellende Ergebnisse liefern kann.

Diskutiert werden muss allerdings die Frage, inwieweit die Festlegung auf die Diagnose – nicht die Diagnostik! – einer Lese-Rechtschreibstörung bereits in den ersten beiden Jahrgangsstufen sinnvoll ist. Gegen eine Kategorisierung zu einem so frühen Zeitpunkt spricht einerseits die Tatsache, dass sich die Methoden, nach denen in den beiden ersten Jahrgangsstufen unterrichtet wird, stark zwischen den Schulen und Bundesländern unterscheidet, so dass die Testverfahren hier weniger valide sind als zu späteren Messzeitpunkten. Ohne Zweifel aber ist eine frühe Diagnostik dazu wichtig, eventuellen Schwierigkeiten frühzeitig durch geeignete Fördermaßnahmen, die zum Beispiel in einer ausführlichen Beratung der Eltern im Hinblick auf geeignete Lernstrategien repräsentiert sein kann, zu begegnen. Besonders wichtig erscheint dabei, den Eltern gegenüber den Förderbedarf auch im Falle einer Festlegung auf die Diagnose einer Lese-Rechtschreibstörung zu betonen und zu verdeutlichen, dass sich die Kinder intraindividuell durchaus verbessern können, auch wenn sie evtl. dem Klassenstandard nicht genügen.

Nach der Erörterung dieser grundsätzlichen Probleme beim Einsatz von Leistungstests sollen nun verschiedene Testverfahren zur Erfassung der unterschiedlichen Leistungsbereiche vorgestellt werden.

2.3.1 Verfahren zur Erfassung der Rechtschreibleistung und des Lesens

(a) Verfahren zur Erfassung der Rechtschreibleistung. Rechtschreibtests sind in der Regel als Lückentexte konzipiert; nur wenige Verfahren wie etwa die Hamburger Schreibprobe (HSP) beinhalten Wort- und Satzdiktate. Die Testverfahren können sowohl in der Gruppen- als auch in der Einzeltestung durchgeführt wer-

den. Die Verfahren sind primär zu einer quantitativen Überprüfung der Rechtschreibleistung geeignet; die häufig zusätzlich zur Verfügung stehenden qualitativen Auswertungsaspekte sind nur bedingt valide und zwischen den Testverfahren nur begrenzt vergleichbar. In Hinblick auf die Aktualität ist die Versorgungslage mit Testverfahren für die Lese-Rechtschreibleistung als noch immer nicht ganz zufrieden stellend zu bezeichnen (Hemminger, Roth, Schneck, Jans & Warnke, 2000), obwohl in letzter Zeit in diesem Bereich einiges veröffentlicht wurde. Im Folgenden sollen die wichtigsten Testreihen einzeln und dann zusammenfassend vorgestellt werden:

- Die Testreihe der *Diagnostischen Rechtschreibtests DRT* wurde zuletzt in den neunziger Jahren, also vor dem Inkrafttreten der Rechtschreibreform normiert. Sie wurde 2003 und 2004 von den Herausgebern der Reihe „Deutsche Schultests“ (Hasselhorn, Marx und Schneider) durchgesehen und die wenigen im Hinblick auf die Rechtschreibreform kritischen Textwörter auf die neue Rechtschreibung umgestellt. Die neu aufgelegten DRTs (DRT 1: Müller, 2004a; DRT 2: Müller, 2004b; DRT 3: Müller, 2004c; DRT 4: Grund, Haug & Naumann, 2004a; DRT 5: 2004b) beinhalten Verfahren für die Jahrgangsstufen 1 bis 5. Als Vorteile sind das Vorliegen von Parallelformen der Tests sowie die Normierung für Sonderschulen ab der dritten Jahrgangsstufe zu nennen. Wenn auch die Normierung im Durchschnitt etwas mehr als zehn Jahre zurückliegt, können die DRT-Verfahren auch weiterhin zur Anwendung empfohlen werden.
- Die *Hamburger Schreibproben HSP* (May, 2002) liegen für die Jahrgangsstufen 1 bis 7 und 9 vor. Dieses Verfahren unterscheidet sich von den anderen insofern, als es aus Wort- und Textdiktaten, nicht aus Lückentexten besteht. Es besteht von daher die Möglichkeit, Rechtschreibkompetenzen anhand von kohärenten Texten zu überprüfen, was dem Verfahren eine vergleichsweise große ökologische Validität sichert. Neuere Untersuchungen problematisierten den Befund, dass mit der HSP die Rechtschreibleistung eines Kindes oder Jugendlichen offenbar überschätzt wird (Tacke, Völker & Lohmüller, 2001). Diese Kritik bezog sich allerdings auf eine ältere Normierung und wurde inzwischen auch von May, Malitzky und Vieluf (2001) kommentiert. Eine Neunormierung der HSP 1-9 hat 2001 bundesweit stattgefunden, auch wenn noch nicht geklärt ist, ob die neuen Normen das Überschätzungsproblem der HSP beseitigt. Die Hamburger Schreibprobe bietet die Möglichkeit, orthografisches Strukturwissen und grundlegende Rechtschreibstrategien (alphabetische, orthografische und wortübergreifende Strategien) zu erfassen und kann demnach vor allem für die qualitative Analyse der Rechtschreibkompetenz genutzt werden.
- Der *Salzburger Lese- und Rechtschreibtest SLRT* (Landerl, Wimmer & Moser, 1997) erlaubt eine differenzierte Diagnose von Schwächen beim Lesen und Rechtschreiben in der Grundschule (1 bis 4. Klassenstufe). Er basiert auf aktuellen Forschungsergebnissen zum Schriftspracherwerb und bietet vom Alter her akzeptable Normen. Von der Rechtschreibreform sind keine Items betroffen. Die Gütekriterien sind gewährleistet, wobei der Rechtschreibtest vor allem anhand des Lehrerurteils validiert werden konnte. Ein kleineres

Problem ist darin zu sehen, dass die Normierung nur an Kindern zweier österreichischer Bundesländer erfolgte und damit nicht als repräsentativ bezeichnet werden kann.

- Die *Weingartener Grundwortschatz Rechtschreibtests WRT* (Birkel, 1990; 1994a; 1994b; 1995) liegen wie die Diagnostischen Rechtschreibtests für die Jahrgangsstufen 1 bis 5 vor. Die Tests gelten in der Praxis als bewährt und erfüllen die üblichen Gütekriterien. Insbesondere die Angaben zur inhaltlichen Validität können überzeugen. Gewisse Probleme sind darin zu sehen, dass für den Beginn des 5. Schuljahres keine Gesamtnormen, sondern nur solche für Hauptschüler zur Verfügung stehen, und dass die Verfahren vor etwas mehr als zehn Jahren normiert wurden, also in diesem Punkt nur mit leichter Einschränkung empfohlen werden können.
- Die *Westermann Rechtschreibtests WRT* (Rathenow, 1979; Rathenow, Laupenmühlen & Vöge, 1980) für die 4. bis zur 8. Jahrgangsstufe müssen inzwischen als deutlich veraltet in Bezug auf die vorliegenden Normen bezeichnet werden und sind somit nicht mehr für die Anwendung zu empfehlen.
- Für ältere Schüler bietet weiterhin der *Rechtschreibungs-Test RT* (Kersting & Althoff, 2003) eine Alternative zum HSP 5-9. Die Lückendiktate sind vom Sprachgebrauch wenig aktuell, dafür wurde der Test neu normiert. Im Gegensatz zu den anderen Testverfahren finden sich keine Klassen-, sondern Altersnormen. Das Verfahren ist ab dem Alter von 15 Jahren anwendbar.
- Zum Abschluss wird mit den *Deutschen Rechtschreibtests 1-2 und 3-4* (DERET 1-2; DERET 3-4; Stock & Schneider, im Druck) auf zwei noch nicht auf dem Markt befindliche Verfahren hingewiesen, die ab 2006 zur Verfügung stehen werden. Ähnlich wie die Hamburger Schreibprobe werden überwiegend Fließtexte vorgegeben. Die Diktate beruhen auf den Inhalten aller deutschen Lehrplänen und den Wörterlisten gängiger Schulbücher. Die Normierung wurde Ende des jeweiligen Grundschuljahres und zu Anfang des folgenden Schuljahres in allen Bundesländern durchgeführt.

Tabelle 2 bietet eine Übersicht über die beschriebenen Verfahren und ihre Anwendungsbereiche für den Verlauf des Schuljahres. Das Schuljahr ist dabei grob in Anfang, Mitte und Ende aufgeteilt, und die Schulwochen, für die die einzelnen Verfahren normiert wurden, sind in Klammern hinter dem jeweiligen Verfahren angegeben. Für Zeitabschnitte, für die kein geeignetes Verfahren zur Verfügung steht, müssen Werte interpoliert werden.

(b) Verfahren zur Erfassung der Leseleistung. Im Vergleich zu den Rechtschreibtests existieren für den deutschen Sprachgebrauch deutlich weniger zur Anwendung empfehlenswerte Lesetestverfahren. Dabei ist anzumerken, dass die Verfahren teilweise unterschiedliche Komponenten der Leseleistung überprüfen. Diese Verfahren sollen im Folgenden einzeln und dann zusammenfassend dargestellt werden:

- *Knuspels Leseaufgaben* (Marx, 1998) stellt ein sehr umfangreiches Verfahren dar, das sich als Einzel- wie Gruppentest einsetzen lässt. Es umfasst das Hör-

Tabelle 2:
Rechtschreibtests und ihre Einsatzbereiche (in Schulwochen)

Klassenstufe	Schuljahresabschnitt		
	Anfang	Mitte	Ende
1		HSP 1+ (16–25)	WRT 1+ (28–40)
2	WRT 1+ (1–13)	HSP 1+ (16–25)	DRT 2 (32–40)
3	DRT 2 (1–7)	HSP 3 (14–23)	DRT 3 (28–40)
4	DRT 3 (1–11)	HSP 4/5 (14–23)	HSP 4/5 (30–40)
5	HSP 4/5 (1–11)	HSP 5-9* R-T**	HSP 5-9* R-T**
6	HSP 5-9* R-T**		
7			
8			
9			

* HSP 5-9: Keine Normen für die 8. Jahrgangsstufe
** R-T: ab 15 Jahre

verstehen, weiterhin basale Komponenten der quantitativen Leseleistung wie das Rekodieren und Dekodieren und schließlich auch das Leseverständnis. Der Test kann in den ersten vier Grundschulklassen eingesetzt werden (Zeitdauer: etwa eine Schulstunde). Es liegen genaue Instruktionen vor, so dass die Objektivität insgesamt gewährleistet ist. Gleiches gilt für Reliabilität und (Kriteriums-)Validität, die insgesamt befriedigen können. Für die Normierung wurden große Stichproben aus drei Bundesländern herangezogen. Es liegen klassenstufenbezogene Halbjahres-Normwerte vor.

– Der *Hamburger Lesetest für 3. und 4. Klassen HAMLET 3-4* (Lehmann, Peek & Poerschke, 1997) setzt sich aus einem Lesegeschwindigkeits- und einem Leseverständnistest zusammen und kann gegen Ende der 3. und gegen Ende der 4. Klassenstufe eingesetzt werden, wobei insgesamt zwei Schulstunden für die Durchführung zu veranschlagen sind. Das Verfahren ist sowohl als Einzel- und Gruppentest verfügbar. Die Eichung erfolgte an einer bundesweit angenähert repräsentativen Stichprobe. Die ermittelten Kennwerte für Objektivität, Reliabilität und Validität können insgesamt überzeugen.
– Der *Salzburger Lese- und Rechtschreibtest SLRT* (Landerl et al., 1997) erfasst in erster Linie die Lesegeschwindigkeit für das Erlesen von Worten, Texten und Pseudowörtern. Für die Lesegenauigkeit, die ebenfalls kodiert wird, werden keine Normen, sondern nur ein kritischer Wert pro Teilaufgabe angegeben. Das Verfahren ist ausgesprochen ökonomisch und eignet sich für Kinder von der 1. bis zur 4. Jahrgangsstufe, wobei die Normen für die beiden letzten Klassen als relativ grob zu bezeichnen sind.

- Die *Würzburger Leise Leseprobe WLLP* (Küspert & Schneider, 2000), ein Testverfahren mit Multiple-Choice-Aufgaben, mit denen die Lesegeschwindigkeit gemessen wird, ist für die ersten vier Jahrgangsstufen normiert. Der Vorteil des ökonomischen Einsatzes (Testdauer: inkl. Instruktion 15 Minuten) wird für die 4. Klasse dadurch abgeschwächt, dass für diese Substichprobe eine schiefe Verteilung der Merkmalsausprägung vorliegt und somit die Testergebnisse tendenziell zu streng ausfallen. Insgesamt werden die üblichen Gütekriterien jedoch erfüllt.
- Der *Zürcher Lesetest ZLT* (Linder & Grissemann, 2000) überprüft die beiden Komponenten der Lesegeschwindigkeit und -genauigkeit beim Erlesen von einzelnen Wörtern und Texten. Dieser Einzeltest soll das Leistungsbild von Kindern der zweiten bis sechsten Klassenstufe erfassen und insbesondere Ausgangspunkt für die Förderdiagnostik bei Legasthenikern sein. Da die Normen des Testes relativ alt und ausschließlich an einer Stichprobe von Schülern aus der Schweiz ermittelt wurden, ist dieser Test nur für die Jahrgangsstufen 5 und 6 zu empfehlen, für die erweiterte Normen und ein Zusatztest vorliegen. Für die ersten vier Jahrgangsstufen sollte auf alternative aktuellere Verfahren zurückgegriffen werden.
- Abschließend wird mit dem *Leseverständnistest ELFE 1-6* (Lenhard & Schneider, 2006) auf ein neues Verfahren zur Erfassung der Lesekompetenz in den Klassenstufen 1 bis 6 hingewiesen, das Anfang 2006 auf den Markt gekommen ist. Das Verfahren unterscheidet Leseverständnis auf Wort-, Satz- und Textebene und ist als Computerfassung (Einzeltest) wie auch als Papierfassung für den Gruppentest verfügbar. Der Test wurde bundesweit normiert, weist eine hohe Retest-Reliabilität auf und korreliert hoch mit dem Lehrerurteil zur Lesekompetenz und der WLLP.

Im Hinblick auf die Aspekte Ökonomie und Aktualität wird für die Klassenstufen 1 bis 4 die Anwendung der WLLP für die Erfassung der basalen Lesegeschwindigkeit sowie die SLRT zur etwas umfassenderen Überprüfung der Lesefertigkeit empfohlen. Wenn umfangreichere Analysen der Lesekompetenz im Grundschulalter vorgenommen werden sollen, die auch das Leseverständnis einbeziehen, stellen der Knuspel-Test sowie der HAMLET 3-4 die Verfahren der Wahl dar. Für die Erfassung der Lesekompetenz in der 5. und 6. Klasse steht bislang ausschließlich der Zürcher Lesetest zur Verfügung, was sich dann ab 2006 durch die Publikation von ELFE 1-6 ändern wird.

Wie oben bereits dargestellt, dient die Diagnostik der Lese-Rechtschreibkompetenz nicht nur dazu, eine Entscheidung über das Vorliegen einer Lese-Rechtschreibstörung zu treffen, sondern impliziert auch die Vorbereitung einer Behandlung von Lernschwächen. Hierzu scheint eine qualitative Diagnostik sinnvoll, die entweder standardisiert oder unstandardisiert über eine Itemanalyse oder über die qualitative Auswertung zusätzlicher Schriftproben erfolgen kann. Als Beispiele für Verfahren, mit denen sich standardisiert Fehlerschwerpunkte analysieren lassen, sei der Diagnostische Rechtschreibtest (s. o.) genannt. Hier wird zwischen Wahrnehmungs-, Regel- und Merkfehlern unterschieden. Die Hamburger Schreibprobe lässt die Möglichkeit zu, ein Strategieprofil zu ermitteln, das die alphabetische, orthografische, morphematische und wortübergreifende Strategie beinhaltet. Für die qualitative Bewertung der Leseleistung bieten sich vor allem die Verfahren Salzburger Lesetest und Knuspels Leseaufgaben an. Durch die Identifikation spezifischer Fehlerschwerpunkte lässt sich demnach ein Förderplan erstellen und durchführen, der auf die individuellen Bedürfnisse eines Kindes abgestimmt ist. Ein Problem solcher qualitativer Fehleranalysen ist allerdings darin zu sehen, dass ihre Zuverlässigkeit häufig nicht geklärt ist und sich bei Wiederholung des Verfahrens andere Fehlerschwerpunkte ergeben können (vgl. Schneider, 1997). Es sollte also durch eine Wiederholungsuntersuchung mit der Parallelform des jeweiligen Verfahrens sichergestellt werden, dass das Fehlerprofil replizierbar ist.

2.3.2 Verfahren zur Erfassung der Intelligenz und des Leidensdruckes

Bei der Erfassung der allgemeinen Begabung sollte nach Möglichkeit auf ausführliche Diagnoseverfahren zurückgegriffen und auf orientierende Verfahren verzichtet werden, auch wenn diese einen Vorteil im Hinblick auf die zeitliche Ökonomie versprechen. Aus unserer Sicht unverzichtbare Vorteile der ausführlichen Verfahren sind:

- die in der Regel aktuelleren Normen,
- die verbesserte Möglichkeit, das Arbeitsverhalten über einen längeren Zeitraum und im Rahmen verstärkter Interaktion, wie sie sprachfreie Verfahren nicht bieten, zu beobachten, um ggf. Differenzialdiagnosen und Komorbiditäten feststellen zu können,
- Hinweise auf geeignete Lernstrategien durch die verbesserte Differenzierung von grundlegenden Basisfertigkeiten wie dem Gedächtnis (Klicpera, Schabmann & Gasteiger-Kicpera, 2003).

Für die ausführliche Erfassung der Intelligenz von Kindern und Jugendlichen sind in erster Linie zwei Testverfahren zu empfehlen:

- der Hamburg-Wechsler-Intelligenztest für Kinder (HAWIK-III) von Tewes, Rossmann und Schallberger (1999) für den Altersbereich 6;0 bis 16;11 Jahre;
- das Adaptive Intelligenz Diagnostikum (AID 2) von Kubinger und Wurst (2000) für den Altersbereich 6;0 bis 15;11 Jahre.

Der individuelle Leidensdruck, den das Kind durch seine Beeinträchtigungen im Lese-Rechtschreibbereich davonträgt, sollte zunächst im Rahmen des explorativen Gespräches mit dem Kind oder Jugendlichen selbst, den Eltern und den Lehrkräften eruiert werden. Dabei können z. B. Hinweise auf das Verhalten des Schülers im Zusammenhang mit schlechten Zensuren, bei der Vorbereitung auf Proben oder im Rahmen der Hausaufgabensituation von Bedeutung sein.

Daneben können standardisierte Verfahren zur Ängstlichkeit und Depression Aufschluss über das Ausmaß einer solchen Beeinträchtigung geben. Zu beachten ist dabei allerdings, dass bei Selbsteinschätzungsverfahren wie dem Depressionstest für Kinder (DTK; Rossmann, 2005) die sozialen Erwünschtheit eine nicht unerhebliche Rolle für das Antwortverhalten spielt.

2.3.3 Erfassung differenzialdiagnostischer und komorbider Störungen

Zum Ausschluss von differenzialdiagnostisch relevanten Störungen sollte zunächst eine neurologisch-internistische Untersuchung stattfinden, die alternative Verursachungsfaktoren für die Schwierigkeiten in den Bereichen Lesen und Schreiben wie etwa eine verminderte Hörleistung oder eine Epilepsie überprüft.

Die hinreichende Lerngelegenheit, Sprachkenntnisse und Lerngeschichte können über das explorative Gespräch mit dem Kind, den Eltern und der Lehrkraft erfragt werden. Im Rahmen eines solchen Gespräches und mit zusätzlichen Fragebogenverfahren können gleichzeitig Hinweise auf psychiatrische Erkrankungen als alternative Verursachungsfaktoren gefunden werden, denen dann im Rahmen von ausführlicheren Test- und Fragebogenverfahren nachgegangen werden kann. Beispielsweise könnte bei einem sich aus dem Gespräch ergebenden Hinweis auf eine erhöhte Prüfungsängstlichkeit des Kindes im Rahmen des Gespräches geklärt werden, inwieweit die Ängstlichkeit im zeitlichen Verhältnis zur Teilleistungsproblematik stand, und durch zusätzliche standardisierte Fragebogenverfahren kann das Ausmaß der Ängstlichkeit eingeschätzt werden. Komorbide Störungen sollten ebenfalls auf diese Weise eruiert werden, wobei wiederum die zeitliche Abfolge der Symptomatik von Bedeutung für kausale Rückschlüsse ist. Auch der Einblick in die Schulzeugnisse kann hier wertvoll für die Einschätzung sein.

2.3.4 Durchführung der Untersuchung

Die Untersuchung der Lese-Rechtschreibstörung ist einerseits in Bezug auf äußerliche Merkmale zu charakterisieren und kann in ihrem Ablauf schematisch dargestellt werden.

Wie in den vorangegangenen Abschnitten dargestellt, ist für die Diagnose zusammenfassend von Bedeutung, dass sie auf verschiedenen methodischen Ansätzen (testpsychologische Untersuchung, Gespräche, Akteneinsicht etc.) beruht, verschiedene Beurteiler beteiligt sind (das Kind selbst, Psychologe, Eltern, Lehrer, Arzt) und unterschiedliche Fähigkeiten und Merkmale überprüft werden (Lese- und Rechtschreibleistung, Begabung, körperlich-neurologischer Status etc.). Bedeutsam für die testpsychologische Untersuchung und das explorative Gespräch ist der Beziehungsaufbau insbesondere mit dem Kind. Für viele Kinder und deren Eltern ist der Gang zu einem Kinder- und Jugend- oder Schulpsychologen nicht einfach und ihm sind vielfältige Schwierigkeiten und verzweifelte Situationen vorausgegangen. Die testpsychologische Untersuchung sollte selbstverständlich unter standardisierten Bedingungen und an den Vorgaben der einzelnen Testverfahren orientiert stattfinden. Die Untersuchungsbedingungen sollten den Möglichkeiten des Kindes angepasst sein – für ein Kind mit einer Aufmerksamkeits- und Aktivitätsstörung kann beispielsweise die komplette Testung zu einem Termin eine Überforderung darstellen und die Werte entscheidend verfälschen.

Das schematische Vorgehen bei der Diagnose der Lese- und Rechtschreibstörung ist in der folgenden Tabelle dargestellt.

Tabelle 3:
Schematisches Vorgehen bei der Diagnose der Lese-Rechtschreibstörung

Diagnostisches Verfahren		**Alternative Beratung im Hinblick auf**
Exploratives Gespräch		
Hinweise auf LRS ↓		
Begabungsdiagnostik		
Mind. durchschnittlicher IQ ↓	Unterdurchschnittlicher IQ ➛	Allgemeine Lernschwäche
Diagnostik Lesen und Schreiben		
Unterdurchschnittliche Leistungen ↓	Mind. durchschnittliche Leistungen ➛	Kein LRS, andere Ursachen für schul. Schwierigkeiten eruieren
Untersuchung im Hinblick auf Differenzial- und komorbide Diagnosen		
Differenzialdiagnostisch unauffällig ↓	Differenzialdiagnostisch auffällig ➛	Abklärung der Wirkzusammenhänge
Diagnosestellung und entsprechende Beratung/ Förderung		

Im Rahmen des explorativen Gespräches sind im ersten Schritt Hinweise auf eine Lese-Rechtschreibstörung zu überprüfen. Häufig gestaltet sich die Situation so, dass die Eltern bereits mit einer expliziten Fragestellung nach einer solchen Störung vorstellig werden. Bisweilen wird jedoch zunächst nur von unspezifischen Symptomen wie Bauchschmerzen oder einer Schulverweigerung berichtet. Sind Hinweise auf eine Lese-Rechtschreibstörung gegeben, ist dann die intellektuelle Fähigkeit des Kindes mit einem einschlägigen Verfahren zu überprüfen. Ergibt sich eine allgemeine Lernschwäche, sind das Kind und die Eltern diesbezüglich zu beraten, was zum Beispiel die Empfehlung für einen Schulwechsel bedeuten kann. Bei mindestens durchschnittlicher Intelligenz sollten im nächsten Schritt die Lese- und Rechtschreibleistungen des Kindes überprüft werden, die für die Diagnosestellung einer Störung unterdurchschnittlich und mit hinreichender Diskrepanz zur Begabung ausfallen müssen. Zeigen sich bessere Leistungen als erwartet, muss zusammen mit Kind und Eltern nach alternativen Erklärungsansätzen für das Leistungsversagen gesucht werden – dies könnten zum Beispiel eine verstärkte Prüfungsängstlichkeit oder eine Aufmerksamkeits- und Aktivitätsstörung sein.

Sind die Schwierigkeiten in der Teilleistung validiert, sollten im nächsten Schritt differenzialdiagnostische und komorbide Störungen überprüft werden. Zeigen sich in ersterem Bereich Auffälligkeiten – zum Beispiel eine verminderte Hörfähigkeit bei der internistischen Untersuchung – sind entsprechende Schritte einzuleiten, um diese Auffälligkeiten zu behandeln. Komorbide Störungen müssen im Hinblick auf die weitere Beratung und zusätzliche Fördermaßnahmen eruiert werden.

Die Diagnose ist ausführlich mit dem Kind und den Eltern zu erörtern. Dabei ist es wichtig, ein (gegebenenfalls altersangemessenes) Erklärungsmodell zu präsentieren und Behandlungsmöglichkeiten aufzuzeigen. In diesem Rahmen sollte auch Schuld- und Versagensgefühlen der Kinder und Eltern explizit entgegen gewirkt werden.

2.4 Schlussbemerkung

Unsere Ausführungen sollten zeigen, dass das Phänomen der Lese- Rechtschreibstörung auf unterschiedlichen Ursachen beruhen und unterschiedliche Formen annehmen kann. Zur umfassenden Analyse sind eine Reihe von Schritten erforderlich, die von einer eingehenden Anamnese über die testdiagnostische Erfassung relevanter Teilkomponenten der LRS hin zu spezifischen qualitativen Fehleranalysen mit Hinweisen auf die angemessene Förderdiagnostik reichen. Es sollte auch klar geworden sein, dass eine solche umfassende Vorgehensweise im Einzelfall sehr aufwändig werden kann und die organisatorischen und zeitlichen Möglichkeiten der überprüfenden Institution/Person wahrscheinlich nicht selten übersteigt. Dennoch scheint uns der Hinweis wichtig, dass möglichst viele Elemente der oben dargestellten Untersuchungssequenz durchlaufen werden sollten, damit es zu einer qualitativ angemessenen Beurteilung des Problemstands kommen kann.

Die dargestellten Untersuchungsschritte sind für erfahrene Praktiker sicherlich nicht neu. Wir wollten im Hinblick auf die Auswahl diagnostischer Verfahren jedoch deutlich machen, dass nicht nur den bekannten Qualitätskriterien wie Objektivität, Reliabilität und Validität besondere Beachtung zu schenken ist. Vielfach wird übersehen, dass ältere Testverfahren mit veralteten Normierungsdaten zu Fehlklassifikationen führen können, wenn es etwa um die Einstufung von Kindern als lese-rechtschreibschwach geht. Die Übersicht über relevante Testverfahren hat gezeigt, dass es in dieser Hinsicht günstige Entwicklungstrends gibt, also neue Verfahren entwickelt worden sind, über die Lese- und Rechtschreibprobleme differenziert erfasst werden können. Dennoch sind gerade im Sekundarstufenbereich immer noch große Lücken erkennbar, die sich hoffentlich in näherer Zukunft schließen lassen.

Literatur

Bäcker, A. & Neuhäuser, G. (2003). Internalisierende und externalisierende Syndrome bei Lese- und Rechtschreibstörungen. *Praxis der Kinderpsychologie und Kinderpsychiatrie, 52,* 329–337.

Bell, S. M., McCallum, R. S. & Cox, E. A. (2003). Toward a research-based assessment of dyslexia. *Journal of Learning Disabilities, 36,* 505–516.

Birkel, P. (1990). *Grundwortschatz Rechtschreib-Test für 4. und 5. Klassen (GRT 4+).* Weinheim: Beltz.

Birkel, P. (1994a). *Weingartener Grundwortschatz Rechtschreib-Test für zweite und dritte Klassen (WRT 2+).* Göttingen: Hogrefe.

Birkel, P. (1994b). *Weingartener Grundwortschatz Rechtschreib-Test für dritte und vierte Klassen (WRT 3+).* Göttingen: Hogrefe.

Birkel, P. (1995). *Weingartener Grundwortschatz Rechtschreib-Test für erste und zweite Klassen (WRT 1+).* Göttingen: Hogrefe.

Bjorklund, D. F. (1995). *Children's thinking: Developmental function and individual differences.* Pacific Grove: Brooks-Cole.

Carroll, J. M., Maughan, B., Goodman R. & Meltzer, H. (2005). Literacy difficulties and psychiatric disorders: evidence for comorbidity. *Journal of Child Psychology and Psychiatry, 46,* 524–532.

Deimel, W. (2002). Testverfahren zur Diagnostik der Lese-Rechtschreibstörung – eine Übersicht. In G. Schulte-Körne (Hrsg.), *Legasthenie: Zum aktuellen Stand der Ursachenforschung, der diagnostischen Methoden und der Förderkonzepte.* Bochum: Winkler.

Donfrancesco, R., Mugnaini, D. & Dell'Uomo, A. (2005). Cognitive impulsivity in specific learning disabilities. *European Child and Adolescent Psychiatry, 14,* 270–275.

Dilling, H., Mombour, W. & Schmidt, M. H. (Hrsg.). (2004). *Internationale Klassifikation psychischer Störungen, ICD-10.* Bern: Huber.

Flynn, J. R. (1987). Massive gains in 14 nations: What IQ tests really measure. *Psychological Bulletin, 101,* 171–191.

Grund, M., Haug, G. & Naumann, C. L. (2004a). *Diagnostischer Rechtschreibtest für 4. Klassen (DRT 4).* Göttingen: Beltz.

Grund, M., Haug, G. & Naumann, C. L. (2004b). *Diagnostischer Rechtschreibtest für 5. Klassen (DRT 5).* Göttingen: Beltz.

Haffner, J., Zerahn-Hartung, C., Pfüller, U., Parzer, P., Strehlow, U. & Resch, F. (1998). Auswirkungen und Bedeutung spezifischer Rechtschreibprobleme bei jungen Erwachsenen – Empirische Befunde in einer epidemiologischen Stichprobe. *Zeitschrift für Kinder- und Jugendpsychiatrie und Psychotherapie, 26,* 124–135.

Hemminger, U., Roth, E., Schneck, S., Jans, T. & Warnke, A. (2000). Testdiagnostische Verfahren zur Überprüfung der Fertigkeiten im Lesen, Rechtschreiben und Rechnen. Eine kritische Übersicht. *Zeitschrift für Kinder- und Jugendpsychiatrie und Psychotherapie, 28,* 188–201.

Kersting, M. & Althoff, K. (2003). *Rechtschreibungstest (RT).* Göttingen: Hogrefe.

Klicpera, C., Schabmann, A. & Gasteiger-Klicpera, B. (2002). *Legasthenie. Modelle, Diagnose, Therapie und Förderung.* München: Reinhardt.

Kubinger, K. D. & Wurst, E. (2000). *Adaptives Intelligenz Diagnostikum 2 (AID 2).* Göttingen: Hogrefe.

Küspert, P. & Schneider, W. (1998). *Würzburger Leise Leseprobe (WLLP).* Göttingen: Hogrefe.

Landerl, K., Wimmer, H. & Moser, E. (1997). *Salzburger Lese- und Rechtschreibtest (SLRT).* Bern: Huber.

Lehmann, R. H., Peek, R. & Poerschke, J. (1997). *Hamburger Lesetest für 3. und 4. Klassen (HAMLET 3-4).* Göttingen: Beltz.

Lenhard, W. & Schneider, W. (2006). *Ein Leseverständnistest für Erst- bis Sechstklässler (ELFE 1-6).* Göttingen: Hogrefe.

Linder, M. & Grissemann, H. (1996). *Zürcher Lesetest (ZLT).* Bern: Huber.

Lovett, M. W. (1992). Developmental dyslexia. In S. J. Segalowitz & I. Rapin (Eds.), *Handbook of neuropsychology, 7* (pp. 163–185). New York: Elsevier Science.

Marx, H. (1998). *Knuspels Leseaufgaben (KNUSPEL-L).* Göttingen: Hogrefe.

May, P. (2002). *Hamburger Schreib-Probe (HSP).* Hamburg: Verlag für pädagogische Medien.

May, P., Malitzky, V. & Vieluf, U. (2001). Rechtschreibtests im Vergleich: Wie stellt man deren Güte fest und wie besser nicht? Anmerkungen zur Kritik von Tacke, Völker und Lohmüller an der HSP. *Psychologie in Erziehung und Unterricht, 48,* 146–152.

Müller, R. (2004a). *Diagnostischer Rechtschreibtest für 1. Klassen (DRT 1).* Göttingen: Beltz.

Müller, R. (2004b). *Diagnostischer Rechtschreibtest für 2. Klassen (DRT 2).* Göttingen: Beltz.

Müller, R. (2004c). *Diagnostischer Rechtschreibtest für 3. Klassen (DRT 3).* Göttingen: Beltz.

Petermann, F. (2003). Legasthenie und Rechenstörung – Einführung in den Themenschwerpunkt. *Kindheit und Entwicklung, 12,* 193–196.

Ramus, F. (2004). Neurobiology of dyslexia: a reinterpretation of the data. *Trends in Neurosciences, 27,* 720–726.

Rathenow, P. (1979). *Westermann Rechtschreibtest 4/5 (WRT 4/5).* Braunschweig: Westermann.

Rathenow, P., Laupenmühlen, D. & Vöge, J. (1980). *Westermann Rechtschreibtest 6+.* Braunschweig: Westermann.

Remschmidt, H. (2000). *Kinder- und Jugendpsychiatrie: Eine praktische Einführung.* Stuttgart: Thieme.

Rossmann, P. (2005). *Depressionstest für Kinder (DTK)* (2. Aufl.). Bern: Huber.

Rutter, M., Caspi, A., Fergusson, D., Horwood, L. J., Goodman, R., Maughan, B., Moffitt, T. E., Meltzer, H. & Carroll, J. (2004). Sex differences in developmental reading disability. *Journal of the American Medical Association, 291,* 2007–2012.

Saß, H., Wittchen, H. U. & Zaudig, M. (Hrsg.). (2003). *Diagnostisches und Statistisches Manual Psychischer Störungen DSM-IV.* Göttingen: Hogrefe.

Scheerer-Neumann, G. (2001). LRS und Legasthenie: Eine Bestandsaufnahme. In I. M. Naegele & R. Valtin (Hrsg.), *LRS – Legasthenie in den Klassen 1–10. Handbuch der Lese-Rechtschreibschwierigkeiten* (Band 1). Weinheim: Beltz.

Schneider, W. (1997). Rechtschreiben und Rechtschreibschwierigkeiten. In F. E. Weinert (Hrsg.), *Enzyklopädie der Psychologie. Serie Pädagogische Psychologie, Bd. 3: Psychologie der Schule und des Unterrichts* (S. 327–363). Göttingen: Hogrefe.

Schneider, W. (2004). Frühe Entwicklung von Lesekompetenz: Zur Relevanz vorschulischer Sprachkompetenzen. In U. Schiefele, C. Artelt, W. Schneider & P. Stanat (Hrsg.), *Struktur, Entwicklung und Förderung von Lesekompetenz – Vertiefende Analysen im Rahmen von PISA 2000* (S. 13–37). Wiesbaden: Verlag für Sozialwissenschaften.

Schneider, W. & Näslund, C. (1999). Impact of early phonological processing skills on reading and spelling in school: Evidence from the Munich Longitudinal Study. In F. E. Weinert & W. Schneider (Eds.), *Individual development from 3 to 12: Findings from the Munich Longitudinal Study* (pp. 126–147). Cambridge: Cambridge University Press.

Schwenck, C. & Schneider, W. (2003). Der Zusammenhang von Rechen- und Schriftsprachkompetenz im frühen Grundschulalter. *Zeitschrift für Pädagogische Psychologie, 17,* 261–267.

Strehlow, U. & Haffner, J. (2002). Definitionsmöglichkeiten und sich daraus ergebende Häufigkeiten der umschriebenen Lese- bzw. Rechtschreibstörung – Theoretische Überlegungen und empirische Befunde an einer repräsentativen Stichprobe junger Erwachsener. *Zeitschrift für Kinder- und Jugendpsychiatrie und Psychotherapie, 20,* 254–265.

Stock, C. & Schneider, W. (im Druck). *Deutsche Rechtschreibtests (DERETs) 1–2 und 3–4.* Göttingen: Hogrefe.

Tacke, G., Völker, R. & Lohmüller, R. (2001). Die Hamburger Schreibprobe: Probleme mit einem neuen Rechtschreibtest. *Psychologie in Erziehung und Unterricht, 48,* 135–145.

Tewes, U., Rossmann, R. & Schallberger, U. (Hrsg.). (1999). *Der Hamburg-Wechsler-Intelligenztest für Kinder (HAWIK-III).* Bern: Huber.

Vellutino, F. R., Fletcher, J. M., Snowling, M. J. & Scanlon, D. M. (2004). Specific reading disability (dyslexia): what have we learned in the past four decades? *Journal of Child Psychology and Psychiatry, 45,* 2–40.

Warnke, A. (2003). Umschriebene Entwicklungsstörungen des Lesens und der Rechtschreibung. In B. Herpertz-Dahlmann, F. Resch, M. Schulte-Markwort & A. Warnke (Hrsg.), *Entwicklungspsychiatrie – Biologische Grundlagen und die Entwicklung psychischer Störungen* (S. 404–436). Stuttgart: Schattauer.

Warnke, A., Hemminger, U. & Plume, E. (2004). *Lese-Rechtschreibstörungen. Leitfaden Kinder- und Jugendpsychotherapie.* Göttingen: Hogrefe.

Weber, J., Marx, P. & Schneider, W. (2002). Profitieren Legastheniker und lese-rechtschreibschwache Kinder in unterschiedlichem Ausmaß von einem Rechtschreibtraining? *Psychologie in Erziehung und Unterricht, 49,* 56–70.

Willcut, E. G., Pennington, B. F., Boada, R., Ogline, J. S., Tunick, R. A., Chhabildas, N. A. & Olson, R. K. (2001). A comparison of the cognitive deficits in reading disability and attention-deficit/hyperactivity disorder. *Journal of Abnormal Psychology, 110,* 157–172.

Zerahn-Hartung, C., Strehlow, U., Haffner, J., Pfüller, U., Parzer, P. & Resch, F. (2002). Normverschiebungen bei Rechtschreibleistungen und sprachfreier Intelligenz. *Praxis der Kinderpsychologie und Kinderpsychiatrie, 51,* 281–297.

Kapitel 7

Diagnostik bei Lernbehinderungen

Rudolf Kretschmann

Zusammenfassung

Bei pädagogischen Fördermaßnahmen ergeben sich für unterschiedliche Anlässe unterschiedliche diagnostische Notwendigkeiten: Eingangsdiagnosen, wenn ein Kind zum ersten Mal zu einer diagnostischen Untersuchung vorgestellt wird, wozu auch die Feststellung eines sonderpädagogischen Förderbedarfs gehören kann; Förderungsdiagnosen im eigentlichen Sinne, wenn bei einem nachgewiesenen Förderbedarf ein Individueller Entwicklungsplan (IEP) erstellt werden soll; prozessbegleitende Diagnosen, um die jeweiligen und konkreten Angebote dem Lernniveau des Kindes anzupassen, sowie Verlaufs- und Fortschreibungsdiagnosen, um die Effekte der Fördermaßnahmen zu überprüfen und ggf. erneut einen Entwicklungsplan zu erstellen. Die verschiedenen diagnostischen Aufgaben erfordern je unterschiedliche Vorgehensweisen. Bei den Eingangsdiagnosen können normative Tests entscheidende Informationen liefern. Bei der Erstellung Individueller Entwicklungspläne und den Förderdiagnosen im eigentlichen Sinne sind es vor allem kriterien- und curriculumbezogene Verfahren sowie Prozessbeobachtungen, welche die entscheidenden Informationen liefern. Diagnosen sind mehrdimensional anzulegen: als Kind-Umfeld-Analysen und als Risiko-Schutzfaktoren-Diagnostik. Neben der Beschreibung der diagnostischen Erfordernisse gibt der Beitrag Hinweise zur Feststellung eines sonderpädagogischen Förderbedarfs im Förderschwerpunkt „Lernen" sowie Vorschläge zur Strukturierung Individueller Entwicklungspläne.

Fallbeispiel

Boris K. ist acht Jahre und zehn Monate alt. Er besucht die zweite Klasse einer Grundschule. Die Familie stammt aus Russland. Die Eltern sprechen Deutsch, zu Hause wird Russisch gesprochen. Am Ende des zweiten Schuljahres wird wegen Lernrückständen in Deutsch und Mathematik von der Grundschule ein Antrag auf Feststellung eines sonderpädagogischen Förderbedarfs gestellt. Die Überprüfung durch die Schule für Lernhilfe erbrachte folgende Ergebnisse:

- *Sprache:* Boris spricht Deutsch, ist aber unsicher im Gebrauch von Pronomen und in der Deklination von Substantiven.
- *Lesen:* Im SLS (Reinartz, 1974; Lesetexte B und C/D) zeigt sich, dass er einfache Texte langsam mit wenigen Fehlern lesen kann. Dabei kann er die Inhalte nur bruchstückhaft erfassen.
- *Schreiben, Rechtschreiben:* Die Diktattexte des SLS schreibt er lauttreu mit Fehlern in der Groß- und Kleinschreibung; auch Häufigkeitswörter schreibt er nur lauttreu!

- *Rechnen:* Boris rechnet grundsätzlich mit den Fingern (versteckt unter dem Tisch). Dabei macht er schon bei der Addition im Raum bis zehn Fehler; Additionen über zehn hinaus und Subtraktionen grundsätzlich gelingen ihm nicht.
- *Intelligenz:* Im CFT 1 (Catell, Weiß & Osterland, 1997) erreicht Boris einen PR von 12; einen T-Wert von 38; was einem IQ von 82 entspricht. Die gemessene Intelligenz liegt damit unter dem statistischen Durchschnitt. Da Boris auf Grund von Unsicherheit einige Zeit brauchte, sich „in die Anforderung zu finden" (Beobachtung während des ersten Untertests), liegt die tatsächliche Intelligenz vermutlich höher.
- *Schulisches Umfeld:* In der Schule scheint er sich trotz seiner Lernrückstände relativ wohl zu fühlen (nach Auskunft seiner Freunde). Das Verhältnis zu den Lehrerinnen bezeichnet er als „gut".
- *Häusliches Umfeld:* Beide Eltern sind berufstätig. In der schulfreien Zeit wird er von der Großmutter betreut.

Auf Grund der Diagnoseergebnisse wird eine sonderpädagogische Förderbedürftigkeit festgestellt. Die Förderung soll integriert im Grundschulunterricht erfolgen. Schwerpunktmäßig soll die Förderung – mit sonderpädagogischer Unterstützung – in den Fächern „Deutsch" und „Mathematik" realisiert werden.

Förderplan und Lernziele

Maßnahmen im schulischen Bereich: Es soll eine unterrichtsintegrierte bzw. unterrichtsbegleitende sonderpädagogische Förderung im Umfang von drei bis vier Wochenstunden erfolgen. Der Schwerpunkt wird in der Mathematik liegen. Es ist ein grundlegender Neuaufbau seiner mathematischen Fertigkeiten notwendig. Dabei muss darauf geachtet werden, dass zwar Veranschaulichungen benutzt und eingeübt werden; durch den Wechsel soll aber eine Abstrahierung der Vorgänge angelegt werden. Mit den Eltern muss abgesprochen werden, dass sie in gleicher Form in deutscher Sprache helfen!

Maßnahmen im außerschulischen Bereich: Eine Hortbetreuung wäre zu empfehlen; eine Betreuung nur während des Schulvormittags wäre unzureichend.

1 Einleitung

Pädagogische Förderung bedeutet die Bereitstellung und die Durchführung besonderer pädagogischer Angebote, wenn die schulischen Standardangebote nicht ausreichend für die gedeihliche Entwicklung eines Kindes sind. Sonderpädagogische Förderung zielt darauf ab, dass eine Förderung durch eigens dafür ausgebildete Lehrkräfte und durch spezifische, den Bedarfen der Klientel angepasste pädagogisch-therapeutische Methoden erfolgt. Im Falle einer Lernbehinderung beziehen sich die Fördcrangebote auf Lernende, die umfänglich, das heißt in mehreren Schulfächern sowie dauerhaft und schwerwiegend über einen längeren Zeitraum hinter den Lernanforderungen der Regelschule zurückbleiben, wobei auszuschließen ist, dass die Kinder primär durch organische Beeinträchtigungen behindert werden (vgl. Bach, 1977; Kanter, 1977). Partielle, zum Beispiel nur auf ein Schulfach beschränkte oder zeitlich begrenzte Formen des Zurückbleibens werden als Lernstörungen bezeichnet. Bei der Förderung handelt es sich um die Vermittlung der schulischen Lehrinhalte in modifizierter Form, um unterrichtsergänzende Angebote, um Differenzierungsangebote in einem binnendifferenzierenden Unterricht der allgemeinen Schule oder – und das ist der Regelfall – um die Unterrichtung in einer Sonderschule.

Der Begriff *Lernbehinderung* wurde 1994 bzw. 1999 in der offiziellen Sprachregelung – nach den Empfehlungen der Kultusministerkonferenz Deutschlands (KMK) – durch den Begriff „sonderpädagogisch förderbedürftig im Förderschwerpunkt Lernen" ersetzt. Den Empfehlungen gingen umfangreiche Fachdiskussionen voraus, die sich auf den Sprachgebrauch in der Sonderpädagogik insgesamt bezogen, auf die Modellvorstellungen von Behinderung im Allgemeinen und Beeinträchtigungen des Lernens im Besonderen, sowie auf die Frage, ob die Unterrichtung von Kindern in Sonderschulen den Erfordernissen der Lernenden gerecht werden kann bzw. ob einer integrativen Unterrichtung der Vorzug zu geben ist. Ergänzend sei bemerkt, dass nicht nur die Bezeichnung für das Störungsbild geändert wurde. Auch der Name der Institution, in der die Kinder mit schwerwiegenden und umfangreichen Lernproblemen vorzugsweise unterrichtet werden, wurde geändert: Die Bezeichnung „Schule für Lernbehinderte" wurde – in den Bundesländern unterschiedlich – durch Begriffe wie „Förderschule", „Schule für Lernhilfe" etc. ersetzt. In einigen Bundesländern sind auch diese Änderungen bereits Geschichte, da anstelle der Sonderschulsparten „Förderzentren für die Schwerpunkte, Lernen, emotionale und soziale Entwicklung und Sprache" eingerichtet wurden.

Mit der Formulierung „sonderpädagogisch förderbedürftig im Förderschwerpunkt Lernen" soll zum Ausdruck kommen, dass gerade bei Lernschwierigkeiten eine sonderpädagogische Förderbedürftigkeit nicht allein durch Eigenschaften einer Person begründet ist. Förderbedürftigkeit soll als ein Zustand verstanden werden, in den ein Schüler infolge eines komplexen und dynamischen Zusammenwirkens sowohl individueller Eigenschaften und Verhaltensweisen gelangen kann als auch von Umfeldeinflüssen, etwa entwicklungshemmenden Bedingungen im Elternhaus oder unzulänglichen Angeboten im Bildungssystem.

Mit der Vorstellung, Förderdürftigkeit nicht als eine Eigenschaft zu begreifen, sondern als Situation oder einen Zustand, welcher sich auch ändern kann und soll, erübrigt sich nicht die Frage, welche individuellen Eigenschaften und Verhaltensweisen es sind, die manche Lernende eher als andere förderbedürftig werden lassen und welche Umfeldbedingungen den Lernerfolg von Schülern gefährden können. Darüber hinaus gibt es nicht nur Entwicklungsrisiken, die der pädagogischen und der wissenschaftlichen Beachtung bedürfen. Der Blick muss sich auch auf schützende Bedingungen richten, welche geeignet sind, Entwicklungsrisiken zu kompensieren, und verhindern, dass ungünstige Voraussetzungen in einem Lebensbereich auch tatsächlich zu manifesten Schwierigkeiten führen. Schutzfaktoren können Eigenschaften oder Verhaltensweisen der Person sein, Stärken, welche partielle Schwächen ausbalancieren, aber auch Umfeldbedingungen wie zum Beispiel ein unterstützendes Elternhaus oder Präventionsangebote in der Schule oder schon im Kindergarten.

2 Förderdiagnostik

2.1 Ziele der Förderdiagnostik

Der Begriff *Förderdiagnostik* soll zum Ausdruck bringen, dass die diagnostischen Bemühungen dazu dienen sollen, die Entwicklung von Kindern wirksam zu unterstützen. Es handelt sich um eine terminologische Abgrenzung gegenüber einer Diagnostik, bei der Fragen der Schullaufbahnlenkung (Sonderschulüberweisung) oder der Gewährung von Ressourcen (z. B. Kostenübernahme für eine Förderung nach § 35a KJHG) im Vordergrund stehen.

Es gibt im Kontext sonderpädagogischer Förderung unterschiedliche diagnostische Notwendigkeiten und Akzentuierungen (vgl. Kretschmann & Arnold, 1999), die jeweils ein eigenes Vorgehen und die Verwendung unterschiedlicher Diagnoseverfahren erfordern.

Um eine *Eingangsdiagnose* handelt es sich, wenn ein Kind zum ersten Mal zu einer diagnostischen Überprüfung vorgestellt wird. Bei diesen Eingangsdiagnosen verschafft man sich eine umfassende Übersicht über die Stärken und Schwächen eines Kindes sowie über Risiken und Schutzfaktoren in seinen Umweltbereichen und formuliert Grob- und Richtziele der Förderung, zum Beispiel Sprachförderung, Abbau hyperaktiven Verhaltens oder Verbesserung der Schriftsprachkompetenz. In dem einen oder anderen Fall wird man auch überlegen, in welchem Setting diese Ziele am besten erreicht werden können. Bei den Eingangsdiagnosen haben u. a. normorientierte Diagnoseverfahren (Schulleistungstests, Intelligenztests) eine wichtige Funktion, da man mit ihnen abschätzen kann, wo ein Kind im Vergleich zu Mitschülern steht oder über welche intellektuellen Ressourcen es verfügt. Solche Informationen werden benötigt, um einen Förderbedarf zu begründen und gegebenenfalls auch die Bereitstellung zusätzlicher Ressourcen zu legitimieren. Auch medizinische Untersuchungen sind in diesem Stadium angezeigt, um auszuschließen, dass die Lernschwierigkeiten durch organische Beeinträchtigungen, zum Beispiel Seh- oder Hörbeeinträchtigungen oder psychische Störungen (mit-)bedingt sind.

Tabelle 1:
Formen und Schwerpunkte von förderorientierten Diagnosen

Mögliche Lernorte	– Sonderschule, Schule für Lernhilfe – Förderzentrum mit sonderpädagogischer Förderung in der Regelschule – Integrationsklasse: Schule ohne Aussonderung, Lernen unter einem Dach
Eingangsdiagnose	– Aktuelle Befindlichkeiten – Lernentwicklung – Individuelle Ressourcen – Risiken und Schutzfaktoren im schulischen Umfeld – Risiken und Schutzfaktoren im außerschulischen Umfeld – Grob- und Richtziele der Förderung – Mögliche Settings, unterstützende Institutionen
Förderdiagnose im eigentlichen Sinne	– Feinanalyse in verschiedenen Bereichen der aktuellen Entwicklung – Formulierung von Feinzielen der Förderung – Formulierung eines Förderplans – Förderkontrakt
Prozess-begleitende Diagnostik	Beobachtende, diagnostizierende und analysierende Begleitung des Unterrichtungs- und Förderprozesses, – um die jeweiligen und konkreten Angebote der Lernentwicklung des Kindes anzupassen und – um aktuelle und situative Bedingungen in der Förderung zu berücksichtigen
Verlaufs- und Fortschreibungs-diagnose	– Evaluation des Fördererfolgs – gegebenenfalls Beendigung der Fördermaßnahme oder Aktualisierung des Förderplans – Neufestlegung der Verantwortlichkeiten und – Neuformulierung des Förderkontrakts

Förderdiagnosen im eigentlichen Sinne, bei denen es darum geht, Fein- und Nahziele der Förderung zu definieren, über die erforderlichen Fördermaßnahmen zu entscheiden und einen Förder- bzw. individuellen Entwicklungsplan zu erstellen. Dafür werden in erster Linie kriteriumsorientierte bzw. curriculumbezogene Verfahren benötigt.

Prozessbegleitende Diagnosen, mittels derer
- verfolgt wird, wie ein Kind auf die konkreten Förderangebote reagiert;
- die jeweiligen und konkreten Angebote der Lernentwicklung angepasst werden sowie
- aktuelle und situative Bedingungen in der Förderung berücksichtigt werden.

Es sind vor allem kriteriumsorientierte (curriculumbezogene) Verfahren, mit denen sich abbilden lässt, ob ein Kind auf einem Lernkontinuum weiter gekommen ist oder ob es sich in seinem Sozialverhalten einem altersangemessenen Repertoire angenähert hat.

Verlaufs- und Fortschreibungsdiagnosen

Nach spätestens einem Jahr wird man sich nicht mehr auf die Fördervorschläge der Eingangsbegutachtung verlassen können. Man wird stattdessen vor allem auf den Gebieten, auf denen Veränderungen zu erwarten sind, eine Verlaufsdiagnose erstellen und neue Förderpläne entwerfen. Die quantitative Überprüfung des Fördererfolgs erfolgt mit Schulleistungstests. Zur Fortschreibung des Entwicklungsplans werden erneut informelle (kriteriumsorientierte) Verfahren eingesetzt.

Zu Zeiten, in denen Kinder mit umfangreichen Lern- und Entwicklungsrückständen ausschließlich in Sonderschulen unterrichtet wurden, sprach man von der *Feststellung der Sonderschulbedürftigkeit.* Von der *Feststellung sonderpädagogischen Förderbedarfs* spricht man, wenn die Bedürftigkeit im Einzelfall nachgewiesen werden muss, um eine Regelschulklasse mit Sonderschullehrerstunden auszustatten. Nur dort, wo von vornherein feststeht, wie viele Sonderschullehrerstunden in eine Klasse gegeben werden, ist die Erstdiagnose von dem administrativen Ballast befreit, der mit der Entscheidung über den Lernort oder die Begründung der Zuweisung von Sonderschullehrerstunden verbunden ist. Dennoch ist es auch hier sinnvoll, sich bei Kindern, die Schwierigkeiten erkennen lassen, zunächst mittels einer *Eingangsdiagnose* ein umfassendes Bild zu verschaffen, das dann fortlaufend durch Förder- und Fortschreibungsdiagnosen ergänzt werden kann.

Bei der Feststellung eines sonderpädagogischen Förderbedarfs hat die beantragende Schule Vorabinformationen zu liefern, wie zum Beispiel Angaben über die bisher erzielten Leistungen, die Mitarbeit und das Sozialverhalten, den schulischen Werdegang oder besondere Auffälligkeiten und Vorkommnisse. Abgesehen von der bei der Überprüfung vorgesehenen schulärztlichen Untersuchung werden die darauf aufbauenden Diagnosen fast ausnahmslos von Sonderschullehrkräften durchgeführt. Nur im Ausnahmefall werden andere Fachleute wie etwa Schulpsychologen konsultiert. Die Sonderschullehrkräfte sind dabei weitgehend frei in der Wahl der Diagnoseverfahren und der Diagnosestrategien.

2.2 *Inhalte der Förderdiagnostik*

2.2.1 *Allgemeine Hinweise*

Vor allem bei den Eingangsdiagnosen stellt sich die Frage „Wonach muss man suchen, was muss man berücksichtigen?“. Die Antworten auf diese Frage hängen in hohem Maße von den Vorstellungen ab, welche Ursachen des Lernversagens man vermutet. Bis in die 70er Jahre hinein dominierte die Auffassung vom Lernerfolg als Folge angeborener Begabung und vom Lernversagen als Folge angeborener Minderbegabung. Vor dem Hintergrund dieser Auffassung wurde der Intelligenztest zum Maß aller Dinge. Heute weiß man, dass der Lernerfolg stark von Umfeldbedingungen mitbestimmt wird. So beeinträchtigen Risiken im schulischen und häuslichen Umfeld den Lernerfolg, aber es existieren auch Schutzfaktoren, die einem Kind über Schwierigkeiten hinweg helfen können (vgl. Opp, Fingerle & Freytag, 1999; Niebank & Petermann, 2002). Die hohe Abhängigkeit des Schulerfolgs von den häuslichen Lebensumständen wurde vor allem für deutsche Kinder in jüngster Zeit durch die PISA-Studien nachgewiesen (Deutsches PISA-Konsortium, 2001; PISA-Konsortium Deutschland, 2004).

Für die Leitvorstellungen pädagogisch-diagnostischer Bemühungen sind die *Kind-Umfeld-Analyse* bzw. die *Risiko-Schutzfaktoren-Analyse* bedeutsam. Bei

Tabelle 2:
Relevante Bereiche für die Diagnosestellung

	Risiken	**Schutzfaktoren**	**Weitere Merkmale der Entwicklung**
Personale Bedingungen	Lernrückstände, Eigenschaften und Verhaltensweisen, die den Lernerfolg behindern oder gefährden.	Schützende und stabilisierende Kompetenzen, Eigenschaften oder Verhaltensweisen des Kindes, besondere Stärken und Interessen.	Vorangegangene körperliche und psychische Entwicklung
Umfeldbedingungen: schulisches Umfeld	Aktuelle schulische Bedingungen, die die Entwicklung des Kindes behindern oder gefährden.	Aktuelle schulische Bedingungen, die für die Entwicklung des Kindes besonders förderlich sind.	Schulische Lerngeschichte und Entwicklung
Umfeldbedingungen: häusliches Umfeld	Aktuelle häusliche Bedingungen, die die Entwicklung des Kindes behindern oder gefährden.	Aktuelle häusliche Bedingungen, die für die Entwicklung des Kindes besonders förderlich sind.	Entwicklung der Familienverhältnisse und der häuslichen Lebensumstände
Umfeldbedingungen: Gleichaltrige, andere Lebensbereiche	Weitere Bedingungen und Lebensumstände, die die Entwicklung des Kindes behindern oder gefährden.	Weitere Bedingungen und Lebensumstände, die für die Entwicklung des Kindes besonders förderlich sind.	

der Kind-Umfeld-Analyse wird ermittelt, wie zum einen Eigenschaften, Verhaltensweisen und Kompetenzen des Kindes zur Lernentwicklung beitragen, zum anderen, wie das Lernverhalten durch Umfeldbedingungen beeinflusst wird. Risiko-Schutzfaktoren-Analyse bedeutet, dass neben den Entwicklungsrisiken auch die schützenden Bedingungen zu Gegenständen des diagnostischen Interesses werden. Tabelle 2 zeigt die Bereiche für das diagnostische Vorgehen auf.

2.2.2 Aktuelle Befindlichkeiten

Hierunter sind aktuelle lernrelevante Kompetenzen zu verstehen, wie Lernstände, Einstellungen und Verhaltensweisen. Je länger ein Lehrvorgang dauert, desto stärker wird der künftige Lernerfolg von dem bis dahin erreichten domainspezifischen Kompetenzniveau bestimmt (vgl. Helmke, 1997; Stern, 1997). Daher stehen an vorderster Stelle des diagnostischen Interesses Schulleistungen und die Abklärung des erreichten Lernniveaus. Nicht weniger wichtig sind jedoch das Arbeits- und Sozialverhalten, die sprachliche Entwicklung, die Gefühle beim Lernen und die Lernmotivation. Bei Kindern mit Lernproblemen gilt es, sich mit den Risiken eines Kindes mit dem Ziel auseinander zu setzen, sie nach erfolgter Diagnose abzuschwächen oder zu eliminieren. Gleichzeitig gilt es, sich zu vergegenwärtigen, über welche Stärken, Interessen und Potenziale ein Kind verfügt. Es erleichtert sehr die Förderung, wenn die Förderangebote an Bereichen anknüpfen können, in denen ein Kind über besondere Kompetenzen verfügt oder für die es ausgeprägte Interessen entwickelt hat.

2.2.3 Soziales Umfeld

- *Das schulische Umfeld:* Hierbei ist besonders darauf zu achten, ob die pädagogischen Angebote den pädagogischen Bedarfen des Kindes angemessen sind.
- *Das häusliche Umfeld:* Hierbei ist in Erfahrung zu bringen, ob und welche Bedingungen im häuslichen Umfeld ursächlich und zum Fortbestehen der Schwierigkeiten beitragen – und welche schützenden oder stabilisierenden Bedingungen eventuell im häuslichen Umfeld gegeben sind.
- *Weitere Umfelder:* Beispielsweise ist von Bedeutung, mit welchen Gleichaltrigen die Kinder Umgang haben bzw. ob sie sich in Vereinen oder Jugendgruppen in einem stabilisierenden Umfeld bewegen.

Im Einzelfall ist auch abzuklären, welche pädagogischen Settings für die Förderung des Kindes in Frage kommen und welche Institutionen und Dienste den Förderprozess unterstützen können.

2.2.4 *Weitere Merkmale der Entwicklung*

Zurückstellungen, Wiederholungen und erfolglose Förderversuche *vor* dem Untersuchungszeitpunkt deuten auf einen umfangreichen sonderpädagogischen Förderbedarf hin, insbesondere dann, wenn in den anderen Bereichen ungünstige Bedingungen vorliegen (Tab. 3).

2.2.5 *Erhöhter Förderbedarf versus sonderpädagogischer Förderbedarf*

Ein *erhöhter Förderbedarf* ist bei jeglicher Form des Zurückbleibens hinter den schulischen Lernzielen gegeben, auch wenn nur eines von mehreren Fächern betroffen ist, und zwar bei einem Prozentrang von 15 oder weniger sowie einer Standardabweichung oder mehr unterhalb des Mittelwertes in einem standardisierten Schulleistungstest. Für die Zuerkennung eines *sonderpädagogischen Förderbedarfs* sind (s. o.) strengere Maßstäbe anzulegen. Trotz wiederholter Zweifel, ob die Überweisung eines Kindes in eine Schule für Lernhilfe die beste aller denkbaren Fördermöglichkeiten sei, werden ca. 80 % aller sonderpädagogisch förderbedürftigen Kinder mit dem Förderschwerpunkt Lernen in einer Sonderschule unterrichtet.

Kasten 1:
Feststellung des Förderbedarfs in den USA

Ein Vorbild für die gesetzliche Regelung der Belange von Kindern mit „special educational needs“ stellt der „Individuals with Disabilities Education Act – IDEA“ der USA dar. Er wurde 1975 erstmals erlassen und zuletzt 1997 novelliert (Congress of the United States of America, 1997). Er sieht vor, dass sich mit der Feststellung der „special educational needs“ und mit der Erstellung eines individuellen Entwicklungsplans ein Team befasst. Diesem Team gehören an:
- die Eltern eines förderbedürftigen Kindes,
- wenigstens eine Lehrkraft der Regelschule, in der das Kind bisher unterrichtet wurde,
- eine Sonderschullehrkraft,
- ein in der Sache zuständiger und kompetenter Vertreter der örtlichen Schulbehörde,
- gegebenenfalls der Schüler selbst.

Die Mitglieder eines Förderausschusses sind keineswegs frei von Eigeninteressen: Eine Grundschullehrerin beispielsweise, die sich durch das auffällige Verhalten eines Schülers bei ihren Unterrichtsaktivitäten behindert fühlt, will daher ein Kind möglichst rasch an die Sonderschule abgeben; ein Sonderschulrektor möchte gerne die Schülerzahl seiner Schule erhöhen etc. Solche Interessen können sich gegenüber den Befunden durchsetzen, wenn das Feststellungsverfahren ohne Transparenz und ohne Beteiligung neutraler Dritter betrieben werden kann. Mit der Einrichtung von Förderausschüssen wird ein Maß an Öffentlichkeit geschaffen, das geeignet scheint, Partikularinteressen zu neutralisieren und aus den Befunden sachangemessene Schlüsse zu ziehen.

Tabelle 3:
Indikationen und Kontraindikationen für einen sonderpädagogischer Förderbedarf im Förderbereich „Lernen“

	Indikationen	**Kontraindikationen**
Personale Bedingungen	– Das Kind ist in seiner Lernentwicklung in *mehreren* wichtigen Schulfächern um mehr als ein Jahr zurück. – Das Kind gehört mit seinen Lernleistungen in *mehreren* wichtigen Schulfächern zu den unteren 5 %.	– Die Schwierigkeiten des Kindes sind auf ein einzelnes Unterrichtsfach beschränkt. Es erbringt in den übrigen Fächern durchschnittliche bis überdurchschnittliche Leistungen.
	– Das Kind zeigt ausgesprochen wenig Interesse an den schulischen Angeboten. – Das Kind operiert bei der Bearbeitung schulischer Aufgaben überwiegend planlos bzw. kognitiv impulsiv.	– Das Kind ist im Allgemeinen motiviert bzw. Motivationsschwierigkeiten sind auf die Problemfächer beschränkt. – Das Kind verfügt (zumindest in unbelasteten Fächern) über ein zweckmäßiges Arbeitsverhalten.
	– Das Kind weist deutlich sprachliche Rückstände auf.	– Das Kind verfügt über ausreichende sprachliche Kompetenz.
	– Das Kind beherrscht trotz mehrjährigen Aufenthalts in Deutschland die Unterrichtssprache nur unzulänglich.	– Das Kind beherrscht die Unterrichtssprache ausreichend.
	– Das Kind hat massive soziale Probleme in der Klasse (Ängste, Aggression, soziale Isolation).	– Das Kind ist sozial gut integriert.
	– Die Intelligenz des Kindes ist unterdurchschnittlich (1.5 bis 3 Standardabweichungen unter dem Mittelwert).	– Die Intelligenz des Kindes ist durchschnittlich bis überdurchschnittlich.
	– Das Kind ist in seiner Wahrnehmung und/oder Motorik beeinträchtigt.	– Wahrnehmung und Motorik sind normal entwickelt.
	– Das Kind verfügt über eine labile körperliche Konstitution.	– Das Kind verfügt über eine stabile körperliche Konstitution.
Umfeldbedingungen: schulisches Umfeld	– Im Unterricht der Regelschule wird infolge eines hohen Leistungsniveaus und fehlender Passung nicht genügend auf die pädagogischen Bedarfe des Kindes eingegangen.	– Der Unterricht ist hochgradig binnendifferenziert und individualisiert. Für Kinder mit besonderen Bedarfen werden passende Angebote gesucht.
	– Es stehen in der Regelschule keine ausreichenden Ressourcen für ergänzende oder differenzierende Förderangebote zur Verfügung.	– In der Regelschule stehen ausreichende Ressourcen für ergänzende oder differenzierende Förderangebote zur Verfügung.

Tabelle 3 (Fortsetzung):
Indikationen und Kontraindikationen für einen sonderpädagogischer Förderbedarf im Förderbereich „Lernen“

	Indikationen	**Kontraindikationen**
Umfeld-bedingungen: schulisches Umfeld	– Im Unterricht der Regelschule wird infolge eines hohen Leistungsniveaus und fehlender Passung nicht genügend auf die pädagogischen Bedarfe des Kindes eingegangen.	– Der Unterricht ist hochgradig binnendifferenziert und individualisiert. Für Kinder mit besonderen Bedarfen werden passende Angebote gesucht.
	– Es stehen in der Regelschule keine ausreichenden Ressourcen für ergänzende oder differenzierende Förderangebote zur Verfügung.	– In der Regelschule stehen ausreichende Ressourcen für ergänzende oder differenzierende Förderangebote zur Verfügung.
Umfeld-bedingungen: häusliches Umfeld	– Das Kind entstammt aus einem bildungsfernen Milieu. Die Eltern können das Kind nicht intellektuell unterstützen. – Das Kind entstammt einer Familie mit Migrationshintergrund.	– Das Kind entstammt einem bildungsbewussten Milieu. Es erfährt zu Hause intellektuelle Unterstützung.
	– Das Kind erfährt im häuslichen Milieu überwiegend Nichtbeachtung oder Zurückweisung.	– Das Kind erfährt im Elternhaus emotionale Unterstützung.
Umfeld-bedingungen: Gleichaltrige, andere Lebensbereiche	– Das Kind verkehrt vorzugsweise mit Gleichaltrigen, die zu Schulabsentismus, Delinquenz, Gewalt etc. neigen.	– Das Kind wächst in einem stabilisierenden Umfeld heran. Es ist gut in Vereinen, Jugendgruppen, Kirchengemeinde etc. integriert.
Weitere Merkmale der Entwicklung	– Die schulische Entwicklung ist von Sitzenbleiben, Zurückstellungen, erfolglosen Förderbemühungen etc. gekennzeichnet. – Die vorschulische Entwicklung ist von Krankheiten, Krankenhausaufenthalten, Heimaufenthalten, Trennungen etc. gekennzeichnet.	– Das Kind war anfangs erfolgreich. Die Schwierigkeiten haben sich später eingestellt.

Die Wahrscheinlichkeit, dass ein Kind sonderpädagogischer Förderung bedarf, ist umso größer, je mehr Risiken und je weniger Schutzfaktoren gegeben sind. Welche und wie viele Bedingungen zusammenkommen müssen, um von sonderpädagogischer Förderbedürftigkeit zu sprechen, lässt sich vorab nicht benennen. Und zwar aus mehreren Gründen:

- Sonderpädagogische Förderbedürftigkeit hängt nicht nur von den Eigenschaften der Kinder ab, sondern wesentlich auch von der Integrationskraft und der Integrationsbereitschaft der Primärsysteme.
- Bei der Zuerkennung eines sonderpädagogischen Förderbedarfs ist auch zu berücksichtigen, wie viele Ressourcen (sprich Sonderschullehrerstunden) für die sonderpädagogische Förderung zur Verfügung stehen, denn diese sind kontingentiert.

2.3 Diagnoseinstrumente zur Feststellung eines sonderpädagogischen Förderbedarfs im Förderschwerpunkt Lernen

Man kann in pädagogischen Handlungsfeldern unterscheiden zwischen

- *normierter Diagnostik*, bei der die Leistungen bzw. Merkmalsausprägungen einer Person mit denen der anderen Mitglieder einer Kohorte verglichen werden;
- einer *kriteriumsorientierten Diagnostik*, bei der vor allem auf dem Gebiet der psychischen und körperlichen Entwicklung ermittelt werden kann, welche Entwicklungsschritte eine Person vollzogen hat und welche nicht;
- einer auf domainspezifische schulische Lerninhalte bezogenen *curriculumbezogenen Diagnostik*, mittels derer man feststellen kann, welche Lernschritte ein Schüler bewältigt hat und welche nicht, sowie
- einer *prozessorientierten Diagnostik*, mittels derer in Erfahrung zu bringen ist, wie ein Schüler in einer gegebenen Situation oder bei der Bewältigung einer Anforderung operiert.

Erstere Diagnoseverfahren sind erforderlich, um einen Förderbedarf (ggf. auch juristisch) zu begründen und zu legitimieren. Kriteriumsbezogene, curriculumbezogene und prozessorientierte Diagnosen werden benötigt zur Formulierung Individueller Entwicklungspläne (IEP) und zur Optimierung pädagogisch-therapeutischer Angebote, also zu prozessbegleitenden Diagnosen und zu Förderdiagnosen im engeren Sinne. Mit dem Terminus *curriculumbezogene Diagnostik* soll zum Ausdruck gebracht werden, dass die Diagnostik sich nicht auf einzelne, etwa durch Jahrgangsziele gesetzte Zielmarken des Lehr-Lern-Prozesses beschränkt, sondern dass ein domainspezifisches und möglichst hierarchisch geordnetes Lernkontinuum den Bezugsrahmen bildet.

2.3.1 Standardisierte Schulleistungstests

Im Falle der Feststellung eines sonderpädagogischen Förderbedarfs gilt es zunächst, möglichst objektiv nachzuweisen, dass sich die Schulleistungen eines Schülers weit von denen seiner Mitschüler unterscheiden. Verfahren der Wahl bilden Schulleistungstests. Bei manchen der deutschsprachigen Schulleistungstests beschränkt sich die Eichung auf einzelne Regionen des Sprachraums, etwa auf Österreich oder die Schweiz. Wegen der Unterschiede in den Bildungssystemen lassen sich solche Ergebnisse aus diesen Eichregionen nur bedingt auf deutsche Verhältnisse übertragen. Weiterhin ist der Zeitpunkt der letzten Normierung eines Tests zu beachten. Da Bildungssysteme und Lebensbedingungen der Schüler epochalen Veränderungen unterliegen, können die Leistungen über- oder unterschätzt werden, wenn man sie mit einer Eichstichprobe vergleicht, die zehn Jahre oder älter ist.

2.3.2 Intelligenzüberprüfung

Mit einem Zurückbleiben in einem oder mehreren wichtigen Schulfächern ist der Fall eines erhöhten Förderbedarfs gegeben. Um einen sonderpädagogischen Förderbedarf zu formulieren, müssen (vgl. Tab. 3) verschiedene Bedingungen erfüllt sein, wobei einen der wichtigsten Anhaltspunkte für eine sonderpädagogische Förderbedürftigkeit im Förderschwerpunkt Lernen die Intelligenztestung darstellt. Ältere Erlasse und Richtlinien sahen den Förderbedarf gegeben, wenn die Intelligenz eines Kindes zwischen 1.5 bis 2 Standardabweichungen unter dem Mittelwert lag. Kinder mit einem IQ unterhalb der dritten Standardabweichung wurden als geistig behindert eingestuft (Deutscher Bildungsrat, 1973; Sonderschulaufnahmeverfahren Nordrhein-Westfalen, 1973). Neuere Richtlinien wie die der KMK von 1999 und auch die Richtlinien der verschiedenen Bundesländer verzichten auf derartige Angaben, weil sich der IQ nicht als ein ausreichender Prädiktor des Schulerfolgs erwiesen hat. Es gibt Kinder, die infolge eines stützenden Umfeldes, trotz niedriger Intelligenz in der Schule erfolgreich sind, während manchmal Kinder mit durchschnittlicher oder gar überdurchschnittlicher Intelligenz wegen (häufig sozialisationsbedingter) gravierender Lernrückstände in Schulen für Lernhilfe überwiesen werden.

Zur Intelligenzüberprüfung eignen sich verschiedene Verfahren, die man in zwei Gruppen untergliedern kann:

- Testbatterien, mit denen sich mittels qualitativ verschiedener Untertests Intelligenzprofile ermitteln lassen.
- Weitgehend sprachfreie Tests, die darauf abzielen einen einzigen Kennwert für die Intelligenz zu ermitteln.

Die letztgenannten Tests werden vorzugsweise bei Kindern mit Migrationshintergrund eingesetzt, welche die deutsche Sprache nur unzureichend beherrschen.

Mit Sicherheit liefert eine Testbatterie die differenziertesten Ergebnisse. Da viele der Untertests jedoch eine angemessene Beherrschung der deutschen Sprache voraussetzen, verbieten sie sich bei Kindern mit migrationsbedingten Sprachproblemen, weil die Intelligenz der Kinder damit unterschätzt würde. Auf nonverbale Tests auszuweichen, bildet eine gute Alternative, wie die aktuelle Übersicht über Intelligenztests von Holling, Preckel und Vock (2004) zeigt.

2.4 Abgrenzungen der Diagnose „Geistige Behinderung" gegenüber psychiatrischen Krankheitsbildern

Zur Feststellung eines sonderpädagogischen Förderbedarfs gehört (s. o.) routinemäßig eine medizinische Untersuchung. Damit soll ermittelt werden, inwieweit die Lernprobleme durch organische Beeinträchtigungen mitbedingt sind, bzw. ob eine organische Behinderung, wie etwa eine Seh- oder Hörschädigung, die dominierende Beeinträchtigung ist und entsprechende medizinische und/oder pädagogische Konsequenzen zu ziehen sind. Auch eine Abgrenzung gegenüber der Diagnose „geistige Behinderung" ist zu treffen. Arnold (2005) verweist darauf, dass darüber hinaus Alternativdiagnosen wie tiefgreifende Entwicklungsstörungen (Autismus/Asperger-Syndrom, F84.5 nach ICD-10) oder eine schwergradige, lang andauernde Anpassungsstörung (F43.2 nach ICD-10) zum Beispiel auf Grund massiver psychischer Belastung in der Familie mit in Betracht gezogen bzw. ausgeschlossen werden müssen. In diesem Fall sind die einschlägigen Dienste und Fachleute zu konsultieren.

3 Individuelle Entwicklungspläne (IEP)

In den USA und in den meisten europäischen Nachbarländern ist es schon seit mehreren Jahrzehnten eine Selbstverständlichkeit für „children with special educational needs" ein „individual educational program" (Congress of the United States of America, 1997) zu erstellen, mit operational definierten Förderzielen, einer Benennung der Zuständigkeiten und der pädagogisch-therapeutischen Erfordernissen und der Auflage einer regelmäßigen Überprüfung der Fördererfolge und der Aktualisierung des Förderplans. Auch in der Jugendhilfe kennt man schon seit längerem den Hilfeplan, den die Betreuer für die ihnen anvertrauten Kinder und Jugendlichen zu erstellen haben. Die Forderung, für Lernende mit besonderen Förderbedarf Individuelle Entwicklungspläne (IEP) zu erstellen, ist inzwischen auch im deutschen Schulwesen angekommen mit der Folge einer Ausweitung des Diagnoseauftrags von Sonderschullehrer: War der förmliche Diagnoseauftrag mit der Feststellung des sonderpädagogischen Förderbedarfs (ggf. versehen mit mehr oder weniger umfangreichen Fördervorschlägen) beendet, so ist dies jetzt erst in einem sich möglicherweise über mehrere Jahre erstreckenden Prozess von Diagnose-Findung, Förderung und Diagnose-Überprüfung nur ein erster Schritt.

In regelmäßigen Abständen werden solche Individuellen Entwicklungspläne (IEP) auch für Lernende zu formulieren sein, die bereits in einer Sonderschule unterrichtet werden bzw. für Kinder mit einem diagnostizierten sonderpädagogischen Förderbedarf, die in Regelschulen gefördert werden.

Kasten 2:
Individuelle Entwicklungspläne

Unter einem Individuellen Entwicklungsplan (IEP) versteht man nach dem „Individuals with Disabilities Education Act" ein für ein Kind mit besonderem pädagogischen Förderbedarf entwickeltes Programm, das in regelmäßigen Abständen überprüft und aktualisiert wird. Der Plan enthält eine Beschreibung des aktuellen Leistungsstandes und des Lern- und Unterrichtsverhaltens sowie Aussagen,

- inwieweit sich das Kind an dem allgemeinen Unterricht beteiligen kann bzw. welche Auswirkungen die Beeinträchtigungen des Kindes auf seine Lernfortschritte haben,
- bei Vorschulkindern, wie die Beeinträchtigungen seine Beteiligung an altersangemessene Aktivitäten beeinflussen,
- über messbare kurz-, mittelfristig und jährlich zu erreichende Lernziele,
- welche besonderen pädagogischen Bedarfe sich aus der Beeinträchtigung des Kindes ergeben und wie dafür gesorgt werden kann, dass das Kind trotz seiner Beeinträchtigung am regulären Unterricht teilnehmen kann,
- welche besonderen pädagogischen Bedarfe sich darüber hinaus auf Grund der Beeinträchtigung des Kindes ergeben,
- welche sonderpädagogischen Hilfestellungen oder Dienste für das Kind vorzusehen sind,
- wie die Unterrichtsangebote im Hinblick auf die Beeinträchtigung zu modifizieren sind und/oder
- welche Hilfen das pädagogische Personal bei der Erziehung und Unterrichtung des Kindes erhalten soll,
  - damit das Kind die jährlichen Lernziele bestmöglich erreichen kann;
  - damit es sich gemeinsam mit anderen, behinderten und nicht-behinderten Kindern mit Erfolg am allgemeinen Unterricht und an außerunterrichtlichen schulischen Aktivitäten beteiligen kann;
- eine Aussage, inwieweit (wenn überhaupt) ein Kind sich nicht an den Aktivitäten nicht-behinderter Kinder im Unterricht beteiligen kann,
- eine Aussage, inwieweit die überregionalen Leistungsmessungen modifiziert werden müssen, damit das Kind sich an ihnen beteiligen kann.

Falls das IEP-Team beschließt, dass das Kind sich nicht an den überregionalen Leistungsmessungen beteiligen kann, sind Aussagen darüber erforderlich,

- warum die Beteiligung an der Leistungsmessung für das Kind unangemessen ist und

- welche Alternativen vorgesehen sind, um den Lern- und Entwicklungsfortschritt eines Kindes zu überprüfen.

Der IEP enthält darüber hinaus Aussagen,
- wann mit den besonderen Förderangeboten begonnen werden soll,
- wo, wie häufig und wie lange die besondere pädagogische Förderung erfolgen soll,
- wie die Annäherung des Kindes an die jährlichen Lernziele gemessen werden,
- wie und in welchen Abständen die Eltern über die Entwicklung des Kindes informiert werden (z. B. in Form periodischer Lernentwicklungsberichte),
- welche Fortschritte das Kind im Hinblick auf die Jahrgangsziele gemacht hat und
- inwieweit die Fortschritte des Kindes ein Erreichen der Jahrgangsziele erwarten lässt.

4 Curriculumbezogene Diagnostik

Um Fördermaßnahmen zu organisieren, genügt es nicht allein zu wissen, welchen Rangplatz auf einem Leistungskontinuum ein Kind im Vergleich zu den anderen Angehörigen seiner Altersgruppe aufweist. Es ist auch erforderlich zu wissen, welche Entwicklungsschritte das Kind vollzogen hat und welche es vollzogen haben sollte; oder, welche Lernschritte in einem Lernbereich es bei einer altersangemessenen Entwicklung bewältigt haben sollte und welche es tatsächlich bewältigt hat. Entsprechende Diagnosen setzen voraus, dass für die entsprechenden Bereiche
- Lern-/Entwicklungsmodelle erarbeitet und
- diagnostische Kataloge und Prüfaufgaben entwickelt werden.

Besonders die Entwicklung curriculumbezogener Werkzeuge steht noch weitgehend am Anfang. Es lassen sich gegenwärtig zwei Arten diagnostischer Hilfsmittel unterscheiden: Checklisten und Protokollierungshilfen, um die im Unterricht oder Förderprozess beiläufig gewonnenen diagnostischen Informationen zu systematisieren, sowie curriculumbezogene Aufgabensammlungen.

Das *Förderdiagnostische Inventar für Schülerinnen und Schüler mit besonderen Lernbedürfnissen* (Arbeitskreis Förderpläne, 2003) zum Beispiel listet von der Wahrnehmung, über Motorik und Sozialverhalten bis hin zu den Schulfächern Deutsch und Mathematik Kompetenzen auf, die bei Schülern von der ersten bis zur zehnten Klasse beobachtet werden können. Abbildung 1 zeigt einen Ausschnitt aus dem äußerst umfangreichen Katalog.

Wie sich Abbildung 1 entnehmen lässt, sind die einzelnen Entwicklungsschritte oder Kompetenzstufen sehr fein gerastert. Die Ziffern in der Spaltenüberschrift repräsentieren Schuljahre. Lehrkräfte können für jedes Schulhalbjahr ankreuzen, ob sie die entsprechende Kompetenz bei einem Schüler beobachtet haben.

Arithmetik – *Forts.*
(trifft nicht zu –, trifft zu +)

Name

... Umgang mit Zahlen und Mengen 0–1000	1	2	3	4	5	6	7	8	9	10
– beherrscht die schriftliche Subtraktion mit einem Subtrahenden **ohne** Null, mit einem Übertrag und mit Stellenunterschied										
– beherrscht die schriftliche Subtraktion mit einem Subtrahenden, **mit** einem Übertrag und **mit** Stellenunterschied; die Null in den gegebenen Zahlen oder im Ergebnis										
– beherrscht die schriftliche Subtraktion mit einem Subtrahenden **ohne** Null, **mit** zwei und mehr Überträgen und **ohne** Stellenunterschied										
– beherrscht die schriftliche Subtraktion mit einem Subtrahenden **ohne** Null, **mit** zwei und mehr Überträgen und **mit** Stellenunterschied										
– beherrscht die schriftliche Subtraktion mit einem Subtrahenden, **mit** zwei und mehr Überträgen und **mit** Stellenunterschied; die Null in den gegebenen Zahlen oder im Ergebnis										
– beherrscht bei der schriftlichen Subtraktion den Übertrag in eine leere Stelle										
– beherrscht bei der schriftlichen Subtraktion den Übertrag in eine leere Stelle und das Ergänzen bis 10										

Abbildung 1:
Ausschnitt aus dem „Förderdiagnostischen Inventar für Schülerinnen und Schüler mit besonderen Lernbedürfnissen“ (Arbeitskreis Förderpläne, 2003)

Somit lässt sich mit Hilfe des Materials eine Entwicklungsdokumentation anfertigen. Gleichzeitig liefert das Verfahren Hinweise für die Erstellung von Förderplänen, weil sich nach erfolgter Bestimmung der aktuellen Leistung aus der Tabelle die nächsten Entwicklungsziele ablesen lassen. Förderdiagnostische Inventare können wichtige Hilfsmittel sein, um mehr oder weniger theoriegeleitete prozessbegleitende Diagnosen vor dem Vergessen zu bewahren oder die Wahrnehmung der Lehrkräfte für diagnostisch relevante Sachverhalte zu sensibilisieren. Kritisch ist anzumerken, dass es sich nicht um Diagnoseverfahren im eigentlichen Sinne handelt. Die diagnostischen Informationen werden durch (teilnehmende) Unterrichtsbeobachtungen, Klassenarbeiten, Gespräche etc. gewonnen. Bei weniger operationalisierten Kategorien können sich in den Diagnosen vor allem Beobachtungs- und Beurteilungsfehler niederschlagen.

Curriculumbezogene Aufgabensammlungen im eigentlichen Sinne sind Verfahren, bei denen die sukzessiv zu bewältigenden Kompetenzstufen eines Lehrgangs durch Aufgaben repräsentiert sind und gegebenenfalls auch Beobachtungshilfen zur Prozessdiagnose des Arbeits- bzw. Lösungsverhaltens gegeben werden. Tabelle 4 zeigt einige der Verfahren im Überblick.

Tabelle 4:
Curriculumbezogene Diagnoseverfahren

Diagnose-verfahren	Charakte-ristik	Anwendungs-bereich	Einzel- oder Gruppen-test?	Bearbeitungs-dauer	Parallel-formen?	Letzte Normierung	Bemerkungen
Heilpädagogischer Kommentar zum Zahlenbuch – 1 (Moser Opitz & Schassmann, 2002)	Aufgaben-sammlung zur Überprüfung mathematischer Anforderungen im 1. Schuljahr	1. Schuljahr oder ältere Schüler mit Schwierig-keiten im Bereich Mathematik	Einzel-test	Variabel, da je nach Bedarf nur Teilmengen der Prüfaufgaben vorgenommen werden.	nein	Es liegen keine Nor-mierungen vor, da es sich um eine curriculum-bezogene Diagnostik handelt.	Das Zahlenbuch wird fortlaufend für weitere Schuljahre weiterentwickelt und ergänzt. Es liegen gegenwärtig Ausgaben für die Schuljahre 2,3,4 sowie 5 und 6 vor.
Prozessdiagnose der Schriftsprach-kompetenz in den Schuljahren 1 und 2 (Kretschmann, Dobrindt & Behring, 2002)	Aufgaben-sammlung zur Überprüfung der Schriftsprach-kompetenz in den Schuljahren 1 und 2	1. u. 2. Schul-jahr oder ältere Schüler mit Schwierig-keiten im Bereich Deutsch	Einzel-test	Variabel, da je nach Bedarf nur Teilmengen der Prüfaufgaben vorgenommen werden.	nein	Es liegen keine Nor-mierungen vor, da es sich um eine curriculum-bezogene Diagnostik handelt.	Diagnosekompendium, das neben den Prüfaufgaben zur Schriftsprache auch Checklis-ten und Beobachtungshilfen zur Diagnose der Allgemein-entwicklung, der Lernmotiva-tion und des Arbeitsverhaltens enthält sowie kurz gefasste Förderhinweise.
Prozessdiagnose mathematischer Kompetenzen in den Schuljahren 1 und 2 (Behring, Kretschmann & Dobrindt, 1999)	Aufgaben-sammlung zur Überprüfung mathematischer Anforderungen (Arithmetik) in den Schuljahren 1 und 2	1. u. 2. Schul-jahr oder ältere Schüler mit Schwierig-keiten im Bereich Mathematik	Einzel-test	Variabel, da je nach Bedarf nur Teilmengen der Prüfaufgaben vorgenommen werden.	nein	Es liegen keine Nor-mierungen vor, da es sich um eine curriculum-bezogene Diagnostik handelt.	Diagnosekompendium, das neben den mathematischen Prüfaufgaben auch Checklis-ten und Beobachtungshilfen zur Diagnose der Allgemein-enwicklung, der Lernmotiva-tion und des Arbeitsverhaltens enthält sowie kurz gefasste Förderhinweise.

Kretschmann und Arnold haben 1999 einen Leitfaden für die Durchführung und Protokollierung sonderpädagogischer Diagnosen veröffentlicht. Das im Anhang wiedergegebene Instrument ist eine Weiterentwicklung und eine Präzisierung für den Förderschwerpunkt Lernen. Es ist als eine Checkliste zu verstehen, die einem Diagnostiker die Sicherheit geben soll, nichts Wichtiges bei der Annäherung an das Problem ausgelassen zu haben. Man muss nicht alle Punkte bearbeiten. Aber man sollte jedem Punkt einen Augenblick des Nachdenkens widmen und sich fragen: „Ist es wichtig, dass ich dieser Frage auf den Grund gehe oder ist das im konkreten Fall peripher?"

5 Zu dem eingangs dargestellten Gutachten

Das Gutachten, aus dem eingangs zitiert wurde, wurde uns freundlicherweise von einer Sonderschule überlassen. Es ist ein Beispiel für eine gängige sonderpädagogische Gutachtenpraxis. Experten werden dabei Vorgehensweisen erkennen, die hinterfragbar sind. So wäre zu fragen, warum der Förderbedarf in den Schulfächern nicht durch quantitative Testresultate belegt wurde – was allerdings den Einsatz moderner Schulleistungstests erfordert hätte. Bei einem Kind mit Migrationshintergrund sollte auch eine systematische Abklärung der sprachlichen Kompetenzen erfolgen. Von den Ergebnissen des Sprachtests müsste abhängen, ob einem sprachfreien Intelligenztest der Vorzug zu geben ist oder einer Testbatterie, mit der auch Erkenntnisse über die sprachliche Intelligenz des Kindes gewonnen werden können.

Die Fördervorschläge bewegen sich auf der Ebene von Grobzielen. Gemäß der in diesem Beitrag entworfenen Diagnosekonzeption müssten nun im Prozess der Förderung weitergehende curriculum- und prozessbezogene Diagnosen erfolgen, sowie die Formulierung operationaler Lernziele (Feinziele), mit Angaben, welche zuständigen Personen mit welchen Mitteln und Methoden und in welchem Zeitraum das Kind beim Erreichen der Lernziele unterstützen sollen. Die Fortschritte wären durch regelmäßige Verlaufs- und Fortschreibungsdiagnose zu evaluieren.

6 Schlussfolgerungen

Schuck, Degenhardt, von Knebel und Welling haben in den Jahren 2002 bis 2003 über 700 Gutachten aus vier norddeutschen Bundesländern analysiert (vgl. von Knebel, 2004; s. auch Schuck et al., in diesem Buch). Diese Autoren kamen zu der vorläufigen Einschätzung, dass in der Mehrzahl der Fälle noch erhebliche Diskrepanzen bestehen zwischen der Gutachtenpraxis einerseits und den wissenschaftlichen Ansprüchen, die in Bezug auf die theoretischen Grundlagen, die Diagnosefelder, die Wahl der Diagnoseinstrumente und die Fördervorschläge zu stellen sind. Darüber hinaus wurde eine große Variationsbreite in den diagnostischen Vorgehensweisen bei vergleichbaren zu diagnostizierenden Sachverhalten festgestellt, mit regionalen Unterschieden, was die Wahl der diagnostischen Verfahren, die Berücksichtigung von Umfeldbedingungen oder die Schwerpunkte bei den Fördervorschlägen betrifft.

Es stellt sich die Frage, wie es zu solchen Diskrepanzen zwischen den wissenschaftlichen Ansprüchen und der schulischen Wirklichkeit kommen kann. Sind die wissenschaftlichen Ansprüche zu hoch? Vergegenwärtigt man sich, welche lebenswegentscheidenden Auswirkungen ein sonderpädagogisches Überprüfungsverfahren oder eine Förderdiagnose haben können, dann scheint der empfohlene diagnostische Aufwand nicht übertrieben. Auch ökonomische Erwägungen sprechen für eine sorgfältige und wiederholt durchzuführende Diagnostik: sonderpädagogische Förderung verursacht Kosten und es ist nur billig, wenn über Individuelle Entwicklungspläne und Verlaufsdiagnosen darauf Einfluss genommen wird, dass die aufgewendeten Mittel auch effizient eingesetzt werden. Weiterhin ist zu berücksichtigen, dass Sonderschullehrkräfte, wenn sie ihre Diagnoseaufgaben gewissenhaft ausführen wollen, in einen Zielkonflikt geraten: da für die Diagnostik keine zusätzlichen Stunden oder Entlastungen bereit gestellt werden, geht ein hoher Diagnoseaufwand häufig zu Lasten der Unterrichtsversorgung der Schüler, die bereits in einer Sonderschule sind.

Mit klaren Zielvorgaben und Regelungen wie in dem „Individuals with Disabilities Education Act" könnte man zumindest die Vorgehensweisen vereinheitlichen. Zu den entsprechenden Vorgaben muss dann auch die Auflage gehören, dass der pädagogische Förderbedarf in regelmäßigen Abständen erneut überprüft und Förderpläne fortgeschrieben werden. Zu fragen ist jedoch auch, inwieweit die in das Sonderpädagogikstudium integrierte Diagnostikausbildung künftige Sonderschullehrer hinreichend befähigen kann, die hohen Ansprüche zu erfüllen, die ein solches Vorgehen verlangt. Schließlich beschränkt sich Diagnosekompetenz nicht allein auf die Handhabung der Diagnosewerkzeuge. Es bedarf neben dem fachdidaktischen Wissen auch eines Basiswissens in der Entwicklungspsychologie und in der Entwicklungspsychopathologie (vgl. Kretschmann, 2002) und auch des Handlungswissens, mit welchen Angeboten auf den diagnostisch festgestellten Förderbedarf reagiert werden kann. Möglicherweise liegt die Lösung des Problems in der Wahrnehmung der Diagnoseaufgaben durch multiprofessionell zusammengesetzte Teams, in dem die eher psychologischen Sachverhalten von Kinder- oder Schulpsychologen bearbeitet werden und die eher pädagogischen von den Sonderschullehrkräften. Förderausschüsse bzw. IEP-Teams sind das geeignete Forum, entsprechend arbeitsteilig gewonnene Diagnoseergebnisse zusammenzuführen und gemeinsam Fördervorschläge zu entwickeln und zu begleiten.

Literatur

Arbeitskreis Förderpläne (2003). Förderdiagnostisches Inventar für Schülerinnen und Schüler mit besonderen Lernbedürfnissen. *VDS-Mitteilungen Nordrhein-Westfalen, 4,* 30–77.

Arnold, K. H. (2005). Von der Lernausgangslage zu individuellen Förderplänen. In *Fit fürs Lernen – Erziehung und Unterrichtung für Kinder mit dem Förderschwerpunkt Lernen in der Primarstufe* (S. 14–28). Würzburg: Verband Sonderpädagogik.

Bach, H. (1977). *Sonderpädagogik im Grundriß* (4. Aufl.). Berlin: Marhold.

Behring, K., Kretschmann, R. & Dobrindt, Y. (1999). *Prozessdiagnose mathematischer Kompetenzen in den Schuljahren 1 und 2. Band I: Theoretische Begründung und Vortest. Band II: Grundlegende Fertigkeiten des 1. Schuljahres. Band III: Grundlegende Fertigkeiten des 2. Schuljahres.* Horneburg: Persen.

Cattell, R. B., Weiß, R. H. & Osterland, J. (1997). *Grundintelligenztest Skala 1 (CFT 1).* Göttingen: Hogrefe.

Deutscher Bildungsrat (1974). *Zur pädagogischen Förderung behinderter und von Behinderung bedrohter Kinder und Jugendlicher.* Stuttgart: Klett.

Congress of the United States of America (1997). *An Act To amend the Individuals with Disabilities Education Act, to reauthorize and make improvements to that Act, and for other purposes.* Washington: IDEA.

Deutsches PISA-Konsortium (Hrsg.). (2001). *PISA 2000. Basiskompetenzen von Schülerinnen und Schülern im internationalen Vergleich.* Opladen: Leske & Budrich.

Helmke, A. (1997). Das Stereotyp des schlechten Schülers: Ergebnisse aus dem SCHOLASTIK-Projekt. In F. E. Weinert & A. Helmke (Hrsg.), *Entwicklung im Grundschulalter* (S. 269–279). Weinheim: Beltz/Psychologie Verlags Union.

Holling, H., Preckel, F. & Vock, M. (2004). *Intelligenzdiagnostik.* Göttingen: Hogrefe.

Kanter, G. O. (1977). Lernbehinderungen und die Personengruppe der Lernbehinderten. In G. O. Kanter & O. Speck (Hrsg.), *Pädagogik der Lernbehinderten. Handbuch der Sonderpädagogik, Band 4* (S. 34–64). Berlin: Marhold.

KMK (1994). *Empfehlungen zur sonderpädagogischen Förderung in den Schulen der Bundesrepublik Deutschland.* Bonn: Ständige Konferenz der Kultusminister der Länder der Bundesrepublik Deutschland.

KMK (1999). *Empfehlungen zum Förderschwerpunkt Lernen vom 1. 10. 1999.* Bonn: Ständige Konferenz der Kultusminister der Länder der Bundesrepublik Deutschland.

Knebel, U. von (2004). *Sprachdiagnostik und Sprachförderung als pädagogische Aufgabe.* Hamburg: unveröffentlichte kumulative Habilitationsschrift.

Kretschmann, R. (2003). Erfordernisse und Elemente einer Diagnostik-Ausbildung für Lehrerinnen und Lehrer. *Journal für LehrerInnenbildung, 2,* 9–19.

Kretschmann, R. & Arnold, K. H. (1999). Leitfaden für Förder- und Entwicklungspläne. *Zeitschrift für Heilpädagogik, 50,* 410–420.

Kretschmann, R., Dobrindt, Y. & Behring, K. (2002). *Prozessdiagnose der Schriftsprachkompetenz in den Schuljahren 1 und 2.* Horneburg: Persen.

Moser Opitz, E. & Schmassmann, M. (2002). *Heilpädagogischer Kommentar zum Zahlenbuch – 1. Hinweise zur Arbeit mit Kindern mit mathematischen Lernschwierigkeiten.* Zug: Klett & Balmer.

Niebank, K. & Petermann, F. (2002). Grundlagen und Ergebnisse der Entwicklungspsychopathologie. In F. Petermann (Hrsg.), *Lehrbuch der Klinischen Kinderpsychologie und -psychotherapie* (5. Aufl.; S. 57–94). Göttingen: Hogrefe.

Nordrhein-Westfalen (1973). *Sonderschulaufnahmeverfahren – SAV: Verfahren bei der Aufnahme in Sonderschulen und beim Übergang von Sonderschulen in Allgemeine Schulen.* Düsseldorf: RdErl. des Kultusministers von Nordrhein-Westfalen vom 2. 12. 1973.

Opp, G., Fingerle, M. & Freytag, A. (Hrsg.). (1999). *Was Kinder stärkt. Erziehung zwischen Risiko und Resilienz*. München: Reinhardt.

PISA-Konsortium (Hrsg.). (2004). *PISA 2003. Der Bildungsstand der Jugendlichen in Deutschland – Ergebnisse des zweiten internationalen Vergleichs*. Münster: Waxmann.

Reinartz, A. (1974). *Schulleistungstest lernbehinderter Schüler.* Berlin: Marhold.

Stern, E. (1997). Erwerb mathematischer Kompetenzen: Ergebnisse aus dem SCHOLASTIK-Projekt. In F. E. Weinert & A. Helmke (Hrsg.), *Entwicklung im Grundschulalter* (S. 157–170). Weinheim: Beltz/Psychologie Verlags Union.

Anhang

Leitfaden für Fördergutachten und Individuelle Entwicklungspläne (IEP), Förderschwerpunkt Lernen

Der vorliegende Leitfaden sieht ein mehrstufiges Verfahren vor:

- Stufe I: eine Eingangsdiagnose, bei der die Förderbedarfe eines Kindes eingeschätzt und Grobziele für die Förderung formuliert und gegebenenfalls Entscheidungen über den Lernort getroffen werden;
- Stufe II: Förderdiagnosen im eigentlichen Sinne mit diagnostischen Feinzielen und Ausformulierung eines IEP;
- Stufe III: Verlaufs- und Fortschreibungsdiagnosen.

Werden, wie bei der Feststellung des sonderpädagogischen Förderbedarfs üblich, Diagnose und Förderung von verschiedenen Personen durchgeführt, sollten die Förderdiagnosen im eigentlichen Sinne prozessbegleitend von den Lehrkräften durchgeführt werden, denen die Förderung obliegt, desgleichen die Verlaufs- und Fortschreibungsdiagnosen.

Stufe I, EINGANGSDIAGNOSE

1 Person- und Untersuchungsdaten

2 Anlass und Ziele der diagnostischen Untersuchungen
(Benennen der Gründe, warum die diagnostische Untersuchung und Begutachtung eingeleitet wurde, Benennen , welche Absichten mit der Untersuchung verfolgt werden, zum Beispiel Feststellung sonderpädagogischen Förderbedarfs, Optimierung oder Evaluation pädagogischer Angebote, Aktualisieren und Fortschreiben eines Förderplans)

3 Gegebenenfalls Informationen und Unterlagen, die pflichtgemäß (Erlasse etc.) von der Regelschule erbracht werden

4 Fragestellungen
Hier ist auszuführen, welche Erkenntnisse die diagnostische Untersuchung liefern soll, bzw. welche Entscheidungen aus ihr abgeleitet oder welcher mutmaßliche Förderbedarf begründet werden soll.

5 Erkenntnisquellen, befragte Personen, verwendete Prüfverfahren
6 Ergebnisse der diagnostischen Untersuchungen und Erhebungen
6.1 Aktuelle Befindlichkeiten
6.1.1 Erster Eindruck
- Äußeres Erscheinungsbild
- Körperliche Verfassung
6.1.2 Aktueller Lern- und Leistungsstand
6.1.3 Lern- und unterrichtsbezogene Verhaltensweisen, Schwierigkeiten und Kompetenzen
6.2 Entwicklungsverläufe und Bedingungen, die mutmaßlich zur Entstehung und Aufrechterhaltung der gegenwärtigen Lernergebnisse und Verhaltensweisen beitragen bzw. beigetragen haben
6.2.1 Schulischer und vorschulischer Werdegang
6.2.2 Medizinischer und psychologischer Befund
6.2.3 Entwicklungsförderliche und entwicklungshemmende Bedingungen im schulischen Umfeld
6.2.4 Entwicklungsförderliche und entwicklungshemmende Bedingungen im außerschulischen Umfeld
7 Erklärung und Deutung der Problematik
8 Benennung der Förderziele (Grobziele) und Einschätzung des Förderbedarfs

Stufe II, FÖRDERDIAGNOSE im eigentlichen Sinne, Feinziele der Förderung, IEP und Förderkontrakt

Dieser Teil des Verfahrens soll von den Lehrkräften durchgeführt werden, welche das Kind hauptverantwortlich unterrichten oder fördern, nach Möglichkeiten prozessbegleitend, nachdem sich abzeichnet, wie das Kind auf die Förderbemühungen und gegebenenfalls den neuen Lernort reagiert. Dabei kann auf die Ergebnisse der Eingangsdiagnosen zurückgegriffen werden bzw. es können gemäß den unter Ziffer 7 gemachten Vorgaben vertiefende Diagnosen durchgeführt werden. Es soll eine Operationalisierung der Förderziele und der Fördermethoden und die Zuständigkeiten verbindlich geregelt werden.

9 Veränderungen, die bei dem Förderkind in dem nächstliegenden Förderzeitraum herbeigeführt werden sollen, Förderziele, Fördermethoden und Zuständigkeiten
9.1 Lernbereiche und Fächer
9.2 Interessen, Neigungen und besondere Fähigkeiten im Rahmen der Förderung
9.3 Ausgewählte Fördermethoden und -materialien
9.4 Gegebenenfalls Veränderungen, die zusätzlich zu den problemspezifischen Förderangeboten im *schulischen Umfeld* herbeigeführt werden sollen, um das Kind zu stabilisieren.

9.5 Gegebenenfalls Einbezug des häuslichen bzw. außerschulischen Umfeldes, Veränderungen im außerschulischen Umfeld
9.6 Gegebenenfalls weitere Dienste und Institutionen, die in die Förderbemühungen einbezogen werden sollen
9.7 Terminplanung und Aufgabenverteilung im pädagogischen Feld
9.8 Festlegung der Schwerpunkte und der Prioritäten
9.9 Kontrakte und Zielvereinbarungen, kurz-, mittel- und langfristig

Stufe III, VERLAUFS- UND FORTSCHREIBUNGSDIAGNOSE – Förderbericht und Fortschreibung des Förderplans

10 Verlauf und Ergebnisse der Förderung
11 Bewertung des Fördererfolgs
12 Gegebenenfalls Vorschläge zur Fortführung bzw. Modifikation der Angebote

Kapitel 8

Diagnostik bei rezeptiven und expressiven Sprachstörungen

Hedwig Amorosa

Zusammenfassung

Die Diagnostik von Kindern mit einer nicht altersgemäßen Sprachentwicklung muss sehr umfassend sein, insbesondere, wenn sie die Voraussetzung für eine gezielte Förderung sein soll. Die Internationale Klassifikation der Funktionen (ICF) liefert eine geeignete Struktur für eine differenzierte Diagnostik mit den Faktoren: körperlich, psychologische Funktionen und strukturelle körperliche Veränderungen, Aktivität und Partizipation und Kontextfaktoren. Die Beschreibung der sprachlichen Fähigkeiten steht im Mittelpunkt und wird mit den Untersuchungszielen, den methodischen Möglichkeiten und dem Vorgehen bei der Untersuchung beschrieben. Verschiedene Methoden müssen bei der Untersuchung herangezogen werden, da eine Methode allein selten das notwendige umfassende Bild liefern kann. Eine Zusammenfassung und Beurteilung der Ergebnisse führen zu einem Behandlungsplan, in dem neben den Schwierigkeiten und Schwächen des Kindes seine Stärken und Interessen eine wichtige Rolle spielen.

Fallbeispiel

Ein 9-jähriger Junge, bei dem früh eine Sprachentwicklungsstörung auffiel und der sehr intensiv und gut gefördert wurde, fällt in der 3. Klasse durch eine Verschlechterung der Leistungen insbesondere in Mathematik auf. Er könne Erklärungen oft nicht verstehen, auch Textaufgaben seien ein Problem. Der Lehrer habe in der Vorstellung, dass es sich um eine allgemeine Lernbehinderung handele, die Umschulung in die Schule zur individuellen Lernförderung vorgeschlagen. Von den Bezugspersonen wird angenommen, dass der Junge Schwierigkeiten habe, Sprache in der Klasse, in der es oft laut sei, zu verstehen. Ein Training der Unterscheidung von Vorder- und Hintergrund im auditiven Bereich sei nötig.

Die Untersuchung zeigte, dass die Intelligenz des Jungen im Durchschnittsbereich lag. Sprachlich hatte er im phonologischen Bereich wie in der Produktion korrekter Sätze große Fortschritte gegenüber den Voruntersuchungen gemacht. Auffällig waren wie bei früheren Untersuchungen das eingeschränkte auditive Kurzzeitgedächtnis und das Sprachverständnis für komplexere Sätze. Diese beiden Beeinträchtigungen konnten die Schwierigkeiten in der dritten Klasse, in der das Verständnis komplexerer Sprache erwartet wird, ausreichend erklären. Die Förderung musste das Verständnis komplexer Anweisungen und Texte zum Ziel haben und die Fähigkeit des Jungen schulen, zu erkennen, ob er eine Anweisung oder einen Text genau verstanden hatte.

1 Einleitung

In der Sprachheilpädagogik wurde viel über die wissenschaftliche Orientierung der sprachheilpädagogischen Diagnostik (Braun, 2002; Lüdtke & Bahr, 2002) und das zu Grunde liegende Menschenbild gesprochen (Grohnfeldt, 2002; Bundschuh, 2002). Deshalb muss darauf im Folgenden nicht eingegangen werden.

Die sonderpädagogische Diagnostik wird unterteilt in Diagnostik zur Zuweisung für eine angemessene Beschulung und die eigentliche Förderdiagnostik, in der es um das Festlegen der individuellen Förderschwerpunkte und der geeigneten Formen der Förderung geht. In diesem Beitrag geht es um die Förderdiagnostik im letzteren Sinne.

Als Grundlage für diese Form der Diagnostik und zur Strukturierung des Vorgehens soll hier die Internationale Klassifikation der Funktionsfähigkeit, Behinderung und Gesundheit (International Classification of Functioning, Disability and Health = ICF, WHO, 2001) herangezogen werden (s. auch Lüdtke & Bahr, 2002). Ziel der ICF ist die Vereinheitlichung und Standardisierung der Sprache und des Bezugsrahmens für die Beschreibung von Gesundheit und gesundheitsbezogenen Zuständen, u. a. um die Verständigung unter den Fachleuten zu verbessern. Da sie eine Zusammenfassung medizinischer und sozialer Beschreibungsebenen darstellt, erscheint sie besonders geeignet, die kindlichen Sprachauffälligkeiten in ihren komplexen Bezügen zu beschreiben. Die ICF ist als Komplement zur Internationalen Klassifikation der Krankheiten (ICD-10) der WHO (DIMDI, 1994) gedacht.

In der ICF wird Gesundheit durch drei Komponenten charakterisiert:
1. die körperlichen Funktionen, die auch psychologische Funktionen wie zum Beispiel die Aufmerksamkeit einschließen, und die strukturellen körperlichen Veränderungen
2. Aktivität und Partizipation
3. Kontextfaktoren

Zu 1.: Die körperlichen Funktionen werden als Fähigkeiten oder Beeinträchtigungen beschrieben. Für die Sprache heißt dies, die sprachlichen Möglichkeiten eines Kindes in den verschiedenen Bereichen zu beschreiben, unabhängig davon, welche Ursachen oder Erklärungen für die Auffälligkeiten der Sprache bestehen. Evt. zusätzliche Besonderheiten, wie EEG-Veränderungen oder Höreinschränkungen werden hier erfasst.

Zu 2.: Hier ist zu erfassen, welche Aktivitäten, in denen Sprache relevant ist, vom Kind in welcher Form bewältigt werden können. Gelingt eine Teilnahme an altersentsprechenden Situationen, zum Beispiel der Besuch einer Klasse, die dem Alter und den intellektuellen Fähigkeiten des Kindes entspricht, oder kann das Kind mit Gleichaltrigen gleichberechtigt spielen. Hierbei werden einerseits Alltagsbedingungen ohne besonders stützende oder helfende Umgebung als Grundlage angenommen, andererseits werden die zurzeit für das Kind bestehenden besonders günstigen oder auch ungünstigen Bedingungen als Grundlage der Beurteilung herangezogen.

Zu 3.: Die Kontextfaktoren werden unterteilt in Faktoren, die im Kind liegen, hier wären zum Beispiel Selbstsicherheit, soziale Kompetenz oder eine gute nonverbale Intelligenz aber natürlich auch behindernde Faktoren aufzuzeigen. Neben diesen im Kind liegenden Faktoren sind auch die Umweltfaktoren von Bedeutung, die in ihrem unterstützenden oder behindernden Einfluss zu beschreiben sind.

Es kann im Rahmen dieses Beitrages keine ausführliche Darstellung der ICF erfolgen. Die ICF und ihre grundlegenden Überlegungen sollen als Gerüst für die Förderdiagnostik und nicht als Klassifikation im eigentlichen Sinne herangezogen werden. Die bisher vorliegenden Formen sind zwar für Erwachsene entwickelt worden, aber die Leitgedanken können auf Kinder analog angewendet werden. Dabei ist für Kinder der Aspekt der Entwicklung entscheidend. Die Entwicklung des Kindes erfolgt im Zusammenspiel von Eigenaktivität des Kindes in Interaktion mit der personalen und dinglichen Umwelt.

Für die Überlegungen der Förderdiagnostik ergeben sich folgende Komponenten der Betrachtung:

- Die sprachlichen Funktionen in Bezug zum Alter des Kindes und
- evtl. bestehende strukturelle Veränderungen;
- Aktivitäten und Partizipation sowie
- Kontextfaktoren (kind- und umgebungsbezogen).

Selbstverständlich ist es am Schluss notwendig, die gewonnene Information und das Verständnis der besonderen Bedingungen des speziellen Kindes zu einem Bild zusammenzufügen. Dabei wird nicht immer ein einheitliches Bild entstehen, aber gerade solche Brüche oder Ungereimtheiten sind Ausgangspunkt für weitere Beobachtungen und Diagnostik.

2 Förderdiagnostik

Die Entwicklung des Kindes ist ein Prozess im Kind, der durch die körperliche Entwicklung, die Hirnentwicklung aber ebenso durch die Aktivität des Kindes und seine Erfahrungen mit der Umwelt bestimmt wird. Es ist kein additiver Prozess sondern eine komplexe Interaktion aller Faktoren aus der ein immer komplexer werdendes System entsteht.

Die Förderung versucht nun durch Anregungen den Entwicklungsprozess im Kind zu unterstützen und Impulse für diesen Entwicklungsprozess zu geben. Dies soll an einem Beispiel verdeutlicht werden: In der Förderung wird am Wortschatz des gerade in der Schule durchgenommenen Themas der Heimat- und Sachkunde gearbeitet. Durch einen verbesserten passiven Wortschatz in diesem Bereich, hört das Kind dann im Unterricht zu, da es jetzt die Erklärungen besser verstehen kann. Es kann auch zum Unterrichtsgespräch etwas beitragen und übt so das Sprechen. Durch den Erfolg verfestigt sich der erworbene Wortschatz und das Kind wird besser zuhören. Aber auch die Sicherheit des Kindes mit Sprache umzugehen, verbessert sich, was die weitere Motivation, in der Förderung mitzuarbeiten, erhöht. – Um entscheiden zu können, wie der Entwicklungsprozess angeregt und unterstützt werden kann, ist eine Diagnostik aller relevanten Bereiche notwendig.

Typischerweise kommt ein Kind zur Förderdiagnostik bezüglich seiner Sprache, weil durch Beobachtungen in der Familie und/oder Schule oder durch eine vorhergehende Diagnostik bereits klar ist, dass eine Förderung im sprachlichen Bereich notwendig ist.

2.1 Ziele der Förderdiagnostik

Aus dem Vorhergesagten ergeben sich die Ziele einer Förderdiagnostik. Es geht einerseits darum, sich einen Überblick über die Persönlichkeit des Kindes und seiner Umwelt zu verschaffen, andererseits die sprachlichen Fähigkeiten und ihre Auswirkungen auf die Entwicklung des Kindes hinsichtlich der Förderschwerpunkte im Detail zu erfassen.

Im sprachlichen Bereich sollen Muster erkannt werden, die Hinweise auf den Störungsschwerpunkt und damit auf therapeutische Ansatzpunkte geben können (Grohnfeld, 2002). Es ist wichtig, sich von den sprachlichen Möglichkeiten eines Kindes in unterschiedlichen Situationen und unter unterschiedlichen Bedingungen ein Bild zu machen. Es muss herausgefunden werden, welche sprachlichen Strukturen in fast allen Situationen zur Verfügung stehen und welche nur unter ganz bestimmten Bedingungen abrufbar sind. So kann es zum Beispiel sein, dass ein Kind unter ruhigen, sonst wenige Anforderungen an das Kind stellenden Bedingungen, Nebensätze sehr wohl korrekt formulieren kann, diese Strukturen aber nicht zur Verfügung stehen, wenn es vor der Klasse einen etwas komplexeren Vorgang im Geschichtsunterricht erklären soll.

Es soll herausgefunden werden, welche Aktionen des Kindes durch die sprachliche und möglicherweise kommunikative Beeinträchtigung besonders betroffen sind und unter welchen Bedingungen eine Partizipation an altergemäßen Aktivitäten möglich ist. Ebenso ist zu klären, welche Kontextfaktoren die anstehenden Entwicklungsprozesse unterstützen und welche Faktoren, die sich als ungünstig erweisen, beeinflussbar sind. Es gilt, die besonderen Stärken und Interessen des Kindes zu erkennen, die in der Förderung herangezogen werden können.

2.2 Inhalte der Förderdiagnostik

2.2.1 Beschreibung der sprachlichen Fähigkeiten

Die Beschreibung der sprachlichen Fähigkeiten kann unterschiedlich strukturiert sein. In Bezug auf die Förderdiagnostik erscheint es sinnvoll, einerseits nach dem Verständnis und der Produktion von Sprache zu gliedern und andererseits verschiedene Ebenen zu unterscheiden (Keller & Endres, 2003):
- die Wortebene,
- die Satzebene,
- die Textebene.

In diesem Kontext ist das Sprachverständnis „im engeren Sinne" gemeint, d. h. die Fähigkeit, die Bedeutung aus der sprachlichen Äußerung selbst zu entnehmen, nicht überwiegend aus der Situation oder dem Weltwissen (Baur & Endres, 1999).

Auf der *Wortebene* interessiert uns die Größe, wie auch die Qualität des verstandenen Wortschatzes (Glück, 2002 a, b). Es gilt herauszufinden, ob das Kind den typischen Alltags- und Schulwortschatz versteht. Gibt es einen differenzierteren Wortschatz bezüglich der Hobbies des Kindes? Kennt es auch Doppelbedeutungen von Wörtern? Werden morphologisch veränderte Formen erkannt, wie zum Beispiel Imperfektformen „aß, lief".

Gibt es Hinweise, wie genau die Wortbedeutungen gespeichert sind und ob ähnlich klingende Wörter unterschieden werden wie zum Beispiel „Pfote" und „Pforte".

Bei der Produktion geht es neben der Quantität, d.h. dem Umfang des Wortschatzes, der beim Sprechen aktiv eingesetzt werden kann, auch um die Qualität. Setzt das Kind Wörter ihrer Bedeutung entsprechend korrekt ein? Wie ist die Wortfindung? Fallen dem Kind Wörter nicht ein, wenn es sie in der Unterhaltung braucht? Benutzt es dann allgemeine Wörter wie „Dingsda", umschreibt es das gesuchte Wort oder benutzt es ein lautlich oder in der Bedeutung ähnliches aber inkorrektes Wort? Bemerkt es solche Fehlleistungen? Eine ausführliche Beschreibung der Entwicklung und der Untersuchungsverfahren findet sich bei Kauschke (2003).

Beim *Satzverständnis* ist es wichtig zu beobachten, welche Strategien das Kind zum Verständnis einsetzt. Benutzt es Schlüsselwortstrategien, d.h. versteht es die wichtigsten Wörter im Satz und entwickelt daraus die Bedeutung, ohne die grammatische Struktur zu beachten. Wichtig ist beim Verstehen eines Satzes neben der Wortbedeutung, dass der Hörer aktiv eine Beziehung zwischen den einzelnen Wörtern herstellen muss. Versteht das Kind neben „der Stuhl ist umgefallen" auch die Bedeutung von „der Stuhl ist fast umgefallen?" Nutzt das Kind die morphologischen Elemente zur Interpretation oder geht es davon aus, dass zum Beispiel das erste Nomen den Akteur und das zweite Nomen das „nicht handelnde" Objekt bezeichnet? Mit dieser Strategie werden Passivsätze falsch interpretiert. Es sollte auch versucht werden zu klären, ob das Kind sich seiner Verständnisstörung bewusst ist? Vielen Kindern mit Sprachverständnisstörungen ist nicht klar, dass man Sprache „genau" verstehen kann (Endres & Baur, 2003).

Auch bei der Produktion geht es um die Beziehungen zwischen den Wörtern im Satz. Werden die spezifischen Bedeutungen erfasst? Ein Kind sagt zum Beispiel „die U-Bahn ist ganz kahl". Wird die Wortstellung im Satz beachtet, wie zum Beispiel die Verbzweitstellung? Gelingt es dem Kind in seinen Sätzen neben Wortbedeutung und Wortstellung auch die korrekte morphologische Form einzusetzen. Wie komplex sind die gebildeten Sätze, welche Nebensatzformen werden spontan eingesetzt, welche können mit Hilfe abgerufen werden? Werden Antworten des Kindes strukturierter und linguistisch komplexer, wenn man nach einer Frage dem Kind Zeit gibt, bevor es antworten soll?

Unter *Texten* verstehen wir nicht nur geschriebene Texte, sondern auch längere mündliche Äußerungen, die aus mehreren aufeinanderbezogenen Sätzen bestehen. Will man einen Text verstehen, dann muss man sehr viel sprachliche Information in sehr kurzer Zeit speichern und bearbeiten. Häufig wird nur ein Teil der zum Verständnis notwendigen Informationen explizit genannt, während ein Teil nur angedeutet wird und vom Hörer auf Grund seines Wissens ergänzt werden muss. Die Informationen aus mehreren Sätzen müssen miteinander verknüpft werden und eine aufgestellte Hypothese muss auf Grund neuer Information zum Beispiel abgeändert werden. Funktionswörter wie Pronomen aber auch Synonyme spielen eine Rolle bei der inhaltlichen Verknüpfung der Sätze (Brinker,

1992). In der Untersuchung interessiert, wie Kinder mit unterschiedlich komplexen Texten umgehen. Hilft es ihnen, wenn langsamer gesprochen wird und nach jeder Äußerung eine Pause gemacht wird? Helfen Wiederholungen von Wörtern oder Satzteilen? Unterstützen visuelle Informationen wie Gesten, Mimik oder Bilder der Hauptakteure das Verstehen des Inhaltes?

Für die Produktion von Texten ist es wichtig, dass der Sprecher eine Vorstellung von dem hat, was der Hörer bereits weiß. Typischerweise haben wir eine bestimmte Struktur für eine Erzählung oder Schilderung (z. B. einer Geburtstagsfeier) im Kopf. Uns interessiert, ob das Kind eine erkennbare Erzählstruktur hat, beginnt es irgendwo in der Mitte der Geschichte, und wie führt es sie dann weiter? Setzt es beim Erzählen viel Mimik, Gestik oder Lautmalereien ein?

Hier wurde versucht, die Ebenen der sprachlichen Fähigkeiten für die Beschreibung zu trennen. Selbstverständlich sind sie in der Interaktion miteinander verknüpft und interagieren miteinander.

Untersuchung der zu Grunde liegenden Strukturen

Im Sinne der zu Grunde liegenden Strukturen der ICF ist es wichtig, bei allen Kindern mit Sprachentwicklungsstörungen sicher zu stellen, dass eine Hörstörung auch geringeren Ausmaßes ausgeschlossen werden kann. Sehr viel diskutiert wird die Rolle der auditiven Wahrnehmung als Basis von Sprachentwicklungsstörungen. Hierzu gibt es bisher keine verlässlichen Daten (Cacace & McFarland, 1998; Ptok et al., 2000; Suchodoletz, Alberti & Berwanger, 2004; Weidekamm & Beushausen, 2004).

Bei Kindern mit einer ausgeprägten Sprachverständnisstörung ist es angezeigt, ein Schlaf-EEG zum Ausschluss einer Rolando-Epilepsie oder eines Landau-Kleffner-Syndroms durchzuführen.

2.2.2 Beschreibung der Aktivitäten und Partizipationen

Die Förderdiagnostik soll Aufschluss darüber geben, welche Aktivitäten das Kind ausführt und wie gut es in Alltagssituationen zurechtkommt. Bestehen Einschränkungen, die durch die sprachlichen Rückstände bedingt sind. Zu den Aktivitäten gehören:
- *Teilnahme an altergemäßen Aktivitäten mit anderen Kindern*
- *Umgang mit Erwachsenen*
- *Möglichkeit sich selbstständig Wissen anzueignen, Hobbies zu entwickeln*
- *Teilnahme am Schulunterricht*

Für die soziale und kognitive Entwicklung ist das *Spiel mit anderen Kindern* von großer Bedeutung. Bereits im Vorschulalter, aber zunehmend im Schulalter, spielt die Sprache eine entscheidende Rolle in diesen Interaktionen. Im Rollenspiel wird die Fortführung der Handlung besprochen, zum Beispiel „Wir würden jetzt zum Einkaufen gehen." oder „Du würdest dann zur Arbeit gehen." u. Ä. Bei Spielen in der Gruppe nimmt das Aushandeln des Spiels, der Spielregeln und der Verteilung der Rollen viel Zeit ein.

Kinder mit Einschränkungen im Sprachverständnis haben oft Schwierigkeiten, weil es zu Missverständnissen kommt. Sie können unterschiedlich auf solche Situationen reagieren. Manche vermeiden es von vornherein an Gruppenspielen, die von Kindern allein organisiert werden, teilzunehmen, während andere versuchen, durch Beobachtung der anderen Kinder herauszufinden, was von ihnen erwartet wird. Einzelne Kinder versuchen auch, die Situation zu dominieren, d. h., sie bestimmen und sind an keiner Diskussion interessiert.

Auch bei eingeschränkter Produktion der Sprache kommt es zu Schwierigkeiten und Missverständnissen. Auch hier gilt es herauszufinden, wie das einzelne Kind reagiert, ob es sich zurückzieht, auf Spiele ausweicht, die weniger auf Sprache angewiesen sind, seine Ziele durch Schlagen versucht durchzusetzen oder eine Rolle übernimmt, bei der Sprache wenig gefragt ist, wie die Rolle des Vaters, der in die Arbeit geschickt wird. Wichtig ist, herauszufinden, in welchen Situationen Spiele mit Gleichaltrigen gelingen. Liegt es an der Gruppengröße, an der Art der anderen Kinder oder an der Art des Spiels?

In der *Interaktion mit Erwachsenen*, gerade auch weniger bekannten, erwarten wir von Kindern zunehmend die Beachtung angemessener Sprache, die von der Sprache mit Gleichaltrigen abweicht.

Kommt es in Unterhaltungen zu Missverständnissen? Beantwortet das Kind Fragen auffällig? Antwortet es auffällig häufig mit „ja"? Wirken seine Äußerungen sehr direkt und teilweise unhöflich? Vermeidet es Unterhaltungen, zeigt lieber etwas oder beginnt es zu provozieren? Gibt es deutliche Unterschiede mit verschiedenen Erwachsenen und wie unterscheiden sich Situationen, in denen es gut geht von denen, die zu Problemen führen, oder die das Kind meidet?

Das *Aneignen von Wissen* geschieht sehr häufig über Fragen der Kinder. Aber auch das gemeinsame Anschauen oder Vorlesen von Büchern, Video und Fernsehen sind wichtige Quellen. Stellt das Kind hierbei Fragen und hört es dann bei der Erklärung zu? Mag das Kind Bilderbücher gemeinsam anschauen und wie komplex darf die Sprache sein? Lässt es sich gerne Vorlesen und wie komplex ist die Sprache der bevorzugten Bücher? Wie differenziert ist die Sprache in Videos oder Fernsehsendungen, die das Kind gerne anschaut? Erscheint die sprachliche Information wichtig für das Kind oder achtet es überwiegend auf die visuelle Information? Sind die Hobbies des Kindes mit durch die sprachlichen Einschränkungen bestimmt?

Die Wissensvermittlung in der *Schule* erfolgt im Wesentlichen über Sprache. Unabdingbar ist es daher, Informationen darüber zu erhalten, ob das Kind eine seinen intellektuellen Fähigkeiten und seinem Alter entsprechende Klasse besucht. Welche Rücksicht wird in der Klasse genommen? Muss der Wissensstoff zu Hause erneut vermittelt werden, weil das Kind ihn nicht ausreichend versteht. Ist sich das Kind dessen bewusst, dass es häufiger sprachliche Äußerungen nicht versteht? Kommt es bei Textaufgaben zu besonderen Problemen? Wie ist das Verständnis von Gelesenem (Baur & Endres, 1999; Nation & Norbury, 2005)?

Die Einschränkungen in der Sprachproduktion kommen besonders beim Verfassen eigener Texte zum Tragen. Nacherzählungen und Aufsätze sind daher eine Möglichkeit, die Auswirkungen der expressiven Störung in der Schule zu erfassen.

2.2.3 Beschreibung der Kontextfaktoren

In der ICF werden die Kontextfaktoren in die person- und umweltbezogenen Faktoren unterteilt. Zu den *personbezogenen Faktoren* gehören die Stärken und Schwächen des Kindes, die für die Planung der Förderung von großer Bedeutung sind. Es ist wichtig zu erkennen, welche Sprachen das Kind spricht bzw. versteht, welche es regelmäßig und in welchem Ausmaß verwendet.

Neben der Intelligenz im verbalen und nonverbalen Bereich spielen das auditive Kurzzeitgedächtnis und die Fähigkeit, die Aufmerksamkeit zu steuern, eine große Rolle. Es ist wichtig zu erkennen, ob eine kurze Aufmerksamkeitsspanne nur dann auftritt, wenn sprachliche Aufgaben zu lösen sind, oder auch bei anderen Betätigungen. Ebenso ist das Arbeitsverhalten wesentlich, da sich daraus direkt Folgerungen für die Förderungsplanung ergeben.

Welche sozialen Fähigkeiten hat das Kind, nimmt es gut Kontakt auf, kann es den Kontakt halten, kann es auf andere zugehen, kann es seine Bedürfnisse deutlich machen und sich angemessen durchsetzen? Welche Möglichkeiten hat es zu kommunizieren, setzt es andere Mittel als die Sprache geschickt ein? Wie selbstsicher und selbstbewusst ist das Kind? Besteht ein Störungsbewusstsein und wie geht das Kind mit dem Wissen über die eigene Behinderung um? All dies sind Fragen und Überlegungen, die im Rahmen der Förderdiagnostik wichtig sind und die sich direkt in der Planung der Förderung auswirken.

Die *umweltbezogenen Faktoren* beziehen sich einerseits auf
- die Familie, Freunde und das engere soziale Umfeld und andererseits auf
- Schule, Hort und das weitere Umfeld.

Bei der Familie ist die Einstellung zum Kind und zu seiner Behinderung wichtig. Wie realistisch sieht die Familie das Kind? Was hat die Familie bereits in die Wege geleitet, um das Kind zu unterstützen? Welche Ressourcen und Belastungen bestehen für die Familie, welches soziale Netz ist vorhanden und wie belastbar ist es? Welche Unterstützung ist von der Familie zu erwarten?

Wichtig sind der kulturelle Hintergrund der Familie und die Sprachen, die in der Familie und im Umfeld gesprochen werden.

Einige Fragen zur Schule wurden bereits bei den Aktionen und Partizipationen angesprochen. Es geht darum, welche Faktoren in Schule und Hort das Kind in seiner Partizipation unterstützen und seine Möglichleiten am Unterricht teilzunehmen, verbessern aber auch wo es Hindernisse gibt. Insbesondere muss auch geklärt werden, welche Veränderungen wünschenswert sind und welche davon durchsetzbar sind.

2.3 Erfassen der Sprachfunktionen

Zur Erfassung der sprachlichen Fähigkeiten werden sehr unterschiedliche Verfahren angegeben. Im Folgenden sollen zunächst die verschiedenen Methoden dargestellt und dann in einem zweiten Abschnitt über die Durchführung der Untersuchung und den Einsatz dieser Methoden gesprochen werden.

2.3.1 Verfahren für die Spracherfassung

Für die Einschätzung der sprachlichen Fähigkeiten stehen folgende methodischen Zugänge zur Verfügung:

- Befragung des Kindes und der Bezugspersonen,
- Beobachtung des Kindes
  - mit vertrauten Erwachsenen,
  - mit wenig vertrauten Erwachsenen,
  - mit Kindern,
- Analyse freier Sprachproben,
- evozierte Sprachproben und
- Beobachtung mit Tests.

Jedes dieser Verfahren hat Vor- und Nachteile. Wichtig ist, inwiefern die Ergebnisse repräsentativ für die typische oder bestmögliche Sprache des Kindes sind. Entschieden werden muss auch, ob die Ergebnisse helfen, geeignete Therapieansätze zu finden. Die Frage des Zeitaufwandes im Verhältnis zur gewonnenen Information spielt immer dann eine Rolle, wenn, wie in der Praxis, nur begrenzte Zeit zur Verfügung steht.

Durch die *Befragung der Bezugspersonen*, Eltern oder Lehrer, ist es möglich, Information über die sprachlichen Möglichkeiten des Kindes in sehr unterschiedlichen Situationen und unter unterschiedlichen Bedingungen zu erhalten. Ist zum Beispiel eine deutliche Veränderung der Sprache zu erkennen, wenn das Kind müde ist? Man erhält eher Information über das typische Sprachverhalten des Kindes. Je präziser die Fragestellung, desto verlässlicher sind die Informationen, die man erhält. Details über die sprachlichen Fähigkeiten, besonders im grammatischen Bereich sind aber selten ausreichend für eine Therapieplanung. Typischerweise sind Angaben zum Sprachverständnis weniger valide als Angaben zur Sprachproduktion.

Die *Beobachtung* des Kindes während der gesamten Untersuchungssituation gibt sehr viel Information über das sprachliche Verhalten des Kindes in der für es meist ungewohnten Situation. Es lassen sich Veränderungen im Sprachverhalten beobachten, wenn das Kind sich etwas entspannt.

Die Repräsentativität und die Information über den situationsabhängigen Einsatz der Sprache kann verbessert werden, wenn in unterschiedlichen Situationen mit verschiedenen Interaktionspartnern, einem vertrauten Erwachsenen, dem Untersucher und anderen Kindern, beobachtet wird. Solche Situationen können sehr frei von den Interaktionspartnern gestaltet oder durch verschiedene Vorgaben des Untersuchers wie Themen oder bestimmte Spiele strukturiert werden. Die systematische Auswertung aller Informationen ist schwierig. Oft wird am Ende mit Hilfe eines Beobachtungsbogens die Information systematisch erfasst (z. B. mit der Children's Communication Checklist, vgl. Bishop, 1998; Botting, 2004).

Die durch die Beobachtung gewonnene Information ist sehr wesentlich für die Förderung, sie ist aber häufig nicht systematisch und detailliert genug für die detaillierte Planung. Werden die Situationen mit Video aufgezeichnet, so können sie systematischer und detaillierter ausgewertet werden und die Grundlage für eine Analyse freier Sprachproben bilden.

Für die *Analyse freier Sprachproben* (Heidtmann, 1988) werden sprachliche Interaktionen im Spiel oder Gespräch mit einem Kind aufgenommen, transkribiert und nach bestimmten Kriterien analysiert. Die Repräsentativität ist neben situativen Variablen vom Umfang der Sprachproben abhängig. Dabei sind für unterschiedliche Analysen, zum Beispiel die grammatischen oder semantischen Fähigkeiten unterschiedlich große Sprachkorpora notwendig. Für die Analyse der Grammatik reichen nach Clahsen und Hansen (1991) 100 analysierbare Äußerungen eines Kindes aus. Für die semantisch-lexikalische Analyse fordert Glück (2002a) einen Umfang von 1.000 Wörtern.

Die Analyse der Sprachproben erfolgt dann mit Profilen wie COPROFF (Clahsen & Hansen, 1991) oder PRISM-L (Crystal, 1982) in der deutschen Version

SLP von Glück (2002a) oder mit linguistischen Analysen auf Grund unterschiedlicher theoretischer Modelle, in denen es darum geht, das Regelsystem des Kindes zu beschreiben (Heidtmann, 1988).

Für die Analyse der freien Sprachproben ist unterschiedlich viel Zeit erforderlich. Es wurde versucht, die Analysen zu vereinfachen. Inwieweit das individuelle Profil des Kindes mit diesen Kurzanalysen noch erfasst werden kann, ist offen. Die Analyse der freien Sprachproben umfasst bisher ausschließlich die Sprachproduktion, eine Analyse des Sprachverständnisses erfolgt nicht.

Die Analyse freier Sprachproben kann nur mit den vorhandenen Äußerungen des Kindes arbeiten. Es kann auf Grund dieser Analysen nicht entschieden werden, ob ein Kind zum Beispiel grammatische Strukturen, die nicht in der Sprachprobe vorkommen, nicht beherrscht, oder nur zufällig nicht eingesetzt hat.

Um dieser Schwierigkeit abzuhelfen aber auch, um die Untersuchungszeit zu verkürzen, wurden *evozierte Sprachproben* herangezogen. Hierbei geht es darum, die Wahrscheinlichkeit für bestimmte linguistische Formen zu erhöhen, indem Bilder oder Spiele eingesetzt werden, die Äußerungen mit diesen Formen wahrscheinlich machen (Motsch, 2002). In der Diagnostik von Motsch (2000), der evozierten Sprachdiagnose grammatischer Fähigkeiten (ESGRAF), werden im Spiel sowohl die expressiven wie auch die rezeptiven grammatischen Fähigkeiten überprüft.

Großen Raum nehmen bei allen Diskussionen um die Diagnostik, das Für und Wider von *Tests* ein. Tests nehmen für sich in Anspruch, dass sie gezielt und systematisch bestimmte sprachliche Fähigkeiten überprüfen und in relativ kurzer Zeit eine zuverlässige und objektive Aussage über die Leistungen eines Kindes im Vergleich zu Gleichaltrigen erlauben. Die Frage, wie repräsentativ die Ergebnisse eines Tests für die sprachlichen Fähigkeiten des Kindes sind, wird kontrovers diskutiert, ebenso die Frage, ob es möglich ist, auf Grund der Testergebnisse eine gezielte Förderung zu beginnen (Grohnfeld, 2002; Braun, 2002).

Informelle oder normierte Tests werden in der Förderdiagnostik ebenso wie in der logopädischen Praxis sehr häufig eingesetzt (Vogt, Bub, Gärtner, Göring & Sesterhenn, 2005). Tests erlauben es, Kinder in einer immer wieder gleich bleibenden Situation zu beobachten und die Unterschiede in der Art, wie sie mit den Aufgaben umgehen, zu beobachten. Die Tests sind häufig so konstruiert, dass es möglich ist, einen größeren Bereich systematisch zu überprüfen, um dann zu entscheiden, welche Bereiche detaillierter untersucht werden sollen. Der Vergleich mit den Leistungen gleichaltriger Kinder ist nicht immer gewährleistet. Untersuchungen mit mehreren Sprachtests an sprachentwicklungsgestörten Kindern haben gezeigt, dass die Alterszuordnung von Test zu Test für ein Kind um bis zu zwei Jahren variieren kann. Gleichzeitig blieb aber die Rangordnung innerhalb der untersuchten Gruppe von Test zu Test in etwa gleich, d. h. Kinder die in einem Test im oberen Drittel lagen, schnitten auch in den anderen Tests gut ab (Howlin & Kendall, 1991; Suchodoletz & Höfler, 1996).

Die Normierung einer Reihe von Tests ist nicht ausreichend, ebenso ist die Standardisierung nicht immer gegeben. Teilweise werden Tests aus dem Englischen übersetzt und mit der englischen Normierung für deutsche Kinder verwendet. Trotz dieser Mängel sind systematische Überprüfungen der einzelnen sprachlichen Bereiche in der Diagnostik wichtig und die Tests können als gute Ergänzung zu anderen Verfahren eingesetzt werden.

Die kurze Übersicht über die einzelnen Verfahren zeigt, dass jedes Verfahren Vorteile und Nachteile hat. Es ist selten gerechtfertigt, ausschließlich ein Verfahren einzusetzen. Je nach Sprachbereich und Zielstellung ist es wichtig, die Verfahren unter Berücksichtigung ihrer Stärken und Schwächen zu verwenden.

2.3.2 Durchführung der Untersuchung

Für die Untersuchung der sprachlichen Fähigkeiten ist es notwendig, eine entspannte Atmosphäre zu schaffen. Dazu gehört, dass man der Familie signalisiert, dass man Zeit hat, auch wenn man weiß, dass für die Untersuchung die Zeit beschränkt ist. Im Gespräch mit den Bezugspersonen ist es am Anfang wesentlich, dass sie den Untersucher kennen lernen und soviel Vertrauen gewinnen, dass sie dem Kind signalisieren können, dass es in Ordnung ist, mit dem Untersucher zu kooperieren. Für manche Kinder ist es einfacher, wenn zunächst ein Gespräch unter den Erwachsenen beginnt, währenddessen sie sich umschauen und eingewöhnen können. Ganz entscheidend ist es, dass am Anfang der Interaktion mit dem Kind sehr einfache Fragen gestellt oder Aufgaben vorgelegt werden, die das Kind mit großer Sicherheit erfüllen kann. Das Kind muss den Eindruck haben, dass es in der Untersuchung erfolgreich sein kann. Für manche Kinder ist es günstig, wenn am Anfang klar strukturierte Aufgaben gestellt werden, die möglichst wenig Sprachproduktion vom Kind erfordern, wie es bei Sprachverständnisaufgaben der Fall ist.

Es sollten dann ein Gespräch evt. im Rahmen eines freien Spiels und freie Spielsituationen folgen. Im Rahmen des Gesprächs sollte man den Zweck der Untersuchung ansprechen und sich vom Kind erklären lassen, was es darüber weiß und wie es selber darüber denkt. Vielen Kindern hilft es, wenn man am Anfang deutlich macht, dass es darum geht, gemeinsam herauszufinden, was das Kind kann und wo es Hilfe braucht.

Dann sollen die rezeptiven und expressiven Fähigkeiten genauer bestimmt werden. Wie bereits beschrieben, sind die Aussagen der Bezugspersonen, Eltern und Lehrer, über das *Sprachverständnis* des Kindes häufig nicht zuverlässig. Nur bei sehr genauer Befragung bekommt man die benötigte Information. Beobachtungssituationen und die Analyse freier Sprachproben können Hinweise auf eine Verständnisstörung geben. Typischerweise warten die Kinder häufig Erklärungen nicht ab, sondern beginnen eine Aufgabe sofort. Sie beantworten Fragen sehr ungenau, häufig mit „ja“, auch wenn eher ein „nein“ zu erwarten wäre. In der evozierten Sprachdiagnose grammatischer Fähigkeiten (ESGRAF, Motsch, 2000) werden „kindliche Handlungen ausgewertet, die auf das Sprachverständnis komplexer Satzstrukturen schließen lassen (Dekodieren)“ (Motsch, 2002, S. 169).

Erst systematische Überprüfungen auf Wort-, Satz- und Textebene führen zu einer sicheren Diagnose. Auf *Wortebene* (Tab. 1) steht ein Untertest des Marburger Sprachverständnistests für Kinder (MSVK; Elben & Lohaus, 2000) zur Verfügung, der für Vorschul- und junge Schulkinder normiert ist. Ebenso kann mit den Wortverständnistests der patholinguistischen Diagnostik (Kauschke & Siegmüller, 2002) das Wortverständnis für unterschiedliche Wortformen bei Vorschulkindern überprüft werden.

Tabelle 1:
Verfahren für die Untersuchung auf Wortebene

	Verfahren	Alter	Art des Verfahrens	Bemerkungen
Verständnis	MSVK Subtest: Wortbedeutung, Passiver Wortschatz	5–7 Jahre	Test, normiert für Kindergarten, 1. Klasse	Der Test kann auch noch für ältere Schulkinder mit Sprachentwicklungsstörungen eingesetzt werden.
	Patholinguistische Diagnostik Wortverständnistest	2;0–6;11 Jahre	Test, Bildkarten	In diesem Test wird nach unterschiedlichen Wortarten gefragt.
Produktion	Patholinguistische Diagnostik Wortproduktion	2;0–6;11 Jahre	Test, Bildkarten	Es wird nach unterschiedlichen Wortarten gefragt.
	AWST-R	3;0–5;11 Jahre	Normierter Test	Der Test kann informell auch für ältere Kinder herangezogen werden.
	SLP	Vorschulkinder	Semantisches Profil, auf Grund einer freien Sprachprobe	Wurde in Anlehnung an das PRISM von Crystal konzipiert.

Auf *Satzebene* (Tab. 2) steht der Untertest „Verstehen sprachlicher Strukturen" (VS) des Heidelberger Sprachentwicklungstests (HSET; Grimm & Schöler, 1991) als normierter Test für 4- bis 10-Jährige zur Verfügung. Auch der Sprachentwicklungstest für 3- bis 5-Jährige (SET-K 3-5; Grimm, 2001) enthält einen Untertest zum Verständnis von Sätzen. Die patholinguistische Diagnostik (Kauschke & Siegmüller, 2002) enthält einen Untertest zum Verständnis von W-Fragen.

Tabelle 2:
Verfahren für die Untersuchung auf Satzebene

	Verfahren	**Alter**	**Art des Verfahrens**	**Bemerkungen**
Verständnis	HSET, VS	4;0–9;11 Jahre	Test, Umsetzen der Sätze in eine Handlung mit Figuren	Sehr alte aber noch gültige Normierung
	SET-K 3-5	3;0–5;11 Jahre	Test, Umsetzen der Sätze in Handlung	Normiert
	LSVT, Teil A	4;0–8;11 Jahre	Test, Umsetzen der Sätze in Handlung mit Figuren	Unzureichend normiert, wird von den Kindern gern gemacht
	PPST, Teil A	4;0–9;10	Test, Umsetzen der Sätze in Handlung mit Figuren	Unzureichend normiert
	MSVK	5–7 Jahre	Test Auswahl aus mehreren Bildern	Normiert, auch bei älteren Kindern informell einzusetzen
	IVüS	4–8 Jahre	Test mit Material des LSVT	Nicht normiert, sehr systematisch aufgebaut
	Patholinguistische Diagnostik	2;0–6;11 Jahre	Test Bildauswahl	Normiert, Verständnis von W-Fragen
	ESGRAF	Vorschul- und Schulalter	Evozierte Sprachprobe	Keine systematische Erfassung

Tabelle 2 (Fortsetzung):
Verfahren für die Untersuchung auf Satzebene

	Verfahren	Alter	Art des Verfahrens	Bemerkungen
Produktion	HSET, IS SB	4;0–9;11 Jahre	Nachsprechen, bzw. Satzbildung aus vorgegebenen	Wörtern Normiert, geringe Differenzierung bei jungen Kindern
	SET-K 3-5, Enkodierung semantischer Relationen, Morphologische Regelbildung	3;0–5;11 Jahre	Bilder	Normiert
	Teddytest	3;0–6;0	Test, Bilder	Normiert, testet die Verfügbarkeit semantischer Relationen
	Patholinguistische Diagnostik	Vorschulalter	Bilder	Quantitative und qualitative Auswertung mit Normdaten
	IDIS Denk-Mit, Schenk-Mit, Such-Mit	Vorschulalter	Bilder	Noch nicht ausreichend normiert
	LSVT	4;0–8;11 Jahre	Beschreiben von Handlungen, die der Untersucher spielt	Unzureichend normiert
	COPROFF	Vorschulkinder	Freie Sprachprobe, 100 analysierbare Äußerungen	Nur sehr begrenzte Analyse
	ESGRAF	Vorschul- und Schulkinder	Evozierte Sprachprobe durch ein gemeinsames Spiel	Zeitaufwendig

Die Teile A des Logopädischen Sprachverständnistests (LSVT; Wettstein, 1983) und des Psycholinguistischen Entwicklungstests (PSST; Wettstein, 1997) sind auf Grund der unzureichenden Normierung nur informell einzusetzen (Gebhard,

2001). Das Informelle Verfahren zur Überprüfung der Sprachverständnisleistungen (IVüS; Endres & Baur, 2000) erlaubt eine systematische Überprüfung sowohl auf der Satz- wie auch auf der Textebene.

Die normierte Erfassung der *Textebene* (Tab. 3) ist nicht möglich. Als informelles Verfahren wird die „Mäusegeschichte" aus dem Minilük für jüngere Kinder empfohlen oder ein Untertest aus dem Allgemeinen Deutschen Sprachtest (ADST; Steinert, 1978), der ab der dritten Klasse eingesetzt werden kann. Eine ausführliche Diskussion der Sprachverständnisdiagnostik findet sich bei Keller und Endres (2003), Gebhard (2001) und Elben (2002).

Auch bei der Einschätzung der *Sprachproduktion* sind Informationen von Bezugspersonen wichtig. Sie können typische Äußerungen der Kinder wiedergeben, aber häufig auch über den Wortschatz oder Wortfindungsstörungen berichten.

Auf der *Wortebene* kann die Differenziertheit des Wortschatzes in den verschiedenen Beobachtungssituationen beurteilt werden. Auch hier hilft eine Aufzeichnung, am besten mit Video, eine systematischere Beschreibung zu erreichen. Die Wortfindung kann in Spontansprachproben beurteilt werden, dazu können Beobachtungsbögen wie der „Beobachtungsbogen für Wortfindungsstörungen (Bb-WFS)" und der „Beurteilungsbogen für semantisch-lexikalische Fähigkeiten" (Glück Internetseite) herangezogen werden. Deutlicher werden Wortfindungsstörungen beim Benennen von Bildern.

Für die Einschätzung des Wortschatzes ist bei jüngeren Kindern der Aktive Wortschatztest (AWST-R, Kiese-Himmel, 2005) geeignet. Er ist bis zum Alter von 5;11 Jahren normiert, gibt aber auch bei jüngeren Grundschulkindern mit Sprachentwicklungsstörungen noch sinnvolle Informationen (Tab. 1).

Zur Erfassung der *Satzebene* gibt es neben der Beobachtung in allen Situationen während der Untersuchung, der Analyse freier und evozierter Sprachproben (Heidtmann, 1988; Clahsen & Hansen, 1991; ESGRAF, Motsch, 2000) eine Reihe von informellen Tests, wie die patholinguistische Diagnostik bei Sprachentwicklungsstörungen (Kauschke & Siegmüller, 2002), das Ravensburger Dysgrammatiker Prüfmaterial (Frank & Griwotz, 1978), Aufgaben aus der Untersuchungsreihe IDIS (Schöler, 1999), das Verfahren zur Diagnostik des kindlichen Grammatikerwerbs (Schrey-Dern, 1994) und den Sulser Sprachtest (Sulser). An normierten Tests stehen die Untertests „IS" und „SB" des HSET (Grimm & Schöler, 1991), der SET-K 3-5 (Grimm, 2001) und der Teddytest (Friedrich, 1998) zur Verfügung. Es geht in der Untersuchung darum, die Teilbereiche der Satzproduktion herauszufinden, die besonders schwierig für das Kind sind, und in diesem Bereich detaillierter zu untersuchen. Wenn das Kind einfache Hauptsätze korrekt produziert, gilt es herauszufinden, welche Nebensatzformen spontan eingesetzt werden und welche durch entsprechende Vorgaben wie Bilder und Satzanfänge korrekt evoziert werden können (Tab. 2).

Tabelle 3:
Verfahren für die Untersuchung auf Textebene

	Verfahren	Alter	Art des Verfahrens	Bemerkungen
Verständnis	Mäusegeschichte	5–8 Jahre	Fragen zu einer vorgelesenen Geschichte beantworten	Informelles Verfahren
	ADST	Ab der 3. Klasse	Fragen zu einer (vor)gelesenen Geschichte beantworten	Normiert ab der 3. Klasse
Produktion	Erzählen von Bildgeschichten	5–15 Jahre	Vorlage von Bildsequenzen	Informelles Verfahren
	Erzählen von Episoden aus Fernsehserien oder Filmen	5–15 Jahre	Erzählen aus der Erinnerung	Informelles Verfahren

Für die Untersuchung der *Textproduktion* sind das Erzählen von Bildgeschichten und das Erzählen von Geschichten (z. B. Episoden aus einer vom Kind gern gesehenen Fernsehserie) oder ein Film sehr geeignet. Es lässt sich dabei meist gut erkennen, ob das Kind den Inhalt kennt und in welcher Form es die Inhalte sprachlich formulieren kann.

Von Hußnätter (2005) wurde ein Screening für die Sprachüberprüfung in der Hauptschule beschrieben, dass verschiedene Bereiche des Verständnisses und der Produktion überprüft, es ist allerdings bisher nicht normiert.

Es ist häufig sinnvoll, die eigenen Beobachtungen mit den Bezugspersonen zu besprechen um herauszufinden, ob die eigenen Beobachtungen dem entsprechen, was die Bezugspersonen kennen oder ob sie sich sehr davon abheben.

2.4 Erfassen von Aktivität und Partizipation

Das Erfassen der Aktivitäten, an denen ein Kind teilnimmt und die Beurteilung der Angemessenheit bezüglich des Alters des Kindes erfolgt im Wesentlichen im Gespräch mit den Bezugspersonen und dem Kind. In der Schule ist es oft möglich, einige dieser Aktivitäten (z. B. in der Pause) auch selbst zu beobachten.

2.5 *Erfassen der Kontextfaktoren*

Von der Schwere der sprachlichen Auffälligkeiten und der Einschränkung der Partizipation des Kindes an altersgemäßen Aktivitäten ist es abhängig, wie die Untersuchung der Kontextfaktoren erfolgen soll. Bei ausgeprägteren Störungen ebenso wie bei deutlichen Belastungen im familiären Bereich sollte die interdisziplinäre Zusammenarbeit mit einem mit Kindern erfahrenen Kinderpsychologen und/oder mit einem Kinder- und Jugendpsychiater erfolgen. Dies umso mehr, da bekannt ist, dass mehr als die Hälfte der Kinder mit Sprachentwicklungsstörungen behandlungsbedürftige Verhaltensstörungen zeigen (Noterdaeme & Amorosa, 1998; Amorosa, 2003). Eine übersichtliche Darstellung der Diagnostik psychischer Störungen im Kindes- und Jugendalter findet sich bei Döpfner, Lehmkuhl, Petermann und Scheithauer (2002).

Zu den *personbezogenen Faktoren* können die Bezugspersonen Information geben, zum Beispiel über die Vorgeschichte, die Entwicklung der Schwierigkeiten und die bisherigen Hilfen. Auch die schulische Vorgeschichte ist von Bedeutung. Ebenso erhält man Information über Arbeits- und Aufmerksamkeitsverhalten, das Temperament des Kindes, seine Interessen und Stärken und eventuell Verhaltensbesonderheiten. – Die Beobachtungen während der Untersuchung können zusätzliche Hinweise über Verhalten und Aufmerksamkeit geben (Lauth, Koch, Rebeschieà & Stemann, 1999).

Bei vielen Kindern mit Sprachentwicklungsstörungen liegen Einschränkungen im auditiven Kurzzeitgedächtnis vor, so dass immer eine Überprüfung dieser Fähigkeiten erfolgen sollte (Weinert, 1996; Fazio, 1999; Amorosa, 2003).

Auch die *umweltbezogenen Faktoren* werden einerseits von den Bezugspersonen (d. h. den Eltern, den Lehrern oder Erziehern) erfragt. Auch hier ist es oft wichtig, sich die Entstehung der Belastungen erzählen zu lassen. Wichtig sind auch Probleme, die nicht speziell das untersuchte Kind betreffen, die aber die Belastbarkeit der Eltern einschränken oder den Lehrer daran hindern, das Kind speziell zu fördern. Häufig muss man gezielt nachfragen, um diese Informationen zu erhalten. Voraussetzung dafür, dass Bezugspersonen diese Information überhaupt geben, ist ihr Eindruck, dass sie akzeptiert werden in ihrem Bemühen um das Kind. Fragebogen zur Belastung der Eltern können eingesetzt werden, sie können das Gespräch ergänzen, aber nicht ersetzen.

2.6 *Zusammenfassung der Ergebnisse und Diagnosestellung*

Die zusammenfassende Beschreibung der Untersuchungsergebnisse ist neben der eigentlichen Diagnose ein wesentlicher Schritt der Förderdiagnostik. Die Diagnose sollte nach den Kriterien der Internationalen Klassifikation der Krankheiten der WHO (ICD-10) gestellt werden.

In die zusammenfassende Beurteilung gehen die wichtigsten Ergebnisse der Untersuchung und eine Beurteilung dieser Ergebnisse ein. Es sollte eine Hierarchie der Schwierigkeiten dargestellt und die Abhängigkeit der Probleme untereinander beschrieben werden. Ist zum Beispiel die Kommunikation mit einem Kind sehr schwierig, da es zwar gerne und in langen Äußerungen spricht, aber auf Grund einer phonologischen Störung praktisch unverständlich ist. – In die zusammenfassende Beurteilung gehören auch Aussagen über Stärken und Kontextfaktoren, die für die Förderung wesentlich sind.

3 Umsetzung der Ergebnisse für die Förderplanung

Die Ergebnisse der Diagnostik bestimmen die Auswahl der Förderbereiche. Wichtig ist es besonders am Anfang Bereiche auszuwählen, bei denen eine Verbesserung schnell zu beobachten ist und die im Alltag relevant sind, da dadurch die Motivation für die Förderung deutlich erhöht wird.

Die Methoden der Förderung sind abhängig von dem ausgewählten Bereich und den Interessen des Kindes. Mit einem Kind, das gerne schreibt, sind Lückentexte zur Übung bestimmter grammatischer Formen sinnvoll, mag ein Kind dagegen lieber Geschichten erzählen, so sind Bildgeschichten beim Arbeiten auf Textebene eher geeignet, die Kooperation des Kindes zu verbessern.

Auf Grund der Untersuchungsergebnisse und der sonstigen Information über das Kind und seine Umgebung wird ein Behandlungsplan erstellt, der die Ziele für einen größeren Zeitraum von etwa drei Monaten enthält. Ebenso wird ein detaillierter Plan für die nächsten zwei bis drei Wochen erstellt mit Überlegungen zu den kurzfristigen Zielen, den Methoden und dem Ablauf der Fördereinheiten. In diese Planung muss das Wissen um das Arbeitsverhalten, die Konzentrationsspanne und die Vorlieben des Kindes eingehen, damit die Arbeitseinheiten nicht die Konzentrationsspanne überschreiten, die Aufgaben so einfach sind, dass das Kind etwa 80 % gut lösen kann und zwischendurch Aufgaben oder Spiele kommen, die dem Kind Spaß machen.

4 Überprüfung und Anpassung der Behandlung, behandlungsbegleitende Diagnostik

In regelmäßigen Abständen muss auf Grund der Beobachtungen während der Förderstunden der Behandlungsplan überprüft werden. Häufig werden neue Gesichtspunkte auftauchen, die einer erweiterten Diagnostik bedürfen und damit die Behandlungsplanung verändern.

5 Ausblick

Eine frühe Diagnostik bereits im Kleinkindalter mit einer frühen ausreichenden Förderung ist besonders wichtig und könnte vielleicht den Förderbedarf im Schulalter verringern. Es wird aber immer Kinder mit ausgeprägten Störungen der Sprachentwicklung geben, die trotz früher Diagnostik und guter Therapie auch im Schulalter noch Förderung brauchen.
Eine interdisziplinäre Diagnostik bei Kindern mit Auffälligkeiten in der sprachlichen Entwicklung ist wegen der häufig auftretenden weiteren Beeinträchtigungen bei diesen Kindern sehr wichtig. Dies wird vielfach nicht ausreichend genutzt.

Eine gute Zusammenarbeit erscheint mir auch bei mehrsprachigen Kindern notwendig. Hier geht es darum, Personen, die die anderen Sprachen des Kindes beherrschen, bei der Beurteilung der sprachlichen Fähigkeiten des Kindes heranzuziehen und gegebenenfalls im Gespräch mit den Eltern einen Übersetzer dazu zu holen. Viel zu häufig werden geringe sprachliche Fähigkeiten im Deutschen mit der Mehrsprachigkeit des Kindes erklärt und eine Sprachentwicklungsstörung wird übersehen. Insgesamt sind die Materialien für eine Untersuchung mehrsprachiger Kinder noch sehr unzureichend.

Dringend ist die weitere Verbesserung der Untersuchungsverfahren, mit Studien über die vergleichenden Ergebnisse mit unterschiedlichen Verfahren und eine Präzisierung, wann das eine oder das andere Verfahren in sinnvoller Weise eingesetzt werden sollte. – Die Internationale Klassifikation der Funktionen (ICF) erscheint als ein viel versprechendes Verfahren für die umfassende Beschreibung bei Kindern mit Sprachentwicklungsstörungen. Sie muss aber für den Einsatz mit Kindern weiter entwickelt werden.

Literatur

Amorosa, H. (2003). Umschriebene Entwicklungsstörungen der Sprache. In B. Herpertz-Dahlmann, F. Resch, M. Schulte-Markwort & A. Warnke (Hrsg.), *Entwicklungspsychiatrie* (S. 437–466). Stuttgart: Schattauer.

Amorosa, H. & Noterdaeme, M. (Hrsg.). (2003). *Sprachverständnisstörungen*. Göttingen: Hogrefe.

Baur, S. & Endres, R. (1999). Kindliche Sprachverständnisstörungen – Der Umgang im Alltag und in spezifischen Fördersituationen. *Sprachheilarbeit, 44,* 318–28.

Bishop, D. (1998). Development of the Children's Communication Checklist (CCC): a method for assessing qualitative aspects of communicative impairment in children. *Journal of Child Psychology and Psychiatry, 39,* 879–91.

Botting, N. (2004). Children's Communication Checklist (CCC) scores in 11-year-old children with communication impairments. *International Journal of Language and Communication Disorders, 39,* 215–27.

Braun, O. (2002). Selbstverständnis förderdiagnostischen Vorgehens. In M. Grohnfeldt (Hrsg.), *Lehrbuch der Sprachheildiagnostik und Logopädie. Bd. 3* (S. 29–62). Stuttgart: Kohlhammer.

Brinker, K. (1992). *Linguistische Textanalyse* (3. durchgeseh. u. erweit. Aufl.). Berlin: Erich Schmidt Verlag.

Bundschuh, K. (2002). *Heilpädagogische Psychologie* (3. Aufl.). München: Reinhardt.

Cacace, A. & McFarland, D. (1998). Central auditory processing disorder in school-aged children: a critical review. *Journal of Speech, Language and Hearing Research, 41,* 355–373.

Clahsen, H. & Hansen, D. (1991). *COPROFF – ein linguistisches Untersuchungsverfahren für die sprachdiagnostische Praxis*. Köln: Fokus.

Crystal, D. (1982). *Profiling linguistic disability*. London: Arnold.

Deutsches Institut für medizinische Dokumentation und Information, DIMDI (1994). *ICD-10. Internationale Klassifikation der Krankheiten und verwandter Gesundheitsprobleme.* Bern: Huber.

Döpfner, M., Lehmkuhl, G., Petermann, F. & Scheithauer, H. (2002). Diagnostik psychischer Störungen. In F. Petermann (Hrsg.), *Lehrbuch der Klinischen Kinderpsychologie und -psychotherapie* (5. Aufl.; S. 95–130). Göttingen: Hogrefe.

Elben, C. (2002). *Sprachverständnis bei Kindern*. München: Waxmann.

Elben, C. & Lohaus, A. (2002). *Marburger Sprachverständnistest für Kinder (MSVK).* Göttingen: Hogrefe.

Endres, R. & Baur, S. (2000). Informelles Verfahren zur Überprüfung von Sprachverständnisstörungen (IVüS). *Sprachheilarbeit, 45,* 64–71.

Endres, R. & Baur, S. (2003). Sprachtherapeutische Interventionen. In H. Amorosa & M. Noterdaeme (Hrsg), *Rezeptive Sprachstörungen* (S. 47–62). Göttingen: Hogrefe.

Fazio, B. (1999). Arithmetic calculation, short-term memory, and language performance in children with specific language impairment: a 5-year follow-up. *Journal of Speech, Language, and Hearing Research, 42,* 420–31.

Frank, G. & Griwotz, P. (1978). *Dysgrammatiker Prüfmaterial.* Ravensburg: Selbstverlag.

Friedrich, G. (1998). *Teddy-Test*. Göttingen: Hogrefe.

Gebhard, W. (2001). *Entwicklungsbedingte Sprachverständnisstörungen bei Kindern im Grundschulalter.* München: Utz.

Glück, C. (2002a). Methodenentwicklung in der Wortschatzdiagnostik bei Kindern im Grundschulalter. *Sprachheilarbeit, 47,* 29–34.

Glück, C. (2002b). Diagnostik semantisch-lexikalischer Störungen. In M. Grohnfeldt (Hrsg.), *Lehrbuch der Sprachheilpädagogik und Logopädie. Bd. 3* (S. 172–179). Stuttgart: Kohlhammer.

Glück, C. *http://www.paed.uni-muenchen.de/~glueck/*

Grimm, H. (2001). *Sprachentwicklungstest für drei- bis fünfjährige Kinder (SETK 3-5). Diagnose von Sprachverarbeitungsprozessen und auditiven Gedächtnisleistungen.* Göttingen: Hogrefe.

Grimm, H. & Schöler, H. (1991). *Der Heidelberger Sprachentwicklungstest (HSET)* (2. Aufl.). Göttingen: Hogrefe.

Grohnfeldt, M. (2002). Diagnostik, Prävention und Evaluation in der Sprachheilpädagogik und Logopädie. In M. Grohnfeldt (Hrsg.), *Lehrbuch der Sprachheilpädagogik und Logopädie. Bd. 3* (S. 17–28). Stuttgart: Kohlhammer.

Heidtmann, H. (1987). *Neue Wege der Sprachdiagnostik.* Berlin: Marhold.

Howlin, P. & Kendal, L. (1991). Assessing children with language tests – which tests to use? *British Journal of Disorders of Communication, 26,* 355–67.

Hußnätter, H. (2005). Sprachüberprüfung in der Hauptschule. *Sprachheilarbeit, 50,* 79–83.

Kauschke, C. (2003). Entwicklung, Störungen und Diagnostik lexikalischer Prozesse – Wortverständnis und Wortproduktion. *Sprache-Stimme-Gehör, 27,* 110–118.

Kauschke, C. & Siegmüller, J. (2002). *Patholinguistische Diagnostik bei Sprachentwicklungsstörungen.* München: Urban & Fischer.

Keller, A. & Endres, R. (2003). Sprachdiagnostik. In H. Amorosa & M. Noterdaeme (Hrsg.), *Rezeptive Sprachstörungen* (S. 20–37). Göttingen: Hogrefe.

Kiese-Himmel, C. (2005). *Aktiver Wortschatztest 3–6 (AWST-R)* (2. rev. Aufl.). Göttingen: Beltz Test.

Lauth, G., Koch, R., Rebeschieá, C. & Stemann, C. (1999). Aufmerksamkeitsstörungen und Gedächtniskapazitäten bei sprachauffälligen und unauffälligen Kindern. *Praxis der Kindespsychologie und Kindespsychiatrie, 48,* 260–72.

Lüdtke, U. & Bahr, R. (2002). Verstehende Diagnostik individueller Sprachentwicklungsprozesse: Aussenansichten und Innenansichten. In M. Grohnfeldt (Hrsg.), *Lehrbuch der Sprachheilpädagogik und Logopädie. Bd. 3* (S. 129–147). Stuttgart: Kohlhammer.

Motsch, H. (2000). *ESGRAF – Testmaterial.* München: Reinhardt.

Motsch, H. (2002). Grammatische Störungen. In M. Grohnfeldt (Hrsg.), *Lehrbuch der Sprachheilpädagogik und Logopädie. Bd. 3* (S. 160–171). Stuttgart: Kohlhammer.

Nation, K. & Norbury, C. (2005). Why Reading Comprehension Fails. *Topics in Language Disorders, 25,* 21–32.

Noterdaeme, M. & Amorosa, H. (1998). Verhaltensauffälligkeiten bei sprachentwicklungsgestörten Kindern. *Monatsschrift für Kinderheilkunde, 146,* 931–937.

Ptok, M., Berger, R., von Deuster, C., Gross, M., Lamprecht-Dinnesen, A., Nickisch, A., Radü, H. & Uttenweiler, V. (2000). Auditive Verarbeitungs- und Wahrnehmungsstörungen. Konsensus-Statement. *HNO, 48,* 357–360.

Schöler, H. (1999). *IDIS-Inventar diagnostischer Informationen bei Sprachentwicklungsauffälligkeiten.* Heidelberg: Schindele.

Schrey-Dern, D. (1994). Morphologisch-syntaktische Analyse. In C. Dickmann, I. Flosmann & R. Klasen (Hrsg.), *Logopädische Diagnostik von Sprachentwicklungsstörungen.* (S. 51–76). Stuttgart: Thieme.

Steinert, J. (1978). *Allgemeiner Deutscher Sprachtest (ADS).* Göttingen: Hogrefe.

Suchodoletz, W. von, Alberti, A. & Berwanger, D. (2004). Werden umschriebene Sprachentwicklungsstörungen durch auditive Wahrnehmungsstörungen verursacht? *Klinische Pädiatrie, 216,* 49–56.

Suchodoletz, W. von & Höfler, C. (1996). Stellenwert des Heidelberger Sprachentwicklungstests (HSET) in der Diagnostik von Kindern mit Sprachentwicklungsstörungen. *Zeitschrift für Kinder- und Jugendpsychiatrie und Psychotherapie, 24,* 3–11.

Vogt, S., Bub, M., Gärtner, E., Göring, S. & Sesterhenn, S. (2005). Wer? Wie? Was? Diagnostikinstrumente zur Überprüfung grammatischer Fähigkeiten bei Kindern. *Interdisziplinär, 13,* 84–89.

Weidekamm, A. & Beushausen, U. (2004). Auditive Ordnungsschwelle und kindliche Sprachstörungen. *Interdisziplinär, 12,* 100–105.

Weinert, S. (1996). Prosodie – Gedächtnis – Geschwindigkeit: Eine vergleichende Studie zu Sprachverarbeitungsdefiziten dysphasisch-sprachgestörter Kinder. *Sprache und Kognition, 15,* 46–69.

Wettstein, P. (1983). *Logopädischer Sprachverständnistest (LSVT).* Zürich: Heilpädagogisches Seminar.

Wettstein, P. (1997). *Psycholinguistischer Sprachverständnis- und Sprachentwicklungstest (PPST).* Uster: BSSI.

WHO (Hrsg.). (2001). *International Classification of Functioning, Disability and Health (ICF).* Genf: WHO.

Kapitel 9

Diagnostik bei Artikulationsstörungen

Waldemar von Suchodoletz

Zusammenfassung

Artikulationsstörungen sind durch Auffälligkeiten bei der Lautbildung gekennzeichnet. Im Rahmen der Diagnostik ist als Erstes zu klären, ob bezogen auf das Alter des Kindes die beobachteten Aussprachefehler hinsichtlich Art oder Häufigkeit außerhalb der normalen Variationsbreite liegen. Nur dann ist von einer Artikulationsstörung auszugehen. Im Detail sind organische von funktionellen Störungen, die wiederum aus Subgruppen bestehen, abzugrenzen. Bei organischen Artikulationsstörungen ist zwischen anatomisch bedingten, myogenen, neurogenen und audiogenen Formen zu unterscheiden und bei funktionellen zwischen umschriebenen und solchen in Verbindung mit Intelligenz- bzw. Sprachstörungen. Bei den häufigen umschriebenen Artikulationsstörungen ist durch weitere Untersuchungen zu klären, ob die Schwierigkeiten des Kindes vorwiegend auf Schwächen der Sprechmotorik, der Sprachwahrnehmung oder sprachspezifischer Funktionen (Lautrepräsentation) beruhen. Durch eine genaue Analyse der phonologischen Prozesse ist ein Störungsprofil zu erarbeiten, das die Grundlage für die Therapieplanung bildet. Die Diagnostik muss auch Aufschluss darüber geben, inwieweit die Kommunikationsfähigkeit des Kindes durch die Lautbildungsstörung beeinträchtigt ist und ob sich Störungsbewusstsein oder emotionale bzw. Verhaltensauffälligkeiten entwickelt haben. Schließlich ist eine ausführliche Beurteilung des psychosozialen Umfeldes erforderlich, um erkennen zu können, welche fördernden oder hemmenden Umweltfaktoren auf die Entwicklung des Kindes einwirken, und zu entscheiden, wie intensiv die Eltern in den Förderprozess einbezogen werden können.

Fallbeispiel

Peter ist 4 1/2 Jahre alt. Nach Angaben der Mutter entwickelte er sich im Säuglingsalter unauffällig und zeigte keinerlei Besonderheiten bei der Lautproduktion. Erste sinnbezogene Wörter sprach er mit etwa 15 Monaten. Sein Wortschatz vergrößerte sich altersentsprechend und mit etwa zwei Jahren begann er, Wörter aneinander zu reihen. Peter sprach aber immer sehr undeutlich und einige Laute kann er bis heute nicht richtig bilden. Die Mutter versteht ihn aber gut, doch Fremde und selbst die Großeltern haben Mühe zu erfassen, was er erzählen möchte. Trotz der Sprechprobleme hat Peter auch in fremder Umgebung keine Scheu, sich mitzuteilen. Wird er nicht verstanden, so wiederholt er seine Äußerungen und begleitet diese mit noch ausdrucksvollerer Gestik als sonst bei ihm üblich. Wenn er etwas Aufregendes zu berichten hat, dann fällt eine überhastete Sprechweise mit Neigung zu Silben- und Wortwiederholungen auf. Im Gegensatz zu seinen Schwierigkeiten beim Sprechen hat er keine Probleme, andere zu verstehen. Er hört gerne und mit Ausdauer Geschichten und hat Freude an Reim- und Sprachspielen.

Schwangerschaft, Geburt und motorische Entwicklung verliefen regelrecht. Peter war nie ernsthaft krank. Gelegentlich hatte er leichtere Mittelohrentzündungen, die mit Medikamenten unkompliziert abklangen. Hörstörungen waren, außer wenn er erkältet war, nie aufgefallen und Hörüberprüfungen im Rahmen der Vorsorgeuntersuchungen fielen unauffällig aus.

Während des Säuglingsalters hatte er ungewöhnlich viel geschrieen und während des 2. und 3. Lebensjahres zeigte er verstärkte Trotzreaktionen. Gegenwärtig ist er recht ausgeglichen und fröhlich und beim Spiel zeigt er Ausdauer und Fantasie. Trotz seiner Sprechprobleme findet er guten Kontakt zu anderen Kindern und geht gerne in den Kindergarten.

In der Familie sind keine Sprachstörungen bekannt. Beide Eltern haben Abitur. Die Mutter ist seit der Geburt von Peter Hausfrau. Zu Hause wird ausschließlich deutsch gesprochen.

1 Allgemeine Charakteristika von Artikulationsstörungen

1.1 Definition

Artikulationsstörungen sind durch Fehler bei der Lautbildung gekennzeichnet, die unter Berücksichtigung des Entwicklungsalters des Kindes außerhalb der normalen Variationsbreite liegen. Für Abweichungen in der Lautbildung sind unterschiedliche Bezeichnungen in Gebrauch. In Anlehnung an die Klassifikation der WHO (ICD-10) wird im Folgenden der Begriff „Artikulationsstörung" verwendet. Da die betroffenen Kinder einzelne Laute aber häufig richtig bilden können, diese jedoch im sprachlichen Zusammenhang falsch einsetzen, wird vermutet, dass nicht eine motorische Schwäche zur fehlerhaften Lautbildung führt, sondern sprachliche Defizite (fehlerhafte Repräsentation der Lautbilder). Deshalb setzt sich in letzter Zeit die Bezeichnung „Phonologische Störung" immer mehr durch. Andere in der Literatur anzutreffende Bezeichnungen sind Lautbildungsstörungen, Aussprachestörung, Dyslalie und Stammeln.

1.2 Einteilung

Artikulationsstörungen können in organische und funktionelle Störungen unterteilt werden.

Kasten 1:
Einteilung von Artikulationsstörungen

Organische Artikulationsstörungen

- Artikulationsstörung bei anatomischen Fehlbildungen der Sprechorgane
- myogene Artikulationsstörung
- neurogene Artikulationsstörung
- audiogene Artikulationsstörung

Funktionelle Artikulationsstörungen

- umschriebene Artikulationsstörung
- Artikulationsstörung bei Sprachentwicklungsstörungen
- Artikulationsstörung bei Intelligenzminderung

Organische Artikulationsstörungen können Folge anatomischer Abweichungen im Bereich der Sprechorgane, wie Lippen-Kiefer-Gaumenspalten sein. Andere Ursachen sind Erkrankungen der Sprechmuskulatur oder der die Muskulatur versorgenden Nerven (myogene bzw. neurogene Formen). Zentrale neurogene Artikulationsstörungen treten im Kindesalter insbesondere bei infantilen Zerebralparesen auf. Artikulationsstörungen sind auch zu erwarten, wenn Hörstörungen zu einer fehlerhaften Wahrnehmung des Klangbildes führen (audiogene Form). So kann zum Beispiel ein Hochtonverlust zu einer Abweichung der Bildung hochfrequenter Konsonanten (z. B. Zischlaute) führen.

Bei funktionellen (entwicklungsbedingten) Artikulationsstörungen lassen sich keine Auffälligkeiten der Sprechorgane nachweisen. Sie können als einziges Symptom (umschriebene Artikulationsstörung) oder im Zusammenhang mit einer Sprachentwicklungsstörung oder einer Intelligenzminderung auftreten. Im Weiteren soll insbesondere auf umschriebene Artikulationsstörungen eingegangen werden.

2 Umschriebene Artikulationsstörungen

2.1 Definition

Umschriebene Artikulationsstörungen sind nach der Definition der WHO durch Abweichungen in der Lautbildung gekennzeichnet, die primär bestehen und nach Häufigkeit und Art nicht dem Entwicklungsalter des Kindes entsprechen. Die

Auffälligkeiten in der Aussprache sind nicht durch sensorische, neurologische oder sonstige organische Erkrankungen zu erklären und nicht Folge eines fehlerhaften Sprachgebrauchs im unmittelbaren Umfeld des Kindes.

Kasten 2:
Diagnostische Leitlinien für umschriebene Artikulationsstörung

- Ausmaß der Artikulationsfehler außerhalb der Norm bezogen auf das Entwicklungsalter
- normale nonverbale Intelligenz sowie altersentsprechende expressive und rezeptive Sprachfertigkeiten
- nicht durch sensorische, neurologische oder andere organische Störungen bedingt
- deutliche Differenz zum Sprachgebrauch in der jeweiligen Subkultur des Kindes

Lautbildungsfehler können in phonetische und phonologische Fehler unterteilt werden (Fox, 2004). Von einem phonetischen Fehler wird gesprochen, wenn ein Kind nicht in der Lage ist, einen Laut richtig zu bilden. Dies betrifft im Deutschen am häufigsten S- und Zischlaute. Wenn ein Kind einen Laut isoliert korrekt aussprechen kann, diesen aber im Zusammenhang eines Wortes auslässt, falsch bildet oder durch einen anderen ersetzt, dann handelt es sich um einen phonologischen Fehler. Phonologische Fehler können konsequent (ein Kind sagt immer „Darten“ anstelle von „Garten“) oder inkonsequent (einzelne Wörter werden unterschiedlich ausgesprochen) auftreten.

2.2 *Häufigkeit*

Bei etwa 5 bis 8 % aller Vorschulkinder sind so ausgeprägte Auffälligkeiten bei der Artikulation zu beobachten, dass sie einer Behandlung bedürfen. Bei Jungen treten Lautbildungsstörungen 3- bis 4-mal häufiger als bei Mädchen auf.

Ob ein Aussprechen von „s“ wie ein englisches „th“ (Lispeln, Sigmatismus) als Störung oder als Normvariante anzusehen ist, ist wegen der Häufigkeit dieser Auffälligkeit umstritten. Jedes dritte bis vierte Vorschulkind lispelt und die Häufigkeit geht auch im Grundschulalter nicht zurück (Fox, 2004).

2.3 *Ursachen*

Über die Ursachen umschriebener Artikulationsstörungen ist bislang wenig bekannt. Eine familiäre Häufung ist nicht ungewöhnlich, so dass – wie bei anderen Entwicklungsstörungen auch – eine genetische Komponente anzunehmen ist. Über die Stärke des genetischen Einflusses, den Erbgang oder die verantwortlichen Gene gibt es keine gesicherten Erkenntnisse. Als ursächliche Faktoren werden in der Literatur auch vorübergehende Hörstörungen, Komplikationen während Schwangerschaft oder Geburt sowie ungewöhnliche Saug- und Lutschgewohnheiten genannt. Diese Vermutungen werden aber nicht durch aussagefähige Studien gestützt. Längsschnittbeobachtungen von Kindern mit häufigen Mittelohrentzündungen in den ersten Lebensjahren oder mit Risiken während Schwangerschaft und Geburt konnten keine Belege dafür erbringen, dass bei diesen Kindern umschriebene Artikulationsstörungen gehäuft auftreten. Auch über die Auswirkungen eines ausgeprägten Lutschverhaltens gibt es keine verlässlichen Untersuchungen, so dass die Frage, ob exzessives Lutschen Artikulationsstörungen begünstigt, bislang unbeantwortet geblieben ist. Der Einfluss ungünstiger psychosozialer Faktoren, wie niedriger Bildungsstand der Eltern, undeutliche Sprachartikulation im unmittelbaren Umfeld oder familiäre Konflikte, auf den Lauterwerb wird in der Literatur kontrovers diskutiert. Beweise dafür, dass negative Umweltfaktoren zu Artikulationsstörungen führen, gibt es bisher nicht.

2.4 Symptomatik

Charakteristisch für Artikulationsstörungen sind ein Auslassen, Ersetzen oder eine fehlerhafte Bildung einzelner Laute. Die größte deutsche Studie an insgesamt 2.100 Kindern mit Artikulationsstörungen stammt von Möhring aus dem Jahre 1938. Eine genaue Analyse der Aussprachefehler zeigte, dass am häufigsten „s“ und „sch“ (etwa 60 % der Fehler) betroffen sind, weniger häufig „ch“, „j“, „r“, „ng“, „k“ und „g“ (etwa 30 %) und am seltensten „m“, „n“, „b“, „d“, „p“, „l“, „t“, „f“ und „v“ (etwa 10 %). Eine neuere Studie von Fox und Dodd (2001) an 110 Kindern bestätigte diese Ergebnisse im Wesentlichen.

Bei Kindern mit Artikulationsstörungen werden neben Lautbildungsfehlern, die das Störungsbild charakterisieren, nicht selten zusätzliche Symptome beobachtet. Dies sind zum Beispiel Koordinationsstörungen im Bereich der Mundmotorik und psychische Auffälligkeiten. Letztere können als unmittelbare Folge der Kommunikationsstörung oder als Reaktion auf ein Hänseln durch andere Kinder auftreten. Besonders häufige psychische Auffälligkeiten sind Sprechhemmungen bis zum Mutismus, allgemeine soziale Ängstlichkeit und Verhaltensstörungen. Bei Kindern mit umschriebenen Artikulationsstörungen sind solche psychoreaktiven Beeinträchtigungen aber wesentlich seltener zu beobachten als bei denjenigen mit gleichzeitig bestehenden Sprachentwicklungs- oder Intelligenzstörungen.

2.5 *Einteilung umschriebener Artikulationsstörungen*

Nach allgemeiner Auffassung sind umschriebene Artikulationsstörungen kein einheitliches Störungsbild, weshalb eine Untergliederung in Subgruppen für notwendig erachtet wird. Bislang gibt es jedoch keine Einigung darüber, welche Unterteilung am sinnvollsten ist.

Eine mögliche Einteilung ist eine Untergruppenbildung nach der Zahl der Lautbildungsfehler in eine partielle, multiple und universelle Dyslalie. Bei einer partiellen Dyslalie sind ein bis zwei Laute – am häufigsten „s", „sch", „ch" und „r" – betroffen. Treten mehr Lautbildungsfehler auf, wird von einer multiplen Dyslalie gesprochen. Sind sehr viele Laute oder Lautverbindungen einbezogen und ist die Sprache der Kinder schwer verständlich, dann wird nach dieser Klassifikation die Störung als universelle Dyslalie bezeichnet.

Betrifft die Artikulationsstörung nur einzelne Laute, so kann auch eine Unterteilung nach den fehlgebildeten Lauten vorgenommen werden. Dabei wird der betroffene Laut nach dem griechischen Alphabet benannt und mit der Endung -ismus versehen. Bei einer fehlerhaften Bildung des „s" wird von einem Sigmatismus, des „r" von einem Rhotazismus usw. gesprochen. Bei einem Ersetzen des Lautes durch einen anderen wird die Silbe „Para" vorangestellt (z. B. Pararhotazismus).

Shriberg (1994) unterteilt funktionelle Artikulationsstörungen nach der vermuteten Ursache in fünf Untergruppen:
1. genetisch bedingt,
2. als Folge wiederholter Mittelohrentzündungen,
3. in Verbindung mit einer verbalen Entwicklungsdyspraxie,
4. infolge ungünstiger psychosozialer Umstände und
5. mit persistierenden Artikulationsfehlern.

Da die postulierten Ursachen spekulativ und nicht durch empirische Untersuchungen abgesichert sind, konnte sich diese Einteilung nicht durchsetzen.

Von Fox (2004) wird das Klassifikationsmodell von Dodd (1995) empfohlen. Es werden vier Untergruppen beschrieben:
- *Artikulations- oder phonetische Störung:* Einzelne Laute werden konstant falsch gebildet, jedoch nicht ausgelassen oder durch andere ersetzt. Dies trifft im Deutschen nur für „sch" (Schetismus) und „s" (Sigmatismus) zu.
- *Phonologische Verzögerung:* Das Kind zeigt phonologische Fehler, die auch im normalen Lauterwerb vorübergehend zu beobachten sind. Die Fehler entsprechen nicht mehr dem Entwicklungsalter des Kindes.
- *Konsequente phonologische Störung:* Neben physiologischen treten auch pathologische Lautbildungsfehler auf.

- *Inkonsequente phonologische Störung:* Die Kinder zeigen bei einzelnen Wörtern immer wieder andere Lautbildungsfehler. Diese Störung sei zu diagnostizieren, wenn in einem aus 25 Wörtern bestehenden Benenntest bei drei Durchgängen 40 % der Wörter unterschiedlich ausgesprochen werden.

Ob es sich bei diesen Subtypen tatsächlich um unterschiedliche Störungsbilder oder eher um unterschiedliche Schweregrade handelt, ist unklar.

3 Der normale Lauterwerb

Entscheidend für die Diagnose „Artikulationsstörung“ ist nicht eine Abweichung der Lautbildung gegenüber der Erwachsenensprache, sondern eine Abweichung gegenüber der Lautbildungsfähigkeit, die dem Entwicklungsalter des Kindes entspricht. Die Diagnose „Artikulationsstörung“ setzt demzufolge Kenntnisse über den normalen Lauterwerb voraus.

Das phonetische und phonologische System der Muttersprache muss vom Kind erst durch ständiges Üben erworben werden. Die ersten Sprachlaute, die Säuglinge produzieren, sind der Vokal „a“ und die Konsonanten „p“ und „b“. Es folgen die Vokale „i“ und „u“ und die Konsonanten „m“, „t“ und „d“. Diese Reihenfolge ist bei allen Kindern und in den meisten Sprachen relativ übereinstimmend. Der weitere Lauterwerb erfolgt dann recht variabel.

Über die normale Variationsbreite hinsichtlich der Reihenfolge und des Zeitpunktes des Auftretens neuer Laute und Lautverbindungen ist bislang wenig bekannt. Es gibt kaum Studien, die sich mit dem normalen Lauterwerb der deutschen Sprache auseinander gesetzt haben (Übersicht bei Fox, 2004). Neben einigen Publikationen, in welchen die Lautentwicklung einzelner Kinder beschrieben wird, ist die Studie von Lleó und Prinz (1996) über den Erwerb von Konsonantenverbindungen bei fünf Kindern im Alter von 0;9 bis 2;1 Jahren zu erwähnen, die Studie von Fongaro-Leverin (1992) über den Lauterwerb bei 24 Kindern im Alter von 2;1 bis 5;0 Jahren und die Publikation von Grohnfeldt (1980) über das Lautinventar von 312 Kinder im Alter von 3;0 bis 6;0 Jahren.

Eine systematische Studie über phonologische Fähigkeiten in unterschiedlichen Altersstufen veröffentlichten Fox und Dodd (1999). Sie untersuchten die Lautbildungsfähigkeit bei 177 Kindern im Alter von 1;6 bis 5;11 Jahren in neun Altersgruppen (Altersspanne von 6 Monaten) mit jeweils etwa zehn Jungen und zehn Mädchen. Der Prozentsatz inkorrekt gebildeter Laute sank kontinuierlich von 26 % bei den jüngsten (1;6 bis 1;11 Jahre) bis auf 2 % bei den Vorschulkindern. Zwischen Jungen und Mädchen wurden keine signifikanten Unterschiede gefunden. Aussprachefehler betrafen vorwiegend Konsonanten und Konsonantenverbindungen. Die Fehlerrate für Vokale lag selbst in der jüngsten Altersgruppe unter 3 %. Die meisten Kinder hatten bis zum Alter von 3 1/2 Jahren außer den Zischlauten alle Phoneme erworben. Bis zum Alter von fünf Jahren war der Phonemerwerb bei 90 % der Kinder abgeschlossen. Dabei galten Laute und Lautverbindungen als erworben, wenn zwei von drei Produktionen korrekt waren. Zu betonen ist aber, dass Fehler bei der Aussprache von schwierigen und selten benutzten Wörtern auch bei sprachunauffälligen Kindern nicht selten bis ins Schulalter zu beobachten sind. Dies ist kein Beleg für eine Artikulationsstörung.

Im Verlauf des Lauterwerbs werden typische Fehler beobachtet, die als physiologische phonologische Prozesse bezeichnet werden. Dabei handelt es sich um Vereinfachungen, wie zum Beispiel Auslassen unbetonter Silben, Assimilationen (Angleichung eines Lautes an einen darauf folgenden: z. B. krinken anstelle von trinken), Auslassen von Konsonanten am Anfang oder am Ende eines Wortes, stimmhafte Bildung stimmloser Laute und Reduzierungen von Konsonantenverbindungen auf einen oder zwei Laute. Werden bei einem Kind physiologische phonologische Fehler beobachtet, die nicht mehr dem Alter entsprechen, oder Fehler, die in der normalen Entwicklung nicht vorkommen (pathologische Lautbildungsfehler), dann ist von einer Artikulationsstörung auszugehen.

4 Diagnostik bei umschriebenen Artikulationsstörungen

4.1 Zielstellung

In der Diagnostik werden mehrere Zielstellungen verfolgt. Zum einen ist zu klären, ob beobachtete Lautbildungsauffälligkeiten alterstypisch sind oder ob eine Artikulationsstörung vorliegt. Zum anderen ist eine genaue Differenzierung des Störungsbildes erforderlich, sind die allgemeinen kognitiven und sprachlichen Fähigkeiten des Kindes zu beurteilen und es ist einzuschätzen, welche Ressourcen im Umfeld im Rahmen der Therapie aktiviert werden können. Wichtige diagnostische Schritte sind im folgenden Kasten zusammengefasst.

Kasten 3:
Zielstellungen in der Diagnostik

- diagnostische Zuordnung der Sprechauffälligkeiten
- Beurteilung von Basisfunktionen (Sprechmotorik und Lautdifferenzierungsfähigkeit)
- genaue Analyse phonologischer Prozesse zur Therapieplanung
- Bestimmung des allgemeinen geistigen und des sprachlichen Entwicklungsstandes
- Abklärung zusätzlicher Auffälligkeiten (insbes. motorisch und psychisch)
- Einschätzung der Ressourcen im Umfeld

4.2 Anamnese

Da erbliche Faktoren für die Entstehung von Artikulationsstörungen von Bedeutung sind, ist zu erfragen, ob in der Familie gehäuft Artikulationsstörungen oder andere Sprech- oder Sprachstörungen aufgetreten sind. Des Weiteren ist zu klären, ob enge Bezugspersonen des Kindes eine undeutliche, verwaschene oder überhastete Sprechweise zeigen.

Für eine diagnostische Zuordnung ist entscheidend, welche Art von Aussprachefehlern bestehen und ob diese schon immer bestanden oder neu aufgetreten sind. Die Angaben der Eltern sind aber oft unzuverlässig. Ihnen fallen nur die im Vordergrund stehenden Artikulationsfehler auf oder sie berichten lediglich über eine undeutliche Sprechweise. Zum Ausschluss organischer Artikulationsstörungen ist nach Hörstörungen, Auffälligkeiten im Bereich der Sprechorgane, Schluckstörungen, Speichelfluss und Bewegungsstörungen zu fragen. Um psychische Sekundärsymptome nicht zu übersehen, sollte bei der Anamneseerhebung gezielt danach gefragt werden, wie das Umfeld auf die Aussprachefehler reagiert, ob Hänseleien beobachtet werden und ob das Kind ein Störungsbewusstsein zeigt. Aufschlussreich ist, wie das Kind reagiert, wenn es nicht verstanden wird und zum Wiederholen seiner Äußerungen aufgefordert wird.

Im Anamnesegespräch ist des Weiteren ausführlich auf die psychosoziale Situation der Familie einzugehen. Bildungsstand der Eltern, Geschwisterzahl und bisherige Betreuung des Kindes sind einige der Themen, die zu besprechen sind, um die Ressourcen der Familie für die Therapieplanung richtig einschätzen zu können.

4.3 Untersuchung der Lautbildungsfähigkeit

Spontansprache. Einen ersten Überblick über die Lautbildungsfähigkeit eines Kindes liefert eine Beurteilung der Spontansprache. Zurückhaltende und jüngere Kinder können durch eine Bilderbuchsituation oder durch Spiele zum Sprechen angeregt werden. Durch eine Analyse der Spontansprache ist eine genaue Einschätzung der Lautbildungsfähigkeit aber meist nicht möglich, da häufig in den vom Kind während der Untersuchungssituation benutzten Wörtern nicht alle Laute und Lautverbindungen vorkommen.

Artikulatorisch orientierte Lautbildungstests. Genauere Auskunft geben Lautbildungstests, die in der Regel aus einem Satz von Bildern, die vom Kind zu benennen sind, bestehen. Die Bilder sind so zusammengestellt, dass die Aussprache von Konsonanten im An-, Mit- und Endlaut sowie die wichtigsten Konsonantenverbindungen im Anlaut überprüft werden kann.

Kasten 4:
Beispiele für artikulatorisch orientierte Lautbildungstests

- Lauttreppe (Möhring, 1938)
- Lautbildungstest für Vorschulkinder – LBT/DLBT 4-7 (Fried, 1980a)
- Bremer Artikulationstest – BAT (Niemeyer, 1976a)
- Lautprüfbogen – LPB (Frank & Grziwotz, 1985)
- Standard-Prüfbogen – S-PB (Metzker, 1981)
- Lautprüfscheibe (Aschenbrenner, 1976)

Die bisherigen Lautbildungstests sind nicht oder nur unzureichend altersnormiert. Aus diesem Grund ist die Entscheidung, ob Auffälligkeiten bei der Aussprache als nicht mehr altersentsprechend einzustufen sind, insbesondere bei jüngeren Kindern recht subjektiv und von der Erfahrung des Untersuchers abhängig. Bei der Auswertung ist zudem zu beachten, dass Kinder, die schon längere Zeit in logopädischer Betreuung stehen, beim kontrollierten Sprechen in der Testsituation weniger Aussprachefehler als in der Spontansprache produzieren.

Wenn im Lautbildungstest Aussprachefehler beobachtet werden, dann ist zur Differenzierung zwischen phonetischen und phonologischen Fehlern zu überprüfen, ob das Kind den Laut isoliert richtig bilden kann. – Nach Anleitung können artikulatorisch orientierte Lautbildungstests auch von Lehrern, Erziehern und Ärzten ohne spezielle linguistische Kenntnisse eingesetzt werden.

Phonologisch orientierte Lautbildungstests. Ähnlich wie die artikulatorisch orientierten Lautbildungstests bestehen auch diese Tests aus vom Kind zu benennenden Einzelbildern (vgl. nachfolgender Kasten). Bei der Auswertung wird aber nicht nur protokolliert, ob der Ziellaut des entsprechenden Bildes korrekt gebildet wurde, sondern die gesamte Äußerung des Kindes, die phonetisch transkribiert und einer ausführlichen Analyse unterworfen wird. Dabei wird zum Beispiel beim Ersetzen eines Lautes durch einen anderen beachtet, ob es sich um eine As-

Kasten 5:
Beispiele für phonologisch orientierte Lautbildungstests

- Psycholinguistische Diagnostik bei Sprachentwicklungsstörungen – PLD-SES (Kauschke & Siegmüller, 2002)
- Psycholinguistische Analyse kindlicher Sprechstörungen – PLAKSS (Fox, 2005)
- Screening-Verfahren bei Aussprachestörungen – SVA und Analyseverfahren zu Aussprachestörungen bei Kindern – AVAK (Hacker & Wilgermein, 2002)
- Sprachsystematische Prüfverfahren – SSP (Dickmann et al., 1994)
- Pyrmonter Analyse phonologischer Prozesse – PAPP (Babbe, 1993)
- Logo-Ausspracheprüfung (Wagner, 1994)
- Aachener Dyslalie Diagnostik – ADD (Stiller, 1994)

similation, Vor- oder Rückverlagerung des Artikulationsortes, eine Plosivierung, Nasalisierung usw. handelt. Dies ermöglicht eine Unterscheidung zwischen physiologischen und pathologischen phonologischen Prozessen und damit die Aufstellung eines detaillierten Therapieplanes. Die Anwendung phonologisch orientierter Lautbildungstests setzt linguistische Erfahrungen voraus und ist deshalb versierten Sprachtherapeuten vorbehalten. Für diese Tests wurden bislang keine Normwerte erhoben und Testgütekriterien nicht überprüft.

4.4 *Untersuchung der Lautdifferenzierungsfähigkeit*

Nur wenn Kinder in der Lage sind, Laute richtig herauszuhören, können sie diese auch korrekt bilden. Eine Untersuchung der Lautunterscheidungsfähigkeit ist deshalb obligatorischer Bestandteil bei der Diagnostik von Artikulationsstörungen. Lautdifferenzierungstests bestehen in der Regel aus Minimalpaaren, deren Wörter sich lediglich in einem Laut unterscheiden (z. B. Tanne – Kanne). Die Wortpaare werden vorgesprochen oder von einer CD vorgespielt. Die Kinder haben die Aufgabe, auf einer Bildkarte mit einem Bildpaar (bzw. zur Verringerung der Ratewahrscheinlichkeit auf Karten mit drei oder vier Bildern) auf die zum Wort gehörende Abbildung zu zeigen (vgl. den folgenden Kasten). Wie in den Lautbildungstests sollten alle wesentlichen Konsonanten im An-, Mit- und Endlaut sowie wichtige Konsonantenverbindungen im Anlaut überprüft werden. Hat ein Kind Schwierigkeiten, bestimmte Laute herauszuhören, so müssen in der Therapie Lautdifferenzierungsübungen einen wesentlichen Bestandteil bilden. Als Beispiele für Lautdifferenzierungstests sollen der LUT/DLUT 4-7 und der BWS-LAP kurz beschrieben werden.

Kasten 6:
Beispiele für Lautunterscheidungstests

- Lautunterscheidungstest für Vorschulkinder – LUT (Fried, 1980b)
- Bildwortserie zur Lautagnosieprüfung und zur Schulung des phonematischen Gehörs – BWS-LAP (Schäfer, 1992)
- Bremer Lautdiskriminationstest – BLDT (Niemeyer, 1976b)
- Psycholinguistische Diagnostik bei Sprachentwicklungsstörungen – PLD-SES; Subtest „Phonemdifferenzierung“ (Kauschke & Siegmüller, 2002)

Lautunterscheidungstest für Vorschulkinder; LUT/DLUT 4-7 (Fried, 1980b). Dieser Lautunterscheidungstest kann bei 4;0 bis 7;0 Jahre alten Kindern eingesetzt werden. Die Kurzform (LUT) enthält 17 und die Langform (DLUT) 32 Items. Die Langform wird, wenn das Kind in der Kurzform Auffälligkeiten zeigt, zur genaueren Diagnostik eingesetzt. Den Kindern werden über Tonband einzelne Wörter vorgespielt und sie haben die Aufgabe, das dazugehörende Bild auf einer Vorlage anzukreuzen. Der Test kann als Einzel- und als Gruppentest durchgeführt werden. Die Testdurchführung dauert etwa 20 Minuten und die Auswertung etwa fünf Minuten. Die Normwerte, die an etwa 400 Kindern erhoben wurden, sind relativ alt (1977) und die Verlässlichkeit der Ergebnisse nicht sehr hoch (Retest-Reliabilität nach sechs Wochen 0,61).

Bildwortserie zur Lautagnosieprüfung und zur Schulung des phonematischen Gehörs; BWS-LAP (Schäfer, 1992). Der Test ist für Kinder ab vier Jahren gedacht. Das Kind erhält die Aufgabe, nach der Nennung eines Wortes auf das entsprechende Bild eines Bildpaares zu zeigen. Die Auswahl der Bildwortpaare erfolgte nach der Häufigkeit von Lautbildungsfehlern. Neben dem ausführlichen Test gibt es eine Kurzform mit 12 Wörtern. Die Durchführung dauert etwa 30 Minuten. Der Test wurde an 100 sprachlich unauffälligen und 100 Kindern mit Artikulationsstörungen überprüft. Altersbezogene Normwerte liegen nicht vor. Zur Auswertung werden ungefähre Grenzwerte angegeben. Testgütekriterien wurden nicht überprüft.

4.5 Untersuchungen zur Differenzialdiagnostik

Bei der Differenzialdiagnostik müssen umschriebene Artikulationsstörungen von solchen bei Sprachentwicklungs- oder Intelligenzstörungen abgegrenzt werden. Zur Erfassung von expressiven und rezeptiven Sprachentwicklungsstörungen sind *Sprachentwicklungstests*, die Sprachproduktion und Sprachverständnis beurteilen, einzusetzen. Welche Testverfahren hierzu besonders geeignet sind, wurde oben beschrieben. Bei Kindern mit ausgeprägten Artikulationsstörungen und eingeschränkter Verständlichkeit der Sprache gelingt allerdings eine Auswertung von Sprachproduktionstests nicht immer. Eine Beurteilung auf Sprachentwicklungsstörungen ist dann nicht möglich.

Für eine orientierende Untersuchung des allgemeinen kognitiven Entwicklungsstandes eignen sich Screening-Untersuchungen. Wenn auf Grund des Screening-Befundes, der Anamnese oder der Verhaltensbeobachtung der Verdacht auf eine allgemeine geistige Entwicklungsverzögerung besteht, sollte ein *Entwicklungs- bzw. ein Intelligenztest* durchgeführt werden. Ist die Sprache des Kindes in Folge der Artikulationsstörung schwer verständlich, ist ein nonverbaler gegenüber einem umfassenden Entwicklungstest zu bevorzugen (z. B. Snijders-Oomen Non-verbaler Intelligenztest; SON-R).

Zur Abgrenzung funktioneller von organischen Artikulationsstörungen ist eine HNO-ärztliche oder *pädaudiologische Untersuchung* unerlässlich. Diese beinhaltet eine genaue Untersuchung auf anatomische Fehlbildungen (insbesondere Lippen-Kiefer-Gaumenspalten und Zahnfehlstellungen) und funktionelle oralmotorische Beeinträchtigungen, wie sie zum Beispiel im Zusammenhang mit infantilen Zerebralparesen auftreten. Zum Ausschluss einer audiogenen Artikulationsstörung ist eine Hördiagnostik erforderlich. Ab dem dritten bis vierten Lebensjahr ist eine frequenzspezifische Bestimmung der Hörschwelle mittels *Spielaudiometrie* möglich. Bei jüngeren Kindern werden objektive Verfahren, die keine Mitarbeit des Kindes erfordern, eingesetzt *(Transistorische Otoakustische Emission – TOAE; Hirnstammpotenziale – BERA)*. Leichtere Hörstörungen oder Hörbeeinträchtigungen in umgrenzten Frequenzbereichen werden mit diesen objektiven Methoden allerdings nicht erfasst.

4.6 Zusatzdiagnostik

Um allgemeinkörperliche Auffälligkeiten nicht zu übersehen, ist ergänzend eine *kinderärztliche und kinderneurologische Untersuchung* durchzuführen. Diese beinhaltet eine Beurteilung des motorischen Entwicklungsstandes, insbesondere auch im Bereich der Sprechmotorik.

Zur Beurteilung der oralmotorischen Koordinationsfähigkeit können der *Mundmotoriktest nach Draf* (1975), der *Subtest „Mundmotorik" aus dem PLD-SES* (Kauschke & Siegmüller, 2002), die *Materialien zur Diagnose und Therapie der Mundmotorik* (Frank & Grziwotz-Buck, 1996) oder der *Zungenmotilitätstest nach Chilla und Kozielski* (1977) eingesetzt werden. Bei diesen Tests werden die Kinder aufgefordert, bestimmte Mundbewegungen durchzuführen (z. B. „Kannst du die Zunge zum Kinn strecken?"). Die Auswertung erfolgt vorwiegend qualitativ unter Beachtung von Bewegungsgenauigkeit und Tempo sowie von Mitbewegungen. Bisherige Mundmotoriktests sind allerdings unzureichend normiert und hinsichtlich ihrer Testgütekriterien kaum untersucht. Sie lassen deshalb nur eine orientierende Beurteilung oralmotorischer Fähigkeiten zu. Auf den MMPM soll als Beispiel für einen Mundmotoriktest näher eingegangen werden.

Materialien zur Diagnose und Therapie der Mundmotorik; MMPM (Frank & Grziwotz-Buck, 1996). Der Test dient zur Überprüfung von Mundmotorik und Zungenmotilität. Auf einem Poster sind 18 Katzen abgebildet, die unterschiedliche Mundbewegungen (z. B. Putzen von Ober- und Unterlippe) ausführen. In eine Geschichte eingekleidet wird das Kind aufgefordert, die auf den einzelnen Abbildungen dargestellten Bewegungen nachzuahmen. Die Bewertung erfolgt in drei Kategorien (problemloses Nachahmen, leichtere Schwierigkeiten, nicht durchführbar). Außerdem werden anatomische Besonderheiten im Mundbereich, Atmung und Schlucken beurteilt. Der Test wurde weder normiert noch auf Testgütekriterien hin überprüft. Zur Behandlung enthält das Verfahren mehrere Spiele zum Mundmotoriktraining.

Wenn anamnestisch Hinweise auf emotionale oder Verhaltensstörungen gefunden werden oder das Verhalten des Kindes in der Untersuchungssituation Besonderheiten aufweist, ist eine genaue *psychopathologische Befunderhebung* erforderlich. Als Screening-Verfahren zur Erfassung von Verhaltensbesonderheiten können Fragebögen wie der *Strength and Difficulties Questionnaire (SDQ)* herangezogen werden.

5 Psychometrische Verfahren zu Diagnostik der Lautbildungsfähigkeit

5.1 Artikulatorisch orientierte Lautbildungstests

Die Lauttreppe (Möhring, 1938). Bei diesem bereits in den 1930er Jahren entwickelten Test sind die einzelnen Laute in der Reihenfolge des Lauterwerbs eingetragen (Abb. 1). Die Kinder erhalten die Aufgabe, Prüfwörter nachzusprechen. Für richtig gebildete Laute wird die entsprechende Säule farbig markiert. Wenn für jeden Untersuchungstermin andere Farben gewählt werden, lassen sich Entwicklungsfortschritte übersichtlich darstellen. Normwerte oder Gütekriterien wurden nicht erhoben.

Lautbildungstest für Vorschulkinder; LBT/DLBT 4-7 (Fried, 1980a). Dieser Lautbildungstest ist für Kinder im Alter von 4;0 bis 7;0 Jahren geeignet. Die Kinder erhalten die Aufgabe, Bildkarten zu benennen. Zum Test gehören eine Kurz- und eine Langform. Die Kurzform (LUT) setzt sich aus 43 und die Langform (DBLT) aus 101 Items zusammen. Die Langform ist zur genaueren Differenzialdiagnostik bei Auffälligkeiten in der Kurzform gedacht. Der Test hat zwei Versionen mit unterschiedlichem Schwierigkeitsgrad. Version 1 wird bei Kindern im Alter von 4;0 bis 5;0 Jahren und Version 2 bei Kindern im Alter von 5;1 bis 7;0 Jahren eingesetzt. Für beide Versionen liegen Normen (Altersstufe 4 bis 5 und 6 bis 7 Jahre) vor, die an 442 Kindergartenkindern erhoben wurden. Die Verlässlichkeit des Tests ist als ausreichend zu bezeichnen (Retest-Reliabilität nach sechs Wochen 0,85). Die Durchführung der Kurzform dauert etwa zehn Minuten und die der Langform etwa 20 Minuten und für die Auswertung sind fünf Minuten einzuplanen.

Bremer Artikulationstest; BAT (Niemeyer, 1976a). Der Bremer Artikulationstest ist zur Erfassung von Lautbildungsstörungen vom 1. bis 4. Schuljahr konzipiert. Allerdings gibt es nur für das Ende des zweiten Schuljahres Normwerte. Bei der Testdurchführung spricht der Testleiter 100 Wörter vor, die vom Kind nachzusprechen sind. Es erfolgt eine Bewertung in die Kategorien falsch gebildete, hinzugefügte oder ausgelassene Laute oder Silben und undeutlich wiedergegebene Wörter. Die Testdurchführung dauert etwa fünf Minuten und die Auswertung zwei Minuten. Eine Überprüfung von Testgütekriterien erfolgte nicht.

Lautprüfbogen; LPB (Frank & Grziwotz, 1985). Der LPB besteht aus 40 farbigen Bildkarten, die vom Kind benannt werden sollen. Bewertet wird, ob der jeweilige

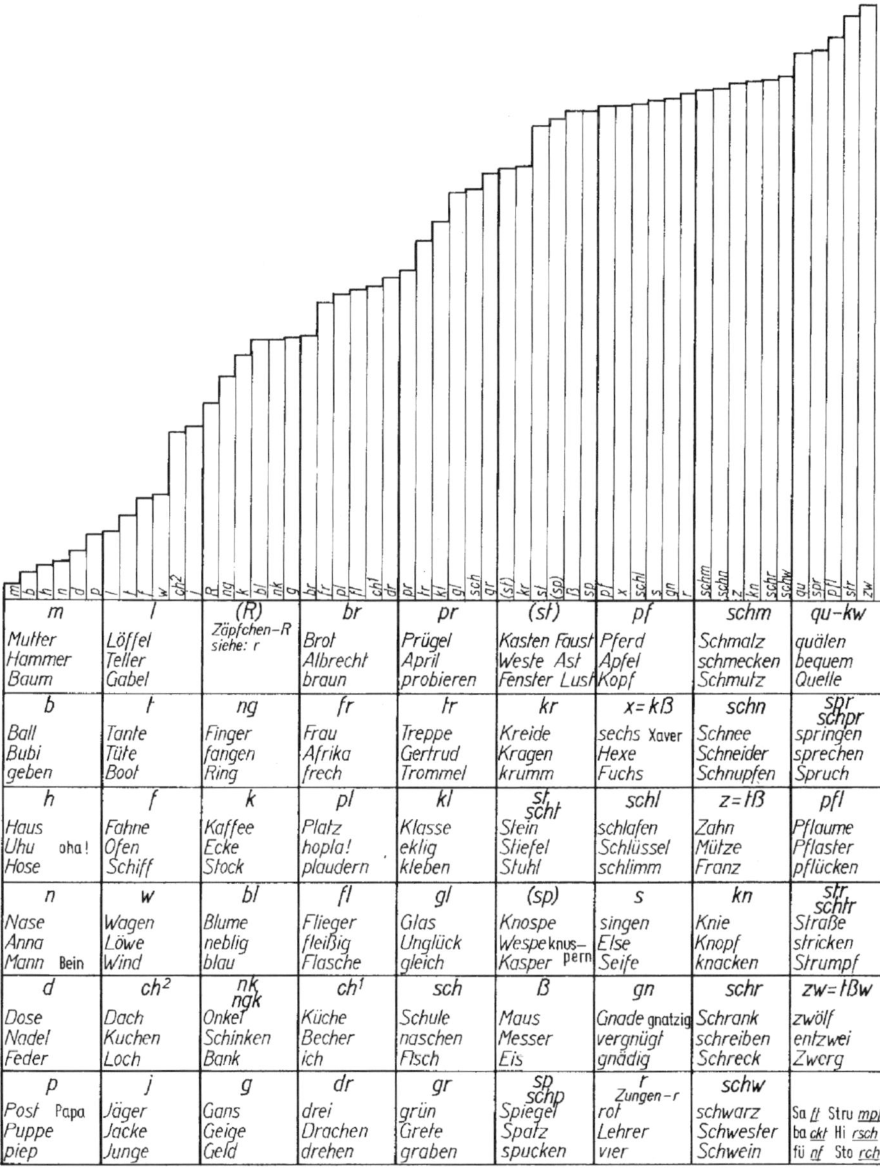

m Mutter Hammer Baum	l Löffel Teller Gabel	(R) Zäpfchen-R siehe: r	br Brot Albrecht braun	pr Prügel April probieren	(st) Kasten Faust Weste Ast Fenster Lust	pf Pferd Apfel Kopf	schm Schmalz schmecken Schmutz	qu–kw quälen bequem Quelle
b Ball Bubi geben	t Tante Tüte Boot	ng Finger fangen Ring	fr Frau Afrika frech	tr Treppe Gertrud Trommel	kr Kreide Kragen krumm	x=kß sechs Xaver Hexe Fuchs	schn Schnee Schneider Schnupfen	spr schpr springen sprechen Spruch
h Haus Uhu oha! Hose	f Fahne Ofen Schiff	k Kaffee Ecke Stock	pl Platz hopla! plaudern	kl Klasse eklig kleben	st scht Stein Stiefel Stuhl	schl schlafen Schlüssel schlimm	z=tß Zahn Mütze Franz	pfl Pflaume Pflaster pflücken
n Nase Anna Mann Bein	w Wagen Löwe Wind	bl Blume neblig blau	fl Flieger fleißig Flasche	gl Glas Unglück gleich	(sp) Knospe Wespe knus- Kasper pern	s singen Else Seife	kn Knie Knopf knacken	str schtr Straße stricken Strumpf
d Dose Nadel Feder	ch² Dach Kuchen Loch	nk ngk Onkel Schinken Bank	ch¹ Küche Becher ich	sch Schule naschen Fisch	ß Maus Messer Eis	gn Gnade gnatzig vergnügt gnädig	schr Schrank schreiben Schreck	zw=tßw zwölf entzwei Zwerg
p Post Papa Puppe piep	j Jäger Jacke Junge	g Gans Geige Geld	dr drei Drachen drehen	gr grün Grete graben	sp schp Spiegel Spatz spucken	r Zungen-r rot Lehrer vier	schw schwarz Schwester Schwein	Sa ft Stru mpf ba ckt Hi rsch fü nf Sto rch

Abbildung 1:
Lauttreppe

Ziellaut richtig gebildet wird und welche Fehlbildungen bzw. Ersatzlaute auftreten. Der Test kann ab dem dritten Lebensjahr eingesetzt werden. Zur Erleichterung der Interpretation der Testergebnisse werden die Laute aufgeführt, die bis zum Ende des zweiten, dritten, vierten und fünften Lebensjahres erworben sein sollten. Dadurch kann das Entwicklungsalter der Lautbildung für das jeweilige Kind bestimmt werden. Eine Normierung erfolgte nicht. Die Durchführung dauert etwa 15 Minuten. Eine Überprüfung auf Testgütekriterien liegt nicht vor.

Standard-Prüfbogen; S-PB (Metzker, 1981). Der Bogen enthält 40 Strichzeichnungen, die von den Kindern zu benennen sind. Der Test ist für drei- bis sechsjährige Kinder vorgesehen. Zur Auswertung wird eine Aufnahme der Antworten auf Tonband empfohlen. Auslassungen, Fehlbildungen und Ersetzen von Lauten werden bewertet. Zur Einordnung des Ergebnisses ist ein Vergleich mit Angaben über die Altersentwicklung der Lautbeherrschung vorgesehen. Eine Normierung bzw. Überprüfung auf Testgütekriterien wurden nicht durchgeführt.

Lautprüfscheibe (Aschenbrenner, 1976). Die Lautprüfscheibe ist in sechs Felder unterteilt, die bestimmten Lautgruppen zugeordnet sind. Auf jedem Feld befinden sich acht zu benennende Bilder. Durch ein Drehen der Scheibe kann ein schneller Überblick über die Lautbildungsfähigkeit eines Kindes gewonnen werden. Die zweite Seite der Prüfscheibe enthält Minimalpaare zur Überprüfung der Lautdifferenzierungsfähigkeit. Normwerte und Gütekriterien liegen nicht vor.

5.2 Phonologisch orientierte Lautbildungstests

Psycholinguistische Diagnostik bei Sprachentwicklungsstörungen; PLD-SES (Kauschke & Siegmüller, 2002). Der Test besteht aus drei Teilen, welche unterschiedliche Sprachdimensionen erfassen. Der Diagnostik-Band „Phonologie" dient der Erfassung von Lautbildungsstörungen. Es erfolgt eine Unterteilung in drei Bereiche:

- Segmentale Phonologie bestehend aus dem Untertest „Lautbefund" (Lautbildungstest) und Phonemdifferenzierung (Lautdifferenzierungstest);
- Suprasegmentale Phonologie mit dem Untertest „Wortbetonung und Silbenstrukturen" und
- Phonetische Aspekte mit dem Untertest „Mundmotorik".

Im Subtest „Lautbefund" haben die Kinder 85 Bilder zu benennen. Die Antwort des Kindes ist in phonetischer Umschrift zu protokollieren. Die Auswertung erfolgt rein qualitativ

Im Subtest „Wortbetonung und Silbenstruktur" hat das Kind neun Bilder, die mehrsilbigen Wörtern entsprechen (z. B. Elefant, Pinguin), zu benennen. Bewertet werden Auslassen und Verschmelzen von Silben und die Wortbetonung.

Psycholinguistische Analyse kindlicher Sprechstörungen; PLAKSS (Fox, 2005). Dieser Test ist für Kinder ab dem Alter von 2;5 Jahren geeignet. Er besteht aus einem Bilder-Benennungsverfahren mit 99 Bildern und einem 25-Wörter-Test mit 25 Bildern zur Erfassung von Inkonsistenzen. Der Test dient zur Diagnostik nach dem Klassifikationsmodell von Dodd (s. o.). Der 25-Wörter-Test wird während des Untersuchungsablaufes dreimal durchgeführt. Eine Tonbandaufnahme und eine phonetische Transkription werden empfohlen. Die Auswertung kann als Kurzbefund oder als ausführliche Datenanalyse erfolgen. Beim Kurzbefund werden das phonetische und phonemische Inventar des Kindes und aufgetretene phonologische Prozesse in einen Auswertungsbogen eingetragen. Aus diesem geht auch hervor, welche Phoneme in welchem Alter erworben werden und welche Lautbildungsauffälligkeiten gegenüber der Normsprache für das Alter physiologisch sind und somit nicht als Fehler gewertet werden dürfen. Für die Erstellung eines Behandlungsplans stehen zusätzliche Auswertungsbögen zur Detailanalyse zur Verfügung. Die Testdurchführung dauert etwa 20 bis 30 Minuten und die Auswertung 30 bis 40 Minuten. Quantitative Normwerte mit Prozenträngen gibt es bislang nicht, doch können zur Interpretation die Ergebnisse einer Untersuchung von 177 sprachlich altersgerecht entwickelten Kindern im Alter von 1;6 bis 5;11 Jahren herangezogen werden (s. o.). Dadurch ist eine Aussage darüber möglich, ob das Phon- und Phoneminventar altersentsprechend ist und ob Auffälligkeiten physiologischen oder pathologischen Prozessen entsprechen. Kinder mit Aussprachefehlern werden einem der Subtypen des Klassifikationsmodells von Dodd (1995) zugeordnet. Aus den Testergebnissen werden detaillierte Therapieempfehlungen abgeleitet.

Screening-Verfahren bei Aussprachestörungen; SVA und *Analyseverfahren zu Aussprachestörungen bei Kindern; AVAK* (Hacker & Wilgermein, 2002). Ein Altersbereich für die Anwendung ist nicht beschrieben. Der Test kann als Screening-Verfahren (SVA) oder als ausführlicher Test (AVAK) durchgeführt werden. Der Kurztest besteht aus 44 und das ausführliche Verfahren aus 113 Bildern. Die Antworten des Kindes werden lautsprachlich transkribiert und im Auswertbogen protokolliert. Bei der Auswertung wird berücksichtigt, welche Laute fehlen (Inventarbeschränkung) bzw. nur an bestimmten Wortpositionen auftreten (Positionsbeschränkung). Des Weiteren erfolgt eine ausführliche phonologische Analyse (z. B. Auftreten von Assimilationen, Plositivierung, Velarisierung, Lateralisierung), aus der therapeutische Schwerpunkte abgeleitet werden. Die Auswertung kann computergestützt erfolgen. Eine entsprechende CD-ROM wird mit den Testmaterialien mitgeliefert. Eine manuelle Auswertung dauert etwa eine Stunde.

Sprachsystematische Prüfverfahren; SSP (Dickmann et al., 1994). Dieser Test besteht aus drei Teilen, die zur Überprüfung der phonetisch-phonologischen, der semantisch-lexikalischen und der morphologisch-syntaktischen Fähigkeiten vorgesehen sind. Der Test ist für Kinder ab einem Alter von drei Jahren konzipiert. Zur phonetisch-phonologischen Analyse erhält das Kind die Aufgabe, 168 Bilder zu benennen. Die Antworten werden auf Tonband aufgenommen und anschließend phonetisch transkribiert. Bei der Auswertung wird berücksichtigt, welche Laute und Lautverbindungen richtig und welche falsch gebildet werden und welche Lautveränderungen konstant oder inkonstant auftreten. Für die Interpretation des Testergebnisses werden die von Grohnfeldt (1980) bei 312 Kindern erhobenen Daten herangezogen. Für den Bereich Phonologie betragen Durchführungs- und Transkriptionszeit jeweils etwa 40 Minuten.

Weitere phonologisch orientierte Testverfahren sind die *LOGO Ausspracheprüfung* von Wagner (1994), die *Pyrmonter Aussprache Prüfung (PAPP)* von Babbe (1993) und die *Aachener Dyslalie Diagnostik (ADD)* von Stiller (1994), einem Computer basierten Verfahren mit 98 Items.

6 Diagnostische Schritte in der Praxis

6.1 Diagnostische Schritte zur Abklärung des Störungsbildes

Das diagnostische Vorgehen in der Praxis soll anhand des eingangs geschilderten Kindes zusammenfassend beschrieben werden. Die wesentlichen Schritte sind in Abbildung 2 schematisch beschrieben. Zur genaueren Sprachanalyse wurden das Spiel und die Durchführung der Sprachtests mit einem Videorekorder aufgezeichnet.

Bei Peter wurde nach Erhebung der *Anamnese* die *Spontansprache* beurteilt. Mit Puppen und Spielmaterialien wurde das Kind zum Sprechen angeregt. Nach kurzer Eingewöhnungszeit ging Peter auf die angebotenen Spiele ein und sprach lebhaft und ohne Scheu. Kommunikationsbedürfnis und Sprechantrieb erwiesen sich als unauffällig. Peters Äußerungen waren wegen zahlreicher Aussprachefehler allerdings nicht immer zu verstehen. Längere Wörter wurden verkürzt und Silben ausgelassen (z. B. „Kodil“ für „Krokodil“, „Fensn“ für „Fernseher“), einige Wörter auch verzerrt (z. B. „slemt“ für „reimt“). Viele Konsonantenverbindungen wurden auf einen Laut reduziert („Süssel“ für „Schlüssel“). „s“ sprach er konstant lispelnd aus und „sch“ sowie „z“ ersetzte er überwiegend durch „s“. Eine gewisse Inkonstanz bei der Aussprache einzelner Wörter wurde deutlich.

Durch den Einsatz von Gestik und Mimik konnte sich Peter trotz der eingeschränkten Verständlichkeit seiner Sprache gut mitteilen, so dass der Kommunikationsprozess kaum beeinträchtigt war. Wollte Peter etwas Aufregendes mitteilen, dann traten Silben- und Wortwiederholungen jedoch ohne Verkrampfungen oder Mitbewegungen auf. Ein Störungsbewusstsein war nicht erkennbar.

Zur genaueren Beurteilung der Lautbildungsfähigkeit wurde der *Lautbildungstest* (LBT) herangezogen. Neben phonetischen („s“) wurden zahlreiche phonologische Fehler (z. B. g → d, fr → fl, gl → kl, kr → gr) deutlich.

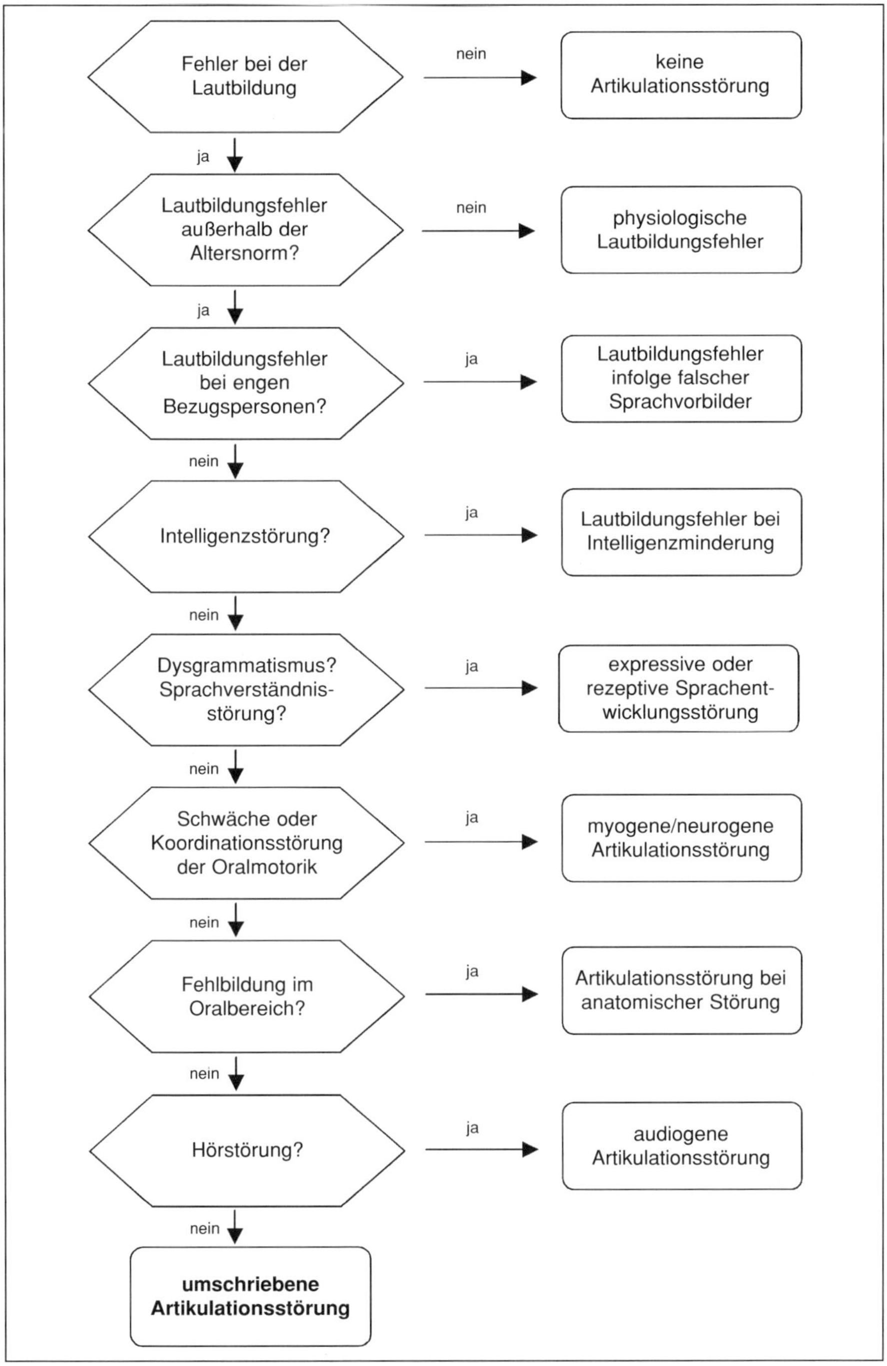

Abbildung 2:
Diagnostische Schritte zur Abklärung von Artikulationsstörungen

Peter erreichte im Test einen mittleren Prozentrang von 9. Somit kann eine Artikulationsstörung als belegt angesehen werden.

Zur Differenzierung zwischen einer organischen und funktionellen Artikulationsstörung wurden eine *allgemeinkörperliche* und eine *kinderneurologische Untersuchung* durchgeführt sowie eine Vorstellung in der *Pädaudiologie* veranlasst. Die Untersuchungen ergaben keine Besonderheiten, insbesondere keine Hinweise auf Fehlbildungen der Sprechorgane oder auf neurologische Erkrankungen. Hörstörungen wurden durch Untersuchungen mit subjektiven (Spielaudiometrie, Überprüfung des Verstehens von Umgangs- und Flüstersprache) und objektiven Methoden (Tympanometrie, Ableitung Transitorischer Otoakustischer Emissionen – TOAE) ausgeschlossen.

Zur differenzialdiagnostischen Abgrenzung zwischen einer umschriebenen Artikulationsstörung und einer Artikulationsstörung mit Intelligenz- oder Sprachentwicklungsstörung erfolgte eine Entwicklungsdiagnostik mit einem *non-verbalen Intelligenztest* (Snijders-Oomen Non-verbaler Intelligenztest; SON-R 2¹/2–7) sowie eine *Beurteilung des Sprachentwicklungsstandes* mit dem Sprachentwicklungstest für drei- bis fünfjährige Kinder (SETK 3-5 und dem Wortschatztest des K-ABC). Sowohl im SON-R (IQ 98) als auch im SETK 3-5 (Satzgedächtnis PR 50, Morphologische Regelbildung PR 27, Verstehen von Sätzen PR 24) erreichte Peter im Bereich der normalen Variationsbreite liegende Werte. Der Untertest „Phonologisches Arbeitsgedächtnis für Nichtwörter" des SETK 3-5 war wegen der zahlreichen Lautbildungsfehler und der damit verbundenen Einschränkung der Verständlichkeit der Antworten des Kindes nicht auswertbar. Der Wortschatz lag im Durchschnittsbereich (Standardwert = 100).

Zusammenfassend ergaben die Untersuchungen, dass Peter Schwierigkeiten bei der Lautbildung hat, die nicht mehr seinem Entwicklungsalter entsprechen; organische Artikulationsstörungen wurden ausgeschlossen. Die allgemeine geistige und die Sprachentwicklung liegen im Normbereich. Peters Aussprachestörung ist nach der Internationalen Klassifikation der WHO somit als *umschriebene Artikulationsstörung* einzuordnen. Außerdem bestehen Auffälligkeiten im Redefluss. Da charakteristische Symptome eines Stotterns fehlen, ist von physiologischen Sprechunflüssigkeiten auszugehen. Die Untersuchungsergebnisse wurden den Eltern anhand einer grafischen Zusammenfassung der Befunde erläutert (Abb. 3).

In weiteren diagnostischen Schritten wurde auf zusätzliche Auffälligkeiten geachtet. In der Anamnese und im *psychopathologischen Befund*, der während der Verhaltensbeobachtung erhoben wurde, fanden sich keine Hinweise auf psychische Auffälligkeiten, wie Störungsbewusstsein oder emotionale bzw. Verhaltensstörungen. Ergänzend wurde ein *Verhaltens-*

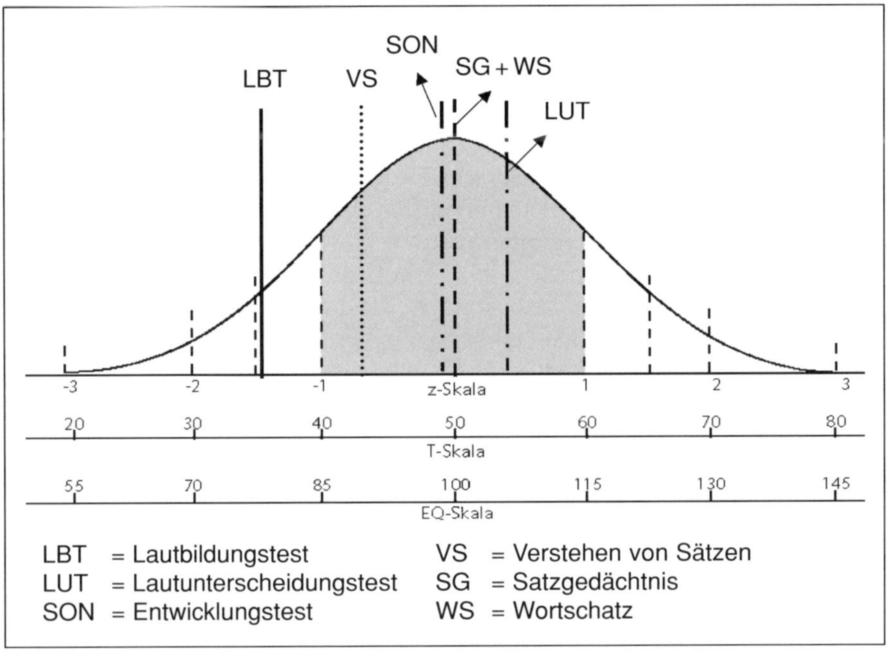

Abbildung 3:
Bei Peter erhobene Untersuchungsbefunde
(grau unterlegt: Normbereich von ± 1 Standardabweichung)

fragebogen für Eltern (*Fragebogen zu Stärken und Schwächen*; SDQ 4-16) eingesetzt, aus dem sich keine Hinweise auf psychische Auffälligkeiten ergaben.

6.2 Diagnostische Schritte zur Therapieplanung

Vor Beginn der Therapie war des Weiteren zu klären, ob oralmotorische oder Lautdifferenzierungsschwächen für die Störung des Lauterwerbs mit verantwortlich sind. Die oralmotorischen Fähigkeiten wurden bei Peter mit dem Untertest „*Mundmotorik*" aus der Psycholinguistischen Diagnostik bei Sprachentwicklungsstörungen (PLD-SES) beurteilt. Alle vorgegebenen Bewegungen konnte Peter korrekt durchführen, so dass sich ein unauffälliger Befund ergab. Da sich auch in der Anamnese keine Hinweise auf Schluckstörungen, verstärkten Speichelfluss oder andere Auffälligkeiten in der Oralmotorik fanden, ist von einer altersentsprechenden Koordinationsfähigkeit der Sprechmotorik auszugehen. Im *Lautdifferenzierungstest* (Lautunterscheidungstest für Vorschulkinder; LUT 4-7) machte Peter zwei Fehler. Er zeigte in den Bildpaaren auf die Blume statt auf die Bluse und die Nadel statt auf den Nagel. Da aber auch sprachlich unauffällig entwickelten Kinder seines Alters noch häufig einige Fehler unterlaufen, lag das Gesamtergebnis im LUT im Normbereich (PR 67).

Um einschätzen zu können, welche fördernden und hemmenden Faktoren die Entwicklung von Peter beeinflussen und wie stark die Eltern in den Therapieprozess einbezogen werden können, wurden genaue Informationen über die *familiäre Situation* erhoben. Es zeigte sich, dass beide Eltern sehr bemüht sind und insbesondere die Mutter in den Entscheidungs- und Therapieprozess intensiv einbezogen werden möchte. Sie verfügt über entsprechende Ressourcen, so dass eine effektive Mitarbeit zu erwarten ist. Eine Anleitung der Mutter zur Durchführung täglicher Übungen zu Hause erscheint somit sinnvoll.

Zur Festlegung konkreter Therapieschritte ist eine *exakte Analyse der Lautbildungsfehler* notwendig, wozu sich zum Beispiel die Psycholinguistische Analyse kindlicher Sprechstörungen (PLAKSS) eignet. Diese Untersuchung ist für die ersten Stunden der Sprachtherapie vorgesehen. – Auf die Therapie selbst soll nicht weiter eingegangen werden, da die Zielsetzung des Buches in einer Darstellung der Diagnostik und nicht der Behandlung besteht.

Literatur

Aschenbrenner, H. (1976). *Lautprüfscheibe.* Wien: Jugend & Volk.

Babbe, T. (1993). *Pyrmonter Wortpaare.* Idstein: Schulz-Kirchner.

Chilla, R. & Kozielski, P. (1977). Die Zunge als Spiegelbild zerebraler und artikulatorischer Dysfunktionen. *Münchner Medizinische Wochenschrift, 119,* 403–408.

Dickmann, C., Flossmann, I., Klasen, R., Schrey-Dern, D., Stiller, U. & Tockuss, C. (1994). *Sprachsystematische Prüfverfahren (SSP).* Stuttgart: Thieme.

Dodd, B. (1995). *Differential diagnosis and treatment of children with speech disorder.* London: Whurr.

Draf, U. (1975). Mundmotorik-Diagnostik bei Kindern mit Sprachentwicklungsstörungen. *Der Kinderarzt, 6,* 545–552.

Fongaro-Leverin, S. (1992). *Der Erwerb des Lautsystems und die phonologischen Prozesse sich normal entwickelnder Kinder: Ein interlinguistischer Vergleich Deutsch/Portugiesisch.* Dissertation, Ludwig-Maximilians-Universität München.

Fox, A. V. (2004). *Kindliche Aussprachestörungen.* Idstein: Schulz-Kirchner.

Fox, A. V. (2005). *Psycholinguistische Analyse kindlicher Sprechstörungen (PLAKSS)* (2. Aufl.). Frankfurt a. M.: Harcourt.

Fox, A. V. & Dodd, B. J. (1999). Der Erwerb des phonologischen Systems in der deutschen Sprache. *Sprache – Stimme – Gehör, 23,* 183–191.

Fox, A. V. & Dodd, B. J. (2001). Phonological disorders in German-speaking children. *American Journal of Speech and Language Pathology, 10,* 291–307.

Frank, G. & Grziwotz, P. (1985). *Lautprüfbogen (LPB) (6. Aufl.)*. Ravensburg: Sprachheilzentrum.

Frank, G. & Grziwotz-Buck, P. (1996). *Materialien zur Diagnose und Therapie der Mundmotorik (MMPM)*. Ravensburg: Sprachheilzentrum.

Fried, L. (1980a). *Lautbildungstest für Vorschulkinder (LBT)*. Göttingen: Hogrefe.

Fried, L. (1980b). *Lautunterscheidungstest für Vorschulkinder (LUT)*. Göttingen: Hogrefe.

Grohnfeldt, M. (1980). Erhebung zum altersspezifischen Lautbestand bei drei- bis sechsjährigen Kindern. *Die Sprachheilarbeit, 5,* 169–177.

Hacker, D. & Wilgermein, H. (2002). *Analyseverfahren zu Aussprachestörungen bei Kindern (AVAK)*. Göttingen: Hogrefe.

Kauschke, C. & Siegmüller, J. (2002). *Patholinguistische Diagnostik bei Sprachentwicklungsstörungen (AVAK)*. München: Urban & Fischer.

Llèo, C. & Prinz, M. (1996). Consonant clusters in child phonology and the directionality of syllable structure assignment. *Journal of Child Language, 23,* 31–56.

Metzker, H. (1981). Stammler-Prüfbogen S-PB. *Sprache – Stimme – Gehör, 5,* 159–163.

Möhring, H. (1938). Lautbildungsschwierigkeit im Deutschen. *Zeitschrift für Kinderforschung, 47,* 185–235.

Niemeyer, W. (1976a). *Bremer Artikulationstest (BAT)*. Bremen: Herbig.

Niemeyer, W. (1976b). *Bremer Lautdiskriminationstest 2. Klasse (BLDT)*. Bremen: Herbig.

Schäfer, H. (1992). *Bildwortserie zur Lautagnosieprüfung und zur Schulung des phonematischen Gehörs*. Göttingen: Hogrefe

Shriberg, L. D. (1994). Five subtypes of developmental phonological disorders. *Clinics in Communication Disorders, 4,* 38–53.

Stiller, U. (1994). Phonetische-phonologische Analyse: Aachener Dyslalie Diagnostik. In C. Dickmann, I. Flossmann, R. Klasen, D. Schrey-Dern, U. Stiller & C. Tockuss (Hrsg.), *Logopädische Diagnostik von Sprachentwicklungsverzögerungen*. Stuttgart: Thieme.

Wagner, I. (1994). *Logo-Ausspracheprüfung*. Oldenburg: Logo Verlag für Sprachtherapie GbR.

Kapitel 10

Vorläuferstörungen schulischer Fertigkeiten: Erfassung von kognitiven Leistungen im Kindergartenalter

Monika Daseking, Julia Lemcke und Franz Petermann

Zusammenfassung

Der Erwerb der schulischen Fertigkeiten Lesen, Schreiben und Rechnen beruht auf spezifischen Fertigkeiten und unspezifischen Fähigkeiten, die bereits deutlich vor der Einschulung ausgebildet werden. Das frühe Erkennen von Kindern mit Entwicklungsauffälligkeiten in den zu Grunde liegenden kognitiven Leistungen ist eine wesentliche Voraussetzung dafür, durch gezielte Fördermaßnahmen frühzeitig der Entwicklung von Lernstörungen und komorbiden Verhaltensauffälligkeiten zu begegnen. Um Kinder mit einem Risiko für umschriebene Entwicklungsstörungen schulischer Fertigkeiten frühzeitig zu identifizieren, erweist sich ein gestuftes Konzept aus Screeningverfahren und auf dem jeweiligen Befund aufbauender weiterführender Entwicklungs- und Leistungsdiagnostik als angemessen. Zukünftig sollen verstärkt spezifische Screeningverfahren konstruiert werden, die in der Lage sind, möglichst optimal Risikokinder für umschriebene Lernstörungen herauszufiltern.

1 Einleitung

Dem Erlernen der so genannten schulvermittelten Kulturtechniken Lesen, Schreiben und Rechnen gehen grundlegende Entwicklungsschritte voraus, die von den Kindern bereits im Kindergartenalter erworben werden. Zu diesen Vorläuferfähigkeiten gehören neben einer ausreichenden Körperkoordination auch verschiedene unspezifische und spezifische kognitive Leistungen, die im Sinne basaler Grundfertigkeiten als Lernvoraussetzungen für den Schulunterricht im Primarbereich anzusehen sind. Beeinträchtigungen in den Vorläuferfähigkeiten und -fertigkeiten können schulische Lernstörungen verursachen. Um der Entstehung oder der Manifestation einer Lernstörung und sekundär der Entwicklung von Verhaltensstörungen vorzubeugen, kommt der Früherkennung solcher Entwicklungsauffälligkeiten und -risiken zunehmend ein höherer Stellenwert zu. Erkennt man frühe Hinweise und geht diesen diagnostisch nach, können aus diesen Informationen Strategien für Präventionsmaßnahmen abgeleitet werden, die wiederum dem Kind verbesserte Entwicklungschancen ermöglichen und es bei der Bewältigung der anstehenden Entwicklungsaufgaben unterstützen.

Viele Kinder werden erst bei der Einschulungsuntersuchung als auffällig eingestuft, unter anderem auch deshalb, weil die kinderärztlichen Vorsorgeuntersuchungen U8 (43. bis 48. Lebensmonat) und U9 (60. bis 64. Lebensmonat) zurzeit kaum geeignet sind, um einschulungsgefährdende Auffälligkeiten bei Kindergartenkindern zu erfassen (Michaelis, 2000). Hinzu kommt, dass die Inanspruchnahme der kinderärztlichen Vorsorgeuntersuchung U8 und U9 nur bei 75 % liegt (Gesundheitsberichterstattung des Bundes, 2005). Nach Trost-Brinkhues und Schulz (2001) fallen über die Hälfte der Kinder, die nicht bei der U9 vorgestellt wurden, später mit Schulleistungsproblemen auf. Eine weitere Schwierigkeit in der Früherkennung von Entwicklungsstörungen liegt darin, dass sich verschiedene kognitive Funktionen nicht ohne weiteres im Alltag des Kindes (Kindergarten, Elternhaus) beobachten lassen, sondern meist nur über entsprechende Testverfahren valide erhoben werden können.

Verschiedene Argumente sprechen für einen möglichst frühen Zeitpunkt förderdiagnostischer Maßnahmen zur Identifizierung von Risikokindern. Werden schulleistungsbezogene Vorläuferstörungen erst zum Zeitpunkt der Einschulungsuntersuchung erkannt, dann ist der zeitliche Rahmen für eine zielgerichtete Intervention bereits sehr eng gesteckt und erstreckt sich häufig weit in die Schuleingangsphase hinein. Fördermaßnahmen im Vorschulalter lassen sich dagegen oftmals gut in das Setting des Kindergartens einbinden. Auch entwicklungspsychologische und -biologische Befunde lassen den Schluss zu, dass eine frühe Förderung schulbezogener Vorläuferfunktionen auf basaler Ebene die Entwicklungsprognose des Kindes verbessert. In diesem Zusammenhang sei auf Annahmen zur Entwicklung als Abfolge sich aufeinander beziehender Entwicklungsschritte im Rahmen der Hirnreifung (vgl. Tab. 1) oder die Modellvorstellung von sensiblen Entwicklungsphasen („Zeitfenstern") für einzelne Funktionsbereiche (wie beispielsweise in der Sprachentwicklung, vgl. dazu Grimm, 2003) verwiesen.

1.1 Zum Entwicklungsbegriff

Gerade der Übergang vom Kindergarten in die Schule stellt für das Kind eine große Herausforderung dar. Im Rahmen der Einschulung stehen nicht nur kognitive, sondern auch soziale und emotionale Integrationsleistungen im Vordergrund. Dabei scheint eher die kompetente als die konflikt- oder krisenhafte Bewältigung von Entwicklungsaufgaben zur Entwicklung des Kindes beizutragen (Herpertz-Dahlmann, Resch, Schulte-Markwort & Warnke, 2003). Fehlen wichtige für eine erfolgreiche Bewältigung der Entwicklungsaufgaben notwendige Voraussetzungen (kognitive und soziale Kompetenzen, Unterstützung durch das Umfeld), können sich daraus Schwierigkeiten im jeweiligen Entwicklungsübergang und in der Anpassung an die neue Situation ergeben.

Tabelle 1:
Korrelationen zwischen neuronaler und funktioneller Entwicklung im Kindes- und Jugendalter am Beispiel der Spachentwicklung (modifiziert nach Bates, Thal & Janowsky, 1992)

Alter	Neuronale Entwicklung	Funktion
Gestation – Geburt	Proliferation, Migration und Differenzierung von Neuronen	Entwicklung einer Prädisposition der linken Hemisphäre für verschiedene sprachliche und nicht-sprachliche Funktionen
8–9 Monate	Verknüpfungen innerhalb der Hauptregionen des Kortex (Wachstum von Dendriten und Axonen) Steigerung des Glukosestoffwechsels innerhalb einzelner Regionen	Verstehen von Worten Inhibition für nicht muttersprachliche Lautkontraste Willentliche Kommunikation über Gesten und Laute Imitation neuer Reize Kategorisieren, Gedächtnis
16–24 Monate	Überproduktion synaptischer Verbindungen (Synaptogenese)	Rascher Anstieg des Wortschatzes Wortkombinationen Grammatikalische Grundfähigkeiten Verbesserungen im Kategorisieren, im symbolischen Spiel und in anderen nicht-sprachlichen Bereichen
48 Monate	Höchstes Gesamtniveau des Hirnstoffwechsels	Erwerb der meisten grammatikalischen Grundregeln Beginn des Prozesses von Stabilisierung und Automatisierung der erworbenen Fähigkeiten
> 4 Jahre	Allmähliche Reduktion der Synapsendichte und des Gesamtniveaus im Hirnstoffwechsel	Langsame Steigerung komplexer grammatikalischer Funktionen Allmähliche Abnahme der Kapazität für den Neuerwerb einer Zweitsprache oder für die Remission von aphasischen Störungen

Die Ausbildung und Veränderung entwicklungspsychologisch bedeutsamer Basismerkmale lassen sich anhand des Konzeptes der Entwicklungsbahnen beschreiben (Petermann, Stein & Macha, 2004). Dabei handelt es sich um eine Bündelung von verschiedenen, per se berührungsarmen Entwicklungsbahnen zur Ausbildung von spezifischen Fertigkeiten (vgl. Abb. 1). Mit diesem Konzept lassen sich verschiedene Muster von grundlegenden und komplexen Fertigkeiten abbilden. Sowohl die normale Entwicklung als auch klassifizierbare Störungsbilder können somit über die Zeitachse mit verschiedenen, aber jeweils typischen Mustern dargestellt werden.

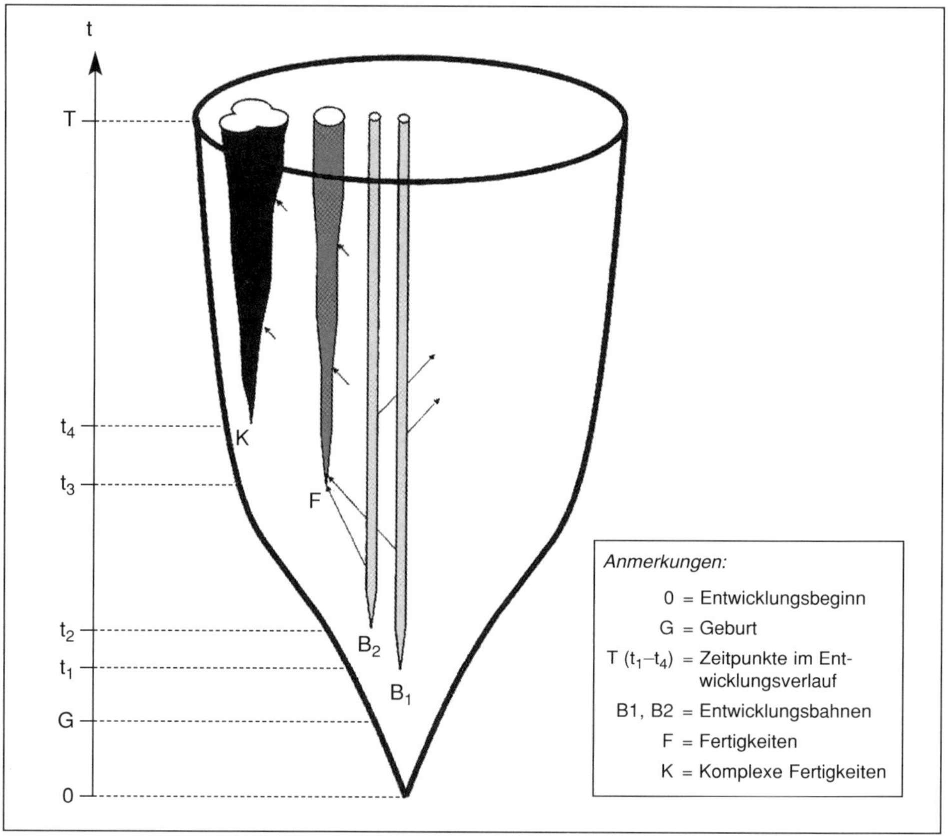

Abbildung 1:
Ordnungsschema für Entwicklungsprozesse (aus Petermann et al., 2004, S. 18)

1.2 Ziele einer Förderdiagnostik von Vorläuferstörungen schulischer Fertigkeiten

Eine Förderdiagnostik, die Vorläuferstörungen schulischer Fertigkeiten abklären will, verfolgt in erster Linie präventive Ziele. So möchte man damit relevante Problembereiche schulspezifischer Teilleistungen abklären und durch eine frühzeitige Förderung die Voraussetzungen für den Erwerb der Kulturfertigkeiten Lesen, Schreiben und Rechnen verbessern. Ein Kind soll im Rahmen seiner Möglichkeiten rechtzeitig gefördert werden, um schulischen Lernstörungen vorzubeugen. Bleibt die Frühförderung aus, so drohen zunehmende schulische Überforderung und in der Folge Motivationsverlust, Konzentrationsstörungen und motorische Unruhe. Viele betroffene Kinder bilden ein negatives schulbezogenes Selbstkonzept aus und entwickeln Schulängste, die sich oft in körperlichen Beschwerden sowie in Schul- oder Hausaufgabenverweigerung niederschlagen.

2 Früherkennung umschriebener Entwicklungsstörungen schulischer Fertigkeiten

Entwicklungsstörungen werden als Einschränkungen oder Verzögerungen betrachtet, die mit der biologischen Reifung des ZNS verknüpft sind. Bei den umschriebenen Entwicklungsstörungen ist diese Verzögerung auf eine oder mehrere spezifische Teilleistungen bezogen. In der Regel wurde der Entwicklungsverlauf schon in frühen Stadien gestört. Hierunter fallen Sprachstörungen, Sprechstörungen, die Störung motorischer Funktionen und die umschriebenen Entwicklungsstörungen schulischer Fertigkeiten.

2.1 Umschriebene Entwicklungsstörungen

Umschriebene Entwicklungsstörungen zeichnen sich durch eine deutliche Abweichung der Fertigkeiten von der Altersnorm und den individuellen intellektuellen Fähigkeiten in dem jeweiligen Teilleistungsbereich aus. Das heißt, die Entwicklungsbeeinträchtigung ist nicht durch eine Intelligenzminderung, grobe neurologische/sensorische Defizite oder eine mangelnde Beschulung zu erklären.

Die umschriebenen Entwicklungsstörungen der schulischen Fertigkeiten werden in der ICD-10 unterteilt in:
- die Lese- und Rechtschreibstörung (F81.0),
- die isolierte Rechtschreibstörung (F81.1),
- die Rechenstörung (oder Dyskalkulie; F81.2) und
- die kombinierten Störungen schulischer Fertigkeiten (F81.3).

Es wird angenommen, dass diese Störungen durch Beeinträchtigungen der kognitiven Informationsverarbeitung verursacht werden. Welche Bereiche der Informationsverarbeitung betroffen sind, wird aktuell sehr kontrovers diskutiert (etwa Habib, 2000; Lovett & Barron, 2003; Price & Mechelli, 2005; Shalev, 2003).

Weichen die individuellen Fähigkeiten und Fertigkeiten deutlich gegenüber dem normalen Entwicklungsniveau ab, dann kann meist schon zu einem frühen Zeitpunkt eine Verdachtsdiagnose gestellt werden. Dies betrifft auch die Vorläuferfähigkeiten umschriebener Entwicklungsstörungen. Manifestieren sich die entsprechenden Symptome aber eher vage, dann werden Defizite häufig erst durch die Leistungsanforderungen in der Schule erkennbar. Eine möglichst frühe Identifizierung von Risikokindern eröffnet vielfältige Möglichkeiten zur Prävention oder Frühförderung. Im Wesentlichen geht es darum, betroffene Kinder noch vor der Einschulung zu fördern, um spätere Frustrationen beim Erlernen von Lesen, Schreiben und Rechnen zu vermeiden und den daraus resultierenden Verhaltensauffälligkeiten gezielt entgegenzuwirken.

Das Bemühen umschriebene Entwicklungsstörungen schulischer Fertigkeiten frühzeitig zu erkennen, richtet sich daher seit einigen Jahren verstärkt auf das Kindergartenalter (etwa Barth & Michaelis, 2004; Krajewski, 2005; Lorenz, 2005; Schneider & Näslund, 1999; von Suchodoletz, 2005). Zur Beurteilung des Entwicklungsniveaus reicht die allgemeine Intelligenz als Beurteilungskriterium nicht aus, da etwa 4 bis 7 % der Schulkinder trotz einer durchschnittlichen oder überdurchschnittlichen Intelligenz eine umschriebene Lese- und Rechtschreibstörung aufweisen (Schmid, 2004). Ähnlich stellt sich das Bild für die umschriebene Rechenstörung dar (Butterworth, 2005; Jacobs & Petermann, 2005). Es hat sich erwiesen, dass neben den allgemeinen auch eine Reihe von spezifischen und unspezifischen kognitiven Fähigkeiten den Erwerb der Schriftsprache und der arithmetischen Fertigkeiten beeinflusst.

2.2 *Schriftspracherwerb*

2.2.1 *Annahmen über den Schriftspracherwerb*

Das Erlernen des Lesens und Schreibens besteht in erster Linie in der Verbindung von sprachlichen Lauten mit schriftlichen Symbolen. Diese Verbindungen werden über eine Reihe von kognitiven Prozessen vermittelt. Frith (1986) beschreibt hierfür drei aufeinander aufbauende Phasen des Schriftspracherwerbs. Diese sind
- die logografische Phase (als Startpunkt),
- die alphabetische Phase (als Übergang) und
- die orthografische Phase (als Zielpunkt).

In der logografischen Phase (s. Abb. 2) werden Wörter, ähnlich wie andere visuell rezipierte Objekte, in ihrer Gesamtheit wahrgenommen und wieder erkannt. Das bedeutet, dass die Worterkennung ungenau und wenig an der Reihenfolge der einzelnen Buchstaben orientiert ist.

In der alphabetischen Phase erlernen die Kinder die Zuordnung von Laut und Buchstabe (Phonem-Graphem-Zuordnung). Hier werden (neue) Worte Buchstabe für Buchstabe erlesen, die Kinder lesen und schreiben nun lautgetreu. Die Segmentierung der Worte in einzelne Laute und die Verbindung der einzelnen Laute zu Lautverbindungen ist Teil der phonologischen Bewusstheit.

Die orthografische Phase beinhaltet die Automatisierung zwischen geschriebenen Buchstabenkombinationen und deren direkter Verbindung zum semantischen und dem phonologischen Lexikon. Vorherrschend ist also nicht mehr die Erkennung des Wortes als Objekt, sondern vielmehr der Zugriff auf ein eigenes orthografisches Lexikon. Dieser direkte Zugriff auf den Wortklang *und* die Wortbedeutung wird durch das sogenannte Stroop-Paradigma offensichtlich: Einem Erwachsenen gelingt es nur unter exekutiver Kontrolle (Inhibition), die Schriftfarbe eines Wortes zu benennen und nicht das geschriebene Wort vorzulesen (etwa das Wort „grün“ ist in roter Schrift geschrieben → richtige Antwort: „rot“). Je mehr Erfahrungen beim Lesen und Schreiben gesammelt werden, desto häufiger kann der direkte visuell gestützte Wortabruf erfolgen. Neue, unbekannte Worte erlesen auch erfahrene Leser auf der Basis von Phonem-Graphem-Zuordnungen. Somit repräsentieren die alphabethische und die orthografische Phase verschiedene Strategien des Lesens.

In Abbildung 2 sind auf der rechten Seite die notwendigen kognitiven Prozesse der einzelnen Schritte beim frühen Lesen aufgelistet. Diese Auflistung stellt lediglich eine Auswahl dar; so erfordert etwa eine genaue visuelle Analyse eine zuverlässige Blicksteuerung und die Fähigkeit zur Fokussierung und Verschiebung der Aufmerksamkeit.

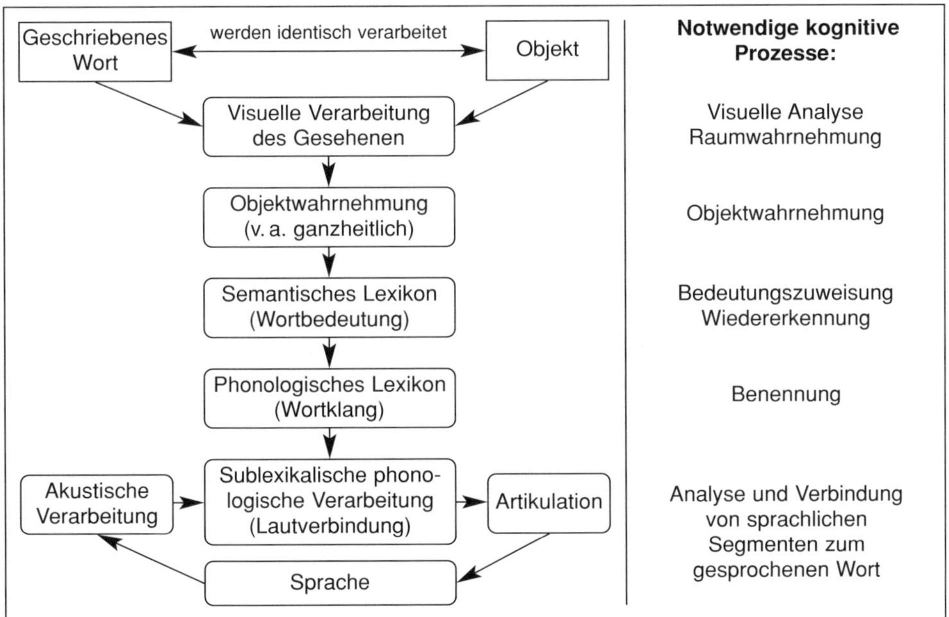

Anmerkungen: Links: Einzelne Schritte der ersten Phase des Lese-Rechtschreiberwerbs.
Rechts: Notwendige kognitive Prozesse für die einzelnen Schritte.

Abbildung 2:
Der Weg vom gesehenen zum gesprochenen Wort. Die logografische Phase nach dem Modell von Frith (1986, übersetzt und modifiziert von den Verfassern)

2.2.2 *Vorläuferfähigkeiten für den Schriftspracherwerb*

Eine besonders bedeutsame Rolle für den Schriftspracherwerb nehmen Sprachwahrnehmungs- und Sprachverarbeitungsprozesse, so genannte metalinguistische Fähigkeiten, ein (etwa Bryant, 2002). Im Vordergrund steht hier die phonologische Bewusstheit. Zusammen mit der sprachgebundenen Informationsverarbeitung (gezielter Zugriff auf das phonologische Lexikon: phonologisches Rekodieren) und der verbalen Gedächtniskapazität (Halten und Verbinden mehrerer sprachlicher Laute im Arbeitsgedächtnis: phonetisches Rekodieren) konnte die Erfassung der phonologischen Bewusstheit 70 % der Varianz in den Rechtschreibfertigkeiten in der Grundschule erklären (Schneider & Näslund, 1999).

Zusätzlich zeigt sich, dass auch zeitlichen Verarbeitungsmechanismen eine besondere Bedeutung bei Sprachwahrnehmungs- und Sprachverarbeitungsprozessen zukommt. Es wird davon ausgegangen, dass eine Verlangsamung basaler Verarbeitungsmechanismen zu Einschränkungen in der Entwicklung der phonologischen Bewusstheit führt.

Geht man der Frage nach, ob und welche Zusammenhänge zwischen zeitlicher Verarbeitungsfähigkeit, phonologischer Bewusstheit, phonetischem Rekodieren im Arbeitsgedächtnis, nonverbaler Intelligenz, Rhythmuserfassen und früher Lesefertigkeit bestehen, lassen sich signifikante Gruppenunterschiede zwischen Frühlesern, normalen Grundschulkindern und sprachbehinderten Kindern nachweisen (Barth et al., 2000). Zusätzlich findet sich eine signifikante Korrelation zwischen zeitlicher Verarbeitungsfähigkeit und phonologischer Bewusstheit, die sich in den Lese-Rechtschreibleistungen widerspiegeln.

Neben der phonologischen Bewusstheit hat sich die Benenngeschwindigkeit – als Form der Informationsverarbeitungsgeschwindigkeit – als weiterer Indikator insbesondere für die Vorhersage von Leseschwierigkeiten herauskristallisiert. Die Grundlage für die Fähigkeit, bekannte Objekte, Farben oder Zahlen angemessen schnell zu benennen, wird durch ein komplexes Zusammenspiel von Informationsverarbeitungsprozessen gebildet, wobei neben Aufmerksamkeits- und Gedächtnisprozessen auch kognitive, sprachliche und motorische Komponenten eine Rolle spielen (Compton, DeFries & Olson, 2001; Wolf, Bowers & Biddle, 2000). Die phonologische Bewusstheit und Benenngeschwindigkeit werden daher in der Double-deficit-hypothesis zusammengefasst (siehe Tab. 2). Liegen in beiden Bereichen Beeinträchtigungen vor, dann ist von Leseschwierigkeiten auszugehen.

Andere Studien zeigen, dass eine kleinere Gruppe von Kindern visuell-räumliche und visuell-analytische Teilleistungsstörungen aufweisen, die den Lese- und Rechtschreiberwerb negativ beeinflussen (Pache, Weber, Klumpp, Gutzwiller & Kaiser, 2004; Warnke & Roth, 2002).

Tabelle 2:
Die Double-deficit-hypothesis (Compton, DeFries & Olson, 2001; Wolf et al., 2000)

Double-deficit-hypothesis	
Phonologische Bewusstheit	**Benenngeschwindigkeit**
= Analyse und Synthese von sprachlichen Einheiten auf der Ebene von Worten, Silben und Phonemen: – Klangähnlichkeiten erkennen (Reime) – Rhythmus erkennen (Silbenklatschen) – Laute differenzieren	= Zugriffsgeschwindigkeit auf das semantische Lexikon: überlernte visuelle Reize (Objekte, Farben, Buchstaben oder Zahlen) werden angemessen schnell benannt: – Visuell-lautliche Verbindung (z. B. „1" – „Eins", Benennen von Buchstabenfolgen: „o a s d p a o s p d") – Farbig-kongruente und inkongruente Benennung (Stroop-Paradigma)

Um diesen teilweise sehr kontroversen Ergebnissen gerecht zu werden, kann wiederum auf den Prozess des Schriftspracherwerbs mit seinen aufeinander aufbauenden und ineinander greifenden Phasen verwiesen werden. Bei dem Großteil der Kinder mit einer Legasthenie scheint das phonologische Defizit im Vordergrund zu stehen. Möglicherweise können aber auch eintreffende Reize in anderen Modalitäten nicht angemessen differenziert werden. Eine normal entwickelte zentrale visuelle Wahrnehmung ist besonders in den ersten Stadien des Schriftspracherwerbs wichtig, nämlich *bevor* eine überlernte Verknüpfung zwischen Wortform und Wortlaut entsteht (Cohen et al., 2002).

2.3 Erwerb der Rechenfertigkeiten

2.3.1 Annahmen über Erwerb der Rechenfertigkeiten

Es gibt viele Hinweise darauf, dass Kinder bereits von Geburt an über ein Mengenbewusstsein verfügen (Gelman, 1990; Wynn, 1992). Dieses scheint sich allerdings auf sehr kleine Mengen zu beziehen und meint vor allem die Fähigkeit zur automatischen Mengenerfassung. Ein erster Zugang zur Versprachlichung von Mengen (also Zahlennamen) gelingt den meisten Kindern etwa im Alter von drei Jahren. Viele Kinder können in diesem Alter eine auswendig gelernte Zahlreihe aufsagen, die meist mit der Zehn endet (einszweidrei usw.). Karen Fuson (1988) bezeichnet diese Zahlreihe als „string level". Auf dieses Wortganze erfolgt nach Fuson (1988) das Bewusstsein für die Eigenständigkeit der einzelnen Zahlwörter. Die Zahlreihe bleibt aber weiterhin als Ganzes bestehen (eins – zwei – drei – vier …; „unbreakable chain"). Erst mit dem Erlernen einer direkten Zahl-Objekt-Zuordnung können Kinder im Kindergartenalter kleine Objektmengen abzählen. Es ist allerdings fraglich, ob die Kinder bereits in dieser Phase verstehen, dass die zuletzt genannte Zahl beim Abzählen tatsächlich auch der Ausdruck einer Menge von Objekten ist. Um dies zu begreifen, müssen Kinder erst lernen, dass die Zahlwortreihe eine unumstößliche Reihenfolge mit einem feststehenden Ordnungscharakter darstellt. In dieser Phase muss also verinnerlicht werden, dass hinter einer feststehenden Reihe von Zahlennamen immer auch eine Menge steht; dies bezeichnet man als die „Mächtigkeit von Zahlen": Jede Zahl (etwa „fünf") schließt alle Elemente, die vor dieser Zahl liegen mit ein (also die „eins", „zwei", „drei" und „vier"). Hier kommt es zur Verknüpfung des Mengenverständnisses und der gelernten Zahlenreihenfolge. Krajewski (2005) fasst dies in der Bezeichnung „Kardinalbewusstheit von Ordnungszahlen" zusammen.

Geary (2000) unterscheidet in seinem Entwicklungsmodell zwischen primären und sekundären mathematischen Fähigkeiten. Die primären Fähigkeiten beschreibt er als biologisch determiniert, wohingegen die sekundären Fähigkeiten vor allem durch Umwelteinflüsse (etwa Schulunterricht) ausgebildet werden. Letztgenannte variieren somit in Abhängigkeit von kulturellen und schulischen Unterschieden. Die primären Fähigkeiten sind in Tabelle 3 zusammengefasst.

Die genannten psychologischen Konzepte zur Entwicklung des Mengen- und Zahlenwissens können auch vor dem Hintergrund der Neuropsychologie eingeordnet werden. Von Aster (2001) greift dazu auf das „Triple Code Model" von

Tabelle 3:
Die primären mathematischen Fähigkeiten nach Geary (2000, übersetzt von den Verfassern)

Automatische Mengenerfassung	Ordinalität	Zählen	Einfache Rechenoperationen
Von der frühen Kindheit bis ins Erwachsenenalter können bis zu vier Elemente gleichzeitig akkurat beziffert werden.	Ein basales Verständnis für die Begriffe „mehr" und „weniger" besitzen bereits Vorschulkinder. Etwa bis vier Elemente können vor der Schule mengenmäßig verglichen werden.	Mit Beginn des aktiven Sprechens scheinen Kinder aller Kulturen ein Verständnis dafür zu entwickeln, dass die feststehende Zahlenreihenfolge für Zählen, Messen und einfaches Rechnen verwendet werden kann.	Bereits Säuglinge und Kleinkinder scheinen sensibel gegenüber Veränderungen sehr kleiner Mengen (also Mengenzunahme oder -abnahme) zu sein.

Dehaene (1992) zurück (vgl. auch ausführlich Jacobs & Petermann, 2005). Dehaene beschreibt für das Erwachsenenalter drei verschiedene Transkodierungsprozesse, also Codes, der Zahlenverarbeitung. In seinem Modell können Zahlen

- semantisch-analog (die mengenmäßige Bedeutung einer Zahl, z. B. ••••),
- verbal (das Zahlwort, z. B. „vier") und
- in arabischer Schriftform (z. B. „4")

verarbeitet werden. Die verschiedenen Codes sind miteinander verbunden, das heißt, jede Darstellungsform kann in eine andere umgesetzt werden. Somit kann etwa ein gesprochenes Wort als Zahl geschrieben werden; die mengenmäßige Einordnung der Zahl (Mächtigkeit) erfolgt mit Hilfe des semantisch-analogen Codes.

In Abbildung 3 veranschaulicht von Aster die Entwicklung dieser drei Codes vom Säuglingsalter bis in das Erwachsenenalter. Hier lassen sich die oben beschriebenen entwicklungspsychologischen Konzeptionen von Fuson (1988) und Krajewski (2005) wieder finden.

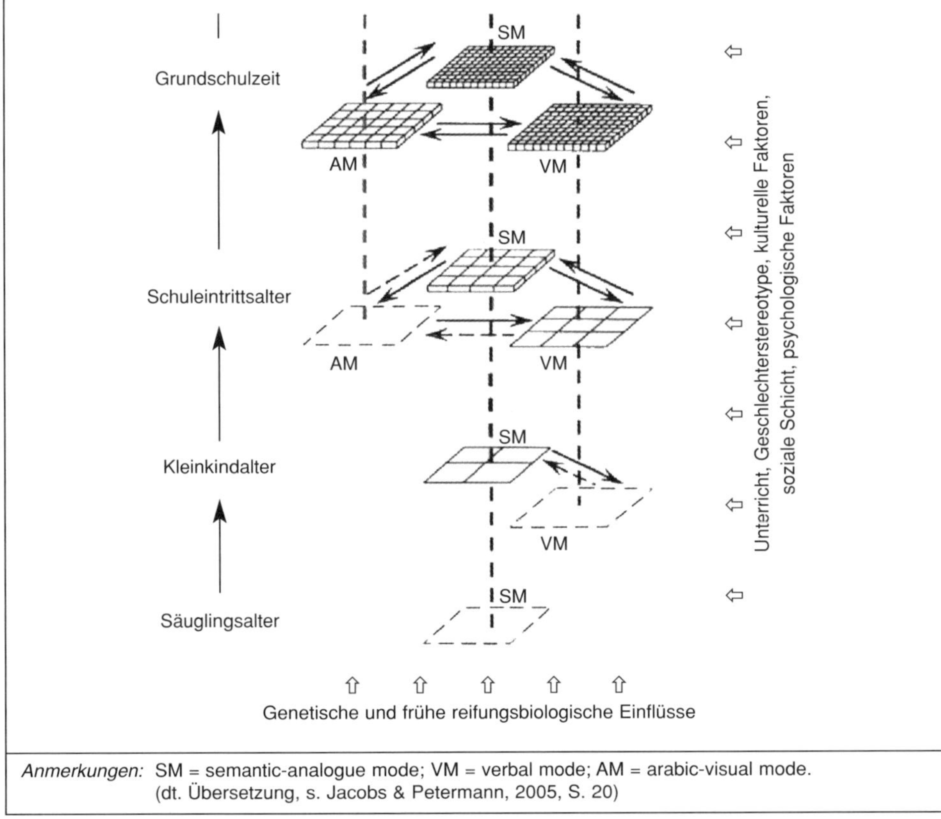

Anmerkungen: SM = semantic-analogue mode; VM = verbal mode; AM = arabic-visual mode. (dt. Übersetzung, s. Jacobs & Petermann, 2005, S. 20)

Abbildung 3:
Entwicklungsdynamik zahlenverarbeitender Hirnfunktionen (nach von Aster, 2001)

So geht von Aster von einer frühen semantisch-analogen Repräsentation von Mengen aus (SM). Dies würde mit dem frühen „Mengenbewusstsein" oder der automatischen Erfassung kleiner Mengen entsprechen. Im Kleinkindalter lernen die Kinder Namen für Zahlen (VM) und lernen im weiteren Verlauf, diese „Labels" mit einer Menge zu verbinden. Spätestens im Schulalter lernt das Kind schließlich die arabische Notation von Zahlen (AM) und verknüpft nun die einzelnen Kodierungen miteinander. In enger Wechselwirkung können die drei Prozesse nun im weiteren Schulverlauf immer größere Zahlen und Mengen repräsentieren.

Das vorgestellte Modell konnte allerdings noch nicht eindeutig in wissenschaftlichen Studien belegt werden. Somit bleiben dies zunächst theoretische Überlegungen, aus denen sich mögliche Vulnerabilitäten ableiten lassen. Deutlich wird die hochkomplexe Verknüpfung verschiedener Informationen, die direkt aufeinander aufbauen bzw. voneinander abhängen. Fehlt einem Kind nur in einem Bereich der Zugang zu diesen Informationen, so kann sich dies massiv auf die weitere Entwicklung auswirken.

2.3.2 Vorläuferfähigkeiten für den Erwerb arithmetischer Fertigkeiten

Das Bemühen, Vorläuferfähigkeiten zum Erlernen des Rechnens zu objektivieren, ist im Vergleich zum Bereich des Schriftspracherwerbs noch sehr neu. Kaufmann (2003) untersuchte im Längsschnitt den Entwicklungsverlauf von Kindern mit defizitären visuellen Fähigkeiten und den Einfluss dieser Defizite auf die mathematischen Leistungen. Hier zeigte sich, dass am Ende der zweiten Klasse mehr als 36 % der Varianz durch visuelle Faktoren erklärt werden konnten. Einen besonderen Einfluss auf die mathematischen Fertigkeiten hatten Schwierigkeiten in der Raum-Lage-Beziehung und Defizite in der Wahrnehmung räumlicher Beziehungen.

Lorenz (2005) berichtet folgende Ergebnisse aus seiner Längsschnittstudie zur Früherfassung mathematischer Lernstörungen:
1. Visuell-analytische und räumlich-konstruktive Fähigkeiten beeinflussen entscheidend die rechnerischen Fähigkeiten im Grundschulalter,
2. die auditive und visuelle Gedächtnisspanne trägt 10 % zur Varianzaufklärung bei und
3. der Einfluss der Intelligenz und der beiden oben genannten Faktoren ist deutlich schwächer ist als die Vorhersagekraft des Zahlen- und Mengenwissens ((prä)numerisches Wissen).

Eine Längsschnittstudie von Krajewski (2005) weist auf die besondere Bedeutung des Mengen- und Zahlenvorwissens im Kindergarten hin. Durch die Erfassung dieses Vorwissens konnten 60 % der rechenschwachen Erstklässer ein halbes Jahr vor der Einschulung vorausgesagt werden.

Kasten 1:
Vorläuferfähigkeiten mathematischer Fertigkeiten

- Visuell-analytische und räumlich-konstruktive Fähigkeiten,
- Sprachverständnis (insbesondere präpositionale Beziehungen),
- gedächtnisbezogene Verarbeitungsprozesse (etwa die unmittelbare Merkspanne) und
- pränumerische Leistungen (etwa Mengenvergleiche, Erkennen von Abfolgen).

2.4 *Unspezifische Vorläuferfähigkeiten*

Für die Früherkennung von schulischen Lernstörungen haben sich in einer Studie von Krajewski (2005) drei Funktionsbereiche herausgestellt, die sich für die spätere Ausbildung einer Lese-Rechtschreib- und einer Rechenstörung als prognostisch relevant zeigten:
- die *allgemeine Intelligenz*,
- die *Gedächtniskapazität*, im Sinne der unmittelbaren auditiven/visuellen Merkspanne, und
- die Zahlenverarbeitungsgeschwindigkeit bzw. die *Informationsverarbeitungsgeschwindigkeit*. Diese bezieht sich hier auf den schnellen Zugriff auf das Langzeitgedächtnis bei der Zahlbenennung.

Mit diesen drei Bereichen kann man Kinder bestimmen, die sowohl im Schriftspracherwerb als auch beim Erlernen arithmetischer Fertigkeiten maßgebliche Schwierigkeiten aufweisen. Somit lassen sich durch diese kognitiven Leistungen keine bestimmten Lernstörungen vorhersagen; sie gelten daher als „unspezifisch".

Diese Befunde ähneln Ergebnissen aus den Längsschnittstudien zur Prognose von Lese-Rechtschreibstörungen. Weitere von Krajewski (2005) erhobene Leistungen im Bereich der selektiven Aufmerksamkeit und der visuell-räumlichen Wahrnehmung beeinflussten deutlich geringer die spätere Rechen- oder Rechtschreibleistungen. Hier bleibt allerdings zu diskutieren, ob die eingesetzten Indikatoren altersentsprechend und inhaltlich sinnvoll gewählt wurden.

Angelehnt an Krajewski (2005) lassen sich spezifische und unspezifische Vorläuferfähigkeiten wie in Abbildung 4 dargestellt differenzieren.

Im Bereich der Gedächtniskapazität (in Abb. 4 die „unmittelbare Merkspanne") gibt es in einer aktuellen Untersuchung von Roebers und Zoelch (2005) jedoch Hinweise auf eine frühe modalitätsspezifische Ausdifferenzierung der beiden Arbeitsgedächtnissubsysteme nach Baddeley (2001; „phonologische Schleife" und „visuell-räumlicher Notizblock"). Roebers und Zoelch (2005) konnten die getrennte Verarbeitung von phonologischen und visuell-räumlichen Informatio-

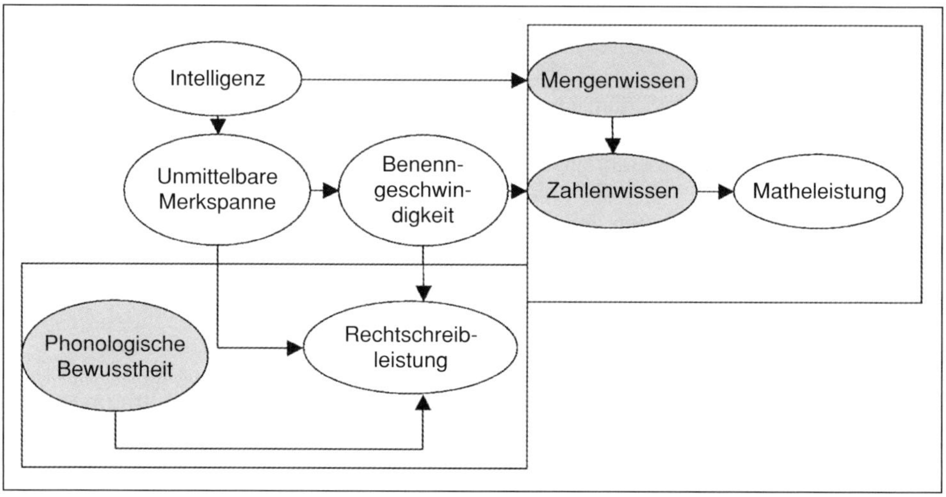

Abbildung 4:
Vorläuferfähigkeiten des mathematischen Verständnisses und ihr Einfluss auf die Mathematik- und Rechtschreibleistungen in der Grundschule (Krajewski, 2005)

nen bereits für das Kindergartenalter belegen. In künftigen Studien sollte daher die Erfassung der Gedächtniskapazität für beide Subsysteme klar getrennt voneinander erfolgen, um mögliche spezifische Einflüsse auf spätere Rechen- und Lese-Rechtschreibleistungen zuverlässiger einschätzen zu können.

3 Zusammenhang zwischen früh erkennbaren kognitiven Defiziten und schulischen Lernschwierigkeiten

Als prognostisch besonders wertvoll für eine bestimmte schulische Lernstörung haben sich spezifische, klar konzeptbezogene Verfahren erwiesen. Für den Schriftspracherwerb war der zuverlässigste Prädiktor die vorher erhobene Leistung im Buchstabenlesen (Scarborough, 1998). Ähnliches ergibt sich für das Erlernen des Rechnens, hier zeigten sich das konkrete Zahlenvorwissen (Zahlreihe wissen, Abzählen) und das Mengenvorwissen (Mengenvergleich, Längenvergleich) als die besten Prädiktoren (Krajewski, 2003).

Zum Erwerb dieses Vorwissens sind natürlich wiederum basale Informationsverarbeitungs- und Lernprozesse notwendig. Diese elementaren kognitiven Funktionen sind Bestandteil neuropsychologischer Modellvorstellungen, wonach insbesondere die höheren kognitiven Funktionen (Handlungsplanung, Problemlösen etc., aber auch komplexe schulbezogene Leistungen wie Lesen, Schreiben) auf verschiedenen Basisfunktionen aufbauen. Ist eine dieser Basisfunktionen (etwa durch eine Hirnreifungsstörung) nicht altersentsprechend entwickelt, so sind auch die darauf aufbauenden Leistungen oder Entwicklungsschritte beeinträchtigt. Eine Zusammenstellung einzelner neuropsychologisch identifizierter Funktionsbereiche und ihrer Störbarkeit durch neurologische Ursachen findet sich in Kapitel 11.

Unter der beschriebenen Perspektive wird zunehmend das Erklärungsmuster der neuropsychologischen Teilleistungsstörungen als Grundlage von schulischen Lernstörungen herangezogen (etwa Heubrock & Petermann, 2000; Jacobs & Petermann, 2005). Ausgangspunkt hierzu ist die Bedeutung und der Einfluss der einzelnen kognitiven Leistungen auf das schulische Lernen. – Abbildung 5 gibt einen stark vereinfachten Überblick über die basalen Prozesse, die für den Erwerb der schulischen Kulturtechniken eine wesentliche Rolle spielen.

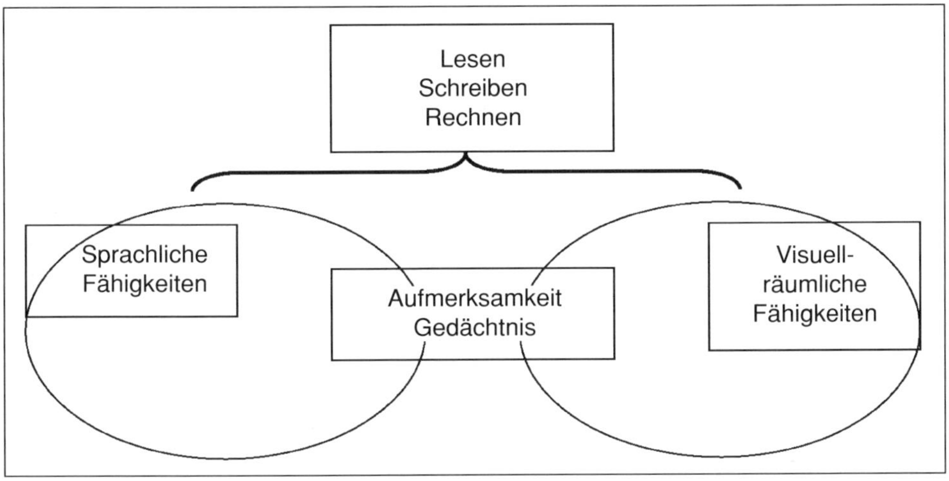

Abbildung 5:
Modell für das Zusammenwirken kognitiver Funktionsbereiche bei der Entwicklung von schulischen Primärleistungen

Die Leistungsfähigkeit der in neuropsychologischen Ansätzen bevorzugt fokussierten Domänen Aufmerksamkeit und Gedächtnis kann als gemeinsame Grundvoraussetzungen von Verarbeitungsprozessen angenommen werden, beide Bereiche weisen allerdings modalitätsspezifische Besonderheiten (auditiv und visuell) auf. Die diagnostische Abklärung möglicher neuropsychologischer Teilleistungsstörungen ist mit sehr unterschiedlichen Schwierigkeiten behaftet. Abbildung 6 zeigt die besondere Trennung zwischen mit spezifischen Aufgaben messbaren Teilleistungsstörungen (linke Seite) und die eher unspezifischen, an vielen Leistungen beteiligten Grundfunktionen der Aufmerksamkeit und der exekutiven Funktionen (rechte Seite), die oft nur indirekt über den Weg der Verhaltensbeobachtung erhoben werden können.

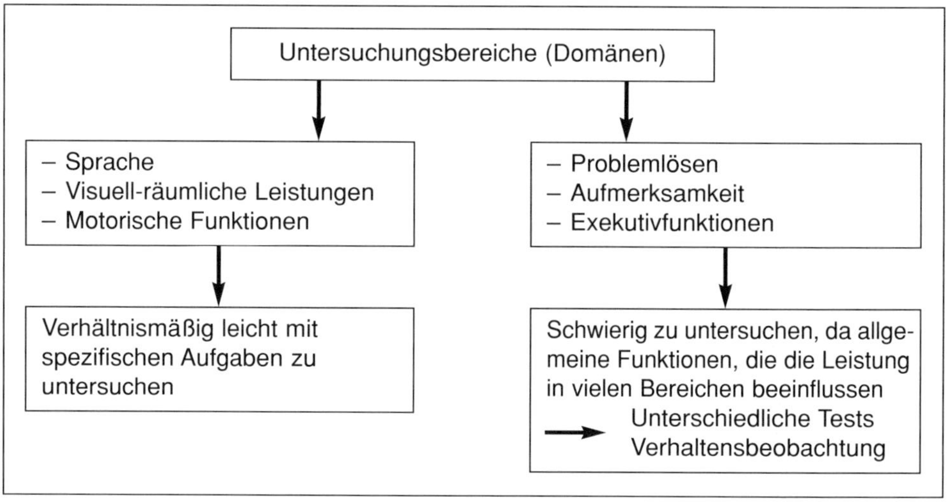

Abbildung 6:
Kognitive Funktionsbereiche und Möglichkeiten der Diagnostik

Blender (2004) beschäftigte sich mit neuropsychologischen Aspekten bei umschriebenen Entwicklungsstörungen schulischer Fertigkeiten. Hier wurden neben der phonologischen Bewusstheit und der Benenngeschwindigkeit auch andere kognitive Leistungen wie Handlungsplanung, selektive Aufmerksamkeit, verbale und visuelle Flüssigkeit, visuell-räumliche und gedächtnisbezogene Fähigkeiten erhoben. Kinder mit schulischen Lernstörungen zeigten gehäuft einfache oder mehrfache Teilleistungsstörungen. So wiesen etwa 30 % der Kinder mit einer kombinierten Störung schulischer Fertigkeiten visuell-räumliche Defizite auf, etwa 23 % Auffälligkeiten im Bereich exekutiver und Aufmerksamkeitsleistungen. Die phonologische Bewusstheit klärte die größte Varianz auf.

4 Strategien und Verfahren zur Diagnose relevanter Vorläuferfertigkeiten

4.1 Rahmenbedingungen des diagnostischen Handelns bei der Erfassung von Vorläuferfunktionen im Kindergartenalter

Für die Diagnostik im Kindergartenalter ergeben sich auf Grund der schwankenden Aufmerksamkeit und der hohen Anfälligkeit der Kinder gegenüber äußeren Stressoren besondere Herausforderungen an die einzusetzenden Erhebungsverfahren und an die Strukturierung der diagnostischen Situation (O'Shea, Harel & Fein, 2002). Eine motivierende und ansprechende Gestaltung, altersentsprechend formulierte Aufgabenstellungen und eine kurze Durchführungsdauer stellen wesentliche Anforderungsmerkmale an Testverfahren für das Kindergartenalter dar. Werden diese Aspekte bei der Verfahrensauswahl nicht ausreichend berücksichtigt, kann daraus resultieren, dass das Kind möglicherweise deutlich in seinen Leistungen unterschätzt wird. Kinder in diesem Altersbereich besitzen noch keine ausgeprägte intrinsische Leistungsmotivation und brauchen daher hohe Anreize von Außen, um sich in ihrer vollen Leistungsfähigkeit zu präsentieren. Insbesondere kleine Kinder zeigen eine hohe Sensitivität gegenüber zahlreichen Einflussfaktoren, die zu einer Verfälschung des diagnostischen Befundes beitragen können. Dazu gehören die ungewohnte Umgebung oder der dem Kind fremde Diagnostiker.

Die Leistungsbereitschaft und -präsentation von Kindern im Kindergartenalter ist in einem hohen Maß von der individuellen Tagesform abhängig. Dabei können Faktoren wie Temperament, allgemeines Aktivierungsniveau (Grad an Wachheit) oder schwankendes Aufmerksamkeitsniveau die Testleistungen ebenso beeinflussen wie der allgemeine Gesundheitszustand, die jeweilige Stimmungslage oder aktuelle Bedürfnisse wie Müdigkeit oder Hunger.

Eine Erhöhung der (prognostischen) Validität einer Untersuchung im Kindergartenalter lässt sich durch verschiedene Maßnahmen erreichen. Dazu zählt die Verteilung der Diagnostik auf mehrere Einheiten (Sitzungen) zu unterschiedlichen Zeitpunkten (verschiedene Termine zu unterschiedlichen Tageszeiten), die Einbeziehung mehrerer Informationsquellen und eine Verhaltensevaluation in verschiedenen Kontexten (Situationen).

4.2 Probleme bei der Interpretation von Testergebnissen

Auf Grund der hohen Variabilität der normalen Entwicklung (Leistungen, Verhalten) bis zur Einschulung sollten Testergebnisse nur mit großer Umsicht interpretiert werden. Befunde im Kindergartenalter gelten als schwache Prädiktoren für die Vorhersage zukünftiger Leistungen und Verhaltensweisen. Aus diesem Grund sind prognostische Aussagen häufig sehr unzuverlässig (niedrige Reliabilität des Verfahrens). So kann beispielsweise bei einem Kind mit einer frühen Hirnschädigung das endgültige kognitive Niveau in der Langzeitperspektive nicht zuverlässig vorhergesagt werden. Die Ursache liegt unter anderem in der Fähigkeit des kindlichen Gehirns, durch eine hohe Flexibilität Schädigungen bis zu einem gewissen Umfang kompensieren zu können (neuronale Plastizität). Prozesse der Hirnreifung wiederum können mit dieser Reorganisationsleistung interagieren oder interferieren.

Viele Testverfahren für das Kindergartenalter erlauben gerade im förderdiagnostisch zentralen unteren Leistungsbereich nur eine unzureichende Differenzierung der individuellen Leistungsfähigkeiten von Kindern. Außerdem liegen für einige Fragestellung kaum oder keine ausreichend standardisierten Verfahren vor. Das trifft zum Beispiel auf Verfahren zu, die nicht normiert wurden und daher nur orientierend eingesetzt werden können oder deren Normstichprobe sich aus Kindern einer bestimmten Region (z. B. Bundesland) zusammensetzt. Auch hier ist auf Grund unterschiedlicher Förderkonzepte für den Kindergarten eine Übertragbarkeit auf andere Regionen kritisch zu betrachten.

Weiterhin ist festzuhalten, dass insbesondere für den in verschiedener Hinsicht sensiblen Altersbereich der Kindergartenkinder Testergebnisse nur unter Einbeziehung von (Verhaltens-)Beobachtungen in möglichst verschiedenen Situationen, Informationen aus Fragebögen und/oder Exploration von Bezugspersonen (Eltern, Kindergärtnerinnen, schriftliche Befund- oder Entwicklungsberichte) aussagekräftig sind.

4.3 Screeningverfahren und Testbatterien für das Kindergartenalter

In den letzten Jahren wurden verschiedene Ansätze entwickelt und in Testverfahren umgesetzt, die sich mehr oder weniger direkt mit der Erfassung von Vorläuferfunktionen für verschiedene Störungsbilder beschäftigen. Diesen Verfahren ist gemeinsam, dass sie in möglichst ökonomischer Weise die Kinder herausfiltern, bei denen das Risiko einer späteren Teilleistungsstörung besteht. Den Einstieg in den diagnostischen Prozess bildet dabei in den meisten Fällen ein so genanntes Entwicklungsscreening, das an Hand von Cut-off-Werten zwischen auffälligen und unauffälligen Kindern differenziert. Wichtige Kriterien für die Auswahl eines entsprechenden diagnostischen Verfahrens stellen dabei neben der Orientierung an der inhaltlichen Fragestellung (z. B. Stand der Sprachentwicklung oder der motorischen Entwicklung) das Verhältnis von Sensitivität und Spezifität eines Screenings sowie der RATZ-Index dar. Die Sensitivität gilt als ein Maß dafür, inwieweit entwicklungsauffällige Kinder mit dem Screening auch als solche identifiziert werden. Die Spezifität eines Screeningverfahrens gibt an, inwieweit entwicklungsunauffällige Kinder auch tatsächlich als unauffällig eingestuft werden. Die Quote der durch das Screeningverfahren richtig identifizierten Kinder gegenüber der Zufallstrefferquote wird über den RATZ-Index ermittelt. Im Screening auffällige Kinder sollten unbedingt einer differenzierten Entwicklungs- und Leistungsdiagnostik zugeführt werden, die sich an den individuell auffälligen Befunden aus dem Screeningverfahren orientiert.

In Tabelle 5 werden aktuelle oder sich noch in der Entwicklung befindende Screeningverfahren und Testbatterien für das Kindergartenalter aufgelistet. Die Einsatzgebiete der genannten Verfahren variieren deutlich voneinander, die Spannbreite erstreckt sich von Verfahren zur Diagnostik einer allgemeinen Entwicklungsgefährdung (DESK 3-6) bis hin zu Screenings spezifischer Risikodiagnosen (etwa BISC oder ZAREKI-K) und Verfahren für die Schuleingangsdiagnostik (z. B. GSS).

Allen Verfahren gemeinsam ist das Ziel, Kinder mit entsprechendem Risikopotenzial frühzeitig zu erkennen, um ihnen im Bedarfsfall eine entsprechende spezifische Förderung anbieten zu können. Dabei geht es in erster Linie darum, dem Kind den Rahmen für eine optimale Entwicklung und damit eine gute soziale Integration zu bieten.

Tabelle 5:
Entwicklungsscreenings und Testbatterien für das Kindergartenalter

Name	Altersbereich	Einsatzgebiet
DESK 3-6	33–85 Monate (2;9–7;1)	Erkennung von Entwicklungsgefährdungen bei Kindergartenkindern
BUEVA	4;0–5;11 Jahre	Schuleignungsdiagnostik, Diagnostik umschriebener Entwicklungsstörungen
DVET	4;0–7;11	Feststellung des Entwicklungsstandes grundschulrelevanter Fertigkeiten bei Schulanfängern
GSS	Schulanfänger	Schuleingangsdiagnostik zur Feststellung kognitiver Voraussetzungen für den Schulbesuch
BISC	10 und 4 Monate vor der Einschulung	Identifizierung von Risikokindern für einen gestörten Schriftspracherwerb
ZAREKI-K	Letztes Kindergartenjahr	Risikoabschätzung für eine spätere Rechenstörung bei Kindergartenkindern
BASCO	Letztes Kindergartenjahr	Erhebung neuropsychologisch relevanter Funktionen, die Entwicklungsstörungen schulischer Fertigkeiten bedingen

Im Folgenden sollen die tabellarisch aufgeführten Verfahren näher beschrieben und hinsichtlich ihrer Gütekriterien dargestellt werden.

4.3.1 Das Dortmunder Entwicklungsscreening für den Kindergarten (DESK 3-6)

Das Dortmunder Entwicklungsscreening für den Kindergarten DESK 3-6 (Tröster, Flender & Reineke, 2004) dient der frühzeitigen Erkennung von entwicklungsgefährdeten Kindern im Alter von drei bis sechs Jahren. Die diagnostischen Aufgaben werden im Kindergartenalltag vom pädagogischen Personal durchgeführt. Es werden einzelne Aufgaben zu den Bereichen Feinmotorik, Grobmotorik, Sprache und Kognition sowie der sozialen Entwicklung entweder als Beobachtungs- oder als Durchführungsaufgaben vorgegeben. Die Durchführungsaufgaben werden im Rahmen eines Zirkusspiels gestellt, wodurch Kinder besonders gut motiviert werden können. Die Bearbeitung der Beobachtungsaufgaben nimmt ca. 15 bis 20 Minuten in Anspruch, die Dauer der Zirkusspiels hängt von der Gruppengröße sowie dem Alter der Kinder ab. Über eine dreistufige Bewertung (unauffällig, fraglich, auffällig) im Gesamtentwicklungswert sowie in den vier Entwicklungsbereichen lassen sich Hinweise auf Förderungsbedarf des Kindes ableiten. Die Normierung erfolgte an einer Stichprobe von insgesamt 1.492 Kindergartenkindern für drei Altersgruppen (Dreijährige, Vierjährige sowie Fünf- und Sechsjährige) in den Bundesländern Niedersachsen und Nordrhein-Westfalen. Es zeigten sich weitgehende Übereinstimmungen in Erzieherinnenbeurteilungen (zwischen 80 und 100 %). Zur Reliabilitätsschätzung wurde die interne Konsistenz (Cronbachs Alpha) für die Gesamtentwicklung der verschiedenen Altersgruppen von .91 und .93 ermittelt. Die Validitätsprüfung zeigte eine signifikante Korrelation der Anzahl der gelösten Aufgaben mit der Entwicklungsbeurteilung der Erzieherinnen. Das DESK 3-6 differenziert nach Angaben der Autoren in allen Altersbereichen gut zwischen entwicklungsauffälligen und -unauffälligen Kindern, zwischen Kindern mit und ohne zusätzlichen Förderbedarf sowie zwischen den Kindern der verschiedenen Altersgruppen. Die Korrelationen mit dem Gesamtentwicklungsscore des Wiener Entwicklungstests (Kastner-Koller & Deimann, 2002) liegen für die verschiedenen Altersbereiche zwischen .57 und .78. Die Sensitivität des DESK 3-6 beträgt in den drei Altersgruppen zwischen 71 % bis 83 %, die Spezifität zwischen 88 % bis 93 %. Der RATZ-Index ergibt für die Dreijährigen und die Fünf- bis Sechsjährigen eine sehr gute Trefferquote (78 % bzw. 74 %) und für die Vierjährigen eine gute von 61 %.

4.3.2 Basisdiagnostik umschriebener Entwicklungsstörungen im Vorschulalter (BUEVA)

Die Basisdiagnostik umschriebener Entwicklungsstörungen im Vorschulalter BUEVA (Esser & Wyschkon, 2002) setzt sich aus verschiedenen Untertests etablierter Testverfahren zusammen, die zum Teil für jüngere Kinder modifiziert wurden. Ziel ist eine frühe Erkennung von umschriebenen Entwicklungsstörungen (Sprachentwicklungsstörungen, motorische Entwicklungsstörungen, Aufmerksamkeitsstörungen), die bereits im Vorschulalter auftreten können. Erhoben werden die allgemeine Intelligenz, die Artikulation, die rezeptive und expressive Sprache, die Visuomotorik und selektive Aufmerksamkeitsleistungen. Zusätzlich kann das Verfahren für Einschulungsuntersuchungen eingesetzt werden. Die Durchführung dauert – in Abhängigkeit vom Alter – etwa 20 bis 30

Minuten. Die Normierungsstichprobe besteht aus Daten von 657 vier- und fünfjährigen Kindern dreier westfälischer Städten aus dem Jahre 1980. Die Eichung des Tests erfolgte im Jahr 1999 zusätzlich an einer Stichprobe von 2.310 Schulanfängern aus Schleswig-Holstein. Die angegebenen Reliabilitätskoeffizienten einiger Untertests entstammen den Untersuchungen der ursprünglichen Testverfahren. Für vier Untertests wurden im Rahmen der Normierung interne Konsistenzen (Cronbachs Alpha) zwischen .55 und .85 ermittelt, für das Gesamtverfahren existieren keine Reliabilitätsangaben. Validitätsuntersuchungen zeigten eine Übereinstimmung der BUEVA mit dem Wiener Entwicklungstest von .79. Die Analyse einer Stichprobe von 362 Kindern ergab in der Gesamteinschätzung des Funktionsniveaus schulischer Leistungen nach Einbezug verschiedener Untertests Sensitivitätsangaben von 58 % bis 67 %, Spezifitätsangaben von 83 % bis 91 % sowie Trefferquoten von 50 % bis 56 % im RATZ-Index. Die Vorhersage von Schulleistungsproblemen im Rechnen und Rechtschreiben gelingt bereits im Alter von vier Jahren.

4.3.3 Duisburger Vorschul- und Einschulungstest (DVET)

Der Duisburger Vorschul- und Einschulungstest DVET (Meis & Poerschke, 1997) dient der Überprüfung grundschulrelevanter kognitiver und feinmotorischer Fertigkeiten. In Gruppen bis zu 20 Kindern werden im Paper-pencil-Verfahren fünf Untertests durchgeführt, deren reine Bearbeitungszeit etwa 35 Minuten beträgt. Die Testaufgaben beinhalten Durchstreichaufgaben, Punktzeichnen, Bauen mit dem Bleistift, Abzeichnen und Sprachentwicklung. Nach Angaben der Autoren werden die für das Lesenlernen wichtigen Voraussetzungen visuelles Differenzieren und Sprachentwicklungsstand näher geprüft und der voraussichtliche Schulerfolg in Deutsch und Rechnen prognostiziert. Eine konzeptionelle Beschreibung und eine theoretische Einbettung liegen hierfür jedoch nicht vor. Es bestehen, basierend auf einer Normstichprobe von 2.000 Kindern, Normwerttabellen für Schulanfänger zehn Wochen vor der Einschulung sowie für Erstklässler in der 1. und 5. Schulwoche. Die interne Konsistenz (Cronbachs Alpha) wird mit .90 bis .94 angegeben. Die Validitätsangaben entstammen den Untersuchungen der ersten Auflage aus den siebziger Jahren an größtenteils sehr kleinen Stichproben. Demnach besteht bei Vierjährigen eine Korrelation um .80 zum Entwicklungsalter im Kleinkindertest (Bühler & Hetzer, 1953) und um .90 zum Minnesota Preschool Scale (Goodenough, Maurer & VanWagenen, 1940). Bei Fünfjährigen zeigten sich Korrelation zwischen .50 und .60 zum Intelligenzquotienten (Binet-Simon-Kramer bzw. Raven), von .58 bis .82 für verschiedene Stichproben zum Frankfurter Schulreifetest (Roth, Schlevoigt, Süllwold & Wicht, 1965) und von .60 zu Rangeinstufungen durch die Lehrkräfte nach dem ersten Schuljahr. Für Erstklässler ergab sich eine Übereinstimmung von .60 zu den Zensuren nach eineinhalb Jahren Schulbesuchen und von .65 zu Lehrerurteilen.

4.3.4 Göppinger sprachfreier Schuleignungstest (GSS)

Der Göppinger sprachfreie Schuleignungstest GSS (Kleiner & Poerschke, 1998) klärt im Rahmen von Einschulungsuntersuchungen die Voraussetzungen für die Schulfähigkeit ab. In etwa 40 bis 45 Minuten werden die Fähigkeiten des Kindes in zehn sprachfreien Untertests erhoben, die die folgenden Bereiche umfassen: Formauffassung als Vorläuferfähigkeit zum Lesen, Feinmotorik als Vorläuferfähigkeit zum Schreiben, Erfassung von Größen-, Mengen- und Ordnungsverhältnissen als Grundlagen des Zählens und Rechnens, Beobachtungsgabe, Konzentrationsfähigkeit, Merkfähigkeit, bildliche Gegenstandserfassung und Situationsbeobachtung, Inhaltserfassung sowie den allgemeinen Entwicklungsstand. Die einzelnen Aufgaben sollen in deutlicher Beziehung zu den späteren Schulleistungen stehen und Aussagen über den Entwicklungsstand, Lern- und Leistungsbereitschaft, die Arbeitsreife sowie bestimmte soziale Verhaltensweisen des Kindes geben. Im Jahre 1997 wurde eine Neueichung an einer bundesweit repräsentativen Stichprobe von 2.191 Vorschulkindern bzw. Erstklässlern durchgeführt. Die Reliabilitätsüberprüfung erbrachte eine interne Konsistenz (Cronbachs Alpha) von .81 für den Gesamttest. Mit der Neueichung wurde allerdings keine erneute Validitätsüberprüfung vorgenommen, so dass an dieser Stelle die Validitätsangaben früherer Studien berichtet werden. Ein Vergleich zwischen Testergebnis und Grundschulnoten ergab Korrelationen zwischen .64 und .75 je nach Klassenstufe und Geschlecht. Die Interkorrelationen zwischen den einzelnen Subtests und den Schulnoten in der 4. Klasse lagen zwischen .10 bis .46.

4.3.5 Bielefelder Screening zur Früherkennung von Lese-Rechtschreibschwierigkeiten (BISC)

Das Bielefelder Screening zur Früherkennung von Lese-Rechtschreibschwierigkeiten BISC (Jansen, Mannhaupt, Marx & Skowronek, 2002) dient der rechtzeitigen Identifikation von Kindern mit einem Risiko für die spätere Ausbildung von Lese- und Rechtschreibproblemen. Als Individualtest mit einer Durchführungsdauer von 20 bis 30 Minuten werden die phonologische Bewusstheit, die Abrufgeschwindigkeit aus dem Langzeitgedächtnis, die Kapazität des phonologischen Gedächtnisses sowie die visuelle Aufmerksamkeitssteuerung über insgesamt neun Subtests erhoben. Die Subtests bestehen aus einfachen bis mittelschweren Aufgaben, so dass das Verfahren im untersten Drittel der Leistungsverteilung besonders gut differenziert. Die Normierung dieses Screeningsverfahrens erfolgte an einer Stichprobe von 1.120 Kindern in Bielefeld und Umgebung zehn Monate vor deren Einschulung sowie an einer Zufallsauswahl von 177 Kindern der ursprünglichen Stichprobe vier Monate vor der Einschulung. Zur Abschätzung der Reliabilität wurde die Retest-Reliabilität für den Gesamttestwert von .82 und für die Subscores von .74 und .76 berechnet. Die theoretisch als Vorläuferfertigkeiten für den Schriftspracherwerb angenommenen Bereiche phonologische Bewusstheit, Aufmerksamkeit und Gedächtnis konnten faktorenanalytisch bestätigt werden. Längsschnittliche Analysen zeigten korrelative Zusammenhänge der BISC-Werte mit schriftsprachlichen Leistungen über die ersten zwei Grundschuljahre von .49 bis .62. Die Überprüfung der Qualität individueller Vorhersagen für Schriftsprachschwierigkeiten am Ende der 2. Klassenstufe erbrachte zu den beiden Normierungszeitpunkten eine Sensitivität von 65 % und 73 % sowie eine Spezifität von 88 % und 97 %. Der RATZ-Index erreichte dabei eine gute bis sehr gute Trefferquote von 65 % bzw. 77 %.

4.3.6 Neuropsychologische Testbatterie für Zahlenverarbeitung und Rechnen bei Kindern (ZAREKI-K)

Zur frühzeitigen Erfassung rechnerischer Vorläuferfertigkeiten im Kindergartenalter zur Bestimmung von Risikofaktoren einer späteren Rechenstörung wird derzeit die Neuropsychologische Testbatterie für Zahlenverarbeitung und Rechnen bei Kindern – Kindergartenversion ZAREKI-K entwickelt (von Aster, in Vorbereitung; vgl. Weinhold Zulauf, Schweiter & von Aster, 2003). Diese Testbatterie ist eng an die Konzeption der ZAREKI für das Schulalter (von Aster, 2001) angelehnt. Erfasst werden unterschiedliche Aspekte des Mengen- und Zahlenvorwissens, die unmittelbare akustische Merkspanne und einfache Rechenoperationen (Addition und Subtraktion). Die Bearbeitungsdauer liegt bei 30 bis 40 Minuten. Die Testentwicklung und Normierung erfolgte anhand einer Stichprobe von 334 Kindergartenkindern eines Schweizer Kantons sowie einer High-Risk-Stichprobe von 47 entwicklungsbeeinträchtigten Kindern. Es liegen bereits erste Ergebnisse zur Reliabilitätseinschätzungen vor: Die interne Konsistenz (Cronbachs Alpha) beträgt für die Eichstichprobe .93 und für die Gruppe der entwicklungsauffälligen Kinder .94.

4.3.7 Neuropsychologische Basiskompetenzen im Vorschulalter (BASCO)

Abschließend soll ein neues Testverfahren zur Analyse neuropsychologischer Basiskompetenzen im Vorschulalter, BASCO (Daseking & Petermann, 2006), vorgestellt werden. In diesem Verfahren wird ein breites Spektrum kognitiver Funktionen erhoben, um so Risikokinder mit Schwächen in spezifischen Vorläuferfähigkeiten hinsichtlich aller umschriebenen Entwicklungsstörungen schulischer Fertigkeiten zu erhalten. Die verschiedenen Untertests Visuelle Analyse, Raum- und Objektwahrnehmung, Verbale Merkfähigkeit, Passiver Wortschatz, Selektive Aufmerksamkeit, Zählfertigkeit, Automatische Mengenerfassung, Mengenvergleich sowie Mengenkonstanz werden den Funktionsbereichen Visuell-analytische Leistungen, Sprachverständnis, Selektive Aufmerksamkeitsleistungen und Mengen- und Zahlenvorwissen zugeordnet. Die verschiedenen Aufgaben sind in eine altersgerechte Geschichte eingebettet und werden entweder computergestützt, über einen Stimulusblock oder als Paper-and-pencil Verfahren dargeboten. In einer ersten Studie an 100 Bremer Vorschulkindern konnte für dieses Screening eine gute Differenzierungsfähigkeit im unteren und untersten Leistungsbereich nachgewiesen werden.

5 Schlussbemerkungen

Die vorgestellten Längsschnittstudien und Testverfahren für das Kindergartenalter haben die Möglichkeiten der Früherkennung einer Entwicklungsgefährdung in den letzten Jahren deutlich verbessert. In der Regel werden aber insbesondere Ärzte, Pädagogen und Psychologen, denen diese Befunde und Informationen vorliegen, erst bei der Vermutung einer abweichenden Entwicklung herangezogen. Somit werden Kinder übersehen, die im Alltag eher mit unspezifischen Entwicklungsauffälligkeiten in Erscheinung treten. Grund dafür ist unter anderem die hohe Variabilität in der Entwicklung kognitiver Fähigkeiten. Daher werden objektive Verfahren benötigt, um die Kinder möglichst zuverlässig auf bedeutende Verzögerungen oder Entwicklungsabweichungen hin zu untersuchen. Diese Abklärung sollte möglichst breit geschehen, also einen großen Teil der Kinder im Kindergartenalter umfassen. So gilt die bereits begonnene Bildungsoffensive für das pädagogische Personal im Kindergarten als ein wichtiger Baustein der Früherkennung. Eine Identifizierung von Auffälligkeiten in der Sprachentwicklung (Sprachstandserhebung) und der motorischen Entwicklung hat in mehreren Bundesländern (etwa Bremen und Nordrhein-Westfalen) mittlerweile Einzug in die Kindergärten gehalten. Ein Förderbedarf im Bereich der spezifischen und unspezifischen kognitiven Fähigkeiten des Kindes ist durch die wenig standardisierten Anforderungen im Kindergarten allerdings weitaus schwieriger zu beobachten oder zu beurteilen.

Das Dortmunder Entwicklungsscreening (DESK, Tröster et al., 2004) versucht dieses Problem aufzugreifen und zu bearbeiten. Die diagnostische Abklärung im Sinne eines groben Screenings erfolgt hier direkt im Kindergarten durch ausgebildete Kindergärtnerinnen, die dann ihrerseits auf der Basis des ermittelten Screening-Befundes eine weitere Abklärung durch die entsprechenden Fachdienste veranlassen.

Zur Früherkennung von umschriebenen Entwicklungsstörungen schulischer Fertigkeiten schlägt Michaelis (in Vorbereitung) ergänzend einen kurzen Elternfragebogen vor, der den Eltern im Rahmen der kinderärztlichen Vorsorgeuntersuchung vorgelegt wird und sehr konkrete kognitive Leistungen abfragt. Diese sollen von den Eltern anhand einer dreistufigen Skala beurteilt werden.

Literatur

Aster, M. von (2001). *Neuropsychologische Testbatterie für Zahlenverarbeitung und Rechnen bei Kindern (ZAREKI)*. Frankfurt: Swets & Zeitlinger.

Aster, M. von (in Vorbereitung). *Neuropsychologische Testbatterie für Zahlenverarbeitung und Rechnen bei Kindern – Kindergartenversion (ZAREKI-K)*. Frankfurt: Harcourt Test Services.

Baddeley, A. D. (2001). Is working memory still working? *American Psychologist, 56,* 849–864.

Barth, K. & Michaelis, R. (2004). Früherkennung schulischer Lernstörungen in der kinderärztlichen Praxis. *Kinder- und Jugendarzt, 35,* 1–6.

Barth, K., Steinbüchel, N., Wittmann, M., Kappert, H. & Leyendecker, C. (2000). Zeitliche Verarbeitungsprozesse, „phonologische Bewusstheit" und Lese- Rechtschreibkompetenz. *Forum Logopädie, 14,* 7–16.

Bates, E., Thal, D. & Janowsky, J. S. (1992). *Early language development and it's neural correlates.* In S. J. Segalowitz & I. Rapin (Eds.), *Handbook of neuropsychology. Volume 7* (pp. 69–110). Amsterdam: Elsevier.

Blender, A. (2004). *Neuropsychologische Aspekte der Diagnostik von Kindern mit umschriebenen Entwicklungsstörungen schulischer Fertigkeiten.* Tübingen: Unveröffentlichte Dissertation.

Bryant, E. C. P. (2002). It doesn't matter whether onset and rime predicts reading better than phonological awareness does or vice versa. *Journal of Experimental Child Psychology, 82,* 41–46.

Bühler, C. & Hetzer, H. (1953). *Kleinkindertests.* München: Barth.

Butterworth, B. (2005). The development of arithmetical abilities. *Journal of Child Psychology and Psychiatry, 46,* 3–18.

Cohen, L., Lehéricy, S., Chochon, F., Lemer, C., Rivaud, S. & Dehaene, S. (2002). Language-specific tuning of visual cortex? Functional properties of the visual word form area. *Brain, 125,* 1054–1069.

Compton, D. L., DeFries, J. C. & Olson, R. K. (2001). Are RAN- and phonological awareness-deficits additive in children with reading disabilities. *Dyslexia, 7,* 125–149.

Daseking, M. & Petermann, F. (2006). *Analyse neuropsychologischer Basiskompetenzen im Vorschulalter (BASCO).* Bern: Huber.

Dehaene, S. (1992). Varieties of numerical abilities. *Cognition, 44,* 1–42.

Esser, G. & Wyschkon, A. (2002). *Basisdiagnostik für umschriebene Entwicklungsstörungen im Vorschulalter (BUEVA).* Göttingen: Hogrefe.

Frith, U. (1986). A developmental framework for developmental dyslexia. *Annals of Dyslexia, 36,* 69–81.

Früherkennungsuntersuchung. Beteiligung der Anspruchberechtigten. In Bundesministerium für Gesundheit und soziale Sicherung (Hrsg.), *Gesundheitsberichterstattung des Bundes. Informationssystem der Gesundheitsberichterstattung. http://www.gbe-bund.de/pls/gbe/trecherche.prc_them_rech* (Stand: 7. 11. 2005).

Fuson, K. (1988). *Children's counting and concepts of number.* New York: Springer.

Geary, D. C. (2000). From infancy to adulthood: The development of numerical abilities. *European Child and Adolescent Psychiatry, 9,* 11–16.

Gelman, R. (1990). First principles organize attention to and learning about relevant data: Number and the animate-inanimate distinction as examples. *Cognitive Sciences, 14,* 79–106.

Goodenough, F. L., Maurer, K. & VanWagenen, M. I. (1940). *Minnesota Preschool Scale.* Minnesota: American Guidance Service.

Grimm, H. (2003). *Störungen der Sprachentwicklung* (2. erweit. Aufl.). Göttingen: Hogrefe.

Habib, M. (2000). The neurological basis of developmental dyslexia. An overview and working hypothesis. *Brain, 123,* 2373–2399.

Heubrock, D. & Petermann, F. (2000). *Lehrbuch der Klinischen Kinderneuropsychologie.* Göttingen: Hogrefe.

Herpertz-Dahlmann, B., Resch, F., Schulte-Markwort, M. & Warnke, A. (2003). Entwicklungspsychiatrie. In B. Herpertz-Dahlmann, F. Resch, M. Schulte-Markwort & A. Warnke (Hrsg.), *Entwicklungspsychiatrie* (S. 315–357). Stuttgart: Schattauer.

Jacobs, C. & Petermann, F. (2005). *Diagnostik von Rechenstörungen.* Göttingen: Hogrefe.

Jansen, H., Mannhaupt, G., Marx, H. & Skowronek, H. (2002). *Bielefelder Screening zur Früherkennung von Lese-Rechtschreibschwierigkeiten (BISC)* (2. überarb. Aufl.). Göttingen: Hogrefe.

Kastner-Koller, U. & Deimann, P. (2002). *Wiener Entwicklungstest (WET)* (2. Aufl.). Göttingen: Hogrefe.

Kaufmann, S. (2003). *Früherkennung von Rechenstörungen in der Eingangsklasse der Grundschule und darauf abgestimmte remediale Maßnahmen.* Frankfurt: Lang.

Kleiner, A. & Poerschke, J. (1998). *Göppinger sprachfreier Schuleignungstest (GSS)* (2., neu bearbeitete Aufl.). Göttingen: Beltz Test.

Krajewski, K. (2003). *Vorhersage von Rechenschwäche in der Grundschule.* Hamburg: Kovac.

Krajewski, K. (2005). Vorschulische Mengenbewusstheit von Zahlen. In M. Hasselhorn, H. Marx & W. Schneider (Hrsg.), *Diagnostik von Mathematikleistungen* (S. 49–70). Göttingen: Hogrefe.

Lorenz, J. H. (2005). Diagnostik mathematischer Basiskompetenzen im Vorschulalter. In M. Hasselhorn, H. Marx & W. Schneider (Hrsg.), *Diagnostik von Mathematikleistungen* (S. 29–48). Göttingen: Hogrefe.

Lovett, M. W. & Barron, R. W. (2003). Neuropsychological perspectives on reading development and developmental reading disorders. In S. J. Segalowitz & I. Rapin (Eds.), *Handbook of neuropsychology. Volume 8. Child neuropsychology, Part II* (2nd ed.; pp. 671–716). Amsterdam: Elsevier.

Meis, R. & Poerschke, J. (1997). *Duisburger Vorschul- und Einschulungstest (DVET)* (3., neu bearbeitete Aufl.). Göttingen: Beltz Test.

Michaelis, R. (2000). Kinderärztliche Beurteilung der Schulfähigkeit. *Kinderärztliche Praxis, 71,* 216–220.

Michaelis, R. (in Vorbereitung). *Eltern-Erzieherinnenbogen zur ergänzenden Entwicklungsbeurteilung in der kinderärztlichen Vorsorgeuntersuchung U 9.* Tübingen: unveröffentlichtes Manuskript.

Michaelis, R. & Niemann, G. W. (2004). *Entwicklungsneurologie und Neuropädiatrie* (3. überarb. Aufl.). Stuttgart: Thieme.

Niebank, K. & Petermann, F. (2002). Grundlagen und Ergebnisse der Entwicklungspsychopathologie. In F. Petermann (Hrsg.), *Lehrbuch der Klinischen Kinderpsychologie und -psychotherapie* (5. korr. Aufl.; S. 57–94). Göttingen: Hogrefe.

O'Shea, A. G., Harel, B. & Fein, D. (2002). Neuropsychological assessment of the preschool child. In S. J. Segalowitz & I. Rapin (Eds.), *Handbook of neuropsychology. Volume 8. Child neuropsychology, Part I* (2nd ed., pp. 249–280). Amsterdam: Elsevier.

Pache, M., Weber, P., Klumpp, S., Gutzwiller, P. & Kaiser, H. J. (2004). Visuelle Funktionen bei Legasthenie. Ophtalmologische und neuropsychologische Befunde. *Der Ophthalmologe, 101,* 907–913.

Petermann, F., Stein, I. A. & Macha, T. (2004). *Entwicklungstest 6 Monate – 6 Jahre (ET 6-6)* (2. erweit. Aufl.). Frankfurt: Harcourt Test Services.

Price, C. J. & Mechelli, A. (2005). Reading and reading disturbance. *Current Opinion in Neurobiology, 15,* 231–238.

Roebers, C. M. & Zoelch, C. (2005). Erfassung und Struktur des phonologischen und visuellräumlichen Arbeitsgedächtnisses bei 4-jährigen Kindern. *Zeitschrift für Entwicklungspsychologie und Pädagogische Psychologie, 37,* 113–121.

Roth, H., Schlevoigt, G., Süllwold, F. & Wicht, G. (1965). *Frankfurter Schulreifetest (FST).* Weinheim: Beltz.

Scarborough, H. S. (1998). Early identification of children at risk for reading disabilities. In B. K. Shapiro, P. J. Accardo & A. J. Capute (Eds.), *Specific reading disability: A view of the spectrum* (pp. 75–119). Timonium: York Press.

Schmid, R. G. (2004). Lese- und Rechtschreibstörung. *Monatschrift Kinderheilkunde, 152,* 1111–1122.

Schneider, W. & Näslund, J. C. (1999). Impact of early phonological processing skills on reading and spelling in school: evidence from the Munich Longitudinal Study. In F. E. Weinert & W. Schneider (Eds.), *Individual development from 3 to 12: Findings from the Munich Longitudinal Study* (pp. 126–147). Cambridge: Cambridge University Press.

Shalev, R. S. (2003). Developmental dyscalculia. In S. J. Segalowitz & I. Rapin (Eds.), *Handbook of neuropsychology. Volume 8. Child neuropsychology, Part II* (2nd ed.; pp. 717–729). Amsterdam: Elsevier.

Suchodoletz, W. von (Hrsg.). (2005). *Früherkennung von Entwicklungsstörungen: Frühdiagnostik bei motorischen, kognitiven, sensorischen, emotionalen und sozialen Entwicklungsauffälligkeiten.* Göttingen: Hogrefe.

Tröster, H., Flender, J. & Reineke, D. (2004). *Dortmunder Entwicklungsscreening für den Kindergarten (DESK 3-6).* Göttingen: Hogrefe.

Trost-Brinkhues, G. & Schulz, G. (2001). Schuleingangsuntersuchungen in Nordrhein-Westfalen. *Kinder- und Jugendarzt, 32,* 206–213.

Warnke, A. & Roth, E. (2002). Umschriebene Lese-Rechtschreibstörung. In F. Petermann (Hrsg.), *Lehrbuch der Klinischen Kinderpsychologie und -psychotherapie* (5. korr. Aufl.; S. 453–476). Göttingen: Hogrefe.

Weinhold Zulauf, M., Schweiter, M. & Aster, M. von (2003). Das Kindergartenalter: Sensitive Periode für die Entwicklung numerischer Fertigkeiten. *Kindheit und Entwicklung, 12,* 222–230.

Wolf, M., Bowers, P. & Biddle, K. (2000). Naming-speed processes, timing, and reading. A conceptual review. *Journal of Learning Disabilities, 33,* 387–407.

Wynn, K. (1992). Addition and subtraction by human infants. *Nature, 358,* 749–750.

Kapitel 11

Neuropsychologische Diagnostik im Kindesalter als Perspektive zur Abschätzung des sonderpädagogischen Förderbedarfs

Dietmar Heubrock und Franz Petermann

Zusammenfassung

Die Zunahme der in schulärztlichen Eingangsuntersuchungen festgestellten psychomotorischen, Sprach- und Verhaltensstörungen hat die Bedeutung einer biopsychosozialen Sichtweise von Entwicklungshemmnissen bei Kindern erneut deutlich gemacht. Ein neuropsychologisch fundiertes Modell von Entwicklung und Entwicklungsstörungen erlaubt nicht nur eine erweiterte Beschreibung altersgerechter und abweichender Entwicklungsverläufe, sondern es bietet gleichzeitig Ansatzpunkte für eine effektive Förderung. Klinische Kinderneuropsychologie kann bei sehr unterschiedlichen Fragestellungen als ein essenzieller Baustein im Untersuchungs- und Behandlungskonzept von Förderbedarf gelten. Am Beispiel der wichtigen neuropsychologischen Basisfunktionen „Aufmerksamkeit" und „Lern- und Merkfähigkeit" soll der Beitrag der neuropsychologischen Diagnostik zur Indikation, Durchführung und Evaluation sonderpädagogischer Fördermaßnahmen dargestellt und veranschaulicht werden.

1 Einleitung

Verfolgt man die Ergebnisse schulärztlicher Eingangsuntersuchungen über die Jahre hinweg, so fallen vor allem eine Zunahme psychomotorischer und Sprachstörungen sowie ein deutliches Ansteigen von gravierenden Verhaltensstörungen auf (Bode & Sproll-Fenner, 1998; Mersmann, 2000). Da diese und andere Entwicklungsstörungen selten plötzlich auftreten, sondern durch einen frühen Beginn und einen meist charakteristischen Verlauf gekennzeichnet sind, ergibt sich neben der Frage nach ihrer möglichst frühen Erkennbarkeit auch die Frage nach ihren Entstehungsbedingungen. Gerade die zweite Fragestellung wird in den Medien oft kontrovers diskutiert, wobei die Ursachenzuschreibungen zuweilen auch tagespolitischen Einflüssen unterliegen. So wurde die von vielen Kinderärzten, Lehrern und Erziehern bereits seit mehreren Jahren beobachtete Zunahme von Sprachstörungen bei Vorschulkindern abwechselnd mit einem erhöhten Fernsehkonsum, geringerer innerfamiliärer Kommunikation, einem vermehrten Aufwachsen in Kleinfamilien mit einem allein erziehenden Elternteil und ohne Geschwister oder auch mit einem immer ungünstiger werdenden Betreuungsverhältnis in vorschulischen Bildungseinrichtungen erklärt. Vermutlich können alle diese und weitere Risikofaktoren tatsächlich Sprachentwicklungsstörungen auslösen. Das Fokussieren auf eine eindimensionale kausale Verknüpfung wird aber weder der Dynamik von altersgerechter Entwicklung noch der tatsächlichen Entstehung von Entwicklungsstörungen vollkommen gerecht. Auch Einzelfall angemessene Fördermaßnahmen können so eher blockiert werden. Hinzu kommt, dass die Feststellung von Förderbedarf an sich noch nichts über mögliche defizitäre Funktionen im Leistungs- oder Verhaltensbereich aussagt.

Die Klinische Kinderneuropsychologie kann dabei im Sinne einer Schnittstellen-Disziplin Informationen und Befunde aus verschiedenen Bereichen integrieren und vertiefen, um somit einen Beitrag zur Entwicklung effektiver Behandlungsstrategien zu leisten. Mit Hilfe neuropsychologischer Kenntnisse ist es möglich, veränderte sensorische, kognitive oder motorische Funktionen zu erkennen und zu fördern.

Die neuropsychologische Untersuchung stellt insbesondere im Rahmen eines individuellen Leistungsprofils durch eine systematische Beschreibung von Stärken und Schwächen in den kognitiven Funktionen und im Verhalten Informationen über die Ursachen von Lernstörungen bereit. Nicht nur der Schweregrad der Störung entscheidet über den Erfolg der Kompensation, sondern auch die Intaktheit verbliebener kognitiver Funktionen. Eine neuropsychologische Testbatterie kann durch detaillierte Informationen über die individuellen und spezifischen Problembereiche des Kindes wesentliche Informationen für weitere Entscheidungen und Maßnahmen zur Verfügung stellen (Gaddes & Edgell, 1994).

Die neuropsychologische Diagnostik sollte allerdings nicht als alleiniges und ausschließliches diagnostisches Instrument bei der Feststellung schulbezogener Lerndiagnosen genutzt werden, sondern als Bereicherung anderer Modelle angesehen werden. Eine kompetente detaillierte neuropsychologische Untersuchung kann elterliche Angst und Zweifel vermindern und zusätzliche Hilfe für Interventionsmaßnahmen und Beschulung zur Verfügung stellen. An das individuelle Profil anknüpfend können therapeutische Strategien eingesetzt werden, die entweder direkt an den Schwächen ansetzen oder die Stärken zur Kompensation nutzen.

Dabei geht es nicht nur um die Wiederherstellung von Funktionen, sondern auch um den Umgang mit bleibenden Beeinträchtigungen und Behinderungen sowie die Bewältigung der emotionalen Belastung sowie die Entwicklung neuer Lebensziele (Prigatano, 1991, 1999). Die Erkenntnis, dass die Probleme hirngeschädigter Patienten erhebliche und langandauernde psychosoziale Konsequenzen haben, hat in den letzten Jahrzehnten zur Weiterentwicklung der neuropsychologischen Therapie geführt. Durch Schaffung eines therapeutischen Milieus, in das einzelne Interventionen eingebettet sind, soll stärker der Persönlichkeit des Patienten, dessen individuellen Störungen, aber auch den Kompetenzen und

Bedürfnissen der Angehörigen Rechnung getragen werden (Christensen, 1998; Ben-Yishay, 1996). Dieser umfassende Blick auf den Patienten stellt einen wichtigen Entwicklungsschritt innerhalb der Neuropsychologie dar (Ben-Yishay, 1996; Prigatano, 1991, 1999), die laut Gauggel (2004) noch häufig mit einer einfachen Trainingsmaßnahme oder einer schulisch-pädagogischen Hilfestellung gleichgesetzt wird. Bei der Durchführung therapeutischer Maßnahmen müsse auch berücksichtigt werden, dass Patienten je nach vorhandener Störung in unterschiedlichem Umfang zur Verarbeitung von Informationen und zum Planen und Durchführen von Handlungen in der Lage sind. Faktoren wie Motivation, Art und Intensität des Feedbacks, früheres Wissen, Kontextlernen sowie Transfer und Organisation des Gelernten spielen daher eine wichtige Rolle (Ghodsian, Bjork & Benjamin, 1997). Zusätzlich müsse die dynamische Interaktion des Lerners mit seiner Umwelt (Beobachtungslernen, Darbietung von Belohnungen/Verstärkern, u. Ä.) beachtet werden. Die alleinige Konzentration auf die Funktionsrestitution birgt die Gefahr einer Vernachlässigung psychosozialer und emotionaler Probleme der Patienten und deren Angehörigen (Gauggel, 2004).

2 Das neuropsychologische Modell von Entwicklung und ihren Störungen

Erst langsam wächst die Erkenntnis, dass Entwicklungsstörungen meist weder ausschließlich biologisch noch allein durch ein ungünstiges Erziehungsverhalten verursacht werden. Die zunehmende Bedeutung einer biopsychosozialen Sichtweise von Entwicklungs- und Verhaltensstörungen hat dazu beigetragen, den Zusammenhang zwischen primären Ursachen, sekundären Folgen, aufrechterhaltenden Bedingungen, aber auch möglichen spontanen Kompensationsansätzen einer Störung zu beschreiben, um daraus differenziell wirksame Förderprogramme zu entwickeln. Mit der schrittweisen Etablierung der Entwicklungsneuropsychologie und geeigneter psychometrischer Untersuchungsverfahren ist es auch immer besser gelungen, altersgerechte und abweichende Entwicklungsverläufe präzise und zuverlässig zu erfassen. Die neuropsychologische Diagnostik muss dabei zunächst auf ein allgemeines Modell der Entstehung von Entwicklungsstörungen zurückgreifen. Sie untersucht die vielfältigen Wechselwirkungen zwischen den biologischen Grundlagen der Hirnreifung (siehe Tab. 1) und ihren möglichen Störungen, die sich – abhängig vom Zeitpunkt und der Dauer ihres Einwirkens – sehr unterschiedlich auf die verschiedenen kognitiven Funktionen, aber auch auf die emotionale Entwicklung auswirken können.

Tabelle 1 vermittelt einen Eindruck über den Einfluss von Hirnfunktionen auf kognitiv-perzeptuelle, lernbezogene, verhaltensbezogene und psychosoziale Anpassungsleistungen von Kindern und Jugendlichen (Teeter & Semrud-Clikeman, 1997). Dabei ist es wichtig, Störungen des Kindes- und Jugendalters aus einer

Tabelle 1:
Entwicklungsneuropsychologie funktioneller Systeme im Kindesalter
(Heubrock & Petermann, 2000a, S. 24)

Neuro-psychologische Entwicklungs-stufe	Funktio-nelles System	Hirn-strukturen	Entwicklungs-alter	Entwicklungs-stufe nach Piaget
1	Aktivierungs-einheit	Formatio reticularis	0–12 Monate	—
2	Primäre sensorische und motorische Areale	Visuelle, auditorische, somato-sen-sorische und motorische Regionen	0–12 Monate	Sensu-motorische Entwicklung
3	Sekundäre Assoziations-felder, Hemisphären-dominanz	Sekundäre sensorische und motorische Regionen	0–5 Jahre	Präoperatio-nales, anschauliches Denken
4	Tertiäre sensorische Input-Areale	Parietallappen	5–8 Jahre	Anschauliches und konkret-operatives Denken
5	Tertiäre Output-Areale, Handlungs-planung	Präfrontale Regionen	12–14 Jahre	Formal-logisches Denken

integrativen Perspektive zu betrachten, in deren Zentrum die Wechselwirkung von biologischen, entwicklungsneurologischen und Umweltfaktoren auf die emotionale, soziale und kognitive Entwicklung von Kindern steht. Hirnfunktionsstörungen sind allerdings nur der beobachtbare Anteil einer hochkomplexen Wechselwirkung (Barth-Storck & Dörner, 2004). Die neuropsychologische Diagnostik versucht nicht nur, diese Störungen „sichtbar“ zu machen, indem sie deren Art und Ausmaß quantitativ beschreibt, sondern ihr geht es auch darum, die individuelle Störungsgenese zu klären, um auf diese Weise gezielt Förderansätze vorzuschlagen und durchzuführen (Heubrock & Petermann, 2004).

Eine fallbezogene Klärung der Störungsgenese ist aus mehreren Gründen von entscheidender Bedeutung:

- Sie hilft, voreiligen Ursachenzuschreibungen und damit auch impliziten Schuldvorwürfen vorzubeugen. Dies hat sich vor allem bei Kindern als entscheidend erwiesen, die in ihrer frühen Entwicklung gleichzeitig neurologischen Hochrisikofaktoren (z. B. exzessiver Alkoholkonsum der leiblichen Mutter mit den Folgen einer Alkoholembryopathie) und erheblicher sozialer Deprivation bis hin zur vollständigen Vernachlässigung ausgesetzt waren. Gerade Adoptiv- und Pflegeeltern machen sich häufig heftige Selbstvorwürfe, wenn es ihnen nicht gelingt, trotz liebevoller Zuwendung die Entwicklung von Verhaltensstörungen (z. B. Zündeln, Lügen, Tiere quälen) zu vermeiden, die vielfach aber nicht nur die Folge der frühen sozialen Deprivation, sondern bekannte Spätfolgen der bereits intrauterin entstandenen Alkoholembryopathie sind.
- Bei Kindern mit schwerwiegenden kognitiven Entwicklungsstörungen, deren Ursachen zunächst unbekannt geblieben sind, kann eine spätere Klärung der Störungsgenese innerfamiliäre Konflikte mildern oder auch lösen. Nicht selten werden Familienstammbäume intensiv darauf hin befragt, aus welcher Familienlinie die Behinderung des Kindes stammt, um auch in diesem Fall eine vordergründige Ursache zu entdecken.
- Auch schwerwiegende oder anhaltende Verhaltensstörungen des Kindes sind ein häufiger Grund für heftige Auseinandersetzungen zwischen Eltern über ein angemessenes Erziehungsverhalten. Dabei kann in vielen Fällen aufgezeigt werden, dass die beobachteten Verhaltensstörungen durch eine Hirnreifungsstörung mit verursacht sein können, die eine besondere Herausforderung für jede Ausrichtung erzieherischen Handelns darstellen.
- Nicht zuletzt geben sich viele Eltern nicht mehr mit der Erklärung zufrieden, dass es bei der Förderung ihres Kindes nicht auf die Ursachen der Störungen, sondern allein auf die Wirksamkeit der vorgeschlagenen Maßnahmen ankomme. Das ungestillte Informationsbedürfnis der Eltern schlägt sich nicht selten in ausgedehnten Internet-Recherchen nieder, ohne dass die Informationsquellen kritisch hinterfragt und beurteilt werden können.

Das in Abbildung 1 dargestellte allgemeine Modell der Entstehung von Entwicklungsstörungen eignet sich besonders gut dazu, die Zusammenhänge zwischen individuellen Risikofaktoren, den Auswirkungen wahrscheinlicher und tatsächlicher Hirnfunktionsstörungen auf die neuronale Entwicklung, den sich daraus ergebenden (primären) neuropsychologischen und psychosozialen Folgen sowie (sekundären) Verhaltensstörungen auf den Einzelfall bezogen zu erklären. Anhand dieses Modells lässt sich auch veranschaulichen, dass nur ein Teil dieser Entwicklungskaskade der direkten Beobachtung zugänglich ist und dass es daher oft zu voreiligen Rückschlüssen auf die vermeintlichen Ursachen der beobachteten Verhaltensstörungen kommt.

In Abbildung 2 wird der Förderbedarf bei Lernbehinderungen sowie die emotionalen und sozialen Beeinträchtigungen als Folgen einer Teilleistungsstörung illustriert.

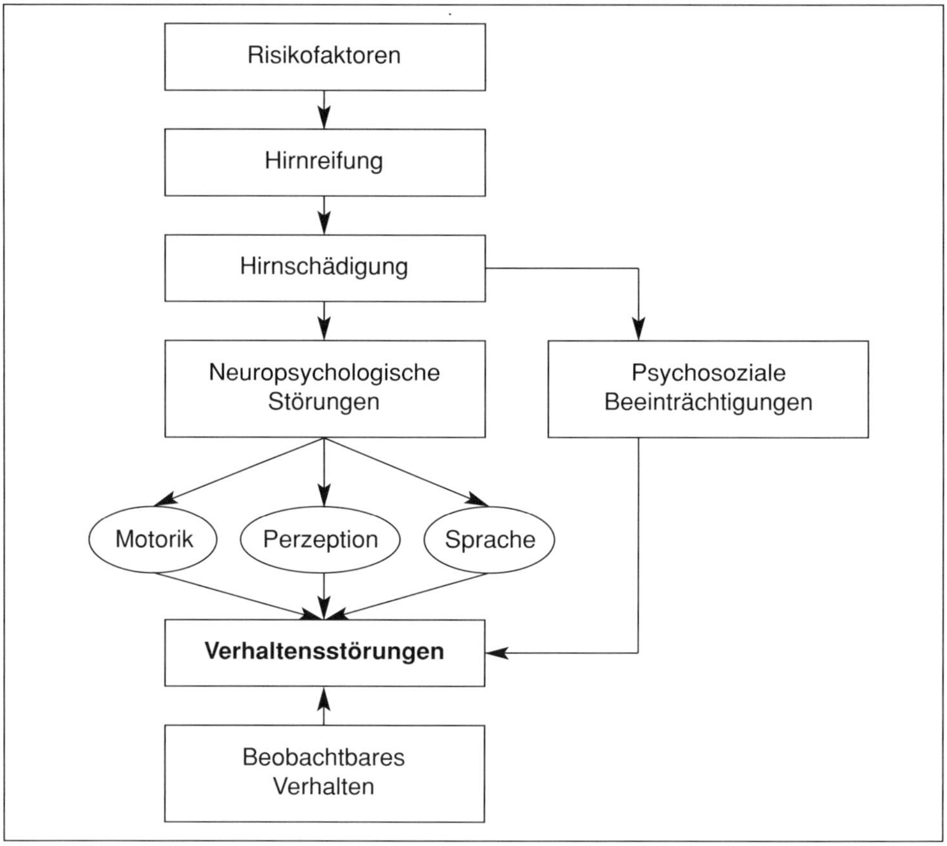

Abbildung 1:
Allgemeines Modell der Entstehung von Entwicklungsstörungen
(modifiziert nach Heubrock & Petermann, 2004, S. 24)

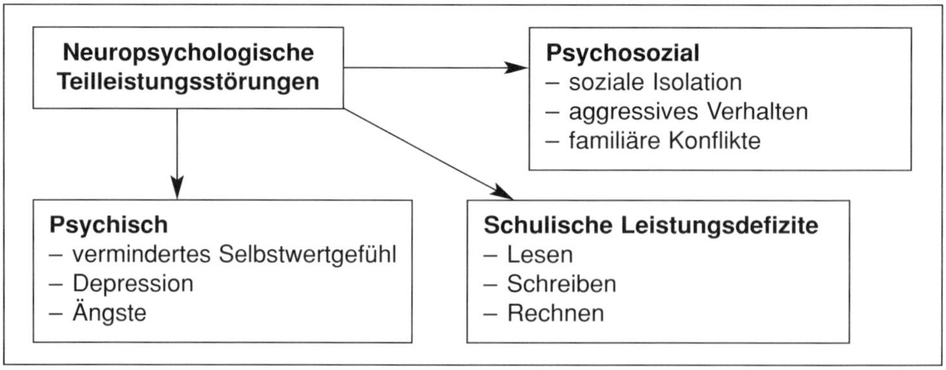

Abbildung 2:
Mögliche Auswirkungen neuropsychologischer Teilleistungsstörungen

3 Neuropsychologische Diagnostik

Die neuropsychologische Diagnostik kann im Rahmen einer Förderdiagnostik unterschiedliche Funktionen erfüllen. Unter dem Blickwinkel einer Statusdiagnostik kann eine Zuordnung der Kinder zu einer bestimmten Kategorie erfolgen (z. B. hochbegabt). Unter der Vorgabe, eine Zuweisung zu einer Bildungseinrichtung (Schultyp) vorzunehmen, handelt es sich um eine Selektionsdiagnostik. Bei der Förderdiagnostik steht jedoch die Analyse von Lernbehinderungen im Vordergrund, die sich unmittelbar in der Ableitung von Förderstrategien niederschlägt. Diagnostik und Förderung werden hier als eine Einheit verstanden; die erhobenen Daten werden unmittelbar für die Planung und Durchführung der Intervention genutzt.

Nachdem die Ursachen der Lernstörung abgeklärt sind, wird in weiteren rekursiv aufgebauten diagnostischen Schritten die Wirksamkeit von Fördermaßnahmen beziehungsweise das Erreichen von Entwicklungsschritten (Evaluation) überprüft, um daraus eventuell weitere Zieldefinitionen und Fördermaßnahmen abzuleiten. Es handelt sich also um einen sukzessiven Prozess, in dem im Rahmen eines Gesamtplanes Teil- oder Feinziele gesetzt und überprüft werden.

Nachdem die Diagnostik umschriebener Entwicklungsstörungen schulischer Fertigkeiten, vor allem der Lese-Rechtschreibstörung (Legasthenie), der Rechenstörung (Dyskalkulie) und der umschriebenen Lesestörung (Dyslexie) in den vergangenen Jahren deutliche Fortschritte gemacht hat, stehen seit einiger Zeit so genannte Basisfunktionen höherer kognitiver Fähigkeiten im Mittelpunkt des diagnostischen Prozesses. Damit sind solche Funktionen gemeint, die grundlegend zu den umschriebenen kognitiven Teilleistungen aktiviert werden müssen, um schulische oder andere kognitive Alltagsanforderungen bewältigen zu können. Als wesentliche Basisfunktionen sind aus neuropsychologischer Sicht der Eigenantrieb, Lern- und Gedächtnisprozesse und die verschiedenen Aufmerksamkeitsfunktionen zu nennen (siehe auch Abb. 3).

Neuropsychologische Diagnostik beschränkt sich nicht auf die Feststellung von Grundintelligenz oder schulbezogenen Leistungen wie Lesen oder Rechnen. Sie versucht, auf basaler Ebene Funktionen abzubilden, die als Voraussetzung für den Erwerb der Kulturtechniken angenommen werden. Dazu gehören u. a. die Funktionsbereiche Aufmerksamkeit, Gedächtnis, Sprache und Motorik. Diese Teilfunktionen eines funktionellen Systems dienen wiederum als Grundlage von Therapie- oder Förderansätzen. Über die profilhafte Darstellung von Stärken und Schwächen kann also einerseits die Art der Lernstörung differenziert abgebildet werden, andererseits aber auch aufgezeigt werden, auf welche Weise das Kind lernt, welche Denk- und Lernstrategien es einsetzt, um ein Ergebnis zu erzielen. Diese Strategien lassen sich für die beiden basalen Funktionsbereiche Aufmerksamkeit und Gedächtnis exemplarisch darstellen.

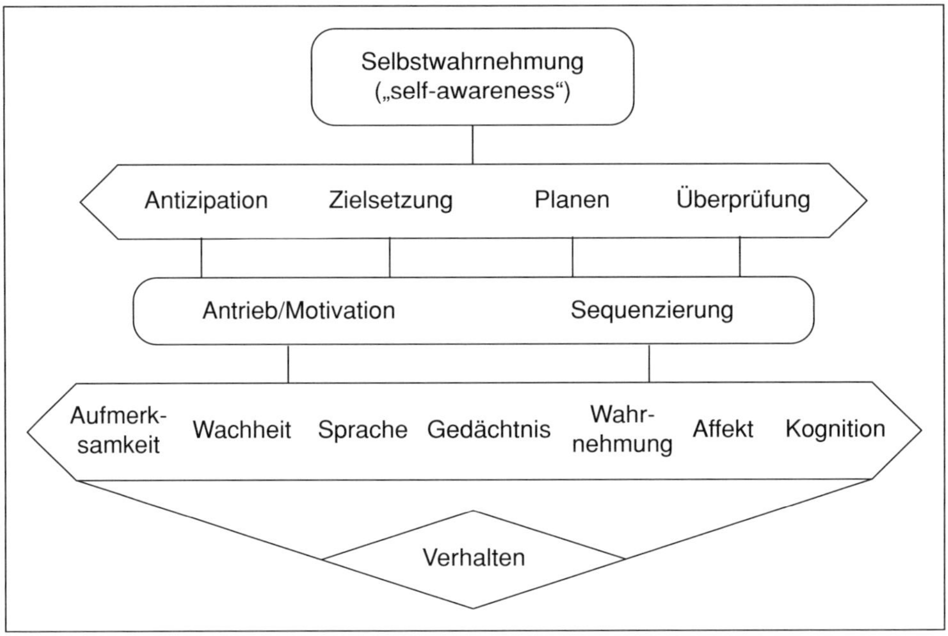

Abbildung 3:
Modularer und hierarchischer Aufbau psychischer Funktionen und Prozesse (modifiziert nach Stuss & Benson, 1986, zitiert nach Gauggel, 2004)

3.1 Neuropsychologische Diagnostik der Aufmerksamkeit

Aufmerksamkeitsstörungen kommt in der Frühförderung und in der Sonderpädagogik eine besondere Bedeutung zu, weil sich erste Anzeichen häufig bereits im Säuglingsalter, besonders ausgeprägt aber im Vorschulalter manifestieren. In der Vorschulzeit fallen Kinder mit Aufmerksamkeitsstörungen meist durch ein hypermotorisches und destruktives Verhalten, eine erhöhte Risikobereitschaft und Unfallgefährdung, aber auch durch Ungeduld und feinmotorische Ungeschicklichkeiten bei aufmerksamkeitsfordernden Aufgaben auf (Heubrock & Petermann, 2001b; Jacobs, Heubrock, Muth & Petermann, 2005). Da sich die Symptomatik mit der Einschulung in der Regel weiter verschärft, sollte eine ausgeprägte Aufmerksamkeitsstörung bereits im Vorschulalter diagnostiziert und auch behandelt werden (Döpfner, 2002).

Nach DSM-IV lassen sich verschiedene Aufmerksamkeitsstörungen unterscheiden (siehe Abb. 4), ihre Diagnostik erfolgt multimodal und schließt neben einer Befragung der Eltern und anderer Bezugspersonen auch eine Verhaltensbeobachtung, eine Diagnostik körperlicher Funktionen und psychosozialer Bedingungen und eine psychometrische Untersuchung ein.

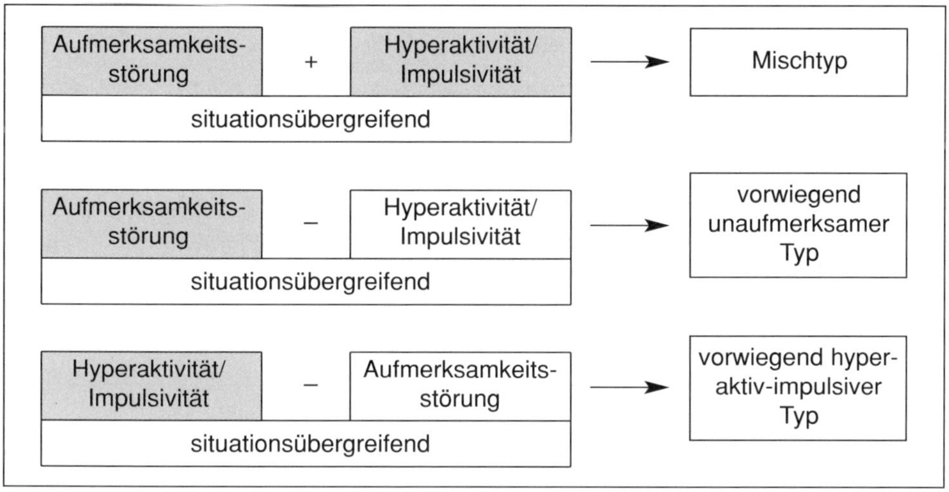

Abbildung 4:
Diagnoseschema einer Aufmerksamkeitsdefizit-/Hyperaktivitätsstörung gemäß DSM-IV (nach Döpfner, 2002)

Die neuropsychologische Diagnostik von Aufmerksamkeitsstörungen bei Kindern war über lange Zeit nur sehr eingeschränkt möglich, da hierzu ausschließlich Papier-und-Bleistift-Verfahren zur Verfügung standen, die jedoch mit zahlreichen Unzulänglichkeiten behaftet waren. Erst mit der Einführung computergestützter Untersuchungsverfahren lassen sich seit einigen Jahren auch neuropsychologisch bedeutsame Aufmerksamkeitsfunktionen präzise erfassen (siehe Tab. 2).

Tabelle 2:
Testverfahren und zugehörige Aufmerksamkeitskomponenten

Testverfahren	**Aufgabe**	**Aufmerksamkeits-komponente**
	Aufmerksamkeitsaktivierung (Alertness)	
Wiener Reaktionsgerät	Einfache Reaktionszeitmessung auf Licht- und Tonreiz	Tonische Alertness (visuell und/oder auditiv)
Untertest „Alertness“ der TAP[1]	Einfache optische Reaktionszeit-messung mit und ohne auditiven Warnreiz	Tonische und phasische Alertness mit cross-modalem Warnreiz

Tabelle 2 (Fortsetzung):
Testverfahren und zugehörige Aufmerksamkeitskomponenten

Testverfahren	Aufgabe	Aufmerksamkeits-komponente
	Daueraufmerksamkeit	
Test „Daueraufmerksamkeit" des WTS[2]	Längerfristige (20 Min.) Beobachtung der räumlichen Ausrichtung von Dreiecken, Reaktion auf kritische Reize mit hoher Auftretenswahrscheinlichkeit	Daueraufmerksamkeit (visuell)
Test „Vigilanztest" des WTS	Reaktion auf selten auftretende Sprünge eines bewegten Lichtreizes	Vigilanz (visuell)
Untertest „Vigilanz" der TAP	Reaktion auf selten auftretende Unregelmäßigkeiten in einer Tonfolge oder in Lichtbalkenbewegungen	Vigilanz (visuell oder auditiv)
Konzentrations-Verlaufs-Test (KVT)	Längerfristige visuelle Such- und Sortieraufgabe	Daueraufmerksamkeit (visuell)
	Selektive oder fokussierte Aufmerksamkeit	
Frankfurter Aufmerksamkeits-Inventar (FAIR)	Durchstreichtests	Kurzfristige visuelle Fokussierung der Aufmerksamkeit
Untertest „Go/No-Go" der TAP[1]	Schnelle Reaktion auf zwei von fünf visuellen Mustern	Selektive Aufmerksamkeit (visuell)
Wahlreaktionsaufgabe am Wiener Reaktionsgerät (WTS[2])	Schnelle Reaktion auf eine festgelegte auditiv-visuelle Reizkombination	Selektive Aufmerksamkeit (auditiv-visuell)
Wiener Determinationsgerät (WTS[2])	Schnelle Reaktion auf verschiedene Farb- und Tonreize	Selektive Aufmerksamkeit (auditiv-visuell) mit Reiz-/Reaktionsselektion
	Räumliche Ausrichtung der Aufmerksamkeit	
Untertest „Verdeckte Aufmerksamkeitsverschiebung" der TAP[1]	Schnelle Reaktionen auf Reize im rechten oder linken Gesichtsfeld	Visuell-räumliche Aufmerksamkeitsverschiebung

Tabelle 2 (Fortsetzung):
Testverfahren und zugehörige Aufmerksamkeitskomponenten

Testverfahren	**Aufgabe**	**Aufmerksamkeits-komponente**
	Geteilte Aufmerksamkeit	
Untertest „geteilte Aufmerksamkeit" der TAP[1]	Gleichzeitiges Beachten einer visuellen und einer auditiven Reizfolge	Geteilte Aufmerksamkeit (visuell-auditiv)
	Kognitive Flexibilität	
Untertest „Reaktionswechsel" der TAP[1]	Wechsel des Aufmerksamkeitsfokus zwischen verschiedenen Informationsquellen	Flexibilität der Aufmerksamkeit

Anmerkungen: [1] TAP = Testbatterie zur Aufmerksamkeitsprüfung, [2] WTS = Wiener Testsystem

Für die neuropsychologische Diagnostik ist vor allem die *dimensionale* Unterscheidung der verschiedenen Aufmerksamkeitsleistungen von Bedeutung, das heißt, ob in erster Linie die *Intensität* (Aufmerksamkeitsaktivierung, Daueraufmerksamkeit, Vigilanz) oder die *Selektivität* (fokussierte Aufmerksamkeit, Wech-

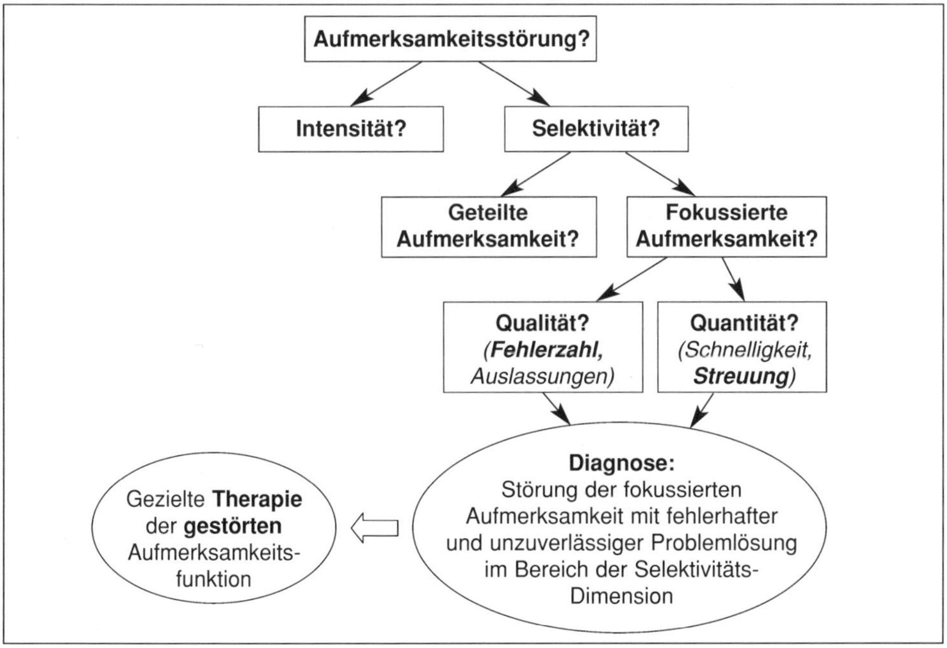

Abbildung 5:
Schema der neuropsychologischen Aufmerksamkeitsdiagnostik (nach Jacobs et al., 2005, S. 26)

sel des Aufmerksamkeitsfokus, Aufmerksamkeitsteilung) der Aufmerksamkeit gefordert ist. Der therapeutische Nutzen einer differenzierten Erfassung dieser beiden Aufmerksamkeitsdimensionen und der zugehörigen Aufmerksamkeitsfunktionen konnte inzwischen mehrfach belegt werden und erlaubt daher eine gezielte Therapie der gestörten Aufmerksamkeitsfunktion (vgl. zusammenfassend Jacobs, Heubrock, Muth & Petermann, 2005; Jacobs & Petermann, 2005; siehe Abb. 5).

3.2 Neuropsychologische Diagnostik der Merk- und Lernfähigkeit

Auch Gedächtnisleistungen gehören zu den neuropsychologisch relevanten Basisfunktionen, da jede kognitive Anforderung auf unterschiedliche Erinnerungs- und Abrufleistungen zurückgreifen muss. Ähnlich wie auch bei den Aufmerksamkeitsfunktionen entwickelt sich die Behaltensfähigkeit mit zunehmendem Alter. Bereits im Kindergartenalter nimmt nicht nur die *Menge* der erinnerbaren Informationen zu, sondern auch das *Tempo*, mit dem das Gehirn des Kindes die einzelnen Informationseinheiten verarbeiten kann, steigt deutlich an. Erst der gezielte Einsatz unterschiedlicher *Gedächtnisstrategien* ermöglicht es dem Kind, zuverlässig auf die Menge des erlernten Wissens und der bisher gesammelten Erfahrungen zurück zu greifen und diese zum weiteren Wissenserwerb und zur Bewältigung komplexer kognitiver Funktionen zu nutzen.

Eine von Kindern bereits im Grundschulalter angewandte Speicherstrategie stellt das (mehrfache) *verbale Wiederholen* dar, das in verschiedenen Varianten eingesetzt wird: Das Kind
- wiederholt laut einzelne Worte oder Zahlen,
- reiht immer mehr einzelne Zahlen (z. B. eine Telefonnummer) aneinander oder
- stellt aktiv Assoziationen her, bei der die zu lernende Informationen und die zugehörige Verbindung zwischen ihnen wiederholt werden.

Weitere bedeutsame Speicherstrategien sind das *kategoriale Organisieren* (Hasselhorn, 1996), das *bildhafte Vorstellen* (Imagination) und das *Elaborieren*, das heißt, die intensive Beschäftigung mit dem zu behaltenden Material, etwa beim Vokabel-Lernen. Das kategoriale Organisieren spielt aber nicht nur als Speicherstrategie, sondern auch als gezielte Abrufstrategie eine große Rolle (siehe Tab. 3).

Die Bedeutung von Störungen der Merk- und Lernfähigkeit bei Kindern ist lange Zeit unterschätzt worden. Dies hängt vermutlich damit zusammen, dass die im Alltag zu beobachtenden Symptome nicht immer sofort auf eine Störung dieser wichtigen Basisfunktion hindeuten, sondern oft als Aufmerksamkeits-

Tabelle 3:
Kategoriales Organisieren als Speicher- und Abrufstrategie bei Kindern

Speicherstrategie	**Abrufstrategie**
Ziel:	
Separate Gedächtnisinhalte sollen so organisiert werden, dass sie als zusammengehörig behalten werden können.	Das übergeordnete Ordnungsprinzip soll den Zugang zu den separaten Gedächtnisinhalten erleichtern.
Beispiel:	
Äußerliche Ähnlichkeiten (Farbe, Größe), semantische Beziehungen (Hunde, Katzen → Tiere), funktionelle Aspekte (Zahncreme, Seife → Reinigungsmittel) oder biografische Kategorien (erster PC mit 10 Jahren) werden herangezogen.	Das gemeinsame Merkmal (Tier, Reinigungsmittel, Ähnlichkeit) wird genutzt, um den Zugriff auf die zugeordneten Einzelinformationen zu erleichtern.

problem oder als allgemeine Lernbehinderung aufgefasst werden. So lässt sich bei Kindern mit Störungen der Merk- und Lernfähigkeit oft beobachten, dass sie

- Aufforderungen oder Arbeitsanweisungen nicht oder nur unvollständig ausführen,
- Handlungsabläufe unterbrechen und dadurch planlos und unorganisiert wirken,
- den Schulweg nicht bewältigen, weil sie ängstlich sind und sich nicht orientieren können,
- das eigene Zimmer nicht sinnvoll aufräumen,
- schnell frustriert sind, weil sie verlegte Gegenstände nicht wieder finden,
- Lerninhalte gar nicht, nur kurzfristig oder nur bruchstückhaft erinnern und
- Schulleistungen nur mit gewaltiger Anstrengung auf einem bestenfalls mittleren Leistungsniveau halten können.

Da diese Probleme häufig fehlgedeutet und anderen Verhaltensstörungen zugeordnet werden, kommt der neuropsychologischen Diagnostik von Merk- und Lernfähigkeitsstörungen eine große Bedeutung zu (vgl. zusammenfassend Lepach, Heubrock, Muth & Petermann, 2003). Dabei ist zu beachten, dass Merkfähigkeitsstörungen meist material- und modalitätsspezifisch auftreten, das heißt, sich erst unter bestimmten Untersuchungsbedingungen exakt nachweisen lassen. Studien an merkfähigkeitsgestörten Kindern haben gezeigt, dass sie

- häufiger unter einer *visuell-figuralen* als unter einer auditiv-verbalen Merkfähigkeitsstörung leiden, und

– meist dann scheitern, wenn eine *große Informationsmenge* aktiv wiedergegeben werden muss, die Reproduktion *verzögert* erfolgen soll oder wenn es zwischenzeitlich zu einer *Störung* während der Speicherung gekommen ist (Heubrock & Petermann, 2001a).

Bei der psychometrischen Diagnostik von Merk- und Lernfähigkeitsstörungen müssen diese Bedingungen besonders berücksichtigt werden. Hierzu hat sich das in der neuropsychologischen Diagnostik bei Kindern insgesamt bewährte Prinzip der *Kontrastierung*, das heißt die Gegenüberstellung von Testverfahren mit einem vergleichbaren Untersuchungsformat, das sich lediglich in *einem* wichtigen Merkmal unterscheidet, als nützlich erwiesen (vgl. Heubrock & Petermann, 2000a; siehe Tab. 4). Dieses Unterscheidungsmerkmal kann sich auf das Untersuchungsmaterial (sprachliche oder figurale Information), auf die Sinnesmodalität (visuelle oder akustische Präsentation) oder auch auf die mnestische Teilfunktion (aktive Wiedergabe oder Wiedererkennen von Gelerntem) beziehen. Erzielt ein Kind in den einander gegenüber gestellten Verfahren unterschiedliche Testergebnisse, so lässt sich der Leistungsunterschied auf die Variation in der Testanforderung zurückführen.

Tabelle 4:
Kontrastierung als diagnostisches Prinzip bei der Diagnostik von Gedächtnisstörungen

Untersuchungsdesign	
Visuell-figurale Merk- und Lernfähigkeit (z. B. DCS)	*Auditiv-verbale* Merk- und Lernfähigkeit (z. B. AVLT, VLMT)

Darüber hinaus sollten vor allem solche Testverfahren eingesetzt werden, die nicht nur eine unmittelbare Reproduktion einmal vorgegebener Information verlangen, sondern die Lernfähigkeit mit mehrfacher Wiederholung des Stimulusmaterials und möglichst auch weitere alltagsrelevante Lernparameter erfassen. Als dafür besonders geeignete Lerntests können hier das visuell-figurale DCS und die beiden sprachbezogenen Lerntests AVLT oder VLMT (Heubrock, 1992; Schweisthal, 1997; Weidlich & Lamberti, 2001; Erklärung der Abkürzungen siehe Tab. 5) gelten. Ab 2006 steht mit der Memory and Learning Testbattery for Children (MLT-C) nach Lepach und Petermann erstmals auch eine komplexe deutschsprachige Merk- und Lerntestbatterie für Kinder in der Alterspanne 6;0 bis 15;11 Jahren zur Verfügung, die unter anderem ebenfalls Untertests zur Überprüfung von Lernverläufen (WL, ML) enthält. Im Unterschied zu AVLT und VLMT bezieht sich der Untertest WL jedoch auf sinnfreie, aber assoziierfähige Neologien (z. B. Ratze, Mopf) und nicht auf konkret gegenständliche Begriffe. Dadurch sind zufällig richtige Nennungen bekannter Alltagsbegrifflichkeiten weitestgehend ausgeschlossen und die Anforderungen an die eigene Lernfähigkeit sind höher. Dies bietet in Verbindung mit dem AVLT oder dem VLMT eine weitere Kontrastierungsmöglichkeit zwischen anschaulichem und abstraktem Material.

Tabelle 5:
Testverfahren zur neuropsychologischen Diagnostik von Lernstörungen bei Kindern

Auditiv-Verbaler Lerntest	AVLT
Verbaler Lern- und Merkfähigkeitstest	VLMT
Diagnostikum für Cerebralschädigung	DCS
Untertest Wörter Lernen aus der MLT-C	WL
Untertest Muster Lernen aus der MLT-C	ML

Die Testformate dieser Verfahren erlauben das Erfassen
- der unmittelbaren Merkspanne,
- des Lernverlaufs nach mehrfacher Wiederholung,
- sofern zusätzlich und damit abweichend von der Standardvorgabe die Parallelform des DCS als Interferenzmaterial eingesetzt wird – auch der Umstellungsfähigkeit auf neue Informationen (proaktive Hemmung) sowie
- die Erinnerungsfähigkeit nach zwischenzeitlichen Störreizen (retroaktive Hemmung; siehe Tab. 6).

Tabelle 6:
Neuropsychologische Diagnostik komplexer Gedächtnisleistungen
(modifiziert nach Lepach et al., 2003, S. 33)

Durchgang	**A1**	**A2 A3 A4 A5**	**B**	**A6**	**W**
Testmodus	1. Vorgabe Liste 1 2. Abfrage (free recall)		1. Vorgabe Liste 2 2. Abfrage (free recall)	Abfrage Liste 1	Wieder-erkennen Liste 1
Gedächtnis-leistung	Merk-spanne	Lernen nach Wiederholung	Proaktive Hemmung	Retroaktive Hemmung	Wieder-erkennen

Die MLT-C dient der differenzierten Erfassung von Störungen der Merk- und Lernfähigkeit. Durch Parallelversionen für die Lerntests ist sie auch für Wiederholungsdiagnostiken (z. B. Verlaufskontrollen zur Messung von Therapieerfolgen) einsetzbar. Sie ermöglicht modalitätsspezifische Vergleiche und berücksichtigt Aspekte von Aufmerksamkeit und Konzentration. Es können eigenständige

Skalenwerte für folgende Bereiche erhoben werden: Aufmerksamkeit und Konzentration (AK), Visuelles Lernen (VL), Auditives Lernen (AL), Visuelles Merken (VM), Auditives Merken (AM), die sich wiederum aus den in Tabelle 7 dargestellten Untertests ergeben.

Tabelle 7:
Gliederung der Untertests der MLT-C (nach Lepach & Petermann, 2006)

Hauptuntertests	**Untertest Abkürzung**	**Skalen AK**	**VL**	**AL**	**VM**	**AM**
U1 Details Merken	DM	•			•	
U2 Muster Lernen	ML		•			
U3 Wiedererkennen	WE				•	
U4 Wörter Lernen	WL			•		
U5 Räumliches Positionieren	RP				•	
U6 Zahlenfolgen	ZF	•				•
U7 Muster Lernen Delay	MLD		•			
U8 Farbfolgen	FF	•				
U9 Wörter Lernen Delay	WLD			•		
Fakultative Untertests						
U10 Geräuschfolgen	GF					•
U11 Alltagssituationen	AS				•	
U12 Geschichten Merken	GM					•
U13 Handlungsfolgen	HF					•

In seltenen Fällen kann es auch bei Kindern zu einer retrograden Amnesie, das heißt zum Verlust der Erinnerung für frühere Lebensereignisse kommen. Störungen des Altgedächtnisses können nicht durch standardisierte Testverfahren diagnostiziert werden, da neben dem semantischen Gedächtnis (Faktenwissen ohne biografischen Bezug) auch das episodische Gedächtnis (Ereignisse mit Bezug zur eigenen Lebensgeschichte) betroffen ist. Diese Gedächtnisstörungen sind nur in einem strukturierten Interview zu erfassen (siehe Tab. 8).

Tabelle 8:
Leitfaden zur Diagnostik von Altgedächtnisstörungen
(modifiziert nach Lösslein & Deike-Beth, 2000, S. 231)

Episodisches Gedächtnis

- Freunde und Freundinnen
- Verwandte
- Kindergartenzeit (Lieblingsspiele, Tagesablauf, Gruppenleiterinnen)
- Freizeit, Lieblingsbeschäftigungen
- Fotos im Fotoalbum näher beschreiben

Semantisches Gedächtnis

- Stichproben über Wissen, das im Kindergarten oder in der Schule erworben wurde

Prozedurales Gedächtnis: erworbene Fertigkeiten

- Bereits erlernte Fertigkeiten zur Fortbewegung und im Sport noch vorhanden (Fahrrad, Skateboard)?
- Bereits erlernte handwerkliche Fertigkeiten (Basteln, Umgang mit Materialien und Handwerkszeug) noch vorhanden?
- Wissen über erlernte Spiele (Ablauf, Spielregeln bei Brettspielen) noch vorhanden?
- Bereits erlerntes Wissen über Bedienung von Geräten (Computer, HiFi-Anlage) noch vorhanden?

4 Intervention

Die Einbeziehung neuropsychologischer Befunde stellt ein differenziertes Wissen über Lernprozesse von Kindern mit Lernstörungen zur Verfügung, aus denen sich wiederum verbesserte und erweiterte rehabilitative Strategien sowie Behandlungskonzepte und -methoden ableiten lassen. Die Ergebnisse einer neuropsychologischen Diagnostik können unmittelbar für die Erstellung eines Förderplanes genutzt werden, dem zwei allgemeine Prinzipien zu Grunde liegen:
- das direkte Fördern der Defizite oder
- das Ansetzen an den kognitiven Stärken der Kinder.

Häufig verbinden Interventionsansätze beide Modelle miteinander. Als entscheidend für die Strategieauswahl hat sich das Alter der Kinder erwiesen. Insbesondere ältere Kinder mit bereits seit längerem bestehenden Defiziten zeigen gegenüber reinen Trainings und repetitiven Übungen eine geringe Motivation. Bei jüngeren Kindern dagegen hat sich das wiederholte Üben in vielen Bereichen als erfolgreiche Maßnahme herausgestellt.

Die Nutzung natürlicher Ressourcen des Kindes stellt auch in der neuropsychologisch orientierten Förderung ein wesentliches Element dar. Gerade bei der Ausarbeitung von Feinzielen können zentrale Informationen einer neuropsychologischen Teilleistungsdiagnostik auf der Ebene von basalen Funktionen als wesentliche Unterstützung oder Entscheidungshilfe dienen.

5 Ausblick

Die zunehmende Bedeutung einer biopsychosozialen Sichtweise von umschriebenen Entwicklungsstörungen, bei geistiger Behinderung und von autistischen Störungen hat auch Auswirkungen auf die Sonderpädagogik. Die neuropsychologische Diagnostik trägt dazu bei, das Ausmaß der mit diesen Störungen assoziierten neuropsychologischen Beeinträchtigungen präziser zu erfassen und gezielte Therapie- und Förderindikationen zu begründen. Zukünftig wird das Augenmerk noch mehr als bisher darauf gerichtet sein, relevante Basisfunktionen und ihre Störungen in ihrer Bedeutung für höhere kognitive Fähigkeiten zu beachten. Vor allem die Rolle des Eigenantriebs als komplexer Faktor, der durch Aufmerksamkeitsprozesse allein nicht hinreichend erfasst ist, wird in kinderneuropsychologischen Untersuchungen noch eingehender erforscht werden müssen.

Literatur

Barth-Storck, C. & Dörner, D. (2004). Der „kognitive Kern" der Neuropsychologie. Kognitive, motivierende und emotionale Variablen in der neuropsychologischen Diagnostik. In S. Lautenbacher & S. Gauggel (Hrsg.), *Neuropsychologie psychischer Störungen* (S. 43–65). Berlin: Springer.

Ben-Yishay, Y. (1996). Reflections on the evolution of the therapeutic milieu concept. *Neuropsychological Rehabilitation, 6,* 327–343.

Bode, H. & Sproll-Fenner, G. (1998). Prävalenz von Entwicklungs- und Verhaltensstörungen bei der schulärztlichen Untersuchung. *Pädiatrische Praxis, 53,* 589–595.

Christensen, A. L. (1998). Sociological and cultural aspects in postacute neuropsychological rehabilitation. *Journal of Head Trauma Rehabilitation, 13,* 79–86.

Döpfner, M. (2002). Hyperkinetische Störungen. In F. Petermann (Hrsg.), *Lehrbuch der Klinischen Kinderpsychologie und -psychotherapie* (5. korr. Aufl.; S. 151–186). Göttingen: Hogrefe.

Gaddes, W. H. & Edgell, D. (1994). *Learning disabilities and brain function* (3rd ed.). New York: Springer.

Gauggel, S. (2004). *Grundlagen und Empirie der Neuropsychologischen Therapie: Neuropsychotherapie oder Hirnjogging? http://www.gnp.de/html/wissenschaftlicheseite/wasistneuropsychologie/index.php.* Zugriff am 09. 01. 06.

Ghodsian, D., Bjork, R. A. & Benjamin, A. S. (1997). Evaluating training during training: Obstacles and opportunities. In M. A. Quiñones & A. Ehrenstein (Eds.), *Training for a rapidly changing workplace* (pp. 63–88). Washington, DC: American Psychological Association.

Hasselhorn, M. (1996). *Kategoriales Organisieren bei Kindern.* Göttingen: Hogrefe.

Heubrock, D. (1992). Der Auditiv-Verbale Lerntest (AVLT) in der klinischen und experimentellen Neuropsychologie. Durchführung, Auswertung und Forschungsergebnisse. *Zeitschrift für Differentielle und Diagnostische Psychologie, 13,* 161–174.

Heubrock, D., Eberl, I. & Petermann, F. (2004). *Abzeichentest für Kinder (ATK)*. Göttingen: Hogrefe.

Heubrock, D. & Petermann, F. (2000a). *Lehrbuch der Klinischen Kinderneuropsychologie. Grundlagen, Syndrome, Diagnostik und Intervention*. Göttingen: Hogrefe.

Heubrock, D. & Petermann, F. (2000b). Neuropsychologische Grundlagen der Entwicklungsstörungen. In F. Petermann, K. Niebank & H. Scheithauer (Hrsg.), *Risiken in der frühkindlichen Entwicklung. Entwicklungspsychopathologie der ersten Lebensjahre* (S. 173–195). Göttingen: Hogrefe.

Heubrock, D. & Petermann, F. (2001a). *Aufmerksamkeitsdiagnostik*. Göttingen: Hogrefe.

Heubrock, D. & Petermann, F. (2001b). Ambulante Klinische Kinderneuropsychologie. Eine Bestandsaufnahme und erste empirische Befunde einer ambulanten kinderneuropsychologischen Inanspruchnahmepopulation. *Zeitschrift für Neuropsychologie, 12,* 207–220.

Heubrock, D. & Petermann, F. (2004). Neuropsychologische Störungen. In F. Hoppe & J. Reichert (Hrsg.), *Verhaltenstherapie in der Frühförderung* (S. 19–44). Göttingen: Hogrefe.

Jacobs, C., Heubrock, D., Muth, D. & Petermann, F. (2005). *Training für Kinder mit Aufmerksamkeitsstörungen. Das neuropsychologische Gruppentraining ATTENTIONER*. Göttingen: Hogrefe.

Jacobs, C. & Petermann, F. (2005). Aufmerksamkeitsstörungen im Kindesalter: Konzept und Wirksamkeit des ATTENTIONER-Programms. *Verhaltenstherapie und Verhaltensmedizin, 26,* 317–341.

Lepach, A. C., Heubrock, D., Muth, D. & Petermann, F. (2003). *Training für Kinder mit Gedächtnisstörungen. Das neuropsychologische Einzeltraining REMINDER*. Göttingen: Hogrefe.

Lepach, A. C. & Petermann, F. (2006). *Memory and Learning Testbattery for Children (MLT-C)*. Bern: Huber.

Lösslein, H. & Deike-Beth, C. (2000). *Hirnfunktionsstörungen bei Kindern und Jugendlichen. Neuropsychologische Untersuchungen für die Praxis* (3. Aufl.). Köln: Deutscher Ärzte-Verlag.

Maier, A., Horacek, U. & Weinreich, D. (2002). Früherkennung psychischer Verhaltensauffälligkeiten. Erzieherbeobachtungsbogen zur Vorlage bei den Vorsorgeuntersuchungen U8 und U9. *Kinder- und Jugendmedizin, 2,* 120–122.

Mersmann, H. (2000). *Zur gesundheitlichen Lage der Kölner Schulanfänger. Ergebnisse der Kölner Schuleingangsuntersuchungen 1995–1999*. Köln: Gesundheitsamt.

Prigatano, G. P. (1991). Disordered mind, wounded soul: The emerging role of psychotherapy in rehabilitation after brain injury. *Journal of Head Trauma Rehabilitation, 6,* 1–10.

Prigatano, G. P. (1999). *Principles of neuropsychological rehabilitation*. New York: Oxford University Press.

Schweisthal, B. (1997). Die Leistungen von 7- bis 15-jährigen Kindern im Verbalen Lern- und Merkfähigkeits-Test (VLMT). *Zeitschrift für Neuropsychologie, 8,* 129–136.

Sturm, W. & Zimmermann, P. (2000). Aufmerksamkeitsstörungen. In W. Sturm, M. Herrmann & C.-W. Wallesch (Hrsg.), *Lehrbuch der Klinischen Neuropsychologie. Grundlagen, Methoden, Diagnostik, Therapie* (S. 345–365). Lisse: Swets & Zeitlinger.

Teeter, P. A. & Semrud-Clikeman, M. (1997). *Child neuropsychology. Assessment and intervention for neurodevelopmental disorders*. Boston: Allyn & Bacon.

Weidlich, S. & Lamberti, G. (2001). *DCS – Diagnosticum für Cerebralschädigung. Ein visueller Lern- und Gedächtnistest* (4., erw. u. erg. Aufl.). Bern: Huber.

Autorenverzeichnis

Prof. Dr. med. Hedwig Amorosa
Forsterstr. 43
10999 Berlin
E-Mail: H.Amorosa@gmx.de

Prof. Dr. Konrad Bundschuh
Universität München
Department für Pädagogik und Rehabilitation
Lehr- und Forschungsschwerpunkte Soziale, emotionale und geistige Entwicklung
Leopoldstr. 13
80802 München
E-Mail: bundschuh@spedu.uni-muenchen.de

Dr. Monika Daseking
Zentrum für Klinische Psychologie und Rehabilitation der Universität Bremen
Grazer Str. 2
28359 Bremen
E-Mail: daseking@uni-bremen.de

Prof. Dr. Dietmar Heubrock
Institut für Rechtspsychologie der Universität Bremen
Grazer Str. 2A
28359 Bremen
E-Mail: heubrock@uni-bremen.de

Dr. habil. Ulrich von Knebel
Universität Hamburg
Fachbereich Erziehungswissenschaft
Fakultät für Erziehungswissenschaft, Psychologie und Bewegungswissenschaft
Von-Melle-Park 8
20146 Hamburg
E-Mail: von.knebel@gmx.de

Dr. Ute Koglin
Zentrum für Klinische Psychologie und Rehabilitation der Universität Bremen
Grazer Str. 6
28359 Bremen
E-Mail: ukoglin@uni-bremen.de

Prof. Dr. Rudolf Kretschmann
Erziehungs- und Bildungswissenschaft der Universität Bremen
Behindertenpädagogik
SPT, Bibliothekstr. 1
28359 Bremen
E-Mail: rudolf.kretschmann@t-online.de

Prof. Dr. Gerhard W. Lauth
Heilpädagogische Fakultät der Universität zu Köln
Klosterstr. 79 b
50931 Köln
E-Mail: gerhard.lauth@uni-koeln.de

Dipl.-Psych. Julia Lemcke
Zentrum für Klinische Psychologie und Rehabilitation der Universität Bremen
Grazer Str. 2
28359 Bremen
E-Mail: jlemcke@uni-bremen.de

Wolfgang Lemke
Universität Hamburg
Fachbereich Erziehungswissenschaft
Fakultät für Erziehungswissenschaft, Psychologie und Bewegungswissenschaft
Von-Melle-Park 8
20146 Hamburg
E-Mail: w.lemke@gmx.de

Dr. Katja Mackowiak
Pädagogische Hochschule Weingarten
Pädagogische Psychologie
Kirchplatz 2
88250 Weingarten
E-Mail:
mackowiak@ph-weingarten.de

Prof. Dr. Franz Petermann
Zentrum für Klinische Psychologie und Rehabilitation der Universität Bremen
Grazer Str. 2 und 6
28359 Bremen
E-Mail: fpeterm@uni-bremen.de

Prof. Dr. Ulrike Petermann
Universität Dortmund
Fakultät Rehabilitationswissenschaften
Lehrstuhl für Rehabilitation und Pädagogik bei psychischen und Verhaltensstörungen
Emil-Figge-Str. 50
44221 Dortmund
E-Mail: ulrike.petermann@udo.edu

Prof. Dr. Wolfgang Schneider
Lehrstuhl für Psychologie IV
der Universität Würzburg
Wittelsbacherplatz 1
97074 Würzburg
E-Mail: schneider@psychologie.uni-wuerzburg.de

Dr. Christina Schwenck
Klinik und Poliklinik für Kinder- und Jugendpsychiatrie und Psychotherapie der Universität Würzburg
Füchsleinstr. 15
97080 Würzburg
E-Mail: schwenck@kjp.uni-wuerzburg.de

Prof. Dr. Karl Dieter Schuck
Universität Hamburg
Fachbereich Erziehungswissenschaft
Fakultät für Erziehungswissenschaft, Psychologie und Bewegungswissenschaft
Von-Melle-Park 8
20146 Hamburg
E-Mail: schuck@erzwiss.uni-hamburg.de

Joachim Schwohl
Universität Hamburg
Fachbereich Erziehungswissenschaft
Fakultät für Erziehungswissenschaft, Psychologie und Bewegungswissenschaft
Von-Melle-Park 8
20146 Hamburg
E-Mail: j.schwohl@freenet.de

Prof. Dr. Willi Seitz
Universität Koblenz-Landau
Institut für Sonderpädagogik
Xylanderstraße 1
76829 Landau
E-Mail: sopaed@uni-landau.de

Tanja Sturm
Universität Hamburg
Fachbereich Erziehungswissenschaft
Fakultät für Erziehungswissenschaft, Psychologie und Bewegungswissenschaft
Von-Melle-Park 8
20146 Hamburg
E-Mail: tanja-sturm@web.de

Prof. Dr. med. Waldemar von Suchodoletz
Institut für Kinder- und Jugendpsychiatrie und Psychotherapie
Abteilung für Entwicklungsfragen
Klinikum der Ludwig-Maximilians-Universität
Nußbaumstr. 7
80336 München
E-Mail:
suchodoletz@lrz.uni-muenchen.de